Eheverträge als effektives Gestaltungsinstrument

Studien zum deutschen und internationalen Familien- und Erbrecht

Herausgegeben von Martin Lipp, Christoph Benicke,
Marina Wellenhofer und Bettina Heiderhoff

Band 21

Zur Qualitätssicherung und Peer Review der vorliegenden Publikation

Die Qualität der in dieser Reihe erscheinenden Arbeiten wird vor der Publikation durch den Herausgeber der Reihe geprüft.

Notes on the quality assurance and peer review of this publication

Prior to publication, the quality of the work published in this series is reviewed by the editor of the series.

Katharina Frank

Eheverträge als effektives Gestaltungsinstrument

Die Grenzen der Privatautonomie im englischen und deutschen Sachrecht sowie im europäischen Zivilverfahrens- und Kollisionsrecht

PL ACADEMIC RESEARCH

Bibliografische Information der Deutschen Nationalbibliothek
Die Deutsche Nationalbibliothek verzeichnet diese Publikation in der Deutschen Nationalbibliografie; detaillierte bibliografische Daten sind im Internet über http://dnb.d-nb.de abrufbar.

Zugl.: Gießen, Univ., Fachbereich Rechtswissenschaft, Diss., 2014

D 26
ISSN 1864-497X
ISBN 978-3-631-66038-6 (Print)
E-ISBN 978-3-653-05322-7 (E-Book)
DOI 10.3726/978-3-653-05322-7

PL Academic Research ist ein Imprint der Peter Lang GmbH.

Peter Lang – Frankfurt am Main · Bern · Bruxelles · New York · Oxford · Warszawa · Wien

Diese Publikation wurde begutachtet.

www.peterlang.com

Vorwort

Die vorliegende Arbeit wurde im Juli 2014 von der juristischen Fakultät der Justus-Liebig-Universität Gießen als Dissertation angenommen. Im Oktober 2014 wurde die Untersuchung mit dem Promotionspreis der Juristischen Studiengesellschaft Gießen e. V. ausgezeichnet. Für die Druckfassung wurden Aktualisierungen vorgenommen, soweit dies sinnvoll erschien.

Die Arbeit wurde durch einen Studienaufenthalt in England im Jahr 2008/2009 angeregt, der den für eine Rechtsvergleichung notwendigen ersten Zugang bildete und mein Interesse für Divergenzen sowie Konvergenzen unterschiedlicher Rechtsordnungen weckte. Weiterführende konzeptionelle Ideen entstanden im Rahmen des rechtswissenschaftlichen Schwerpunktbereichsstudiums an der Justus-Liebig-Universität Gießen und der im Jahr 2011 vorgelegten unveröffentlichten Arbeit „Die richterliche Kontrolle von Eheverträgen", deren Ergebnisse als Grundlage in die Darstellung des deutschen Rechts in dieser Arbeit eingeflossen sind.

Mein Doktorvater, Prof. Dr. Martin Lipp, hat mich von Anfang an in meinem Promotionsvorhaben bestärkt. Ihm gebührt daher mein Dank für die stete Unterstützung und Förderung sowohl meiner Arbeit als auch meiner Person, die gewährten Freiheiten bei der Bearbeitung sowie die zügige Erstellung des Erstgutachtens. Prof. Dr. Jens Adolphsen danke ich für die ebenso zügige Zweitgutachtenerstellung, den Herausgebern für die Aufnahme der Arbeit in die Schriftenreihe.

Dem DAAD danke ich für die Unterstützung meines Forschungsaufenthaltes in England im Jahr 2012 durch ein Promotionsstipendium. Zum Gelingen meines Aufenthaltes an der University of Warwick und der University of Cambridge maßgeblich beigetragen haben Prof. Rebecca Probert und Dr. Jens Scherpe, denen ich für ihre fachliche Unterstützung auch nach Beendigung meines Aufenthaltes meinen Dank aussprechen möchte. In diesem Zusammenhang gleichermaßen zu erwähnen ist das Doktorandenkolloquium von Prof. Dr. Thilo Kuntz an der Justus-Liebig-Universität Gießen im Sommersemester 2013 sowie die im Anschluss hieran geführten Diskussionen, deren Anregungen meine Arbeit insbesondere im Hinblick auf strukturelle und interdisziplinäre Aspekte bereichert haben.

Jana Dickler, Magdalena Michl sowie Dr. Sven Odermatt danke ich für die stete Aufmunterung, die hierfür notwendige Geduld und das unermüdliche Interesse mit der sie sich in fachlicher und methodischer Hinsicht mit meiner Arbeit auseinandergesetzt haben. Darüber hinaus haben sie vor allem auch zwischenmenschlich dazu beigetragen, dass meine Promotionsphase nicht nur zu einer erträglichen, sondern auch zu einer unvergesslichen Zeit werden konnte. Ein ebenso großer Dank für das mühevolle Korrekturlesen sowie die bedingungslose Unterstützung meiner Arbeit soll Dr. Rainer-Michael Lüddecke, in Liebe und Wertschätzung meinen Eltern, Klaus-Jürgen und Barbara Frank, sowie meiner Schwester, Tina Frank, und Nadine Gärtner zuteilwerden.

Inhaltsverzeichnis

Abbildungsverzeichnis

Abkürzungsverzeichnis

AC	Law Reports, Appeal Cases (3rd series)
AcP	Archiv für die civilistische Praxis
AE	Alternativentwurf für eine Verordnung
ÄndE	nicht in Kraft getretener Änderungsentwurf der Kommission
AEUV	Vertrag über die Arbeitsweise der Europäischen Union
All ER	All England Law Reports
Art.	Artikel [auch im Plural]
Aust Bar Rev	Australian Bar Review
BGHZ	Entscheidungen des Bundesgerichtshofs in Zivilsachen (Amtliche Sammlung)
Brüssel I-VO	Verordnung (EU) Nr. 1215/2012 des Europäischen Parlaments und des Rates vom 12. Dezember 2012 über die gerichtliche Zuständigkeit und die Anerkennung und Vollstreckung von Entscheidungen in Zivil- und Handelssachen (Neufassung)
Brüssel I-VO a. F.	Verordnung (EG) Nr. 44/2001 des Rates vom 22. Dezember 2000 über die gerichtliche Zuständigkeit und die Anerkennung und Vollstreckung von Entscheidungen in Zivil- und Handelssachen (Altfassung)
Brüssel IIa-VO	Verordnung (EG) Nr. 2201/2003 des Rates vom 27. November 2003 über die Zuständigkeit und die Anerkennung und Vollstreckung von Entscheidungen in Ehesachen und in Verfahren betreffend die elterliche Verantwortung und zur Aufhebung der VO (EG) Nr. 1347/2000
BVerfGE	Entscheidungen des Bundesverfassungsgerichts (Amtliche Sammlung)
Ch	Law Reports, Chancery Division (3rd Series)
Ch. D.	Law Reports, Chancery Division (2nd Series)
C.L.J.	Cambridge Law Journal
CFLQ	Child and Family Law Quarterly
DNotZ	Deutsche Notar-Zeitschrift
Dow & Cl.	Dow and Clark's House of Lords Cases
Dowl.	Dowling's Practice Cases

EuErbVO	Verordnung (EU) Nr. 650/2012 des Europäischen Parlaments und des Rates vom 4. Juli 2012 über die Zuständigkeit, das anzuwendende Recht, die Anerkennung und Vollstreckung von Entscheidungen und die Annahme und Vollstreckung öffentlicher Urkunden in Erbsachen sowie zur Einführung eines Europäischen Nachlasszeugnisses
EheGüterVO-E	Vorschlag der Kommission für eine „Verordnung des Rates über die Zuständigkeit, das anzuwendende Recht, die Anerkennung und die Vollstreckung von Entscheidungen im Bereich des Ehegüterrechts"
E.R.	English Reports
EuGHE	Entscheidungen des EuGH (Amtliche Sammlung)
EuGVÜ	Übereinkommen über die gerichtliche Zuständigkeit und die Vollstreckung gerichtlicher Entscheidungen in Zivil- und Handelssachen vom 27. September 1968
EuUnthVO	Verordnung (EG) Nr. 4/2009 des Rates vom 18. Dezember 2008 über die Zuständigkeit, das anwendbare Recht, die Anerkennung und Vollstreckung von Entscheidungen und die Zusammenarbeit in Unterhaltssachen
EUV	Vertrag über die Europäische Union
EuZW	Europäische Zeitschrift für Wirtschaftsrecht
EWCA Civ	England & Wales Court of Appeal, Civil Division (Neutrale Zitierung)
EWHC (Fam)	England & Wales High Court, Family Division (Neutrale Zitierung)
Fam.	Law Reports, Family Division
FamFR	Familienrecht und Familienverfahrensrecht
Fam Law	Family Law
FamRB	Familien-Rechtsberater
FamRZ	Zeitschrift für das gesamte Familienrecht
FF	Forum Familienrecht
FLR	Family Law Reports
FPR	Familie Partnerschaft Recht
FuR	Familie und Recht
Harv.Bus.Rev.	Harvard Business Review
HUntStProt 2007	Haager Protokoll vom 23. November 2007 über das auf Unterhaltspflichten anzuwendende Recht
ICLQ	International and Comparative Law Quarterly

IFL	International Family Law
IJLPF	International Journal of Law, Policy and the Family
IPRax	Praxis des Internationalen Privat- und Verfahrensrechts
J.	High Court Judge
JCL	Journal of Contract Law
J.L. & Soc.	Journal of Law and Society
JSWFL	Journal of Social Welfare and Family Law
JuS	Juristische Schulung
JZ	Juristen-Zeitung
King's C.L.J.	King's College Law Journal
LJ.	Lord Justice of Appeal
L.Q.R.	Law Quarterly Review
LugÜ 2007	Übereinkommen über die gerichtliche Zuständigkeit und die Anerkennung und Vollstreckung von Entscheidungen in Zivil- und Handelssachen vom 30.10.2007
MCA 1973	Matrimonial Causes Act 1973
MDR	Monatsschrift für Deutsches Recht
MLR	Modern Law Review
NJW	Neue Juristische Wochenschrift
NLJ	New Law Journal
NZA	Neue Zeitschrift für Arbeitsrecht
NZLR	New Zealand Law Reports
P.	Law Reports, Probate
para., paras.	paragraph bzw. paragraphs
P.C.B.	Private Client Business
QB	Law Reports, Queen's Bench (3rd Series)
RabelsZ	Rabels Zeitschrift für ausländisches und internationals Privatrecht
RNotZ	Rheinische Notar-Zeitschrift
Rom I-VO	Verordnung (EG) Nr. 593/2008 des Europäischen Parlaments und des Rates vom 17. Juni 2008 über das auf vertragliche Schuldverhältnisse anzuwendende Recht
Rom III-VO	Verordnung (EU) Nr. 1259/2010 des Rates vom 20. Dezember 2010 zur Durchführung einer Verstärkten Zusammenarbeit im Bereich des auf die Ehescheidung und Trennung ohne Auflösung des Ehebandes anzuwendenden Rechts
s., ss.	section bzw. sections
sch.	schedule

SchiedsVZ	Zeitschrift für Schiedsverfahren
Stan.L.Rev.	Stanford Law Review
StAZ	Das Standesamt
UKHL	Vereinigtes Königreich House of Lords (Neutrale Zitierung)
UKSC	Vereinigtes Königreich Supreme Court (Neutrale Zitierung)
UKPC	Vereinigtes Königreich Privy Council (Neutrale Zitierung)
v	versus
WL	Westlaw Transcripts
WLR	Weekly Law Reports
ZEuP	Zeitschrift für Europäisches Privatrecht
ZFE	Zeitschrift für Familien- und Erbrecht
ZGS	Zeitschrift für Vertragsgestaltung, Schuld- und Haftungsrecht
ZNotP	Zeitschrift für die Notarpraxis

Im Übrigen wird auf das Abkürzungsverzeichnis der Rechtssprache von *Kirchner/Butz*, 6. Aufl., 2008 sowie auf den Cardiff Index to Legal Abbreviations (abrufbar unter: http://www.legalabbrevs.cardiff.ac.uk, Stand: 18.12.2014) verwiesen.

Einleitung

A. Das Problem in tatsächlicher und rechtlicher Hinsicht

I. Einführung – Erwartungshaltung und Interessenlage

Aus welchem Grund entscheiden sich Ehegatten in erster Linie dazu, eine Vereinbarung zur Regulierung ihrer vermögensrechtlichen Verhältnisse für den Fall der Scheidung zu schließen? Sie streben nach Rechtssicherheit, denn „[c]ertainty is a valuable commodity which most people want in all areas of their life“[1], und optieren in Anlehnung an die geplante Lebensgestaltung für eine eigenverantwortliche Regelung der Scheidungsfolgen in Abkehr vom gesetzlichen Schutz- und Kompensationssystem und dem diesem zugrunde liegenden Ehetyp. Der Vertrag soll für die Zukunft Rechtsklarheit schaffen und Streit bezüglich der rechtlichen Konsequenzen einer Scheidung vermeiden.[2]

Die natürliche Erwartungshaltung einer jeden vertragschließenden Partei ist es bzw. sollte es sein, dass sie von der Wirksamkeit und der richterlichen Anerkennung der geschlossenen Regelungen als effektives Mittel zur Verwirklichung von Privatautonomie ausgeht. Das tatsächlich erreichte Ziel kann jedoch in zweierlei Hinsicht hinter dem angestrebten Ziel zurückbleiben[3] und eine für die Erwartungshaltung enttäuschende Wirkung nach sich ziehen: So kann zum einen die Würdigung des Vertrages im materiellen Sachrecht der jeweiligen Rechtsordnung bereits erste Probleme aufwerfen (Nationale Dimension, A. II). Zum anderen können bei Fällen mit Auslandsberührung die zur Anwendung gelangenden Regelungen zur internationalen Zuständigkeit der Gerichte eines Staates sowie zum Kollisionsrecht beabsichtigte oder auch unvorhergesehene Resultate hervorbringen (Internationale Dimension, A. III), sollten Gerichtsstandsvereinbarungen und Rechtswahlklauseln als Bestandteil des Ehevertrages (Hauptvertrag) im Einzelfall wirkungslos bleiben und nicht zum intendierten materiellen

---

1 *Cleverley* [1999] Fam Law, 326 (328).

2 *Sanders*, Statischer Vertrag und dynamische Vertragsbeziehung, S. 365; zur allgemeinen Bedeutung privater Interessen im Familienrecht siehe auch *Dethloff*, Familienrecht, § 1 Rn. 8 f.

3 Zur allgemein anerkannten Definition des Begriffs „Effektivität“ vgl. *Brich*, Gabler Wirtschafts-Lexikon, Band C-F, S. 825 zurückgehend auf die Differenzierung zwischen Effektivität („ob“ der Zielerreichung; Verhältnis von erreichtem Ziel zu definiertem Ziel) und Effizienz („wie“ der Zielerreichung; Verhältnis von erreichtem Ziel zu notwendigem Mitteleinsatz) nach *Drucker* [1963] Harv.Bus.Rev., 53 (54).

Sachrecht führen. Kumulieren sich die Risikofaktoren in der nationalen und der internationalen Dimension, potenziert sich die Rechtsunsicherheit, was zu einer mangelhaften Effektivität des Vertrages im Erkenntnisverfahren führen kann.

In diesem Zusammenhang kann die Interessenlage der Ehegatten die Erwartungshaltung beeinflussen und zugleich über das Schicksal des Vertrages entscheiden.[4] Wirtschaftliche und emotionale Parität der Parteien bedingt, jedenfalls präsumtiv, nicht nur einen ausgewogenen Ausgleich der beiderseitigen Interessen innerhalb des Vertrages[5] (Vertragsgerechtigkeit), sondern im Falle gleichbleibender Umstände auch eine Gleichlagerung der Interessen bei Störfalleintritt[6] (festhalten am Vertrag) und ein daraus folgendes gleichförmiges Agieren (kein Angriff des Vertrages). Die für die Untersuchung interessante Fallgestaltung eröffnet sich demzufolge erst in disparitätischen Verhältnissen, in denen sich mit Blick auf die Interessenlage der Parteien ein dissonantes und partikularistisches Bild ergibt.

Einerseits können gesetzliche Ansprüche verkürzt oder sogar ausgeschlossen werden (*Vereinbarungen mit negativer Funktion*). Zum Zeitpunkt des Vertragsschlusses ist es die potenziell *anspruchsverpflichtete und damit die wirtschaftlich stärkere* Partei, die einen solchen Abschluss forciert, um die andere Partei im Falle einer Scheidung nicht am Vermögen beteiligen zu müssen. Dies kann verständliche oder auch moralisch fragwürdige Gründe haben. Denkbar wäre die Erhaltung eines einheitlichen Vermögensgegenstandes, z. B. eines Unternehmens, die Sicherung des Vermögens zugunsten eines Erben oder schlicht eine Trennung der Vermögensmassen ohne eine über die Scheidung hinausgehende Verpflichtung, insbesondere auch, wenn Verpflichtungen aus erster Ehe bzw. gegenüber

---

4 Die folgenden Ausführungen zur Interessenlage der Ehegatten beanspruchen keine Allgemeingültigkeit, sondern sollen lediglich dazu dienen, den Regelfall stärker zu konturieren. Die Gleichlagerung sowie das Auseinanderstreben der Interessenlagen im Vertragsrecht in Anlehnung an *Rawls* sehr plastisch darstellend: *Kersting*, John Rawls, S. 116 f.

5 Vgl. *Canaris*, AcP 200 (2000), 273 (284 f.); MüKo-*Roth/Schubert*, BGB, § 242 Rn. 462; zur Richtigkeitsgewähr des Vertrages: *Schmidt-Rimpler* AcP 147 (141), 130 (149 ff.); *ders.*, in: FS Nipperdey, 1 (6 ff.); zur Koinzidenz der Interessen: *v. Jhering*, Zweck im Recht, Band I, S. 71 f.; weiterführend: *Flume*, AT Band II, S. 8.

6 Die Ehescheidung, und auf diesen Bedingungseintritt beschränkt sich die Untersuchung im Unterschied zum Tod einer Vertragspartei, ist der primäre Störfall, den der Ehevertrag vorsorglich (daher „Störfallvorsorge") zu regeln versucht, *Kornexl*, FamRZ 2004, 1609. Dieser Begriff kann solche Regelungen nicht sauber erfassen, die z. B. das Güterrecht betreffen, und sich bereits während der Ehe und nicht erst bei Ehescheidung auswirken.

einem Kind bestehen.[7] Die potenziell *anspruchsberechtigte, wirtschaftlich schwächere* Partei nimmt in dieser Situation aufgrund ihrer Unterlegenheit eine resignierende, wenn nicht sogar aufgrund irrationaler Vorstellungen im zeitlichen Kontext der Eheschließung indifferente Haltung ein.

Zum Zeitpunkt der Geltendmachung führt die wirtschaftliche Disparität hingegen regelmäßig zu einer Verfolgung diametraler Interessen, weil beide Parteien angesichts des konkreten Störfalles bestrebt sind, das für sie optimale Ergebnis zu erzielen:[8] Sie konteragieren und es kommt zum Interessenkonflikt; der eine wird zum Angreifer, der andere zum Verteidiger des Vertrages. Das Interesse der anspruchsverpflichteten Partei ist darauf gerichtet, weiterhin an der vertraglichen Regelung festzuhalten (Verteidigungshaltung), denn schließlich wird sie durch die Verkürzung begünstigt. Die anspruchsberechtigte Partei versucht indes Wege zu finden, eben diesen Vertrag außer Kraft zu setzen (Angriffshaltung), weil die Anwendung der gesetzlichen Regelungen für sie in der Regel vorteilhafter ist. Statt habgieriger Absichten steht meist die Geltendmachung schützender und kompensatorischer Ansprüche im Vordergrund, die das Recht der betroffenen Person ohne den Vertrag zugestehen würde.

Beide Parteien werden daher mit den ihnen zur Verfügung stehenden Mitteln versuchen, ihren Partikularinteressen entsprechend bestmöglich auf das Ergebnis Einfluss zu nehmen. Vor allem für die anspruchsberechtigte Partei bestehen in der nationalen Dimension (materiell-rechtlich) wie auch in der internationalen Dimension (prozessuale Taktik) hierfür qualitativ divergierende Angriffspunkte. Denn während eine Abstandnahme vom Vertrag vor dem Hintergrund des materiellen Rechts zum Schutz der schwächeren Partei vollkommen legitim erscheinen kann, könnte der Rechtszustand *de lege lata* im Recht der internationalen Zuständigkeit und des Kollisionsrechts bei Sachverhalten mit Auslandsberührung im schlimmsten Falle zu einer Instrumentalisierung der nationalen Schutzmechanismen führen. Es stellt sich sodann die Anschlussfrage, ob und in welchem Maße der anspruchsverpflichteten, auf den Vertrag vertrauenden Partei aus Gründen der Chancen- und Waffengleichheit Verteidigungsmittel zuzusprechen sind. Dies gilt auch, wenn die Rollenverteilung (Anspruchsberechtigter oder Anspruchsverpflichteter) und infolgedessen die Interessenlage der Parteien zwischen Vertragsabschluss (Resignation oder Forcierung) und Geltendmachung (Angriff oder Verteidigung) im zeitlichen Verlauf der Ehe alternieren sollte.

---

7 *Hitchings* [2009] Fam Law, 1056 (1059); *Sanders*, Statischer Vertrag und dynamische Vertragsbeziehung, S. 87 f.

8 So bereits für das deutsche Recht Göppinger/Börger-*Börger*, Vereinbarungen anlässlich der Ehescheidung, 1. Teil Rn. 48.

Hiervon zu unterscheiden sind andererseits gesetzliche Ansprüche, die erweitert werden (*Vereinbarungen mit positiver Funktion*).[9] Diese vertragliche Abweichung geht zulasten der anspruchsverpflichteten, wirtschaftlich stärkeren Partei, sodass im Vergleich zur ersten Konstellation die dargestellten Interessenlagen und aufgeworfenen Fragestellungen grundsätzlich mit vertauschten Rollenverteilungen wiederkehren: Der Anspruchsverpflichtete wird zum Angreifer und der Anspruchsberechtigte zum Verteidiger des Vertrages. Die finanziell nachteilhaften Auswirkungen zulasten der wirtschaftlich stärkeren Partei sind jedoch grundsätzlich leichter hinnehmbar als solche zulasten der schwächeren Partei. Zudem stehen der stärkeren Partei bei Vertragsschluss aufgrund ihrer wirtschaftlichen Überlegenheit meist mehrere Handlungsoptionen offen, sodass die Eingehung nachteilhafter Regelungen erst einmal selbstbestimmt erfolgt. Das Schutzbedürfnis der stärkeren Partei ist daher jedenfalls zum Zeitpunkt des Vertragsabschlusses gering, auch wenn es im Laufe der Jahre im Falle sich verändernder, für den Inhalt des Vertrages ausschlaggebender Faktoren erneut steigen kann. Das Hauptaugenmerk der Untersuchung liegt aus diesem Grund auf der erstgenannten Konstellation.

II. Nationale Dimension – Materielles Sachrecht

1. Privatautonomie und Schutzmechanismen

Die nationalen Rechtsordnungen unterscheiden sich zuweilen signifikant im Hinblick darauf, wie sie vermögensrechtliche Verträge zwischen Ehegatten einordnen. Ist es in vielen Rechtsordnungen die Regel, dass privatautonome Vereinbarungen als wählbare Alternative (Opt-Out-System) zu einem vom Gesetz vorgegebenen Schutz- und Kompensationssystem (Default System) getroffen werden können, so ist es in England und Wales durchaus üblich, Marital Agreements als gegenüber dem Matrimonial Court nicht bindend anzusehen und das Default System als maßgebliche Entscheidungsgrundlage heranzuziehen; bei Letzterem besteht demzufolge grundsätzlich keine Möglichkeit zum Opt-Out.[10] Die Stellung der Privatautonomie in einer Rechtsordnung steht damit in jedem

9 Zum seltenen Fall als Beispiel im deutschen Recht: BGH, FamRZ 2009, 198; *Münch*, Unterhaltsvereinbarungen, Rn. 239 ff.; *Schmitz*, RNotZ 2011, 265 (265 ff.); *Herrler*, FPR 2009, 506 (506 ff.).

10 Einen sehr gezielten und umfassenden (Niederlande, Belgien, Frankreich, Luxemburg, Portugal, Italien, Spanien, Mittel- und Ost-Europa, Dänemark, Finnland, Island, Norwegen, Schweden, Deutschland, Schweiz, Griechenland, England und Wales, Irland, Australien, Österreich, Neuseeland, Schottland, Singapur und die Common Law

Fall in einem starken Abhängigkeitsverhältnis zum jeweils zugrunde liegenden Default System.

Da die vermögensrechtlichen Verhältnisse der Ehegatten gerade im Scheidungsfall von enormer Bedeutung sind, sieht jede Rechtsordnung, unabhängig von der konkreten Stellung der Privatautonomie, ein schützendes Instrument zugunsten der schwächeren Partei sowie zugunsten eines Kindes vor.[11] Die Wirkungsweise des Instruments ist notwendigerweise an dem Mechanismus ausgerichtet, der die Integration privatautonomer Vereinbarungen in das jeweilige System beschreibt.

Das Schutzinstrument führt entweder dazu, dass die Privatautonomie der Ehegatten von vornherein eingeschränkt *oder* eine nachträgliche Inhaltskontrolle des Vertrages durchgeführt wird:[12] Im ersten Fall sind die Möglichkeiten zur privatautonomen Regulierung weitgehend unterbunden. Die Parteien werden auf die Vorschriften des Scheidungsfolgenrechts verwiesen, die unter den gegebenen Umständen eine nuancierte Berücksichtigung des Vertrages auf der Grundlage des richterlichen Ermessensspielraumes als Integrationsmechanismus in die Entscheidung zulässt (*sekundäre Integration* mit Positiveffekt). Der dahinter stehende Gedanke ist häufig von Einzelfallgerechtigkeitsaspekten getrieben und Ausprägung eines paternalistischen Ansatzes. Im zweiten Fall sind privatautonome Regelungen grundsätzlich erlaubt (*primäre Integration* in Opt-Out-Systemen mit Negativeffekt). Für bestimmte Sachlagen behält man sich jedoch die Option vor zu intervenieren und damit wiederum den gesetzlichen Vorgaben Wirkung zu verschaffen. Hintergrund dieser Konstellation ist, dass man den Parteien eine eigenständige Regelung ihrer Verhältnisse zutraut und dem Vertrag im Grundsatz rechtssichernde Wirkung zukommen lässt. Es handelt sich also hierbei um einen von Privatautonomie geprägten, individualistischen Ansatz. Das konkrete Verhältnis des Scheidungsfolgenrechts zur Möglichkeit des Opt-Outs sowie der Wahl der Schutzmechanismen offenbart deshalb unwillkürlich, wem die Rechtsordnung primär die Kompetenz zuschreibt, eine faire Entscheidung zu treffen: dem Richter (extern *ex post*) oder den Parteien (intern *ex ante*), ein zuvörderst paternalistischer oder privatautonomer Ansatz.[13]

---

geprägten Bundesstaaten der USA) Vergleich anstellend: *Scherpe*, in: Scherpe (Hrsg.), Marital Agreements, 443 (483 ff.).

11 *Scherpe*, in: Scherpe (Hrsg.), Marital Agreements, 1 m. w. N. für einzelne Rechtsordnungen.

12 Siehe hierzu ausführlich unten 2. Teil: B. II. 1. b) sowie weiterführend 2. Teil: C. III.

13 Siehen hierzu ausführlich unten 2. Teil: D.

2. Divergenz und Konvergenz im englischen und deutschen Recht

Im konkreten Vergleich der englischen und der deutschen Rechtsordnung zeigt sich die soeben angedeutete diametrale Interaktion zwischen Privatautonomie und Schutzmechanismen.[14] Die beiden Rechtsordnungen können im ehevertragsrechtlichen Kontext – wenn sie auf ihre Grundpfeiler reduziert werden – als weit voneinander entfernt eingestuft werden.[15] Nach englischem Recht können die zwischen den Parteien im Hinblick auf die vermögensrechtlichen Verhältnisse geschlossenen Agreements keine Bindung gegenüber dem Matrimonial Court herstellen, der im Falle der Scheidung unter Zugrundelegung eines erheblichen Ermessensspielraumes über die Anordnung der Financial Orders entscheidet. Vielmehr kann hier nur infolge der richterlichen Bewertung eine in Abhängigkeit von den Umständen des Einzelfalls stehende, mehr oder weniger starke Einbeziehung des Agreements in die jeweilige Entscheidung erfolgen. Die Gefahr eines ungerechten Vertrages wird insbesondere in paternalistischen Systemen als zu groß empfunden und wirkt sich deshalb negativ zulasten der Vertragsfreiheit aus.

Nach deutschem Recht steht es den Parteien offen, einen Vertrag zur Regelung des Güterrechts, des Versorgungsausgleichs sowie des nachehelichen Unterhalts zu schließen, sodass sie die Möglichkeit haben, das gesetzliche Scheidungsfolgenrecht vollständig abzuwählen. Im Falle der Scheidung ist das Gericht grundsätzlich an den Inhalt des Vertrages gebunden. Nur unter besonderen Umständen ist es Folge einer richterlichen Überprüfung, dass dem Vertrag nur teilweise bzw. keine Geltung zukommt. Bereits an dieser Stelle wird deutlich, dass sich das nationale Verständnis im Hinblick auf Vertragsfreiheit sowie Vertragsgerechtigkeit und dem damit eng verbundenen Gedanken der Rechtssicherheit und Einzelfallgerechtigkeit zumindest strukturell, nicht notwendigerweise auch inhaltlich, inkongruent gestaltet.

---

14 Siehe unten Abb. 1 (S. 148).

15 Siehe hierzu ausführlich unten 2. Teil: B.

Trotz der strukturellen Divergenzen ist seit der Entscheidung des Supreme Courts[16] in *Radmacher v Granatino* („*Radmacher*") im Oktober 2010[17] und den Reformbestrebungen der Law Commission[18] für das englische Recht einerseits sowie seit der Entscheidung des BVerfG aus dem Jahre 2001[19] und des BGH aus dem Jahre 2004[20] für das deutsche Recht andererseits eine Entwicklung in Richtung einer Sachrechtsannäherung der beiden Rechtsordnungen zu verzeichnen.[21] Denn während das englische Recht privatautonomen Entscheidungen von Ehegatten steigende Bedeutung auf der Grundlage des Two-Stage-Tests of Fairness beimisst, ist entgegengesetzt dazu im deutschen Recht eine Zunahme von richterlichen Inhaltskontrollen von Eheverträgen am Maßstab der Wirksamkeits- und Ausübungskontrolle nach §§ 138 Abs. 1, 242 BGB festzustellen. Inhaltlich besteht Einigkeit insoweit, als für die richterlichen Prüfverfahren der Zeitpunkt des Abschlusses sowie der spätere Zeitpunkt der Geltendmachung der Vereinbarung entscheidend sind. Dieser zeitliche Ansatz der Prüfverfahren kann mehrheitlich mit der besonderen emotionalen Verbundenheit der Ehegatten und der Langfristigkeit der Vertragsbeziehung begründet werden, die eine rationale Einschätzung der Lage und eine realistische Einbeziehung zukünftiger Entwicklungen erschwert. Die Vereinbarung als „statisches Instrument" kann insbesondere auf den „dynamischen Verlauf" der Beziehung nicht angemessen reagieren, sodass hierauf mithilfe der richterlichen Prüfverfahren individuell und den Gegebenheiten der jeweiligen Rechtsordnung entsprechend eingegangen werden muss.[22]

---

16 Höchste gerichtliche Instanz des Vereinigten Königreichs, das 2009 erstmals zusammentrat und entsprechend dem Introductory Text und s. 40 i. V. m. sch. 9 des Constitutional Reform Act 2005 u. a. die rechtsprechende Funktion des House of Lords übernahm (Ziel: Trennung zwischen Legislative [House of Commons, House of Lords] und Judikative), siehe dazu *Slapper/Kelly*, English Legal System, §§ 4.5, 4.7 und 4.9. Hiermit hängt auch die Veränderung in der Anrede des weiblichen Richters von „Baroness" zu „Lady" zusammen.

17 [2010] UKSC 42.

18 CP No. 198 und No. 208 sowie der dazugehörige Report Law Com No. 343.

19 BVerfG, FamRZ 2001, 343 und BVerfG, FamRZ 2001, 985.

20 BGH, FamRZ 2004, 601.

21 Siehe hierzu ausführlich unten 2. Teil: C (Rechtsvergleichung) sowie 1. Teil: C. V (Englisches Recht).

22 Zurückgehend auf *Sanders*, Statischer Vertrag und dynamische Vertragsbeziehung, §§ 13–16; siehe ausführlich unten 2. Teil: C. II. 2. c) bb) (Ausübungskontrolle im deutschen Recht).

III. Internationale Dimension – Internationale Zuständigkeit und Kollisionsrecht

Eheverträge werden vor dem Hintergrund einer bestimmten Rechtsordnung geschlossen. Sie beziehen sich inhaltlich auf ein konkretes Scheidungsfolgensystem und passen dieses den individuellen Gegebenheiten an. Liegt jedoch ein Sachverhalt mit Auslandsberührung (internationale Ehepaare)[23] vor, kann das in Bezug genommene Scheidungsfolgensystem durch die anwendbaren Vorschriften zur internationalen Zuständigkeit und zum Kollisionsrecht aus dem Blick geraten und die in den nationalen Rechtsordnungen bestehenden materiell-rechtlichen Unterschiede hervortreten. Gerade das Verhältnis von Privatautonomie und Schutzmechanismen ist vom Gerechtigkeitsverständnis des jeweiligen Sachrechts abhängig und soll hiermit weniger einer Kritik ausgesetzt, als vielmehr einer Konterkarierung mithilfe von Lücken auf internationaler Ebene entzogen werden.

Die Wahrscheinlichkeit für eine rechtlich relevante Verbindung zu einer anderen Rechtsordnung steigt mit zunehmender Migration;[24] es findet eine stete Veränderung der gesellschaftlichen Verhältnisse im Hinblick auf die im internationalen Familienrecht entscheidenden Elemente des gewöhnlichen Aufenthaltes und der Staatsangehörigkeit bzw. des Domiciles[25] statt. Im Jahr 2007 hatten 16 Millionen der insgesamt 122 Millionen Ehen in der EU grenzüberschreitenden Charakter.[26] Jährlich werden in der EU 2,2 Millionen neue Ehen geschlossen und rund 45 % wieder geschieden.[27] Allein in Deutschland sind 11,4 % aller jährlich geschlossenen Ehen solche zwischen einem deutschen Staatsangehörigen und einem Ausländer.[28]

---

23 Gemeint sind damit Ehen, bei denen die Staatsangehörigkeit bzw. das Domicile oder der gewöhnliche Aufenthaltsort mindestens eines Ehegatten einen Berührungspunkt zu einem anderen (zweiten) Staat herstellt.

24 *Dethloff*, Familienrecht, § 1 Rn. 53; *dies.*, ZEuP 2007, 992.

25 Zum Begriff „Domicile“ siehe unten 3. Teil: B. I. 1. b) sowie Fn. 1135.

26 Europäische Kommission, Bericht über die Unionsbürgerschaft 2010, KOM (2010) 603 endg., S. 5.

27 Statistisches Amt der Europäischen Union, Europa in Zahlen – Eurostat-Jahrbuch, § 1.3, abrufbar unter: http://ec.europa.eu/eurostat/statistics-explained/index.php/Europe_in_figures_-_Eurostat_yearbook/de (Stand: 18.12.2014).

28 Insgesamt wurden 387.423 Ehen (unabhängig von der Nationalität) geschlossen, wovon 44.175 Eheschließungen zumindest eine Person mit ausländischer Staatsangehörigkeit tangierten, Statistisches Bundesamt, Bevölkerung: Eheschließungen nach Jahren bzw. Eheschließungen zwischen Deutschen und Ausländern, Stand: 2012,

1. *Forum Shopping und internationale Zuständigkeit (Lokalproblem)*

Eine rechtlich relevante Verbindung zu einem anderen Staat kann durch bewusstes Kalkül eines Ehepartners sorgfältig ausgewählt oder sogar erst hergestellt[29] worden sein. Berücksichtigt man die Interessenlagen, ist die Auslandsberührung meist aus Sicht der wirtschaftlich schwächeren Partei von Bedeutung, die sich von den für sie ungünstigen Vertragsregelungen lossagen möchte, an denen sie im eigentlich für sie geltenden Recht festgehalten werden würde. Dafür sucht sie sich eine derjenigen ausländischen Rechtsordnungen aus, welche die für sie günstigsten materiell-rechtlichen Ergebnisse bereithält. Als besonders attraktiv wird in diesem Kontext das englische Recht angesehen, weil es zum einen im Vergleich zu anderen Rechtsordnungen zugunsten des Schwächeren großzügigere Entscheidungen hervorbringt und zum anderen eine Bindungswirkung von vermögensrechtlichen Verträgen zwischen Ehegatten gegenüber dem Familiengericht nicht anerkennt.[30] Nicht ohne Grund wird London deshalb als „Divorce Capital of the World"[31] bezeichnet.[32] Je höher das in Rede stehende Vermögen, desto größer kann die Versuchung für die wirtschaftlich schlechter gestellte Partei sein, einen nach Maßgabe einer privatautonomiefreundlichen Rechtsordnung geschlossenen Vertrag mithilfe einer privatautonomiefeindlichen Rechtsordnung verwerfen zu lassen,[33] denn „[a] foreign pre-nuptial or other marital agreement that would be upheld by the foreign court cannot straightforwardly

---

abrufbar unter: https://www.destatis.de/DE/ZahlenFakten/GesellschaftStaat/Bevoelkerung/Eheschliessungen/Eheschliessungen.html (Stand: 18.12.2014).

29 Zur Entstehung eines Forums für die Ehescheidung durch Aufenthaltswechsel siehe *Rieck*, FPR 2007, 251 (253), und dessen Bedeutung für die Scheidungsfolgen: Rauscher-*Rauscher*, EuZPR/EuIPR, Art. 3 Brüssel IIa-VO Rn. 15; insofern könnte eine Zuständigkeitserschleichung in Betracht zu ziehen sein: vgl. *Schütze*, Rechtsverfolgung im Ausland, Rn. 110 f.

30 *Scherpe* [2010] P.C.B., 190: In ungefähr einem von fünf Scheidungsfolgenrechtsfällen sei ein Ehepartner ohne britische Staatsangehörigkeit involviert; *Miller*, in: Miller (Hrsg.), Frontiers of Family Law, 120 (125); *Brown/Fisher* [2009] P.C.B., 221 (223); *Morley* [2006] Fam Law, 772 (775).

31 Siehe nur *Thorpe* [2009] Fam Law, 21, sowie zur Bedeutung des englischen Rechts im Allgemeinen unten Fn. 65.

32 Um u. a. eben diese Gefahr zu minimieren, gehören internationale Ehepaare in England zu den häufigen Zielgruppen eines Marital Agreements, *Hitchings* [2009] Fam Law, 1056 (1059 f.).

33 Eine Zunahme des Forum Shoppings im Allgemeinen bestätigend: European Policy Evaluation Consortium, Study to Inform a Subsequent Impact Assessment on the Commission Proposal on Jurisdiction and Applicable Law in Divorce Matters, 2006,

be given effect by the English court which finds itself, however ,inconveniently', with jurisdiction and which has to apply English law."[34]

Ist das Kollisionsrecht auf internationaler Ebene, wie es im Scheidungs- und Scheidungsfolgenrecht derzeit der Fall ist, weder in seinem sachlichen noch in seinem territorialen Anwendungsbereich vollständig vereinheitlicht, rücken die Vorschriften des Internationalen Zivilverfahrensrechts[35] sodann entscheidend in den Mittelpunkt und haben nun maßgeblichen Einfluss darauf, welches materielle Recht zur Anwendung gelangen kann.[36] Denn eine uneinheitliche Anknüpfung im Kollisionsrecht zur Bestimmung des anwendbaren Sachrechts führt grundsätzlich dazu, dass im direkten Vergleich der potenziell zuständigen Gerichte unterschiedliche Rechtsordnungen berufen sein können. Über die Wahl des zuständigen Gerichts kann daher, insbesondere wenn wie im englischen Recht eine *lex fori*-Regelung die einschlägige Kollisionsregel darstellt, auf das zur Anwendung gelangende Recht Einfluss genommen werden („Forum Shopping").[37] Hat sich ein englisches Gericht erst einmal für zuständig erklärt, wendet es stets, d. h. selbst bei Bestehen einer Rechtswahlklausel, das eigene materielle Sachrecht (*lex fori*)[38] an, sodass damit die Scheidung selbst sowie als Annex das scheidungsfolgenrechtliche Verfahren dem englischen Recht unterliegt.[39] Forum Shopping wird begünstigt und führt in letzter Konsequenz dazu, dass die Divergenzen des

S. 48 f., abrufbar unter: http://euromed-justiceii.eu/en/documents/show/&tid=233 (Stand: 18.12.2014).

34 *Miles*, in: Scherpe (Hrsg.), Marital Agreements, 89 (118).

35 Siehe zum Rechtszustand *de lege lata* ausführlich unten 3. Teil: B. I.

36 Im Anwendungsbereich der *lex fori*: Rieck-*Woelke*, Ausländisches Familienrecht, England und Wales, Rn. 67; Law Commission, CP No. 198, § 7.100; *Kohler*, FPR 2008, 193.

37 Unter Forum Shopping versteht man das systematische Ausnutzen nebeneinander bestehender Zuständigkeiten, um spezielle materiell-rechtliche oder prozessuale Vorteile zu erlangen, *Schütze*, Rechtsverfolgung im Ausland, Rn. 79 ff.

38 An den bisherigen Reformbewegungen im Bereich des Kollisionsrechts beteiligt sich u. a. das Vereinigte Königreich nicht, als ersten Anhaltspunkt siehe *Finger*, FuR 2011, 61 (62 ff.); ausführlich dazu unten 3. Teil: B. II.

39 *C v C (Ancillary Relief: Nuptial Settlement)* [2004] EWCA Civ 1030, para. 31; *Miles*, in: Scherpe (Hrsg.), Marital Agreements, 89 (116): „The basic position in English law is that whatever it has jurisdiction to grant the divorce, it also has jurisdiction to deal with those ancillary relief matters, and the conventional view is that this will happen wherever the English court has jurisdiction in the divorce under Brussels II [sic]. And that the court will, of course, then apply English law in relation to those issues." Die nationale Annexkompetenz zwischen dem Scheidungs- und dem Scheidungsfolgenrecht (siehe dazu unten 1. Teil: B. I. 1. b)) bewirkt daher eine Anwendung der *lex fori* in beiden Fällen.

nationalen Rechts durch die wirtschaftlich schwächere Partei ausgenutzt werden können. Der Wunsch des wirtschaftlich stärkeren Ehegatten nach Rechtssicherheit steht damit nicht nur in einem Spannungsfeld zur rechtlichen nationalen, sondern insbesondere auch zur internationalen Lage. Der wirtschaftlich schwächere Ehegatte hat hingegen ungerechtfertigterweise eine weitere, wenn auch qualitativ andersartige Angriffsmöglichkeit hinzugewonnen.

Die Möglichkeit mittels europäischer Verordnungen Forum Shopping zu betreiben, besteht nur, weil die Parteien – jedenfalls im Scheidungs- und Unterhaltsrecht – zwischen mehreren zuständigen Gerichten wählen können. Im Falle positiver Kompetenzkonflikte verursacht die strikte Anwendung des Prioritätsgrundsatzes einen Wettlauf zu den Gerichten („Race to the Courthouse"), weil das zuerst angerufene Gericht sich grundsätzlich für zuständig erklären muss.[40] Die schnellere Partei kann so eine potenzielle Anrufung eines Gerichts in einem anderen Mitgliedstaat durch die gegnerische Partei blockieren, wodurch die bestehende Lücke zum Forum Shopping in gesteigertem Maße negativ hervorsticht. Denn durch diesen zeitlichen Druck lassen sich auch unentschlossene Ehegatten zu einer voreiligen Entscheidung bewegen, wenn sie verhindern wollen, dass ein für sie ungünstigeres materielles Recht zur Anwendung gelangt. Dies steht in einem Widerspruch zu den materiell-rechtlichen Grundsätzen der meisten Rechtsordnungen, welche die Ehe als eine dauerhafte Institution ansehen und die durch die Einhaltung von fest vorgeschriebenen Trennungszeiten gerade die Möglichkeit einer Versöhnung bewahren und die Aufrechterhaltung der Ehe positiv beeinflussen möchten.[41]

Ungeachtet dessen, dass das Forum Shopping so lange vollen Schutz der europarechtlichen Zuständigkeitsvorschriften genießt, wie eine Wahl zwischen mehreren alternativ zuständigen Gerichten rechtlich zugelassen wird,[42] kann man sich im Ehevertragskontext des Eindrucks rechtsmissbräuchlicher Handhabe[43]

---

40 *Finger*, FuR 2011, 61 (64); *Wagner*, FPR 2004, 286 (288).

41 Zum verfahrensrechtlichen und materiell-rechtlichen Charakter der Trennungsphase und deren Berücksichtigung: *Andrae*, Internationales Familienrecht, § 4 Rn. 63.

42 *Kropholler*, Internationales Privatrecht, S. 636; *Schütze*, Rechtsverfolgung im Ausland, Rn. 101 f.; *Finger*, FuR 2011, 61 (63).

43 Der EuGH, NZG 1998, 462, bestätigt, dass auch das Gemeinschaftsrecht der Schranke des Rechtsmissbrauchs, als europarechtlich anerkannte Fallgruppe des Grundsatzes von Treu und Glauben, unterliegt. Das primäre oder sekundäre Gemeinschaftsrecht wird mit der Absicht imstrumentalisiert, um sich – je nach Perspektive – als Inländer der Anwendung des nationalen Rechts zu entziehen („Normentziehung") oder als Ausländer in den Genuss nationalen Rechts zu gelangen („Normerschleichung") und

nicht erwehren und zur Lückenschließung *de lege ferenda*[44] nur ausdrücklich anmahnen: Die Parteien haben sich ursprünglich vertraglichen Regelungen auf der Grundlage einer Rechtsordnung unterworfen, deren Anwendung eine der Parteien über das Unionsrecht zu verhindern versuchen könnte. Aus der Perspektive einer an der Privatautonomie ausgerichteten Rechtsordnung widersprechen sich die frühere Rechtsausübung, d. h. der einvernehmliche Abschluss des Vertrages, und die spätere Rechtsausübung, d. h. die Abstandnahme unter Zuhilfenahme eines ausländischen Rechts.[45] Denn der materiell-rechtliche Schutz, der der schwächeren Partei zu Recht auf der nationalen Ebene über individuelle Mechanismen in einer anderen als der ursprünglich in Bezug genommenen Rechtsordnung gewährt wird, darf nicht nach Belieben auf der internationalen Ebene dazu instrumentalisiert werden können, den Vertrag außer Kraft zu setzen. Maßstab für die Beurteilung des Vertrages zum Zeitpunkt des gerichtlichen Verfahrens kann stets nur dasjenige Recht sein, das zum Zeitpunkt des Abschlusses als Maßstab für die konkrete inhaltliche Ausgestaltung herangezogen wurde, denn nur auf dessen Schranken, die der Privatautonomie national gesetzt werden, konnte bei Vertragsabschluss Rücksicht genommen werden.[46] Vorausgesetzt den Fall, dass der Vertrag nach diesen ursprünglichen Maßstäben auch weiterhin anerkannt würde, sollte nun diejenige Partei geschützt werden, die zu Recht auf

---

sich hieraus Vorteile zu verschaffen; siehe hierzu ausführlich MüKo-*Roth/Schubert*, BGB, § 242 Rn. 156 ff.; *Fleischer*, JZ 2003, 865, (869 ff.); *Schön*, in: FS Wiedemann, 1999, 1271 (1273 ff.).

44 Eine Anwendung des Grundsatzes mit der Folge, dass das Gericht den Verstoß bereits *de lege lata* verhindert, soll hiermit nicht begründet werden, weil sich ein Verstoß erst nach der materiell-rechtlichen Prüfung offenbart und demzufolge zum Zeitpunkt der Entscheidung über die internationale Zuständigkeit antizipiert werden müsste. Vielmehr soll hierdurch der Handlungsbedarf *de lege ferenda* aufgezeigt, ein Forum Shopping von vornherein verhindert und damit Rechtssicherheit geschaffen werden.

45 Insofern liegt aus deutscher Sicht der Vorwurf eines *venire contra factum proprium* recht nahe. Ihr Verhalten im Laufe der Zeit zu ändern, steht den Parteien grundsätzlich frei und kann jedenfalls nicht allein als widersprüchlich gelten, BGH, NJW 1997, 3377 (3379); NJW 1983, 2073 (2075).

46 Geht man allerdings davon aus, dass diese Prämisse nicht den richtigen Ausgangspunkt darstellt, d. h. dass nicht ein bestimmtes materielles Sachrecht Grundlage des Ehevertrages ist, entsteht aus dem Argument unwillkürlich ein Zirkelschluss. Denn dann fehlt der materiell-rechtliche Maßstab zur Beurteilung des Vertrages, dessen nationale Bestandskraft als Argument gegen die prozessuale Taktik in der internationalen Dimension angeführt wird. Zu bedenken ist, dass die Verbindlichkeit eines Vertrages immer von vertragsexternen Bedingungen abhängig ist, so rekurrierend auf *Rawls*: *Kersting*, John Rawls, S. 123 f.

den Bestand des Vertrages vertraut hat[47] – das Forum Shopping muss deshalb im Ehevertragskontext unterbunden werden, weil kein legitimes Argument für eine solche Bevorzugung des Klägers streitet. Der Grundsatz *volenti non fit iniuria* sollte im Falle der nationalen Anerkennung des Vertrages auch für eine internationale Anerkennung sprechen. Die materiell-rechtliche Wertung zugunsten der Privatautonomie sollte durchschlagen,[48] denn es wäre fatal, wenn den Ehepartnern im Rahmen ihrer nationalen Rechtsordnung die Möglichkeit gegeben würde, ihre vermögensrechtlichen Verhältnisse selbst zu regeln, der Vertrag es auf der anderen Seite im internationalen Bereich aufgrund von Inkongruenzen nicht vermag, seine Rechtssicherheit suggerierende Funktion zu erfüllen. Andernfalls entstünde hier eine willkürliche Ungleichbehandlung zwischen rein nationalen und internationalen Konstellationen.[49]

Aus alldem folgt, dass vor der Bestimmung des zuständigen Gerichts (*ex ante*) die anwendbaren Kollisionsregeln und das aus diesen Regeln folgende Sachrecht nicht vorhergesehen werden kann. Lediglich *ex post* kann über das anwendbare Recht eine Prognose getroffen werden. Deshalb kann ein rein kollisionsrechtlicher Ansatz jedenfalls in solchen Fällen keine Abhilfe versprechen, in denen das zuständige Gericht ein solches derjenigen Mitgliedstaaten ist, die sich an der jeweils einschlägigen Verordnung zum Kollisionsrecht nicht beteiligen (territorialer Anwendungsbereich) oder mangels internationaler Vereinheitlichung ein Rückgriff auf das nationale Kollisionsrecht erfolgt (sachlicher Anwendungsbereich).

Der aktuelle Rechtszustand ist unbefriedigend und beruht weitgehend auf einem unterschiedlichen Verständnis hinsichtlich der Form einer einheitlichen Rechtsanwendung. Im englischen Recht wird an der Anwendung der *lex fori* festgehalten, weil es die Anwendung ausländischen Rechts, die das Prinzip der

---

47 Das Vertrauen bezieht sich auf die Vertragsgültigkeit, eine Richtigkeitsgewähr lässt sich hieraus nicht entnehmen, *Bydlinski*, Privatautonomie, S. 66. Letztere lässt sich vielmehr erst nach materiell-rechtlicher Prüfung bestätigen. Zum Vertrauensschutz aus materiell-rechtlicher Perspektive „als Korrelat der privatautonomen Gestaltungsfreiheit“: *Canaris*, Vertrauenshaftung, S. 5 f., 439 ff.; zum Vertrauensschutz aus kollisionsrechtlicher Perspektive: *Kropholler*, Internationales Privatrecht, S. 149 ff.

48 Üblicherweise schlägt sich die materiell-rechtliche Wertung im Kollisionsrecht nieder, *Kropholler*, Internationales Privatrecht, S. 33 f. Siehe deshalb auch einen Ansatz zum Rechtszustand *de lege ferenda* im Kollisionsrecht unten 3. Teil: C. II. 1. b) bb) bzw. den im hiesigen Kontext etwas flexibleren Ansatz in der Zuständigkeit, 3. Teil: C. II. 1. b) und 2.

49 Zur eingängigen Beschreibung des Problems mit Bezug zum Ehegüterrecht siehe *Burghaus*, Vereinheitlichung des Internationalen Ehegüterrechts, S. 243 f.

lex causae nach sich ziehen kann, nicht befürwortet.[50] Vor dem Erlass internationaler Zuständigkeitsvorschriften stand dies im Einklang mit der national geltenden *forum non conveniens*-Lehre, weil englische, die *lex fori* anwendenden Gerichte ihr Verfahren zugunsten des adäquaten Forums aussetzen konnten. Im europarechtlichen Kontext hat man sich nun im Hinblick auf die zivilverfahrensrechtlichen Vorschriften auf ein nicht abgestuftes Zuständigkeitenmodell verständigt, das vor allem nach zeitlicher Priorität, und damit gerade nicht primär nach sachlicher oder räumlicher Adäquanz, für oder gegen die Zuständigkeit des jeweiligen Gerichts entscheidet. Während aus englischer Sicht eine Lösung dieses Problems auf der Ebene der Zuständigkeitsvorschriften (Einführung der *forum non conveniens*-Regelung im internationalen Bereich) angemessen erscheint, wird im internationalen Bereich eine Teilnahme des Vereinigten Königreichs an den europarechtlichen Vorschriften zum Kollisionsrecht für zuträglich erachtet. Das Lokalproblem entsteht daher durch eine Korrelation verschiedener Faktoren auf englischer und europäischer Ebene, sodass eine Lösung über eine der beiden Ebenen gefunden werden muss. Die derzeitige Situation verhindert die in Art. 67, 81 AEUV zum Ziel der EU erklärte Bildung eines „Raumes der Freiheit, der Sicherheit und des Rechts",[51] dem sich Dänemark, das Vereinigte Königreich und Irland[52] bewusst entzogen haben; gefördert wird ein „Europa à la carte"[53] mittels Opt-Out bzw. Opt-In-Option.

2. *Rechtsanwendungsunsicherheit und Kollisionsrecht (Globalproblem)*

Eine rechtlich relevante Verbindung kann aber auch rein zufällig vorhanden sein und dazu führen, dass sich ein Vertrag anhand von Maßstäben einer anderen als derjenigen Rechtsordnung bewerten lassen muss, die den ursprünglichen Maßstab für dessen Abschluss bildete. Im Vergleich zum Lokalproblem steht hier weniger die bewusste Instrumentalisierung einer konkreten privatautonomiefeindlichen Rechtsordnung mithilfe von nebeneinander bestehenden Zuständigkeiten im Fokus, sondern vielmehr die Rechtsanwendungsunsicherheit im Allgemeinen, und damit auch vor allem im vereinheitlichen Kollisionsrecht,

---

50 *Miles*, in: Scherpe (Hrsg.), Marital Agreements, 89 (115); *Karsten*, FamRZ 2011, 1474 (1478 f.); *Martiny*, FPR 2008, 187 (191); siehe dazu im Einzelnen unten 1. Teil: C. V. 4. b) aa) (materiell-rechtlicher Kontext) bzw. 3. Teil: B. II. 2 (internationaler Kontext).

51 *Dutta*, EuZW 2010, 530.

52 Siehe hierzu unten 3. Teil: A.

53 *Basedow*, RabelsZ 73 (2009), 455 (459).

die durch kollisionsrechtlich relevante Berührungspunkte zu *irgendeiner anderen* Rechtsordnung entstehen kann.

Dem Kollisionsrecht[54] liegt ein mit dem materiellen Sachrecht nicht zwingend kongruentes Gerechtigkeitsverständnis zugrunde: Sofern das Prinzip der *lex causae* Systemgrundlage ist, sucht das Kollisionsrecht entsprechend dem Anknüpfungsgegenstand (Rechtsfrage des Sachverhalts) anhand von ausgewählten Anknüpfungspunkten (charakteristisches Merkmal des Sachverhalts) nach demjenigen Recht, das die engste Verbindung zum relevanten Sachverhalt hat, ohne dabei auf dessen konkreten materiell-rechtlichen Inhalt Rücksicht zu nehmen.[55] Gerade im Scheidungsfolgenrecht werden bei der Festlegung des Anknüpfungspunktes regelmäßig Aspekte wie bspw. der Schutz des Unterhaltsberechtigten in den Vordergrund gestellt. Alternative, teils sogar dynamische Anknüpfungspunkte wie der allgemein im Vordringen befindliche gewöhnliche Aufenthaltsort,[56] die kraft Wandelbarkeit einen Statutenwechsel ermöglichen, können zu Veränderungen hinsichtlich des anwendbaren Rechts führen. Es kommt zum allseits bekannten „Sprung ins Dunkle"[57] und das womöglich multipel, weil die zur Anwendung gelangenden internationalen oder nationalen Rechtsakte eine Differenzierung nach einzelnen Scheidungsfolgen vorsehen.

Die der Dynamik der Parteien und der ehelichen Beziehung Rechnung tragende Anknüpfung kann aber wohl nur dann Anwendungsvorrang für sich beanspruchen, wenn die *gesetzlichen* Scheidungsfolgen gelten. Sobald sich die Ehegatten für eine *vertragliche* Regelung der Scheidungsfolgen entschieden haben, wäre eine Anwendung desjenigen Rechts angezeigt, auf dessen Grundlage die Entscheidung gründete. Denn der Vertrag ist zum einen ein einheitlicher Regelungskomplex, der nicht auf eine zersplitternde Rechtsanwendung in Abhängigkeit von der jeweiligen Scheidungsfolge (Anknüpfungsgegenstand) einschließlich der dynamischen Anknüpfungspunkte ausgelegt ist. Zum anderen ist der Vertrag primär ein statisches Instrument, dessen Inhalt bei Vertragsabschluss an konkreten materiell-rechtlichen Maßstäben (formale und inhaltliche Schranken der Privatautonomie) ausgerichtet wird und bereits ab diesem Zeitpunkt im Hinblick auf das Güterrecht rechtliche Relevanz besitzen kann.

---

54 Siehe zum Rechtszustand *de lege lata* ausführlich unten 3. Teil: B. II.

55 *Kropholler*, Internationales Privatrecht, S. 24 ff.

56 Im Kollisionsrecht: Garbe/Ullrich-*Andrae*, Verfahren in Familiensachen, § 13 Rn. 17 ff.; eine solche Entwicklung zeigt sich auch im Kontext der internationalen Zuständigkeit in Statussachen wie der Ehescheidung: Rauscher-*Rauscher*, EuZPR/EuIPR, Art. 3 Brüssel IIa-VO Rn. 3 ff., 33.

57 Zurückgehend auf *Raape*, Internationales Privatrecht, S. 90.

Zumindest beschränkt auf den vertraglichen Kontext scheint deshalb eine für alle Scheidungsfolgen (ggf. die Scheidung inkludierend) einheitliche und starre Anknüpfung gerechtfertigt.[58]

In der Aussage „[d]ie Rechtswahl ist (...) das kollisionsrechtliche Spiegelbild der Vertragsfreiheit"[59] kommt zum Ausdruck, dass der materiell-rechtlichen Privatautonomie nur dann Geltung verschafft wird, wenn das auf den Vertrag anwendbare Recht vorab bestimmt werden kann. Dem nationalen Grundsatz der Vertragsfreiheit müsste demzufolge ein Pendant auf internationaler Ebene zur Seite gestellt werden. Die Rechtsanwendungsunsicherheit muss beseitigt und ein Gleichlauf des Gerechtigkeitsverständnisses zwischen materiellem Sachrecht und Kollisionsrecht geschaffen werden.

Wie bereits auf der Ebene der Zuständigkeit müssen daher auch auf der Ebene des Kollisionsrechts rechtliche Instrumente etabliert werden, die es vermögen, dass das auf den Vertrag anwendbare Recht *für den ganzen Vertrag einheitlich* und *ex ante* bestimmt werden kann; ob eine Rechtswahl das einzig denkbare und richtige Instrument *de lege ferenda* darstellt, gilt es allerdings zu überprüfen. Im Rechtszustand *de lege lata* besteht jedenfalls an dieser Stelle ein kollisionsrechtliches Einfallstor für Entwertungen des Vertrages. Es wäre sinnlos sich zunächst mit der materiell-rechtlichen Regelung der Scheidungsfolgen anhand von konkreten Maßstäben einer Rechtsordnung auseinanderzusetzen, bliebe das später darauf anzuwendende Recht unbestimmt oder unvorhersehbar.

Auch wenn das Globalproblem damit seinen primären Schwerpunkt im Kollisionsrecht hat, käme man jedenfalls im Kontext europäischer Rechtsinstrumente nicht umhin, eine Verknüpfung zwischen kollisionsrechtlichem und zuständigkeitsrechtlichem Instrumentarium herzustellen. Dies gilt jedenfalls so lange, bis das Kollisionsrecht sowohl in sachlicher als auch in territorialer Hinsicht vereinheitlicht wird; bis dahin bleibt die Wahl des zuständigen Gerichts wegweisend.[60] Hierin besteht eine essentielle Verbindung zwischen dem lokalen und dem globalen Problem sowie dem avisierten Lösungsweg.[61] Eine potenzielle Lösung muss deshalb – diametral zur nationalen Dimension[62] – nicht der Dynamik des Verlaufs der Vertragsbeziehung, sondern dem Vertrag als statischem Instrument Rechnung tragen können, weshalb neben der kollisionsrechtlichen

58 Dies sogar allgemein für die Scheidungsfolgen, d. h. unabhängig vom vertraglichen Kontext, befürwortend: *Martiny*, FPR 2008, 187 (191 f.).
59 *McGuire*, SchiedsVZ 2011, 257 (258).
60 Vgl. Rauscher-*Rauscher*, EuZPR/EuIPR, Einl. Brüssel IIa-VO Rn. 46.
61 Siehe zum Rechtszustand *de lege ferenda* ausführlich unten 3. Teil: C.
62 Siehe oben Einleitung: A. II. 2.

Rechtswahl unter Einbeziehung der Ebene der internationalen Zuständigkeit auch andere nicht wandelbare Anknüpfungspunkte in Betracht kommen könnten.[63] Gleichermaßen müssen sich die zur Beschränkung der Privatautonomie im materiellen Recht vorzufindenden Schutzmechanismen widerspiegeln.[64] Ziel kann es nicht sein, das Vertrauen der stärkeren Partei so weitreichend zu schützen, dass dem Vertrag zulasten der schwächeren Partei Geltung verschafft wird. Vielmehr soll dem Stärkeren nur dasjenige zuteilwerden, was ihm von derjenigen Rechtsordnung zugestanden worden wäre, unter deren Prämisse der Vertrag geschlossen wurde.

B. Zielsetzung und Gang der Untersuchung

Ziel der Untersuchung ist es, im Wesentlichen zwei Leitfragen zu beantworten. Die Einleitung orientiert sich bereits an dieser Zweiteilung, wenn sie nach nationaler (Einleitung: A. II) und internationaler Dimension (Einleitung: A. III) differenziert:

- Materielles Sachrecht: Welche Bedeutung haben Marital Agreements im englischen Scheidungsfolgenrecht (1. Teil) und inwiefern deuten die Entwicklungen auf eine Sachrechtsannäherung aus der Perspektive eines Privatautonomie geprägten Standpunktes hin (Rechtsvergleichung mittels deutscher Außenperspektive, 2. Teil)?
- Internationale Zuständigkeit und Kollisionsrecht: Wie ist der gegenwärtige Rechtszustand für Sachverhalte mit Auslandsberührung im Ehevertragskontext europarechtlich ausgestaltet (3. Teil: B) und welche Umgestaltungen stünden sinnvollerweise zur Option (3. Teil: C)?

Es geht darum festzustellen, wie groß der Unterschied zwischen der englischen Rechtsordnung mit privatautonomiefeindlicher Grundeinstellung (zentral: das Ermessen des Richters) und der deutschen, als Vertreter der kontinentaleuropäischen Rechtsordnungen mit privatautonomiefreundlicher Grundeinstellung (zentral: Vertragsfreiheit der Ehepartner) ist, und welche Tendenzen sich für die weitere Entwicklung (verstärkt im englischen Recht: Einbeziehung von Marital Agreements in Ermessensentscheidung; verstärkt im deutschen Recht: richterliche Inhaltskontrolle von Eheverträgen) abzeichnen. Eine solche Überprüfung der Privatautonomie auf nationaler Ebene ist zum einen erforderlich, um dem

63 Siehe hierzu insbesondere unten 3. Teil: C. I sowie 3. Teil: C. II. 1. b).

64 Zum Schutz des Schwächeren sowie eines Dritten siehe *Kroll-Ludwigs*, Parteiautonomie im europäischen Kollisionsrecht, S. 584 ff.

Rechtsanwender aufzuzeigen, inwiefern Eheverträge national wirksam sind und gerichtlich anerkannt werden. Die Rechtsprechung und Gesetzgebung im englischen Recht ist im Allgemeinen auch gerade deshalb interessant, weil sie für andere Rechtsordnungen des Common-Law-Rechtskreises erheblich ist.[65] Zum anderen fungiert die Einbettung in den nationalen Kontext als vorbereitender Schritt zur Heranführung an die internationale Ebene. Denn die aktuelle Distanz der englischen von den kontinentaleuropäischen Rechtsordnungen ist ein entscheidender Aspekt für die Existenz des Forum Shoppings: Bestünden infolge der Sachrechtsannäherung keine materiell-rechtlichen Unterschiede, wäre ein Forum Shopping unattraktiv. Das Forum Shopping als spezielles Problem bildet damit sowohl den Impuls für die Rechtsvergleichung als auch das Motiv für eine globalere Lösungserörterung.

Die erste Frage bewegt sich also im materiell-rechtlichen Kontext und damit in der nationalen Dimension (1.-2. Teil). Im Anschluss an die Einleitung folgt eine präzise Einordnung der Marital Agreements in der englischen Rechtsordnung (1. Teil). Die Darstellung des englischen Rechts bleibt zunächst in sich geschlossen und autark, weil vor allem das Verhältnis von richterlicher Entscheidungsgewalt im Scheidungsfolgenrecht (1. Teil: A. I) und privatautonomen Entscheidungen der Ehegatten (1. Teil: A. II) einem deutschen Juristen fremd erscheinen mögen und daher einer breiteren Darstellung bedürfen. Deshalb wurde aufgrund der gravierenden Systemunterschiede (diametrale Grundeinstellung im Hinblick auf Privatautonomie) insbesondere auch von einer verflochtenen Darstellung der beiden Rechtsordnungen Abstand genommen. Denn das englische Scheidungsfolgenrecht (1. Teil: B) zeichnet sich durch einen weiten, dem Richter überantworteten Ermessensspielraum aus, der durch gesetzliche (1. Teil: B. I) und judikatorische (1. Teil: B. II) Maßstäbe determiniert wird. So ist ein Marital Agreement nur einer von vielzähligen Faktoren, die bei der richterlichen Ermessensentscheidung über das Vermögen berücksichtigt werden können. Eine Bindungswirkung gegenüber dem Matrimonial Court vermag ein Marital Agreement hingegen nicht zu begründen. Eine ausführliche Analyse der Rechtswirkung und der richterlichen Würdigung von Marital Agreements schließt sich an (1. Teil: C) und untersucht – in Abhängigkeit zur jeweiligen Vereinbarungsart – die aktuellen Entwicklungen sowie potenzielle Reformvorhaben

---

65 *Thorpe*, in: Boele-Woelki/Miles/Scherpe (Hrsg.), The Future of Family Law in Europe, 3 (4). In einem weiteren Artikel stellt er die Bedeutung der Rechtsprechung in London für die 14 britischen Überseeterritorien, die 54 Commonwealth-Mitgliedstaaten sowie für die ehemaligen Kolonien (Bedeutung hier geringer) heraus, *ders.* [2011] IFL, 104 (107).

(Schwerpunkt: 1. Teil: C. V). Am Ende des 1. Teils werden die für das englische Recht wesentlichen Kernpunkte zusammengefasst und in einer kurzen Vorschau auf den nächsten Teil der Arbeit übergeleitet (1. Teil: D).

Anhand dieser Kernpunkte wird sodann die deutsche Rechtsordnung gegenübergestellt (2. Teil), die als eine von Privatautonomie geprägte Rechtsordnung stellvertretend für die kontinentaleuropäischen Rechtsordnungen gewählt wurde. Das deutsche Recht stellt demzufolge das Medium der notwendigen Außenperspektive dar. Mithilfe der rechtsvergleichenden Methode soll eine Einordnung und Evaluierung der Entwicklung in der englischen Rechtsordnung ermöglicht werden, sodass festgestellt werden kann, inwiefern und aus welchem Grund sich die in ihrer Grundeinstellung so maßgeblich unterscheidenden Rechtsordnungen (2. Teil: B) aufeinander zubewegen (2. Teil: C).[66]

Im letzten Schritt, der die zweite Frage und damit die internationale Dimension tangiert, erfolgt die Einbettung der Thematik in den europarechtlichen Kontext (3. Teil); die Unterschiede im materiellen Sachrecht kommen mithilfe des internationalen Zuständigkeitenrechts sowie des Kollisionsrechts bei Fällen mit Auslandsberührung zum Tragen. Dem deutschen Juristen könnte das englische Recht gegenwärtig in zweierlei Hinsicht begegnen, nämlich einerseits im Zusammenhang mit der internationalen Zuständigkeit eines englischen Gerichts und der Anwendung des englischen Rechts infolge des *lex fori*-Prinzips (Lokalproblem, Beraterperspektive) sowie andererseits im Zusammenhang mit der internationalen Zuständigkeit eines deutschen Gerichts, das das englische Recht als *lex causae* anzuwenden hat (Globalproblem, Anwenderperspektive). Es gilt, den Rechtszustand *de lege lata* zu evaluieren (3. Teil: B) und progressive Vorschläge *de lege ferenda* zur Erzielung größerer Rechtsicherheit und Rechtsklarheit im Zusammenhang mit Eheverträgen aufzuzeigen (3. Teil: C).

Von der Perspektive im Erkenntnisverfahren zu unterscheiden ist die Perspektive der Anerkennung und Vollstreckung gerichtlicher Entscheidungen, deren Blickwinkel vor allem in der internationalen Dimension zur Differenzierung zwischen Entscheidungen des Ursprungsmitgliedstaates und solchen des Vollstreckungsmitgliedstaates dient. Die Untersuchung geht sowohl in der nationalen als auch in der internationalen Dimension von einer hauptsächlichen Beeinträchtigung der Effektivität von Eheverträgen im Erkenntnisverfahren aus, sodass die Ebene der Anerkennung und Vollstreckung von untergeordneter

66 Zur konkreten Evaluierungsmethodik des rechtsvergleichenden Teils siehe ausführlicher unten 2. Teil: A. II.

Relevanz in der Untersuchung sein soll, wenngleich auch nicht völlig bedeutungslos sein kann.

Die Darstellungen beschränken sich insgesamt auf den für den ehevertraglichen Kontext notwendigen Umfang im staatlichen Verfahren. Eine vollumfängliche Würdigung des allgemeinen Scheidungs- und Scheidungsfolgenrechts würde aufgrund der dafür notwendigen Breite der Darstellung den Rahmen dieser Untersuchung übersteigen. Neben der staatlichen Gerichtsbarkeit auf eine befriedigendere Lösung in der internationalen Dimension durch Inanspruchnahme der Schiedsgerichtsbarkeit zu verweisen, würde lediglich zu einer horizontalen Verschiebung des Problems führen. Durch eine Ausweichmöglichkeit auf ein Schiedsverfahren wird eine pragmatische Ausgestaltung des staatlichen Verfahrens aber nicht etwa überflüssig. Andernfalls müsste man ernsthaft davon ausgehen, dass ein faktischer Zwang der Ehegatten mit Ehevertrag in ein schiedsgerichtliches Verfahren gewollt ist, bestünde ein die Privatautonomie und folglich ein die Rechtssicherheit betreffendes Gefälle zwischen der staatlichen Gerichtsbarkeit und der Schiedsgerichtsbarkeit.[67] Deshalb ist die Schiedsgerichtsbarkeit in ihren Grenzen, d. h. in Abhängigkeit von ihrer grundsätzlichen Adäquanz im hiesigen Kontext[68] sowie der Schiedsfähigkeit[69] einzelner Scheidungsfolgen, wenn überhaupt nur als zusätzliche Möglichkeit zu verstehen, welche die Notwendigkeit der Neuordnung der Vorschriften für das staatliche Verfahren nicht konterkariert. Vielmehr fokussiert sich die Diskussion auf die staatliche Gerichtsbarkeit und die hierfür vertikale Verortung der Lösung in der richtigen Implementierungsebene (3. Teil: C. I) sowie der an dieser Stelle anknüpfenden konkreten Implementierungsmethodik und –plattform (3. Teil: C. II).

---

67 Es scheint in der Tat nicht einsichtig, warum eine Prorogation für die Scheidungsfolgensache im Kontext der Schiedsgerichtsbarkeit uneingeschränkter möglich sein sollte als in der staatlichen Gerichtsbarkeit, so *Rauscher*, FamFR 2013, 25, aus deutscher Perspektive.

68 Im Allgemeinen: Büchting/Heussen-*Kreindler/Rust*, Rechtsanwaltshandbuch, § 7 Rn. 4–47; Zu den Vorzügen für Scheidungsfolgesachen: *Huber*, SchiedsVZ 2004, 280–288.

69 Zur Frage der Schiedsfähigkeit von Scheidungs- und Scheidungsfolgesachen aus deutscher sowie rechtsvergleichender Perspektive ausführlich: *Wagner*, in: FS Schlosser, 1025.

C. Zur Verwendung deutscher und fremdsprachlicher Fachterminologie

Im Rahmen der Betrachtung ausländischen Rechts ist es wichtig, dass zunächst einige wenige Hinweise zum Umgang mit fremdsprachlichen Terminologien gegeben werden. Der allgegenwärtigen Neigung, Rechtsbegriffe aus fremden Rechtsordnungen mit denjenigen der eigenen, bekannten Rechtsordnung gleichzustellen,[70] muss widerstanden werden, denn dies täuscht über deren wahren Gehalt hinweg. Einer solchen Versuchung kann nur damit begegnet werden, dass die englischen Rechtsbegriffe, wie hier, zunächst erklärt und im Folgenden ohne Übersetzung beibehalten werden. So sind für das Zustandekommen eines Vertrages (Einigung als Genotyp) nach englischem Recht, ungleich dem deutschen Recht, zusätzliche Voraussetzungen notwendig, d. h. die phänotypischen Ausformungen (konkreten Erscheinungsformen) divergieren.[71] Ein englischer Contract, der nicht in urkundlicher Form („Deed") verfasst wurde, erfordert neben Angebot („Offer"), Annahme („Acceptance") und Bindungswillen („Intention to create Legal Relations") auch „Consideration", also eine Gegenleistung für das Versprechen („Promise"), die meist durch eine Geldleistung erbracht wird.[72] Deshalb unterstützt die vorgeschlagene Vorgehensweise die Bestrebungen der funktionalen Rechtsvergleichung und sensibilisiert den Leser zur Wahrnehmung der Feinheiten der einzelnen Rechtsordnungen.

Darüber hinaus ist in der Arbeit eine grundsätzliche Unterscheidung zwischen dem englischen (Marital) „Agreement" und dem deutschen (Ehe-) „Vertrag" zu finden. Zum einen ist dies wichtig, weil die Untersuchung dieser beiden Arten von Verträgen zeigen wird, dass ihre Rechtsnatur und Rechtswirkung erhebliche Unterschiede aufweist und es deshalb nicht zu Vermischungen kommen darf. Zum anderen wird der jeweilige Begriff in seiner Rechtsordnung stellvertretend als Oberbegriff für alle Arten von Agreements[73] respektive Verträgen[74] verwendet, wenn es auf eine genauere Differenzierung im Einzelfall nicht ankommt. Die Bezeichnung „Vereinbarung" soll stellvertretend für alle Arten und Inhalte

70 Die Problematik der leichtfertigen Übersetzung von Rechtsbegriffen anschaulich beschreibend: *Sacco*, Rechtsvergleichung, S. 33 ff. Eine vergleichbare Herausforderung stellt sich im Zusammenhang mit verordnungsautonom zu definierenden Begriffen in der internationalen Dimension.

71 Vgl. *Sacco*, Rechtsvergleichung, S. 43 ff.

72 *Beale/Bishop/Furmston*, Contract, S. 97 ff.

73 Siehe unten 1. Teil: C. I.

74 Siehe unten 2. Teil: B. II. 2. a).

privatautonomer Regelungen unter (zukünftigen) Ehegatten stehen, wenn es insbesondere auf das konkret anwendbare materielle Recht nicht ankommt.

Mit dem Begriff „englisches Recht“ ist das für England und Wales geltende Recht gemeint. Sollte bisweilen auf einen größeren Kontext Bezug genommen werden, insbesondere in der internationalen Dimension, welche Schottland und Nordirland gleichermaßen betrifft, wird vom Vereinigten Königreich gesprochen.

1. Teil: Marital Agreements in der englischen Rechtsordnung

A. Einführung

I. Richterliche Entscheidungsgewalt im Scheidungsfolgenrecht

Das englische Recht kennt keinen ehelichen Güterstand.[75] Die Eingehung der Ehe hat keinerlei Einfluss auf die Eigentumsrechte der Ehegatten.[76] Um daher für die Dauer der Ehe eine Zuordnung des Eigentums vornehmen zu können, muss auf die allgemeinen zivilrechtlichen Regeln des Sachenrechts zurückgegriffen werden,[77] wonach das Vermögen der Ehegatten grundsätzlich getrennt bleibt.[78]

---

75 *Charman v Charman* [2007] EWCA Civ 503, para. 124: „Almost uniquely our jurisdiction does not have a marital property regime and it is scarcely appropriate to classify our jurisdiction as having a marital regime of separation of property. More correctly we have no regime, simply accepting that each spouse owns his or her own separate property during the marriage but subject to the court's wide distributive powers in prospect upon decree of judicial separation, nullity or divorce." Daneben wird jedoch die Diskussion geführt, ob sich das englische Recht nicht aufgrund der Entwicklungen in den richterlichen Ausführungen zu *White v White* [2001] 1 AC, 596, auf dem Weg zur Einführung eines Güterstandes der „Deferred Community of Property" bewegt. Siehe hierzu ausführlicher unten 1. Teil: C. V. 4. d) dd).

76 *Lowe/Douglas*, Family Law, S. 132; *Probert*, Family Law, § 8–014.

77 *Pettitt v Pettitt* [1970] AC 777, 803D-F; *Gissing v Gissing* [1971] AC 886, 899E-F.

78 *Cooke/Barlow/Callus*, Community of Property, S. 1. Mann und Frau wurden auf der Grundlage der auf *Blackstone*, Commentaries on the Laws of England, Vol. I, S. 442, zurückgehenden „Common Law Doctrine of Unity" aus dem 18. Jahrhundert rechtlich als eine Person behandelt. Da die Frau hiernach u. a. kein eigenes Vermögen haben konnte, ging ihr komplettes Vermögen bei Eheschließung auf den Mann über, siehe ausführlich zu der Doktrin: *Cretney*, Family Law in the Twentieth Century, S. 90 ff. Erst der Law Reform (Married Women and Tortfeasors) Act 1870 und 1882 (heute: s. 37 des Law of Property Act 1925 sowie ss. 1–4 Law Reform [Married Women and Tortfeasors] Act 1935) machte einen ersten deutlichen Schritt in Richtung der Auffassung, dass die Ehegatten als separate Individuen mit getrennten Vermögen betrachtet werden sollten. Von einer endgültigen Abschaffung der Doktrin insgesamt kann wohl erst seit den Äußerungen Lord Dennings in *Midland Bank Trust Co. Ltd. v Green* (No. 3) [1982] 1 Ch 529, 538F-539A gesprochen werden, siehe hierzu nochmals: *Cretney*, Family Law in the Twentieth Century, S. 113 f.

Umso mehr verwundert die vollkommen konträre Lage im Falle der Ehescheidung.[79] Hier kann ein Antrag auf Financial Orders[80] gestellt werden, wodurch die Verteilungsbefugnisse des Richters, die ihm durch die ss. 23 ff. Matrimonial Causes Act 1973 („MCA 1973") gesetzlich übertragen wurden,[81] mobilisiert werden. Das vielfach bemühte Zitat von Lord Denning in *Hanlon v The Law Society* bringt das Ausmaß dieser Verteilungsbefugnisse im Scheidungsfolgenrecht auf den Punkt:

> „The Family Court takes the rights and obligations of the parties all together – and puts the pieces into a mixed bag. Such pieces are the right to occupy the matrimonial home or have a share in it, the obligation to maintain the wife and children, and so forth. The court then takes out the pieces and hands them to the two parties – some to one party and some to the other – so that each can provide for the future with the pieces allotted to him or to her. The court hands them out *without paying any too nice a regard to their legal or equitable rights but simply according to what is the fairest provision for the future* – for mother and father and the children."[82]

Der Richter entscheidet allein nach seinem Ermessen darüber, ob und wie die Vermögenslage des geschiedenen Paares (um)strukturiert werden soll. Er nimmt dabei grundsätzlich keine Rücksicht darauf, wer welchen Vermögensgegenstand wann von wem bekommen hat.[83] Der Gebrauch der Verteilungsbefugnisse kann theoretisch bis hin zu einer vollständigen Umverteilung der Vermögensmassen

79 *Probert*, Family Law, § 8–001. Zur aktuellen deutschsprachigen Literatur siehe: *Odersky*, FPR 2013, 72; *Sanders*, NJW 2011, 182; *Scherpe*, in: FS Brudermüller, 643; *ders.*, ZEuP 2012, 615; *ders.*, FamRZ 2011, 1471; *ders.*, FamRZ 2009, 1536; *ders.*, FamRZ 2006, 1314.

80 Die bis zum Inkrafttreten der Family Procedure Rules 2010 am 6. April 2011 geläufige Terminologie „Ancillary Relief" wurde gemäß Rule 2.3 (2) (b) durch die Bezeichnung „Financial Orders" abgelöst. Dadurch soll deutlich werden, dass das Hauptaugenmerk der Streitigkeiten nicht länger auf die Scheidung an sich, sondern auf die Financial Orders gerichtet ist und diese demzufolge nicht mehr nur ein (subsidiäres) Anhängsel des Scheidungsverfahrens sind, *Harris-Short/Miles*, Family Law, S. 432; *Miles*, in: Scherpe (Hrsg.), Marital Agreements, 89 (91, Fn. 9); *Cretney*, Family Law in the Twentieth Century, S. 396.

81 *Livesey v Jenkins* [1985] 1 AC 424, 435E (Lord Brandon).

82 [1981] AC 124, 147 D (Hervorhebung der Verfasserin).

83 *Lowe/Douglas*, Family Law, S. 982.

entgegen den ursprünglichen Eigentumsverhältnissen führen[84] und ist nur in Ausnahmefällen[85] begrenzt, bspw. wenn Rechte Dritter[86] betroffen sind.

Dabei findet inhaltlich keine Differenzierung zwischen güterrechtlichen Ansprüchen, Unterhaltsansprüchen und Versorgungsausgleichsansprüchen statt.[87] Vielmehr unterscheiden die ss. 23 ff. MCA 1973 ergebnisorientiert zwischen der Art der Vermögensauseinandersetzung, d. h. durch welche konkrete Maßnahme das Vermögen tatsächlich umverteilt werden soll. Das Gericht ist dabei flexibel, ob es nur eine Anordnung treffen will oder eine Kombination verschiedener Anordnungen für angemessen erachtet, um die jeweiligen Bedürfnisse der Parteien zu befriedigen; verschiedene Anordnungen können dabei verschiedenartigen Zwecken dienen.[88] Der Richter versucht damit ein in Abhängigkeit von dem ihm vorliegenden Fall optimales Gesamtergebnis zu erzielen, welches plastisch gerne als „financial package"[89] bezeichnet wird.

Eine mathematische Formel liegt dem Entscheidungsprozess nicht zu Grunde. Das Gericht ist vielmehr mit einem weiten und flexiblen Ermessensspielraum ausgestattet.[90] Die einzigen gesetzlichen Vorgaben, die bei der Ausübung des Ermessens berücksichtigt werden müssen, finden sich in ss. 25–25A MCA 1973; ein allgemeines Ziel wird im Gesetz nicht formuliert.[91] Diese Regelungen verpflichten den Richter, dem Wohlergehen eines minderjährigen Kindes der Familie seine erste Beachtung zu schenken (s. 25 (1) MCA 1973), alle anderen für den Fall relevanten Umstände einzubeziehen (s. 25 (2) MCA 1973) und zu prüfen, ob ein Clean Break, d. h. eine zeitliche Begrenzung der Financial Orders zur frühzeitigen Beendigung der gegenseitigen Verpflichtungen, angemessen erscheint. Welche „Umstände" relevant sind und wie stark sie gewichtet werden, muss von Fall zu Fall beurteilt werden.[92] Um die Entscheidungen konsistenter

---

84 *Thomas v Thomas* [1995] 2 FLR 668, 670: „The discretionary powers conferred on the court (…) to redistribute the assets of spouses are almost limitless." So auch *Cretney* (2003) 15 CFLQ, 403 (409).

85 Weiterführend siehe *Lowe/Douglas*, Family Law, S. 1017.

86 Vgl. *TL v ML and others (Ancillary Relief: Claim Against Assets of Extended Family)* [2005] EWHC 2860 (Fam), paras. 33 ff., zurückgehend auf *Tebbutt v Haynes* [1981] 2 All ER 238.

87 *Scherpe*, ZEuP 2012, 613 (620); *ders.*, (2007) 18 King's C.L.J., 348 (356).

88 Vgl. nur *Miller v Miller; McFarlane v McFarlane* [2006] UKHL 24, paras. 31–34; *Miles*, in: Scherpe (Hrsg.), Marital Agreements, 89 (93).

89 Siehe nur *Harris-Short/Miles*, Family Law, S. 434.

90 Siehe nur *Probert*, Family Law, § 8-001.

91 *White v White* [2001] 1 AC 596, 604H; *Lowe/Douglas*, Family Law, S. 992.

92 *Piglowska v Piglowski* [1999] 1 WLR 1360, 1360H-1361A.

und transparenter zu gestalten, hat die Rechtsprechung mithilfe des Fallrechts versucht, „Leitlinien" als konstruktive Hilfestellung zur Konkretisierung des Gesetzes zu entwickeln.[93] In *White v White*[94] („*White*") wurde der Grundstein zu dieser Diskussion gelegt und die Erzielung eines fairen Ergebnisses – mangels gesetzlicher Vorgabe – zum obersten Ziel auserkoren. In *Miller v Miller; McFarlane v McFarlane*[95] („*Miller; McFarlane*") wurde der Begriff der Fairness durch die drei Grundsätze Needs, Compensation und Sharing mit Inhalt gefüllt. Diese und weitere im Anschluss an die Entscheidung entwickelte Leitlinien sind jedoch lediglich als Orientierungshilfe zu verstehen und beschneiden den Ermessensspielraum daher nicht im Geringsten.[96] Die extensive Art und Weise der Vermögensaufteilung im Scheidungsfall lässt erste Rückschlüsse auf das Ehebild in der englischen Rechtsordnung zu.[97]

II. Privatautonomie im Scheidungsfolgenrecht

Die Einzelfallgerechtigkeit ist damit wesentliches Dogma im Recht der Financial Orders.[98] Die Gefahren, die in diesem System unmittelbar angelegt sind, hat Lord Nicholls in *White* mit den Worten zum Ausdruck gebracht:

> „Everyone would accept that the outcome on these matters, whether by agreement or court order, should be fair. More realistically, the outcome ought to be as fair as possible in all the circumstances. But everyone's life is different. Features which are important when assessing fairness differ in each case. And, sometimes, different minds can reach different conclusions on what fairness requires. Then fairness, like beauty, lies in the eye of the beholder."[99]

Flexibilität, Einzelfallgerechtigkeit und Ermessen sind demnach Begriffe, die nicht nur Vorteile, sondern auch erhebliche Nachteile in sich bergen. Insbesondere bedeutet es für die Scheidungswilligen, dass die Ergebnisse kaum vorhersehbar

---

93 *Herring*, Family Law, S. 232. Wobei Kritik geäußert wird, dass es sich dabei teilweise um eine von dem Gesetzeswortlaut nicht mehr gedeckten Interpretation handele, siehe unten 1. Teil: B. II. 5.

94 [2001] 1 AC 596, 604H.

95 [2006] UKHL 24.

96 *Scherpe*, FamRZ 2006, 1314.

97 Vgl. *Probert*, Family Law, § 8–001; *Herring*, Family Law, S. 206 ff.

98 *Scherpe*, in: BmFSF (Hrsg.), Rollenleitbilder und -realitäten in Europa, 197 (202).

99 [2001] 1 AC 596, 599H.

sind,[100] weil sie von der individuellen Beurteilung des einzelnen Richters[101] abhängen. Dass unterschiedliche Richter bei diesem Prozess zu divergierenden Ergebnissen kommen, wurde zugunsten der Einzelfallgerechtigkeit bewusst in Kauf genommen.[102]

Es ist vor allem die daraus resultierende Rechtsunsicherheit, die in England ein verstärktes Verlangen nach der Anerkennung von privatautonomen Vereinbarungen schürt.[103] Mangels Bindungswirkung konnte und kann bis heute ein Marital Agreement das Ergebnis der Entscheidung nicht im Voraus determinieren: Alles steht und fällt mit der Tatsache, dass dem Richter die Überprüfungsmöglichkeit des Agreements nicht durch eine privatautonome Entscheidung entzogen werden kann (*Hyman*-Prinzip).[104] Vielmehr steht es ihm ungehindert frei, von seinem Ermessensspielraum Gebrauch zu machen und damit den Inhalt der Financial Orders festzulegen. Ob und inwiefern er sich dabei von dem Inhalt des Agreements leiten lässt, hängt ebenfalls von einer Einzelfallbetrachtung ab. Seit geraumer Zeit ist hier insofern eine Trendwende erkennbar, als die Bedeutung der Agreements zugenommen hat, was bis hin zu einer faktischen Anerkennung derselbigen führen kann. Durch welche Neuerungen und unter welchen Voraussetzungen dies der Fall ist, muss anhand der Entscheidung in *Radmacher*,[105] einschließlich der Folgeentwicklungen, untersucht werden. Die richterlichen Möglichkeiten sind damit erschöpft,[106] sodass die Entwicklung in der Rechtsprechung mit dieser Entscheidung wohl ihren Höhepunkt erreicht

---

100 Eine von der Law Commission initiierte Umfrage, Matrimonial Property, Needs and Agreements, Resolution Survey Results, London 2012, S. 2 abrufbar unter: http://lawcommission.justice.gov.uk/docs/cp208_matrimonial_property_Resolution_survey_results.pdf (Stand: 18.12.2014), hat bspw. ergeben, dass rund 80 % der Praktiker nur vereinzelt vorhersagen können, wie das Gericht die Bedürfnisse ihrer Mandanten beziffern wird. Da die Bedürfnisse zwar einen wesentlichen Aspekt, letztlich aber nicht den einzigen maßgeblichen Umstand zur Bestimmung der Financial Orders darstellen, kumulieren sich die Unsicherheitsfaktoren auf diese Weise vielfach. Welche Aspekte zur Bestimmung herangezogen werden, siehe unten 1. Teil: B.

101 *Diduck* (2011) 38 J.L. & Soc., 272 (294 f.).

102 *Piglowska v Piglowski* [1999] 1 WLR 1360, 1361B.

103 Neben der nationalen Dimension auch die internationale Dimension als Grund für Reformbestrebungen anführend: *Miles*, in: Scherpe (Hrsg.), Marital Agreements, 89 (120).

104 Zurückgehend auf die Entscheidung *Hyman v Hyman* [1929] AC 601 („*Hyman*").

105 *Radmacher v Granatino* [2010] UKSC 42.

106 [2010] UKSC 42, para. 3; siehe dazu unten 1. Teil: C. V. 2. a) sowie 1. Teil: C. V. 4. e).

haben dürfte. Das seit über 80 Jahren etablierte *Hyman*-Prinzip bedingt, dass eine Veränderung nur vonseiten des Gesetzgebers zulässig wäre. Solange behält der richterliche Paternalismus gegenüber der Privatautonomie der Parteien weiterhin die Oberhand. Dies wurde vom Supreme Court zu Beginn der *Radmacher*-Entscheidung bestätigt:

> „Under English law it is the court that is the arbiter of the financial arrangements between the parties when it brings a marriage to an end. A prior agreement is only one of the matters to which the court will have regard. The uncertainty as to the weight that the court will attach to such agreements has led to calls for reform.“[107]

Ein Marital Agreement ist damit ebenfalls nur einer von zahlreichen Aspekten eines Falles, die das Gericht bei der Abwägung nach s. 25 des MCA 1973 berücksichtigen kann[108] und dessen Gewichtung deshalb ebenso eine Ermessensfrage ist. Da die Vertragsfreiheit somit kein geltendes fundamentales Grundprinzip des englischen Scheidungsfolgenrechts ist, muss die genaue Einbettung der Marital Agreements in das System des Scheidungsfolgenrechts beleuchtet werden. Zum besseren Verständnis ist deshalb die Hinleitung über die Grundlagen im allgemeinen Scheidungsfolgenrecht hin zum Kernpunkt der Untersuchung des Private Orderings unerlässlich:[109]

Als scheidungsfolgenrechtliche Grundlagen werden zunächst kurz die Verteilungsbefugnisse (1. Teil: B. I. 1) vorgestellt, woran sich die Erläuterung des richterlichen Ermessensspielraums anhand der gesetzlichen Grundlagen (1. Teil: B. I. 2) und der durch die Rechtsprechung entwickelten Leitlinien (1. Teil: B. II) anschließt. Der Zuordnung im englischen Scheidungsfolgenrecht entsprechend wird erst danach eine detaillierte Analyse der Rolle der Marital Agreements folgen (1. Teil: C). Ob und inwiefern sich an dieser Stelle durch die neue Rechtsprechung eine maßgebliche Veränderung der englischen Rechtsordnung zugunsten einer materiell-rechtlichen Annäherung an die kontinentaleuropäischen Rechtsordnungen, insbesondere an die deutsche Rechtsordnung, ergeben hat, gilt es näher zu untersuchen; Aussagen, dass es sich dabei um eine „tiefgreifende Wende“[110] handele, bedürfen der Verifizierung oder Falsifizierung. Insbesondere der für das englische Scheidungsfolgenrecht zentrale Begriff der

---

107 [2010] UKSC 42, para. 3.

108 Siehe nur *Lowe/Douglas*, Family Law, S. 1012; *Standley*, Family Law, S. 188; *Scherpe* [2007] IFL, 18 (22).

109 Der Begriff des Private Orderings ist hier keinesfalls mit der Ehevertragsfreiheit gleichzusetzen, sondern in den Schranken des englischen Rechts zu verstehen.

110 *Schulte-Nölke*, ZGS 2010, 481.

Fairness, der auch in der neuen Rechtsprechung zum Private Ordering aufgegriffen wurde (Two-Stage-Test of Fairness, 1. Teil: C. V. 4), muss in seiner Bedeutung durchdrungen werden. Den Abschluss bildet eine Darstellung der gegenwärtigen Reformbestrebungen der Law Commission (1. Teil: C. VI), die sich sowohl auf allgemeine Bereiche des Scheidungsfolgenrechts als auch auf den speziellen Bereich der Marital Agreements auswirken könnten.[111]

B. Grundlagen – Richterliches Ermessen im Scheidungsfolgenrecht unter dem Eindruck des Gesetzes und der Rechtsprechung

Obwohl das Common Law üblicherweise durch die Rechtsprechung (Case Law) beherrscht wird, ist es im Recht der Scheidungsfolgen ein Zusammenspiel aus Gesetz (Part II des MCA 1973)[112] und – aufgrund von dessen Unzulänglichkeiten – dominanter Rechtsprechung, welches den Rahmen der Rechtsfindung beschreibt.[113] Ist ein Gesetz vorhanden, so ist auch der englische Richter gezwungen, dieses als Ausgangspunkt seiner Überlegung zu wählen und die Rechtsprechung an dessen Grenzen orientiert auszugestalten.[114] Dieser Grundsatz wird dem Aufbau der folgenden Abschnitte zugrunde gelegt.

Die bei der Ausübung des Ermessens zu berücksichtigenden Faktoren werden mitunter vom Gesetz vorgegeben. Da der Gesetzeswortlaut knapp ist und wenig Aufschluss über die konkrete Handhabung gibt, wurde die Ausbildung der einzelnen Faktoren bzw. Prinzipien durch die fortlaufende Entwicklung der Rechtsprechung maßgeblich geprägt. Beide Entwicklungsschritte (vom Gesetz zur Rechtsprechung) gilt es im Folgenden chronologisch und mit wechselseitigen Bezügen vorzustellen.

---

111 Infolge des Consultation Papers 2011 sowie des dazugehörigen Supplements 2012 wurde am 27.02.2014 der an das Parlament gemäß s. 3 (2) des Law Commissions Act 1965 vorzulegende Report veröffentlicht. Ob und wie schnell das Parlament den Reformvorschlag umsetzen wird, ist zum gegenwärtigen Zeitpunkt ungewiss.

112 Untertitel: „Financial Relief for Parties to Marriage and Children of Family“.

113 *White v White* [2001] 1 AC 596, 600A-B: „One approach is for the legislature to prescribe in detail how property shall be divided, with scope for the exercise of judicial discretion added on. (…) Another approach is for the legislature to leave it all to the judges. The courts are given a wide discretion, largely unrestricted by statutory provisions. That is the route followed in this country.“

114 Deshalb mahnt Coleridge J. in *Charman v Charman* [2006] EWHC 1879 (Fam), para. 114: „(…) it is prudent to remember that [the House of Lords' speeches] are explanations of and expansions upon the statute not the statute itself.“

I. Gesetzliche Vorgaben

1. Verteilungsbefugnisse des Richters

Dem Richter stehen diverse Maßnahmen zur Auswahl (Verteilungsbefugnisse), im Rahmen derer sich sodann sein Ermessensspielraum zur Vermögensverteilung im Scheidungsfall verwirklichen lässt.

Es wird zunächst eine Bestandsaufnahme hinsichtlich der für die zur Verteilung verfügbaren Vermögensmassen gemacht.[115] Im Großteil der Fälle stellt das Familienhaus die umfangreichste und gleichzeitig bedeutendste Vermögensmasse dar. Die Bedeutung des Familienheimes ist deshalb so groß, weil die Unterbringung aufgrund des schwierigen englischen Immobilienmarktes einen im Vergleich zu anderen Staaten höheren Stellenwert einnimmt.[116] Da das Familienheim von den Ehepaaren überwiegend als Joint Ownership gehalten wird und den Parteien deshalb grundsätzlich je zur Hälfte zusteht,[117] ist es entscheidend, was mit dem Haus geschieht.[118]

Es ist deshalb Ziel der scheidungsfolgenrechtlichen Entscheidung, eine am Ergebnis orientierte Aufteilung zu bewirken. So wird in einer richterlichen Entscheidung nicht nur festgehalten, ob dem im Haushalt tätigen und die Kinder betreuenden Ehegatten Unterstützung durch den erwerbstätigen Partner zusteht, sondern es wird insbesondere auch überlegt, wie dieser Anspruch konkret befriedigt werden kann. Wird die Rollenverteilung auch nach der Scheidung beibehalten, weshalb dem betreuenden Ehegatten die Aufnahme einer Erwerbstätigkeit nicht möglich ist, muss für eine Unterkunft und/oder ein geregeltes Einkommen gesorgt sein. Dies kann finanziell auf unterschiedliche Weise realisiert werden, weil dem Richter bei der Umverteilung der Vermögensmassen verschiedene flexible Maßnahmen zur Verfügung stehen. So kann bspw. das Haus vollständig übertragen (Transfer of Property, s. 24 (1) (a) MCA 1973) oder ein einmaliger Betrag (Lump Sum, s. 23 (1) (c) MCA 1973) ausgezahlt werden, um ein Eigenheim zu erwerben. Letzteres kann durchaus den Verkauf des Familienheims (Order for Sale, s. 24A MCA 1973) nach sich ziehen, wenn kein sonstiges Vermögen vorhanden ist. Die richterlichen Möglichkeiten werden hier aber faktisch durch die am Immobilienmarkt vorherrschenden horrenden Preise

---

115 *Charman v Charman* [2007] EWCA Civ 503, para. 67; siehe hierzu auch die Ausführungen zur Computation Stage unten 1. Teil: B. I. 2. b) aa).

116 *Scherpe* (2007) 18 King's C.L.J., 348 (360).

117 *Cooke/Barlow/Callus*, Community of Property, S. 22.

118 *Masson/Bailey-Harris/Probert*, Family Law, § 13–109. Das nun folgende Beispiel kann dem Lehrbuch ebenfalls entnommen werden, a. a. O., § 13–110 ff.

und Mieten eingeschränkt, weil mit dem Verkauf gleichzeitig auch die Frage der anderweitigen Unterbringung der Partei(en) verbunden ist.[119] Sofern es die Vermögensverhältnisse zulassen – was in den überwiegenden Fällen nicht gegeben sein wird –, wird im Gegenzug ein Ausgleich für den anderen Ehegatten durch periodische Zahlungen (Periodical Payments, s. 23 (1) (a) oder (b) MCA 1973) oder auch durch eine einmalige Zahlung (Lump Sum, s. 23 (1) (c) MCA 1973) erzielt.

Mit diesem Beispiel soll deutlich gemacht werden, dass es essenziell ist, sich von einem kontinentaleuropäischen, starren Anspruchsdenken in einzelnen voneinander getrennten Kategorien frei zu machen. Die Entscheidung über die Vermögensverteilung wird pragmatisch getroffen und als Ganzes betrachtet. Ihr Schwerpunkt liegt erst in einem nächsten Schritt, den Verteilungsbefugnissen folgenden Abschnitten,[120] darauf, den Grund für die Anordnung der Maßnahme (Schutz der schwächeren Partei) zu untersuchen und den genauen Umfang festzulegen. Die Wahl der konkreten Maßnahme gibt hierüber keine Auskunft und ist daher eher eine zweitrangige, technische Frage – wenngleich auch in dem soeben beschriebenen Fall bedeutend, weil praxisrelevant.

Letztendlich geht es immer um eine Art der Bereitstellung von Vermögen. Das wird daran deutlich, dass der Unterschied zwischen Lump Sum Orders und Property Transfer Orders im Grunde darin besteht, dass bei dem einen Geldvermögen und bei dem anderen Vermögen meist in Form von Immobilien zur Verfügung gestellt wird.[121] Es kann jedoch sein, dass von den verschiedenen Möglichkeiten die eine in einem Fall angemessener erscheint als die andere.[122] Diesen Unterschied greift das Gesetz in s. 21 MCA 1973 auf mit den Unterteilungen nach Financial Provision Orders, d. h. Maßnahmen, die auf ein geldwertes Einkommen abzielen (s. 23 MCA 1973), und Property Adjustment Orders, d. h. Maßnahmen, die darauf ausgerichtet sind, einen konkreten Vermögenswert zu überlassen (s. 24 MCA 1973). Daneben wurde mit dem Welfare Reform and Pensions Act 1999 eine weitere Maßnahme eingeführt, Pension Sharing Orders (s. 21A MCA 1973 mit Verweis auf s. 24B MCA 1973), welche die Aufspaltung erworbener Rentenanwartschaften vorsieht.

---

119 *Scherpe*, in: BmFSF (Hrsg.), Rollenleitbilder und -realitäten in Europa, 197 (204).

120 Damit wird sowohl auf die gesetzlichen Vorgaben (1. Teil: B. I. 2 und 3) als auch deren Konkretisierung durch die Rechtsprechung (1. Teil: B. II) Bezug genommen.

121 *De Lasala v De Lasala* [1980] AC 546, 559 E-F (Lord Diplock): „The difference between a lump sum order (…) and a property transfer order (…) is the difference between providing money and money's worth."

122 Vgl. *Lowe/Douglas*, Family Law, S. 1003.

a) Maßnahmenkatalog

Folgende einzelne Maßnahmen, im Rahmen derer sich das Ermessen verwirklicht, kann der Richter nach dem MCA 1973 seinen Zwecken (Unterhalt, Vermögensaufteilung etc.) entsprechend beliebig wählen und kombinieren:

- Financial Provision Orders, s. 23 MCA 1973
  - Periodical Payments Orders
  - Lump Sum Orders
- Property Adjustment Orders, s. 24 MCA 1973
  - Transfer of Property Orders
  - Settlement of Property Orders
  - Variation of Settlement Orders
- Orders for Sale of Property, s. 24A MCA 1973
- Pension Sharing Orders, s. 24B MCA 1973

Die Financial Provision Orders werden in Periodical Payments Orders, s. 23 (1) (a), (b), (d) und (e) MCA 1973, und Lump Sum Orders, s. 23 (1) (c) und (f) MCA 1973, unterteilt,[123] die jeweils zugunsten eines Ehepartners (lit. a)-c)) oder zugunsten eines Kindes (lit. d)-f)) ausgesprochen werden können.

Im ersten Fall (Periodical Payments Orders) handelt es sich um regelmäßige (wöchentliche, monatliche, jährliche) Zahlungen, die für eine bestimmte oder eine unbestimmte Dauer laufen. Mit der Entscheidung für eine befristete Anordnung kommt der Richter seiner spezifischen Pflicht aus s. 25A (2) MCA 1973 nach, die gegenseitigen Verpflichtungen der Parteien so früh wie möglich zu beenden (Clean Break). Die Anordnung periodischer Zahlungen kann mit Absicherung durch Kapitalvermögen, s. 23 (1) (b) oder (e) MCA 1973, oder ohne zusätzliche Sicherheit erfolgen, s. 23 (1) (a) oder (d) MCA 1973. Eine Sicherheit wird nur selten gewährt, weil man eine solche gleichermaßen durch die endgültige Übertragung des potenziellen Sicherungsmittels erreichen kann.[124] Diese Art der Anordnung hat im Vergleich zur Anordnung ohne Sicherheit jedoch den Vorteil, dass im Falle des Ausbleibens der Zahlungen eine alternative Einkommensquelle zur Verfügung steht[125] und die Zahlungen deshalb nicht notwendigerweise eingestellt

---

123 Wobei auch zu beobachten ist, dass Lump Sum Orders den Property Adjustment Orders zugeordnet werden (vgl. *Cretney*, Family Law, § 13–024; *Herring*, Family Law, S. 218). Dies steht zwar nicht im Einklang mit der gesetzessystematischen Einordnung in ss. 21 (1), 23 MCA 1973 zu den Financial Provision Orders; das Ergebnis beeinflusst dies jedoch wohl nicht.

124 *Herring*, Family Law, S. 217; *Probert*, Family Law, § 8–010.

125 *Shearn v Shearn* [1931] P. 1, 5 (Hill J.).

werden müssen, sollte der Leistungs*verpflichtete* sterben, s. 28 (1) (b) 1. Alt. MCA 1973.[126] Sämtliche Anordnungen periodischer Zahlungen werden aber jedenfalls dann hinfällig, wenn der Leistungs*berechtigte* erneut heiratet, s. 28 (1) (a) 2. Alt. und lit. (b) 2. Alt. MCA 1973. Im zweiten Fall (Lump Sum Orders) wird ein Gesamtbetrag festgelegt, der je nach finanzieller Lage des Leistungsverpflichteten auf einmal oder in einzelnen Raten getilgt werden kann. Diese Anordnung hat in jedem Fall den Vorteil, dass in absehbarer Zeit ebenfalls ein Clean Break, nun auf der Grundlage von s. 25A (1) MCA 1973, stattfindet und dass nachfolgende Ereignisse die Leistungsverpflichtung unberührt lässt.[127]

Die in der darauffolgenden Vorschrift, s. 24 MCA 1973, geregelten Property Adjustment Orders lassen sich in drei verschiedene Anordnungen unterteilen und können ebenfalls zugunsten eines Ehepartners oder eines Kindes getroffen werden. Sie können im Grundsatz jegliche Vermögensgegenstände betreffen, konzentrieren sich der Relevanz entsprechend jedoch häufig auf das Familienheim.[128]

Bei der ersten Möglichkeit, den Transfer of Property Orders, s. 24 (1) (a) MCA 1973, kann das Gericht dem Schwächeren das Recht an einem bestimmten Vermögensgegenstand übertragen, z. B. Pkw, Aktie, Familienheim. Die Settlement of Property Orders, s. 24 (1) (b) MCA 1973, bieten eine zweite Möglichkeit: Hier wird der Vermögensgegenstand zugunsten des Beneficiaries (Ehegatte oder Kind) in einem Trust (Treuhandverhältnis) verwaltet. Dem Beneficiary steht an diesem Vermögensgegenstand ein Recht zu, welches als finanzielle Vorsorge dient.[129] Durch eine solche Konstruktion wird meist bezweckt, dass der fürsorgende Ehegatte mit dem Kind entweder bis zur Volljährigkeit des Kindes bzw.

---

126 Diese Regelung spricht nur von einer Beendigung der Leistungsverpflichtung im Falle des Todes des Leistungs*berechtigten* („the party in whose favour the order is made") und damit gerade nicht wie s. 28 (1) (a) 1. Alt. MCA 1973 vom Tode beider Parteien.

127 Das ergibt sich daraus, dass sich die zeitliche Begrenzung in s. 28 MCA 1973, ausgehend vom Wortlaut, ausschließlich auf Periodical Payments Orders bezieht und auch im Hinblick auf Sinn und Zweck nicht für eine Beendigung derjenigen Zahlungsverpflichtungen gemeint sein kann, deren Gesamtbetrag festgelegt und damit von vornherein begrenzt wurde. So wohl auch, wenn auch nicht ausdrücklich mit Verweis auf s. 28 MCA 1973: *Harris-Short/Miles*, Family Law, S. 435.

128 *Standley*, Family Law, S. 158.

129 Das Recht darf nicht sofort voll übertragen werden, weil es sich sonst um einen „Transfer" und damit nicht um ein „Settlement" handelt, *Prescott (otherwise Fellowes) v Fellowes* [1958] P. 260, 284–286.

dessen Beendigung der Ausbildung[130] oder bis zu einem vom sorgenden Ehegatten gewählten Zeitpunkt bzw. dem Eintritt einer Bedingung (erneute Heirat, Tod usw.)[131] im Familienheim verbleiben kann. Nach Beendigung der respektiven Phasen wird der Verkauf des Hauses angestrengt und der dabei erzielte Erlös entsprechend der Gerichtsentscheidung verteilt.[132] Sofern bereits ein Trust besteht und nur die diesbezüglichen Bedingungen abgeändert werden sollen, steht schließlich noch die dritte Möglichkeit zur Verfügung, eine Variation of Settlement Orders gemäß s. 24 (1) (c) MCA 1973.

Bei den Orders for Sale of Property nach s. 24A MCA 1973 handelt es sich um eine Maßnahme, die nur zusätzlich zu einer derjenigen Anordnungen aus ss. 23, 24 MCA 1973 (Financial Provision bzw. Property Adjustment Orders), mit Ausnahme der ungesicherten Periodical Payments Orders, gewählt werden kann.[133] Dies ist vor allem dann notwendig, wenn das Vermögen begrenzt ist und die Liquidierung des Familienheims eine flexiblere Portionierung des Vermögens seitens des Richters ermöglicht.[134]

Den Gerichten war es schon seit jeher möglich, den aufgrund fehlender Erwerbstätigkeit während der Ehe versäumten Rentenaufbau durch Berücksichtigung von Financial Resources oder Benefits über s. 25 (2) (a) und (h) MCA 1973 in das Ermessen miteinbeziehen zu können. Dieses sog. „Off-Setting“ lässt die Rentenanwartschaften an sich unangetastet und gewährt dem Ehepartner einen angemessenen geldwerten Ausgleich.[135] Durch s. 166 (1) des Pensions Act 1995 wurden sodann die Pension Attachment Orders (früher als „Earmarking“ bezeichnet) in ss. 25B-D MCA 1973 eingefügt. Es handelt sich dabei aber weniger um eine weitere Verteilungsbefugnis, als vielmehr um eine Möglichkeit zur Durchsetzung einer regelmäßigen Zahlung oder einer Zahlung eines Gesamtbetrages nach s. 23 MCA 1973,[136] die als Ausgleich an den Leistungsberechtigten

130 Sogenannte „Mesher-Order“, welche auf die Entscheidung *Mesher v Mesher* [1980] 1 All ER 126 zurückgeht.

131 Sogenannte „Martin-Order“, welche auf die Entscheidung *Martin v Martin* [1978] Fam. 12 zurückzuführen ist.

132 Es handelt sich demnach um einen hinausgeschobenen Verkauf des Hauses.

133 Diese Verteilungsbefugnis wird daher weder unter die Kategorie der Financial Provision Orders noch unter diejenige der Property Adjustment Orders gefasst, sondern ist eine eigenständige, zusätzliche Maßnahme, vgl. *Norman v Norman* [1983] 1 WLR 295, 298G-H.

134 *Probert*, Family Law, § 8–013.

135 *Standley*, Family Law, S. 181.

136 Den Regelungszusammenhang der Bestimmungen der ss. 25B-D MCA 1973 (teils als ergänzende Befugnis des Gerichts, teils als weiterer Faktor für das Ermessen) im

fällig wird, sobald der Leistungsverpflichtete die Rente antritt.[137] Erst auf Veranlassung von s. 19 i. V. m. sch. 3 para. 4 des Welfare Reform and Pensions Act 1999 wurden schließlich die Pension Sharing Orders in ss. 24B-D MCA 1973 dem Gesetz hinzugefügt, die erstmals eine genuine Form zur Einbeziehung der im Laufe der Ehe akkumulierten Rentenanwartschaften vorsahen. Dabei werden die Rentenanwartschaften bereits zum Zeitpunkt der Ehescheidung unwiderruflich geteilt, und zwar entweder mithilfe einer Beteiligung des leistungsberechtigten Ehegatten am Pensionsfonds des leistungsverpflichteten oder durch eine eigenständige Übertragung des entsprechenden Fonds-Anteils.[138]

b) Zeitpunkt der Anordnung

Häufig wird von der Möglichkeit Gebrauch gemacht, den Antrag auf Financial Orders bereits zeitgleich mit dem Antrag auf Ehescheidung zu stellen.[139] Im Grundsatz gilt, dass, sobald im Scheidungsverfahren das *decree nisi*[140] ergangen ist, vom Gericht die zuvor aufgezählten Anordnungen getroffen werden können. Dem Gericht steht daher ab diesem Zeitpunkt eine Annexzuständigkeit im scheidungsfolgenrechtlichen Verfahren zu.[141] Ihre bindende Wirkung entfalten die Anordnungen aber erst dann, wenn das *decree absolute*[142] erteilt wurde.[143]

---

direkten Anschluss an die Ermessensvorschrift der s. 25 MCA 1973 bemängelnd: *Horstmann*, Vermögensauseinandersetzung nach der Ehescheidung im englischen Recht, S. 153.

137 *Lowe/Douglas*, Family Law, S. 1000; *Masson/Bailey-Harris/Probert*, Family Law, § 13–122; *Probert*, Family Law, § 8–012.

138 *Lowe/Douglas*, Family Law, S. 1001.

139 *Lowe/Douglas*, Family Law, S. 986.

140 Ein *decree nisi* ist ein vorläufiges Scheidungsurteil, das an sich noch keine rechtlichen Wirkungen entfaltet, *Burton*, Family Law, S. 98; *Bunge*, Englisches Zivilprozessrecht, S. 114 f.

141 *Miles* (2009) 21 CFLQ, 513 (517). Die jeweiligen Vorschriften zur gerichtlichen Verteilungsbefugnis sehen eine solche Verknüpfung ausdrücklich vor, siehe nur s. 23 (1) MCA 1973: „On granting a decree of divorce (…) or at any time thereafter ([…] before or after the decree is made absolute), the court may make any one or more of the following orders (…).“

142 Ein *decree absolute* ist das rechtskräftige Scheidungsurteil, das die Ehe im rechtlichen Sinne endgültig beendet, *Burton*, Family Law, S. 98; *Bunge*, Englisches Zivilprozessrecht, S. 114 f.

143 Dies gilt in diesem Sinne für Financial Provision Orders (s. 23 (1) und (5) MCA 1973), Property Adjustment Orders (s. 24 (1) und (3) MCA 1973) sowie für Orders for Sale of Property (s. 24A (1) und (3) MCA 1973). Besonderheiten gelten im Hinblick auf Pension Attachment bzw. Sharing Orders, *Lowe/Douglas*, Family Law,

Für die Umwandlung von einem *decree nisi* in ein *decree absolute* sind der Ablauf einer Frist und ein erneuter Antrag notwendige Bedingung.[144]

Da der Zeitraum von den Anträgen (auf Scheidung und Financial Orders) über die rechtskräftige Scheidung bis hin zur tatsächlichen Wirksamkeit der Anordnung der Financial Orders erheblich sein kann, hat das Gericht nach s. 22 (1) MCA 1973 (Maintenance Pending Suit) bereits zum Zeitpunkt der Antragstellung die Möglichkeit, finanzielle Unterstützung in Form von Periodical Payments auf der Grundlage einer summarischen Prüfung zu gewähren.[145] Darüber hinaus besteht im Nachgang zu einer Entscheidung grundsätzlich die Möglichkeit, eine bereits getroffene Anordnung nach s. 31 MCA 1973 (Variation oder Discharge of Orders) abzuändern bzw. den Schuldner gar von seiner Pflicht zu entbinden.[146] Nur in Ausnahmefällen ist der Inhalt final und einer erneuten Überprüfung und Anpassung im Rahmen von s. 31 MCA 1973 unzugänglich.[147]

2. Faktoren nach s. 25 MCA 1973

Für jede der genannten Verteilungsbefugnisse gilt das Prinzip der Ermessensausübung gleichermaßen nach Maßgabe der Faktoren in s. 25 (1) *und* (2) MCA 1973[148] sowie ergänzend das Clean Break-Prinzip in s. 25A MCA 1973.[149] Es

---

S. 985; *Masson/Bailey-Harris/Probert*, Family Law, § 13–030. Eine zeitliche Begrenzung der Anordnungen nach Erteilung des *decree absolute* gibt es im Regelfall nicht, *Harris-Short/Miles*, Family Law, S. 438.

144 Gemäß s. 1 (5) MCA 1973 soll zwischen *decree nisi* und *decree absolute* als Optimum ein Zeitraum von sechs Monaten abgewartet werden. Dieser Zeitraum sollte durch sch. 8 (6) des Family Law Act 1996 (repealed, s. 18 (1) (e) Children and Families Act 2014) auf ein Minimum von sechs Wochen verkürzt werden.

145 Siehe hierzu *Burton*, Family Law, S. 124; *Harris-Short/Miles*, Family Law, S. 438; *Masson/Bailey-Harris/Probert*, Family Law, § 13–037 f.

146 S. 31 (2) MCA 1973 zählt auf, welche Anordnungen von einer Korrektur betroffen sein können.

147 Ausgenommen sind solche Anordnungen, die den Zweck verfolgen, eine endgültige und abschließende Entscheidung herbeizuführen und daher nicht mit dem Grundgedanken der Vorschrift vereinbar sind, so z. B. Property Adjustment Orders sowie Lump Sum Orders, *Herring*, Family Law, S. 259.

148 Wird eine Anordnung zugunsten eines Kindes getroffen, tritt an die Stelle von s. 25 (2) MCA 1973 der Maßstab in s. 25 (3) bzw. (4) MCA 1973; siehe hierzu auch unten Fn. 155. Die Darstellung beschränkt sich im Folgenden auf die Anordnung zugunsten von Ehegatten.

149 Zum Gebot der gleichmäßigen Behandlung und Bewertung aller Verteilungsbefugnisse im Rahmen der Ermessensentscheidung nach s. 25 MCA 1973, insbesondere

handelt sich mithin um drei Ebenen, die als gesetzliche Vorgaben bei dem Entscheidungsprozess zu berücksichtigen sind:

„25. – Matters to which court is to have regard in deciding how to exercise its powers under ss. 23, 24 [, 24A, 24B and 24E]

(1) It *shall* be the *duty* of the court in deciding whether to exercise its powers under [section 23, 24, 24A, 24B or 24E] above and, if so, in what manner, to have regard to *all the circumstances* of the case, *first consideration being given to the welfare while a minor of any child* of the family who has not attained the age of eighteen.

(2) As regards the exercise of the powers of the court under [section 23 (1) (a), (b) or (c), 24, 24A, 24B or 24E] above in relation to a party to the marriage, the court *shall* in particular have regard to the following matters –

(a) the *income, earning capacity, property and other financial resources* which each of the parties to the marriage has or is likely to have in the foreseeable future, including in the case of earning capacity any increase in that capacity which it would in the opinion of the court be reasonable to expect a party to the marriage to take steps to acquire;

(b) the *financial needs, obligations and responsibilities* which each of the parties to the marriage has or is likely to have in the foreseeable future;

(c) the *standard of living* enjoyed by the family before the breakdown of the marriage;

(d) the *age of each party* to the marriage and the *duration of the marriage*;

(e) *any physical or mental disability* of either of the parties to the marriage;

(f) the *contributions* which each of the parties has made or is likely in the foreseeable future to make *to the welfare of the family*, including any contribution by looking after the home or caring for the family;

(g) the *conduct* of each of the parties, if that conduct is such that it would in the opinion of the court be inequitable to disregard it;

(h) in the case of proceedings for divorce or nullity of marriage, the value to each of the parties to the marriage of *any benefit* [...] which, by reason of the dissolution or annulment of the marriage, that party will lose the chance of acquiring. (...)

25A. – Exercise of court's powers in favour of party to marriage on decree of divorce or nullity of marriage

(1) Where on or after the grant of a decree of divorce or nullity of marriage the court decides to exercise its powers under [section 23 (1) (a), (b) or (c), 24, 24A, 24B or 24E] above in favour of a party to the marriage, it *shall* be the *duty* of the court to consider *whether it would be appropriate so to exercise those powers that the financial obligations of each party towards the other will be terminated as soon* after the grant of the decree as the court considers *just and reasonable.* (...)" (Hervorhebungen der Verfasserin)

---

im Hinblick auf Rentenanwartschaften: *T v T (Financial Relief: Pensions)* [1998] 1 FLR 1072, 1084A-1085D; *Masson/Bailey-Harris/Probert*, Family Law, § 13–019.

Die im Gesetz aufgezählten Faktoren bieten dem Richter nur einen Anhaltspunkt für seine Beurteilung des Falles. Die Liste ist weder abschließend noch müssen zwingend alle Faktoren zur Anwendung gelangen,[150] wodurch nochmals der Anspruch auf Flexibilität des englischen Richters betont wird. Aus der Reihenfolge im Gesetz kann außerdem keine Hierarchie oder eine Gewichtung der einzelnen Umstände abgeleitet werden.[151] Vielmehr müssen die relevanten Faktoren und ihre Bedeutung anhand des konkreten Einzelfalles herausgearbeitet und bewertet werden. Eine Ausnahme bildet hier das Wohl des Kindes in s. 25 (1) MCA 1973, auf dessen Sonderstellung im nächsten Abschnitt Bezug genommen werden soll.

In zeitlicher Hinsicht können nicht nur Faktoren der Vergangenheit und der Gegenwart von Bedeutung sein, sondern auch solche der Zukunft.[152] Dies ist vor allem deshalb von großer Relevanz, weil dadurch die Möglichkeit besteht, zukünftige (noch nicht angefallene) Einnahmen bzw. Ausgaben miteinzubeziehen, was vielen Rechtsordnungen unbekannt ist und besonderer Betonung bedarf.

Schließlich ist hervorzuheben, dass die Einbeziehung der Faktoren unterschiedliche Auswirkungen auf den Betrag haben können, der dem schwächeren Ehegatten letztendlich in der Entscheidung zugesprochen wird:[153] So kann sich bspw. der Beitrag (Contribution, lit. f)), den ein nichterwerbstätiger Ehegatte im Haushalt und zugunsten des Kindes erbracht hat, als vermögensmehrender Faktor auswirken, wohingegen insbesondere die kurze Dauer einer Ehe (Duration of the Marriage, lit. d)) eher einen vermögensmindernden Effekt in sich birgt.

a) Wohlergehen des Kindes (s. 25 (1) MCA 1973)

Die gesetzliche Vorgabe in s. 25 (1) MCA 1973 konstatiert zum einen die generelle Pflicht des Richters zur Einbeziehung aller relevanten Faktoren. Zum anderen hebt sie das Wohlergehen des (minderjährigen) Kindes[154] von den anderen Faktoren ab, indem sie dieses als ersten zu berücksichtigenden Aspekt eines jeden Falles benennt, ohne dass sich hieraus eine vorrangige Stellung desselbigen ableiten ließe.[155] Von der Rechtsprechung wird deshalb ausgeführt, dass das Wohlergehen

---

150 *Co v Co* [2004] 1 FLR 1095 (Fam), para. 41.

151 *Piglowska v Piglowski* [1999] 1 WLR 1360, 1360H-1361A.

152 *Trippas v Trippas* [1973] Fam. 134, 135C; *Miller v Miller; McFarlane v McFarlane* [2006] UKHL 24, para. 129.

153 *Lowe/Douglas*, Family Law, S. 1030.

154 Die Definition des Begriffs „Kind der Familie“ ist generell weit gefasst, siehe s. 52 (1) Str. 2 MCA 1973.

155 Wenn das „Wohlergehen des Kindes“ betrachtet wird, ist damit in der Regel der mittelbare Vorteil des Kindes über die Einbeziehung in die Deckung der Bedürfnisse

des Kindes „consideration of first importance (...) but (...) not the paramount or overriding consideration“[156] sei. Daraus sei zu entnehmen, dass es sich zwar um den ersten wichtigen, aber eben nicht um den einzigen relevanten Faktor handele.

Welche genauen Auswirkungen diese Nuancierung auf die Handhabung in der Praxis hat, ist unklar. Die vom Gesetzgeber intendierte Hervorhebung durch die Worte „first consideration“ bleibt ohne den offensichtlich vermiedenen Zusatz „paramount“ schwach, weil eine prioritäre Stellung gerade nicht bezweckt wird.[157] Nichtsdestoweniger muss das Wohl des Kindes bei jeder Entscheidung mit einfließen, was häufig zu dem Ergebnis führt, dass das Familienheim demjenigen zugesprochen wird, der für das Kind sorgt.[158] Der Grund liegt darin, dass dem Kind hierdurch die Möglichkeit geboten wird, in seiner gewohnten Umgebung und seinem sozialen Umfeld aufzuwachsen. Damit bedingt die Absicherung des betreuenden Ehegatten nach der Ehescheidung zugleich eine gewisse Stabilität und Zukunftsabsicherung für das Leben des Kindes.[159]

b) Sonstige Faktoren (s. 25 (2) MCA 1973)

Die hier aufgelisteten Faktoren sollen vom Richter im Besonderen berücksichtigt werden.[160] Den aus der Vergangenheit geschöpften Erfahrungswerten nach zu urteilen, handelt es sich dabei um solche, die in den häufigsten Fällen von Belang sind.[161] Die sich nun anschließende Reihenfolge der Faktoren folgt lediglich der

---

des betreuenden Elternteils gemeint, Law Commission, CP No. 198, § 2.23; *Miles*, in: Scherpe (Hrsg.), Marital Agreements, 89 (93). Nur in Ausnahmefällen wird eine unmittelbar zugunsten des Kindes wirkende Anordnung i. S. v. s. 23 (1) (d), (e) und (f) sowie ss. 24, 24A MCA 1973 (Maßstab: s. 25 (3) oder (4) MCA 1973) getroffen. Ein eigenständiger Kindesunterhalt auch unabhängig von einem Scheidungsverfahren kann – je nach Anwendbarkeit – im Rahmen des Child Support Act 1991 (z. T. abgeändert durch den Child Maintenance and Other Payments Act 2008) bzw. des sch. 1 des Children Act 1989 geltend gemacht werden, siehe dazu ausführlich *Herring*, Family Law, S. 193 ff.; Law Commission, CP No. 198, § 2.20 ff.

156 *Suter v Suter and Jones* [1987] Fam. 111, 112D.

157 *Suter v Suter and Jones* [1987] Fam. 111, 115G: Hier wird die gesetzliche Formulierung sogar als bedeutungslos bezeichnet, was angesichts der tatsächlichen Auswirkungen auf das Ergebnis nicht pauschalisiert werden sollte.

158 *Probert*, Family Law, § 8–018.

159 *Lewis* (2001) 15 IJLPF, 159 (178) worauf die Rechtsprechung in *Miller v Miller; McFarlane v McFarlane* [2006] UKHL 24, para. 128, Bezug nimmt.

160 Siehe den Wortlaut in s. 25 (2) MCA 1973 (Hervorhebung der Verfasserin): „(...) the court *shall in particular* have regard to the following matters (...).“

161 *Lowe/Douglas*, Family Law, S. 1030.

gesetzlichen Aufzählung und ist damit in keiner Hinsicht als Ersatz für die am konkreten Einzelfall orientierte Schwerpunktsetzung zu sehen.

aa) Income, Earning Capacity, Property and Other Financial Resources (lit. a))

Zunächst ist es notwendig, sich einen Überblick über die finanziellen Ressourcen beider Parteien zu verschaffen. Nur was an diesem Punkt als Vermögen aufgenommen wird (Computation Stage) kann letztendlich bei der Entscheidung miteinbezogen werden, wie eine faire Verteilung gestaltet werden könnte (Distribution Stage).[162] Folglich muss die Feststellung des vorhandenen Vermögens der Güteraufteilung zwingend vorausgehen.

Bereits an der gesetzlichen Formulierung wird deutlich, dass der Begriff der finanziellen Ressource inhaltlich und zeitlich sehr weit zu verstehen ist. Erfasst werden nicht nur das Barvermögen, Eigentum, Investments, Versicherungen und Rentenanwartschaften sowie sonstige finanzielle Vorteile, sondern auch Einkommen aufgrund einer (fiktiven) Erwerbsfähigkeit.[163] Darüber hinaus findet grundsätzlich eine exzessive Ausweitung der zeitlichen Komponente auf Vermögen statt, welches vor der Heirat, während der Ehe und nach der Scheidung erlangt wurde bzw. wird.[164] Deshalb können selbst in der Zukunft gelegene Aussichten auf Vermögen, z. B. aufgrund einer Erbschaft, berücksichtigt werden, wenn sowohl der Eintritt der Erbschaft als auch der Tod des Erblassers hinreichend wahrscheinlich ist.[165] Eine Einschränkung findet nur über die Rechtsprechung zum Sharing statt, welche die Frage nach der Quelle des Vermögens aufwirft und über die Einteilung nach ehelichem und nicht-ehelichem Vermögen etwaige Positionen des nicht-ehelichen Vermögens aussondert.[166]

bb) Financial Needs, Obligations and Responsibilities (lit. b))

Nachdem eine Bestandsaufnahme hinsichtlich des Vermögens durchgeführt wurde, stellt die Determinierung und Deckung der gegenwärtigen und

---

162 *Charman v Charman* [2007] EWCA Civ 503, para. 67.

163 *Standley*, Family Law, S. 161.

164 *Probert*, Family Law, § 8–025. Zur Einbeziehung gegenwärtiger und künftiger Einnahmen siehe den Wortlaut von s. 25 (2) (a) MCA 1973 (Hervorhebung der Verfasserin): „(…) resources which each of the parties to the marriage *has or is likely to have in the foreseeable future* (…).“

165 Vgl. *S v S (Ancillary Relief: Importance of FDR)* [2007] EWHC 1975 (Fam); *Michael v Michael* [1986] 2 FLR 389.

166 Siehe unten 1. Teil: B. II. 3. c) bb).

zukünftigen[167] finanziellen Bedürfnisse und Verpflichtungen die wesentliche Herausforderung des Richters dar. Insbesondere in Fällen, in denen nur geringes Vermögen vorhanden ist, steht die Fähigkeit der Parteien im Mittelpunkt, sich selbst zu unterhalten sowie ihren rechtlichen Verpflichtungen (z. B. Rückzahlung eines Kredites) nachzukommen. Sofern Kindesinteressen involviert sind, hat das Unterbringungsbedürfnis des betreuenden Ehegatten Priorität gegenüber den Bedürfnissen des anderen Ehegatten.[168] Erst wenn dann noch Vermögen verfügbar ist, werden auch dessen Bedürfnisse berücksichtigt. Die Verteilung sollte deshalb grundsätzlich so ausgestaltet werden, dass beide Ehegatten eine Unterkunft erhalten, weil dadurch leichter gewährleistet werden kann, dass das Kind ausreichend Zeit mit beiden Elternteilen verbringen kann.[169]

Da die den höheren Instanzen vorliegenden Fälle meist „Big Money Cases"[170] sind, in denen die vermögensmäßige Lage eines Ehegatten weit über das hinausreicht, was für die Deckung der Bedürfnisse beider Ehegatten und des Kindes notwendig ist, wird der Umfang der Bedürfnisse nur selten diskutiert.[171] Sofern jedoch eine gezielte Betrachtung stattfindet, werden die Bedürfnisse – im Einklang mit dem Lebensstandard während der Ehe (lit. c)) – großzügig interpretiert.[172]

cc) Standard of Living enjoyed by the Family (lit. c))

Der Lebensstandard, den die Ehegatten während der Ehe erreicht haben, kann überhaupt nur dann berücksichtigt werden, wenn nach der Befriedigung der grundlegenden Bedürfnisse noch so viel Vermögen vorhanden ist, das es erlaubt, einen Gleichlauf der beiden Lebensabschnitte herbeizuführen.[173] In den überwiegenden Fällen ist dieser Faktor folglich von vornherein auszublenden. In den

---

167 S. 25 (2) (b) MCA 1973 (Hervorhebung der Verfasserin): „(…) financial needs, obligations and responsibilities which each of the parties to the marriage *has or is likely to have in the foreseeable future* (…)."

168 *M v B (Ancillary Proceedings: Lump Sum)* [1998] 1 FLR 53, 54A-B.

169 *M v B (Ancillary Proceedings: Lump Sum)* [1998] 1 FLR 53, 54A-B; *Calderbank v Calderbank* [1976] Fam. 93, 102A; *Cordle v Cordle* [2001] EWCA Civ 1791, para. 33.

170 Definition der Law Commission, Executive Summary – Consultation Paper No. 198, S. 2, § 12., abrufbar unter: http://lawcommission.justice.gov.uk/docs/cp198_Marital_Property_Agreements_Consultation-Summary.pdf (Stand: 18.12.2014). Siehe auch den Definitionsversuch von *Fisher* [2002] Fam Law, 108.

171 *Charman v Charman* [2007] EWCA Civ 503, para. 57.

172 *Probert*, Family Law, § 8–029.

173 *Standley*, Family Law, S. 163.

restlichen Fällen kann der frühere Lebensstandard hingegen ein gewichtiges Argument darstellen, einen vergleichbaren Lebensstil zu erhalten.[174]

dd) Age of each Party and Duration of Marriage (lit. d))

Die Dauer der Ehe hat gegenüber dem Alter der Ehegatten eine zentralere Bedeutung für die Entscheidung eines Falles. Das Alter spielt nur insofern eine Rolle, als sich dadurch die finanziellen Ressourcen und Bedürfnisse einer Partei erhöhen oder vermindern.[175] In der Regel sind junge Menschen gesund und haben die Möglichkeit, einer Erwerbstätigkeit nachzugehen, weshalb ihre Einnahmen im Vergleich zu älteren Personen höher, die Ausgaben hingegen niedriger sind.[176]

Grundsätzlich gilt hinsichtlich der Dauer der Ehe,[177] dass eine längere Ehe auf der Basis einer gemeinsamen Erwirtschaftung die hälftige Teilung des ehelichen Vermögens rechtfertigt.[178] Je länger die Ehe andauert, desto mehr verliert die Differenzierung zwischen ehelichem und nicht-ehelichem Vermögen[179] an Bedeutung, weil Beiträge schlechter zugeordnet werden können und eine sukzessive Verflechtung der Vermögensmassen stattfindet.[180] Eine hälftige Teilung des ehelichen Vermögens ist bei kürzeren Ehen deshalb ungewöhnlich, sodass das einseitig, von einer Partei erwirtschaftete Vermögen bei einer Umverteilung regelmäßig außen vor bleibt.[181] Diese Grundtendenzen werden wiederum

174 *F v F (Ancillary Relief: Substantial Assets)* [1995] 2 FLR 45, 50.

175 *Masson/Bailey-Harris/Probert*, Family Law, § 13–075.

176 *Probert*, Family Law, § 8–032.

177 Nach derzeitigem Stand der Rechtsprechung kann auch der Zeitraum des vorehelichen Zusammenlebens in einer nichtehelichen Lebensgemeinschaft bei der Berechnung der Dauer der Ehe mit einfließen. In dem Fall *GW v RW* [2003] EWHC 611 (Fam), para. 33, wurde festgehalten, dass eine Berücksichtigung dessen möglich sei, wenn zwischen den beiden Lebensabschnitten ein nahtloser Übergang ohne bemerkenswerte Veränderung des Zusammenlebens stattgefunden habe. In *Co v Co (Ancillary Relief: Pre-Marriage Cohabitation)* [2004] 1 FLR 1095, wurde es hingegen zur Voraussetzung gemacht, dass es sich um eine durchweg beständige und feste Beziehung handeln müsse.

178 *Miller v Miller; McFarlane v McFarlane* [2006] UKHL 24, paras. 16 und 17.

179 Siehe dazu ausführlicher unten 1. Teil: B. II. 3. c) bb).

180 *Miller v Miller; McFarlane v McFarlane* [2006] UKHL 24, para. 148 (Baroness Hale): „(…) the importance of the source of the assets will diminish over time (…)."

181 *Miller v Miller; McFarlane v McFarlane* [2006] UKHL 24, para. 152; *Charman v Charman* [2007] EWCA Civ 503, para. 85.

relativiert, wenn aus der Ehe ein Kind hervorgegangen ist, dessen Wohlergehen miteinbezogen werden muss.[182]

ee) Physical or Mental Disability (lit. e))

Bei diesem Faktor kommt es an anderen Stellen bereits zu Überschneidungen, weshalb eine gesonderte Berücksichtigung häufig unterbleibt. Physische und psychische Behinderungen erzeugen bspw. höhere Bedürfnisse oder wirken sich mindernd auf die eigenen finanziellen Ressourcen aus, weil nur eine verminderte Erwerbsfähigkeit besteht.[183]

ff) Contributions (lit. f))

Die Beiträge zum Familienleben werden entsprechend der Rollenverteilung erbracht und sind damit als gleichwertig zu betrachten. Die klassische Aufteilung, dass ein Partner – häufig der Mann – einer Erwerbstätigkeit nachgeht und ein Partner – häufig die Frau – den Haushalt führt sowie die Betreuung des Kindes übernimmt, ist weiterhin dominierend. Würde sich die Güteraufteilung daran orientieren, welcher der beiden Ehegatten die finanzielle Versorgung der Familie sicherstellt, würde die Ehefrau regelmäßig leer ausgehen und ihr Beitrag ungerechtfertigterweise unbeachtet bleiben. Gegen diese Art der Diskriminierung der Hausfrau gegenüber dem Erwerbstätigen wendete sich die Rechtsprechung in *White* und bezeichnete sowohl die jeweiligen Beiträge als auch die damit verbundene Beteiligung am Vermögen als grundsätzlich gleichwertig.[184]

In jüngeren Entscheidungen zeichnete sich eine negative Entwicklung dahingehend ab, dass dem Vielverdiener unter der Überschrift „Special Contribution" ein höherer Anspruch zugestanden wurde, wenn er das Geld in besonderem Maße eigenständig und nur aufgrund besonderer Fähigkeiten erwirtschaften konnte.[185] In den Fällen *H-J v H-J (Financial Provision: Equality)*[186] und *G v G (Financial Provision: Equal Division)*[187] wurde diese Aussage von Coleridge J. mit

182 *C v C (Financial Relief: Short Marriage)* [1997] 2 FLR 26, 46.

183 *Probert*, Family Law, § 8–033.

184 [2001] 1 AC 596, 605D-E (Lord Nicholls): „If, in their different spheres, each contributed equally to the family, then in principle it matters not which of them earned the money and built up the assets. There should be no bias in favour of the money-earner and against the home-maker and the child-carer."

185 Der Gedanke der „Special Contribution" taucht erstmals in dem Fall *Cowan v Cowan* [2001] EWCA Civ 679, auf.

186 [2002] 1 FLR 415, 428.

187 [2002] 2 FLR 1143, para. 36.

der Begründung zurückgewiesen, dass damit eindeutig gegen die in *White* niedergelegten Grundsätze verstoßen werde und dies zum Öffnen einer „forensischen Büchse der Pandora“[188] führe. Eine feste Etablierung der neuen Tendenz wurde durch die Entscheidung des Court of Appeals in *Lambert v Lambert*[189] aufgehalten und eine weitere Anwendung auf Ausnahmefälle mit exorbitantem Niveau beschränkt.[190]

gg) Conduct (lit. g))

Seit das Verschuldensprinzip (Fault-Based Divorce) als Scheidungsgrund im Jahre 1971 mit Inkrafttreten des Divorce Reform Act 1969 durch das Zerrüttungsprinzip (Irretrievable Breakdown)[191] weitgehend abgelöst wurde, hat die Betrachtung des Verhaltens der Parteien nicht nur im Scheidungsrecht, sondern auch im Scheidungsfolgenrecht erheblich an Bedeutung verloren.[192] Das Gesetz formuliert dementsprechend auch für den Bereich der Financial Orders, dass ausschließlich solches Verhalten einbezogen werden müsse, welches eine Nichtberücksichtigung unbillig erscheinen lasse.[193] In *Wachtel v Wachtel* wurde diese Aussage dahingehend präzisiert, dass nur „offensichtliches und

188 [2002] 2 FLR 1143, para. 34 (Coleridge J.): „I wonder whether, with respect to the members of the Court of Appeal in *Cowan v Cowan*, they would have made the extensive remarks they did (about the possibility of a special contribution) if they had realised the forensic Pandora's box that would be opened in actual practice.“

189 [2002] EWCA Civ 1685, insbesondere paras. 27 und 41.

190 So auch die Meinung von *Hodson/Green/De Souza* [2003] Fam Law, 37 (43). Eine Beschränkung auf Ausnahmefälle wurde auch später von Lord Nicholls und Baroness Hale in *Miller v Miller; McFarlane v McFarlane* [2006] UKHL 24, paras. 66–68 bzw. paras. 145–146, bestätigt.

191 Das Zerrütungsprinzip wurde aus s. 1 Divorce Reform Act 1969 übernommen und ist aktuell in Part I (Divorce, Nullity and other Matrimonial Suits) MCA 1973 in dessen s. 1 (1) enthalten. Völlig irrelevant ist das Verhalten der Parteien jedoch nicht, weil die Zerrüttung der Ehe (Scheidungsgrund) durch fünf mögliche Facts, s. 1 (2) (a)-(e) MCA 1973, bewiesen werden muss, wovon der Ehebruch (lit. a)), das Verhalten eines Ehegatten, welches ein weiteres Zusammenleben unmöglich macht (lit. b)), und das Verlassen-Werden eines Ehegatten (lit. c)) ein Überbleibsel aus Zeiten der Fault-Based Divorce darstellen. Die Verantwortlichkeit für die Herbeiführung eines Scheidungsgrundes wirkt sich allerdings nicht länger negativ auf die prozentuale Verteilung des Vermögens aus, *Wachtel v Wachtel* [1973] Fam. 72.

192 *Lowe/Douglas*, Family Law, S. 1047; *Masson/Bailey-Harris/Probert*, Family Law, § 13–082.

193 S. 25 (2) (g) MCA 1973: „(…) if that conduct is such that it would (…) be inequitable to disregard it (…).“

schwerwiegendes"[194] Fehlverhalten hierunter falle, womit Extremfälle moralischer Verwerflichkeiten gemeint sind. Da durch die anhaltende Konfrontation der Parteien zu den Details des gemeinsamen Ehelebens eine noch schmerzhaftere Situation geschaffen würde, sollen prospektiv nicht länger die Verantwortlichkeiten für das Scheitern der Ehe untersucht und zugewiesen werden.[195] Der Ehebruch soll daher hierüber nicht erfasst werden.[196]

Ein eindeutiger Fall dieser Kategorie ist hingegen der versuchte Mord. In *Evans v Evans*[197] wurde die Ehe nach kurzer Dauer im Jahre 1953 geschieden. Der Mann erfüllte die der Frau durch das Gericht zugesprochenen Ansprüche jahrzehntelang ausnahmslos. 1985 wurde die Frau zu vier Jahren Haft verurteilt, weil sie eine Person beauftragt hatte, ihren Ex-Mann zu töten. Daraufhin stellte er die Zahlungen ein und der Court of Appeal entschied, dass er nun von seiner Leistungsverpflichtung entbunden sei. Im Gegensatz dazu wurde der Anspruch der Ehefrau in *H v H (Financial Relief: Attempted Murder as Conduct)*, die durch eine Attacke des Ehemannes mit einem Messer ernsthafte Verletzungen erlitt und infolgedessen nur noch über eine verminderte Erwerbsfähigkeit verfügte, deutlich hochgesetzt.[198] Je nachdem auf welcher Seite sich das Fehlverhalten also ereignet, hat dieses entweder einen vergrößernden oder einen verkleinernden Einfluss auf den Anspruch.

Daneben wurden auch die Umstände in *Clark v Clark*[199] als ein Fall moralischen Fehlverhaltens bezeichnet. Er, ein reicher Mann um die 80, der sich in eine fast vierzig Jahre jüngere Frau verliebte, heiratete diese und sorgte in allen Hinsichten für ihr finanzielles Wohlergehen. Die Ehe wurde nie vollzogen. Ihr war es peinlich mit einem Mann dieses Alters verheiratet zu sein, sodass sie getrennt von ihm leben wollte, ohne dabei aber auf den Genuss seines Reichtums zu verzichten. Sie verbannte ihn in einen Caravan im Garten bzw. in ein Nebengebäude und lebte fortan mit ihrem Liebhaber in seinem Anwesen. Gegen die Entscheidung der Vorinstanz, der Frau einen Einmalbetrag in Höhe von £ 552.500,-

---

194 [1973] Fam. 72, 80C (Omrod J., Interlocutory Appeal; Hervorhebung und Übersetzung der Verfasserin): „(...) conduct (...) exerts little effect (...) unless it is both *obvious and gross*."

195 *Cretney*, Family Law in the Twentieth Century, S. 425 f.

196 Siehe hierzu die eindeutigen Ausführungen in *Miller v Miller; McFarlane v McFarlane* [2006] UKHL 24, paras. 64 f., 145, 164, die sich in dieser Hinsicht gegen die Entscheidungen der Vorinstanzen stellen.

197 [1989] 1 FLR 351.

198 [2005] EWHC 2911 (Fam).

199 [1999] 2 FLR 498.

zuzusprechen, legten beide Rechtsmittel[200] ein. Der Court of Appeal reduzierte diesen Anspruch auf einmalig £ 125.000,-, und sie musste zusätzlich sämtliches Eigentum rückübertragen, das er ihr während der Ehe übertragen hatte.

hh) Benefits (lit. h))

Schließlich kann das Gericht die Tatsache berücksichtigen, dass den Parteien durch die Beendigung des Ehestatus finanzielle Vorteile verlustig gehen. Diese finanziellen Vorteile können etwa Rückkaufswerte von Ansprüchen aus einer Versicherung, weil diese vorzeitig beendet werden muss, die Position in der gesetzlichen Erbfolge oder die Aussicht auf eine Beteiligung an der Rente sein.[201] In Bezug auf die Rentenanwartschaften ist dies der traditionelle Weg, über das Off-Setting[202] einen Vermögensausgleich zugunsten des Nichterwerbstätigen herzustellen. Stattdessen kann aber auch die vom Gesetzgeber geschaffene Methode einer separaten Pension Sharing Order gewählt werden.

c) Marital Agreement als einer der Faktoren der s. 25 MCA 1973

Da dem englischen Scheidungsfolgenrecht der Grundsatz der Vertragsfreiheit fremd ist, kann das Marital Agreement erst im Rahmen der richterlichen Würdigung zum Tragen kommen. Sowohl in der Literatur als auch in der Rechtsprechung herrscht Uneinigkeit[203] darüber, ob das Agreement allgemein als relevanter Umstand des Falles i. S. v. s. 25 (1) MCA 1973 und/oder spezifischer als Conduct über s. 25 (2) (g) MCA 173 einfließen sollte. Bei näherer Betrachtung fällt auf, dass die Fallgruppe des Conducts für Extremfälle unmoralischen Verhaltens gegenüber dem Ehegatten vorgesehen ist.[204] Insofern streitet für eine Berücksichtigung des Agreements über den Auffangtatbestand das Argument der Folgerichtigkeit. Aufgrund der gleichwertigen Einbeziehungsmöglichkeit

---

200 Zur Appeal im englischen Recht siehe Part IV (Appeals, Courts, Judges and Court Proceedings) Access to Justice Act 1999. Speziell zum Scheidungsfolgenrecht siehe *Probert*, Family Law, § 8–044 ff.

201 *Standley*, Family Law, S. 165.

202 Siehe oben 1. Teil: B. I. 1. a).

203 In der Rechtsprechung wurde es in *K v K (Ancillary Relief: Prenuptial Agreement)* [2003] 1 FLR 120, 132B, bspw. unter beide Merkmale gefasst, in *Camm v Camm* [1983] 4 FLR 577, 579; *Edgar v Edgar* [1980] 1 WLR 1410, 1410G, und *Hyman v Hyman* [1929] AC 601, 609, hingegen als Conduct bezeichnet. In der Literatur bleibt die Frage mangels negativer Auswirkungen meist unbeantwortet, siehe nur *Lowe/Douglas*, Family Law, S. 1012; *Standley*, Family Law, S. 188; *Scherpe* [2007] IFL, 18 (22).

204 Siehe bereits oben 1. Teil: B. I. 2. b) gg).

auf beiden Ebenen kann es im Ergebnis dahinstehen, worunter eine Subsumtion vorgenommen wird.[205] Welches Gewicht dem Agreement im Einzelfall zukommen sollte, ergibt sich erst bei einer genauen Analyse desselbigen. Die Frage nach der Möglichkeit des Private Orderings stellt den Kern der Arbeit dar, weswegen diese aus dem Überblick zum Scheidungsfolgenrecht ausgelagert und an separater Stelle detailliert aufgeführt wird.[206]

3. Clean Break-Prinzip (s. 25A MCA 1973)

Schließlich trifft das Gericht die ihm durch das Gesetz in s. 25A (1) MCA 1973 auferlegte Pflicht, die gegenseitigen finanziellen Verpflichtungen der Parteien so früh wie möglich voneinander zu lösen, sofern es in dem betreffenden Fall angemessen erscheint. Hierdurch soll ein zukunftsgewandtes Handeln der Geschiedenen in Richtung schnellstmöglicher Selbstständigkeit gefördert werden.[207] Wie bereits im Abschnitt zu den Verteilungsbefugnissen angesprochen, sollte die Wahl der konkreten Anordnung hieran ausgerichtet sein, weil nicht jede Art von Anordnung dazu geeignet ist, einen Clean Break herbeizuführen.[208] Die Erzielung eines Clean Breaks sollte allerdings nicht mit allen Mitteln durchgesetzt werden, sondern im Einklang mit der Ermessensentscheidung nach s. 25 MCA 1973 stehen und zu einer fairen Entscheidungsfindung beitragen.[209]

Demgegenüber hat das zuvor geltende Minimal Loss Principle die Parteien für einen langen Zeitraum, teilweise sogar ein Leben lang, aneinander

205 So auch die Ansicht von Connell J. in *M v M (Prenuptial Agreement)* [2002] 1 FLR 654, 661.

206 Siehe unten 1. Teil: C. Die neuen Entwicklungen in der Rechtsprechung haben jedoch auch Auswirkungen auf das Verhältnis zwischen Ermessensausübung und Rechtswirkung eines Nuptial Agreements, siehe unten 1. Teil: C. V. 4. d) aa).

207 Noch bevor der Gesetzgeber den Gedanken des Clean Breaks in das Gesetz aufnahm, wurde dieser bereits durch die Rechtsprechung formuliert in *Minton v Minton* [1979] AC 593, 608F-G (Lord Scarman): „The law now encourages spouses to avoid bitterness after family breakdown and to settle their money and property problems. An object of the modern law is to encourage each to put the past behind them and to begin a new life which is not overshadowed by the relationship which has broken down."

208 Siehe oben 1. Teil: B. I. 1. a); insbesondere bei den Periodical Payments Orders muss in Betracht gezogen werden, die wiederkehrende Zahlungsverpflichtung zeitlich zu begrenzen, s. 25A (2) MCA 1973.

209 *Miller v Miller; McFarlane v McFarlane* [2006] UKHL 24, paras. 133–134.

gebunden.[210] Das bis 1984 gesetzlich verankerte Prinzip[211] galt als oberstes Ziel des Scheidungsfolgenrechts und sollte gewährleisten, dass jede Partei finanziell möglichst so gestellt wird, wie sie gestanden hätte, wäre die Ehe nicht geschieden worden. Vergleicht man diese beiden Prinzipien, so stellt man fest, dass im Laufe der Jahre ein deutliches Umdenken von der langfristigen Abhängigkeit (Minimal Loss) hin zu einer frühen Unabhängigkeit (Clean Break) stattgefunden hat, welche mit einer Veränderung des Ehebildes einhergehen musste.

II. Konkretisierung durch die Rechtsprechung

1. Notwendigkeit der Interpretation des Gesetzes

Die Tatsache, dass das Gesetz kein einheitliches, vorrangig zu berücksichtigendes Ziel für die Bestimmung der Financial Orders bereithält, hat weitgehende Orientierungsschwierigkeiten verursacht. Die Aufhebung des Minimal Loss Principles, die Betonung des Grundsatzes des Wohlergehens des Kindes und die Einführung des Clean Breaks haben hierzu maßgeblich beigetragen.[212] Statt eines die Entscheidungsfindung leitenden Ziels bietet die gesetzliche Lage einen bunten Strauß an einzelnen Vorgaben (s. 25 und 25A MCA 1973), die jeweils verschiedene Ziele verfolgen und dementsprechend das Ergebnis in unterschiedliche Richtungen zu lenken vermögen.[213] Das Wohlergehen des Kindes, welches dauerhafte finanzielle Verpflichtungen nach sich zieht, steht dem Clean Break-Prinzip gegenüber, welches bestrebt ist, eine zeitnahe finanzielle Unabhängigkeit der Parteien herzustellen. Im Zusammenhang mit den Faktoren in s. 25 (2) MCA 1973 geht es bei den einen mehr um die Einbeziehung zukunftsorientierter Bedürfnisse, z. B. die finanziellen Bedürfnisse und Verpflichtungen mit Blick auf die Zukunft oder physische oder psychische Behinderungen, während bei den anderen der Schwerpunkt auf rückblickenden Erwägungen liegt, z. B. der Lebensstandard während der Ehe, die Beiträge zum Familienleben oder das Verhalten während der Ehe. Da die gesetzlichen Vorgaben in keinem Rangverhältnis zueinander stehen und ihnen nicht einmal abschließender Charakter

---

210 Zur Kritik an diesem Prinzip siehe nur *Barrett v Barrett* (1980) WL 613094.

211 Dieses Prinzip war in der ursprünglichen Fassung in s. 25 des MCA 1973 enthalten, bis das Gesetz durch s. 3 Matrimonial und Family Proceedings Act 1984 und durch sch. 3, para. 5 Welfare Reform and Pensions Act 1999 abgeändert wurde.

212 Zur Rekapitulation der historischen Entwicklung siehe *Masson/Bailey-Harris/Probert*, Family Law, § 13–032 ff.

213 Vgl. *Harris-Short/Miles*, Family Law, S. 443.

zugesprochen werden kann, ließe sich auf der Basis einer guten Argumentation folglich nahezu jedes Ergebnis rechtfertigen.[214]

Die fehlende Leitung vonseiten des Gesetzgebers bewog die Rechtsprechung dazu, richtungsweisende kasuistische Leitlinien aufzustellen, die das Ermessen im Einklang mit dem Gesetz konkretisieren.[215] Um diese Leitlinien ausformen zu können, sollte zunächst die Frage gestellt werden, warum überhaupt eine Vermögensumstrukturierung bei Ehescheidung stattfindet.[216] Einer Begründung bedarf es umso mehr, als die Trennung des Eigentums der Ehegatten *während der Ehe* dem Konzept der Financial Orders *bei Ehescheidung* grundlegend entgegenzustehen scheint.[217] Nur wenn hierfür rechtfertigende Gründe angeführt werden, kann auch ein dieser Verteilung zugrunde liegendes Prinzip erarbeitet werden.[218]

Die für die Entwicklung maßgeblichen Entscheidungen stellt die „decision of the decade"[219] in *White v White*, in dem die Fairness zur obersten Maxime des Scheidungsfolgenrechts ernannt wurde,[220] sowie der Fall *Miller v Miller; McFarlane v McFarlane* dar. In letzterem Fall wurde der Gedanke der Fairness aufgegriffen und dahingehend präzisiert, dass dieser den Oberbegriff bildet, der durch die gesetzlichen Vorgaben und die Elemente Needs, Compensation und Sharing definiert werde.[221] Um sich einen vollständigen Überblick über das Scheidungsfolgenrecht zu verschaffen, ist es erforderlich, sich mit den Details dieser Entscheidungen des House of Lords vertraut zu machen.[222]

---

214 *Miles* (2005) 19 IJLPF, 242 (244).

215 *Miller v Miller; McFarlane v McFarlane* [2006] UKHL 24, para. 7: „This is not to usurp the legislative function. Rather, it is to perform a necessary judicial function in the absence of parliamentary guidance." Kritisch hierzu: *Bailey-Harris* (2005) 19 IJLPF, 229 (229 ff.).

216 *Miles* (2005) 19 IJLPF, 242 (246).

217 *Miller v Miller; McFarlane v McFarlane* [2006] UKHL 24, para. 137.

218 *Diduck* (2011) 38 J.L. & Soc., 272 (275).

219 *Duckworth/Hodson* [2001] Fam Law, 24 (29): Dort wird die Entscheidung als „Entscheidung des Jahrzehnts" bezeichnet, die dem Laien das Recht im Bereich der Financial Orders leichter zugänglich machen werde.

220 [2001] 1 AC 596, 599G-600B.

221 [2006] UKHL 24, insbesondere paras. 9–17.

222 Grundsätzlich beschränkt sich die Arbeit auf die Entscheidungen des höchsten Gerichts. Nur wenn es aufgrund der Relevanz für notwendig erachtet wird, werden auch die Entscheidungen der Vorinstanzen dargestellt, so insbesondere geschehen im Fall *White v White*, siehe unten 1. Teil: B. II. 2. a), und im Fall *Radmacher v Granatino*, siehe unten 1. Teil: C. V. 1.

Bei den genannten Fällen handelt es sich ausschließlich um Big Money Cases, woraus sich auch ein erstes Problem ergibt: Es sind lediglich diejenigen Fälle, in denen es um die Verteilung beträchtlicher Vermögensmassen geht, die zu den höheren Gerichten vordringen.[223] Dies hat zur Folge, dass sich die Entwicklung der Rechtsprechung auf diesen privilegierten Kreis konzentriert. Schwierigkeiten bereitet dies insofern, als eine Anwendung auf die alltäglichen Fälle nur unwesentliche Auswirkungen hat, weil hier das Vermögen oft nicht einmal oder gerade so ausreicht, um die Grundbedürfnisse (Needs) der Parteien, insbesondere die Unterbringung des betreuenden Elternteils und des Kindes, zu decken.[224] Eine Berücksichtigung weiterer dieser Rechtsprechung zugrunde liegender Aspekte ist insofern meist ausgeschlossen.

2. Fairness als oberste Maxime (White v White)

a) Instanzieller Werdegang

Herr und Frau White waren über 30 Jahre verheiratet, hatten drei Kinder und führten gemeinsam ein landwirtschaftliches Unternehmen, bestehend aus zwei Bauernhöfen. Beide hatten aufgrund ihres familiären Hintergrundes große Erfahrungen mit der Landwirtschaft. Beim Erwerb der Bauernhöfe hatte Herrn Whites Vater eine wesentliche Rolle gespielt. So hatte er bei dem ersten Bauernhof, der im Namen beider Ehegatten stand, den Erwerb des darauf befindlichen Hauses durch ein geringes zinsloses Darlehen unterstützt, wohingegen der zweite Bauernhof, der Herrn White allein gehörte, auf einen familieninternen Erwerb[225] zurückzuführen war.

In der ersten Instanz[226] wurde der Ehefrau vom Gesamtvermögen in Höhe von £ 4,6 Mio. lediglich ein Gesamtbetrag in Höhe von £ 0,98 Mio. zugesprochen,

223 *Scherpe*, FamRZ 2006, 1314.

224 Diese These wurde bereits in *Miller v Miller; McFarlane v McFarlane* [2006] UKHL 24, para. 12 (Lord Nicholls) aufgestellt. Bestätigt wurde sie durch die Ergebnisse der empirischen Untersuchung von *Hitchings*, (2010) 22 CFLQ, 93, mit dem Titel „The Impact of Recent Ancillary Relief Jurisprudence in the ‚Everyday' Ancillary Relief Case", welcher eben diese Fragestellung zugrunde lag; a. A. *Fisher* [2002] Fam Law, 108 (108 f.); *Brasse* [2001] Fam Law, 191 (195 f.).

225 Der Vater hatte den Bauernhof zunächst allein erworben und danach in vier gleich großen Anteilen auf sich und seine drei Söhne übertragen, die Herr White schließlich alle erwarb.

226 Soweit ersichtlich wurde diese Entscheidung nicht in den Law Reports veröffentlicht. Der Inhalt der Entscheidung kann jedoch in dem hierfür notwendigen Umfang zuverlässig aus denjenigen der höheren Instanzen entnommen werden.

bestehend aus einer Lump Sum in Höhe von £ 0,8 Mio. zuzüglich Periodical Payments. Grundlage dieser Entscheidung war der seit Jahren etablierte Grundsatz der Reasonable Requirements,[227] der regelmäßig zu einem auf die Deckung der angemessenen Bedürfnisse reduzierten Anspruch führte, selbst wenn es sich um eine Ehe handelte, in der das vorhandene Vermögen die beiderseitigen Bedürfnisse überstieg; eine Erhöhung wurde nur im Falle einer nicht nur marginalen finanziellen Contribution zugesprochen. In der Literatur[228] wurden Stimmen laut, dass dies faktisch zu einer Benachteiligung desjenigen Ehegatten führe, der sich um Haushalt und Kind sorge, und zudem eine unzulässige Priorisierung des Faktors Needs (s. 25 (2) (a) MCA 1973) gegenüber den anderen Faktoren darstelle. Das Ergebnis der erstinstanzlichen Entscheidung zeigt die Unzulänglichkeiten, die die Anwendung dieses Grundsatzes hervorruft: Selbst wenn der zweite Bauernhof bei der Entscheidung außen vor gelassen worden wäre, hätte das Vermögen immer noch denjenigen Betrag überstiegen, den Herr und Frau White zur Deckung ihrer Bedürfnisse benötigt hätten.[229] Der vorhandene Überschuss wäre trotz hälftiger Eigentümerschaft und gleichwertigem Beitrag zum Familienleben im Verhältnis 2:1 zugunsten von Herrn White verteilt worden.[230] Demzufolge hätte Frau White mit dieser Entscheidung schlechter gestanden als gänzlich ohne Financial Orders. Frau White wollte sich deshalb mit diesem Ergebnis nicht zufriedengeben und legte Rechtsmittel ein.

Daraufhin entschied der Court of Appeal[231] als Rechtsmittelinstanz, dass eine Beschränkung von Frau Whites Anspruch nach Maßgabe der Reasonable Requirements nicht angemessen sei. Dies hatte zur Folge, dass ihre Einmalzahlung (Lump Sum) auf einen Betrag in Höhe von £ 1,5 Mio. aufgestockt wurde. Ihr

227 Zur chronologischen Entwicklung: *O'D v O'D* [1976] Fam. 83; *Page v Page* [1981] 2 FLR 198; *Preston v Preston* [1982] Fam. 17, 25B; *Gojkovic v Gojkovic* [1990] FLR 140; *F v F (Ancillary Relief: Substantial Assets)* [1995] 2 FLR 45; *Dart v Dart* [1996] 2 FLR 286.

228 Überwiegende Meinung: *Bailey-Harris* (2001) 117 L.Q.R., 199 (200 f.); *Burrows* [2001] Fam Law, 698 (698 f.); *Cooke* (2001) 13 CFLQ, 81 (83 ff.); *Cretney* [2001] Fam Law, 3; *Duckworth/Hodson* [2001] Fam Law, 24 (29); *Eekelaar* [2001] Fam Law, 30 (30 f.); *Hayward Smith* [2001] Fam Law, 682 (682 ff.). Dem Grundsatz der Reasonable Requirements positiv gesinnt: *Brasse* [2001] Fam Law, 191 (195 f.).

229 So die späteren Feststellungen des House of Lords, *White v White* [2001] 1 AC 596, 611A.

230 *White v White* [2001] 1 AC 596, 611B. Der geringe finanzielle Beitrag, der von Herrn Whites Vater zum ersten Bauernhof beigesteuert wurde, kann insofern getrost vernachlässigt werden, ebd.

231 *White v White* [1999] Fam. 304.

sollte ein größerer Anteil am Vermögen vor dem Hintergrund zustehen, dass beide als gleichberechtigte Ehepartner agierten und ihrem Beitrag als Ehefrau und Mutter zum Familienleben Rechnung getragen werden müsse.[232] Herr White legte Rechtsmittel gegen die Entscheidung ein, denn er war der Meinung, dass ihr weitaus weniger zustünde, weil ihre Grundbedürfnisse nach s. 25 (2) (a) MCA 1973 bereits durch einen wesentlich geringeren – dem erstinstanzlichen Urteil entsprechenden – Anteil abgedeckt seien. Er berief sich damit weiterhin auf den Grundsatz der Reasonable Requirements. Frau White war hingegen, *inter alia*, der Meinung, dass ihr aufgrund ihres Beitrags sogar ein hälftiger Anteil zuzusprechen sei. Dementsprechend legte sie ebenfalls Rechtsmittel ein.

Beide Rechtsmittel wurden vom House of Lords verworfen und die Entscheidung des Court of Appeals folglich aufrechterhalten. Das Gericht, Lord Nicholls federführend, nutzte schließlich die Gelegenheit, um sich grundlegend zu den einer jeden Scheidungsfolgenrechtsentscheidung zugrunde liegenden Zielen zu äußern.

b) Kernpunkte der Entscheidung des House of Lords

Da mit der Abschaffung des Minimal Loss Principles das einzige explizit im Gesetz genannte Ziel bei der Güteraufteilung aufgehoben und nicht durch ein anderes Ziel ersetzt wurde, musste auf das insbesondere durch die in den Faktoren der s. 25 MCA 1973 zum Ausdruck kommende Ziel zurückgegriffen werden: die Erzielung eines *fairen* Ergebnisses.[233] Um dem gerecht werden zu können, müssten für alle Fälle – unabhängig von der Vermögensmasse[234] – universell[235] zumindest die nun folgenden Grundsätze beachtet werden.

Das Gericht wendete sich aus den der Kritik des Grundsatzes der Reasonable Requirements zugrunde liegenden Gründen endgültig gegen deren fortwährende Anwendung. Die Bedürfnisse sollten nicht länger die Grenze der Vermögensaufteilung zulasten des nichterwerbstätigen Ehegatten bilden und dadurch eine Diskriminierung des „Home-Makers"/„Child-Carers" gegenüber dem „Bread-

232 *White v White* [1999] Fam. 304, 305B-D.

233 *White v White* [2001] 1 AC 596, 604 (Herleitung), insbesondere aber 604G-H (Lord Nicholls): „[The minimal loss principle] was later deleted from the legislation, and nothing inserted in its place. In consequence, the legislation does not state explicitly what is to be the aim of the courts when exercising these wide powers. Implicitly, the objective must be to achieve a fair outcome."

234 Insofern klarstellend *Standley*, Family Law, S. 169.

235 *White v White* [2001] 1 AC 596, 605B.

Winner" unterbinden.[236] Bei der Ehe handele es sich, unabhängig von der konkreten einvernehmlichen Rollenverteilung, um eine gleichberechtigte Partnerschaft, die bei gleichmäßigem Beitrag zum Familienleben (s. 25 (2) lit. f) MCA 1973) auch zu einem entsprechenden Anteil am Vermögen berechtige. Jeder Beitrag, auch der Beitrag desjenigen, der sich um Haushalt und Kind sorge und dem anderen Ehegatten damit überhaupt erst die Erwerbstätigkeit ermögliche oder dessen Möglichkeiten damit steigere, sei als gleichwertig zu bewerten.[237] Deshalb solle der folgende Grundsatz gelten:

> „As a general guide, equality should be departed from only if, and to the extent that, there is good reason for doing so."[238]

Ein Grund[239] für eine solche Abweichung von einer hälftigen Teilung wurde im vorliegenden Fall in der Tatsache gesehen, dass Herrn Whites Vater einen maßgeblichen finanziellen Beitrag zu dem von den Ehegatten geführten landwirtschaftlichen Betrieb erbracht habe, was schließlich zu Frau Whites vermindertem Anspruch in Höhe von ca. 40 % des Gesamtvermögens führe.[240]

---

236 *White v White* [2001] 1 AC 596, 605B-E.

237 *White v White* [2001] 1 AC 596, 606A.

238 *White v White* [2001] 1 AC 596, 605G (Übersetzung der Verfasserin): „Im Grundsatz soll von einer gleichberechtigten Teilung grundsätzlich nur dann und nur in einem solchen Umfang Abstand genommen werden, wenn dafür gute Gründe angeführt werden."

239 Weiterführend insofern *Masson/Bailey-Harris*, Principles of Family Law, § 13–045.

240 Kritisch, den Ursprung des Vermögens als überzeugendes Argument zur Abweichung bezweifelnd: *Probert*, Family Law, § 8–014. Dem ist insofern beizupflichten, als es scheinbar als verpönt eingestuft wird, im Zusammenhang mit der Erzielung eines fairen Ergebnisses von einer Berücksichtigung der vorherigen Zuordnung der Vermögensgegenstände zu sprechen, *Miller v Miller; McFarlane v McFarlane* [2006] UKHL 24, para. 9: „It is not a case of 'taking away' from one party and 'giving' to the other property which 'belongs' to the former. The claimant is not a suppliant." Wenn eine Zuordnung daher unzulässig ist, kann gerade die Differenzierung zwischen ehelichem und nicht-ehelichem Vermögen (siehe unten 1. Teil: B. II. 3. c) bb)) zur Rechtfertigung einer Abweichung von einer hälftigen Güteraufteilung, wie sie von der Rechtsprechung propagiert wird, jedoch nur widersprüchlich eingestuft werden. Nach dem aktuellen Rechtsprechungsstand darf die Zuordnung gerade doch relevant sein. Deshalb wird im Falle *White* in der Tatsache, dass es sich bei den finanziellen Beiträgen um nicht-eheliches Vermögen vonseiten des Vaters handelt, sehr wohl ein zulässiger Abweichungsgrund gesehen. Selbst wenn man diesen Standpunkt vertritt, müsste jedoch auch berücksichtigt werden, dass die Zuordnung des Eigentums mit zunehmender Ehedauer (hier über 30 Jahre) in jedem Fall an Relevanz verliert, siehe

Mit der Einführung dieses Grundsatzes hatte dieser Fall die Etablierung des „Yardstick of Equality“ herbeigeführt. Bei seinem Entscheidungsprozess solle der Richter den Ermessensspielraum unter der Berücksichtigung der üblichen Gesichtspunkte (Faktoren der ss. 25–25A MCA 1973 in Abhängigkeit vom Einzelfall) ausüben und das dabei noch unverbindlich gewonnene Ergebnis mit dem Ergebnis einer gleichberechtigten Teilung vergleichen.[241] Von einer gleichberechtigten Teilung solle in der endgültigen Entscheidung nur dann abgewichen werden, wenn gute Gründe eine solche Abweichung rechtfertigen. Diese Pflicht solle davor schützen, diskriminierende Aspekte bei der Entscheidungsfindung, ob bewusst oder unbewusst, mit einfließen zu lassen.[242] Der Yardstick of Equality diene nicht dazu, eine Vermutung zugunsten einer hälftigen Teilung aufzustellen, denn insofern würde es sich um eine(n) unzulässige(n), die Rolle des Gesetzgebers untergrabende(n)[243] Presumption oder Starting Point handeln, welche(r) *a priori* agiere; vielmehr diene er dazu, das bereits erarbeitete Ergebnis *a posteriori* zum Abschluss der Ermessensausübung und damit am Ende der Distribution Stage auf seine Richtigkeit zu überprüfen.[244] Folglich sei Fairness nicht zwingend gleichzusetzen mit Equality, sodass ein faires Ergebnis aus guten Gründen auch häufig neben einer hälftigen Teilung liegen werde.[245]

---

oben 1. Teil: B. I. 2. b) dd). Lord Cooke erkannte dies sogar explizit, *White v White* [2001] 1 AC 596, 615G rekurrierend auf die Erkenntnisse von Lord Simon in *Haldane v Haldane* [1977] AC 673, 697G-H. Wenn die Rechtsprechung keinen Widerspruch hervorrufen möchte, sollte sie beide Positionen jedenfalls nicht gleichzeitig vertreten.

241 *White v White* [2001] 1 AC 596, 605F-G.

242 *White v White* [2001] 1 AC 596, 605G.

243 *White v White* [2001] 1 AC 596, 606D-E (Hervorhebungen der Verfasserin): „A *presumption* of equal division *would be an impermissible judicial gloss on the statutory provision*. That would be so, even though the presumption would be rebuttable. *Whether there should be such a presumption* in England and Wales, and in respect of what assets, *is a matter for Parliament*. (…) But a starting point principle of general application would carry a risk that in practice it would be treated as a legal presumption, with formal consequences regarding the burden of proof.“ Zwar hatte Lord Nicholls seine Auffassung hierzu sehr deutlich gemacht, nichtsdestoweniger kam es in den Jahren danach zu erheblichen Diskussionen und mehrmaligen Rechtsprechungsänderungen bzw. -unklarheiten, siehe dazu unten 1. Teil: B. II. 3. c) aa) sowie 1. Teil: C. V. 4. d) dd).

244 Eine prägnante Gegenüberstellung der Begriffe findet sich bei *Masson/Bailey-Harris/Probert*, Family Law, §§ 13–044, 13–055; *Bailey-Harris* (2001) 117 L.Q.R., 199 (202).

245 Nachfolgend hierzu eindeutig *H v H (Financial Provision: Special Contribution)* [2002] 2 FLR 1021, para. 21.

3. *Determinierung eines fairen Ergebnisses (Miller v Miller; McFarlane v McFarlane)*

a) Rahmenbedingungen für eine faire Entscheidung

Das sich aus der Entscheidung *White* offensichtlich ergebende „most intractable“ [246] Problem, ist die Definition von Fairness. Was „Fairness“ bedeutet, ist zum einen subjektiv bestimmt, zum anderen von sich über die Zeit veränderlichen sozialen und moralischen Wertevorstellungen abhängig.[247] Die Schwierigkeit besteht also insbesondere darin, den Begriff der Fairness durch objektive Gesichtspunkte fruchtbar zu machen. Dies ist auch allein deshalb schon geboten, weil die Beständigkeit und Widerspruchsfreiheit der vom Gericht zu fällenden Entscheidungen Teilaspekte der Fairness („like cases should be treated alike“)[248] darstellen. Deshalb darf eine Entscheidung nicht von subjektiv willkürlichen Erwägungen eines einzelnen Richters abhängen. Ziel ist es, einen Prozess logischer Schlussfolgerungen zu entwickeln, bei dem unter Anwendung der gesetzlichen Regelungen auf der Basis von vernünftigen und objektiven Argumentationen, dauerhaft faire Ergebnisse erzielt werden können.[249] Um dem gerecht zu werden, ist es notwendig, dass das Gericht Grundsätze für seine Entscheidung entwickelt und diese kundtut – wenn auch inhaltlich nur im weitesten Sinne[250] unter Beibehaltung des weiten richterlichen Ermessensspielraumes.[251] Ausführungen dazu, wie diese Grundsätze inhaltlich zu füllen sind, hat das House of Lords schließlich fünf Jahre später in der Entscheidung *Miller; McFarlane* dargelegt, bei der zwei Fälle trotz extrem unterschiedlicher Sachverhalte zusammen entschieden wurden.

---

246 *Miller v Miller; McFarlane v McFarlane* [2006] UKHL 24, para. 1 (Lord Nicholls).

247 Das erkannte Lord Nicholls bereits in *White v White* [2001] 1 AC 596, 599H, wenn er sagte: „Then fairness, like beauty, lies in the eye of the beholder.“ Er führte in *Miller v Miller; McFarlane v McFarlane* [2006] UKHL 24, para. 4, noch weiter aus: „Fairness is an elusive concept. It is an instinctive response to a given set of facts. Ultimately it is grounded in social and moral values. These values, or attitudes, can be stated. But they cannot be justified, or refuted, by any objective process of logical reasoning. Moreover, they change from one generation to the next. It is not surprising therefore that in the present context there can be different views on the requirements of fairness in any particular case.“

248 *Miller v Miller; McFarlane v McFarlane* [2006] UKHL 24, para. 6.

249 *H v H* [2007] EWHC 459 (Fam), para. 39.

250 *Miller v Miller; McFarlane v McFarlane* [2006] UKHL 24, para. 6 (Lord Nicholls): Es sei legitim für das höchste Gericht „to articulate, if only in the broadest fashion, what are the applicable if unspoken principles guiding the court's approach.“

251 *Miles* (2005) 19 IJLPF, 242 (243).

b) Instanzieller Werdegang

In dem Fall *Miller*[252] ging es um eine kinderlose Ehe von nur knapp dreijähriger Dauer, in der der Ehemann bereits zum Zeitpunkt der Eheschließung sehr erfolgreich in der Vermögensverwaltungsbranche tätig war und dementsprechend während der Ehe ein beträchtliches Vermögen erwirtschaftet hatte. Die Ehefrau hatte nach Eheschließung kein nennenswertes Vermögen zu verzeichnen. Sie hatte ihren ursprünglichen Beruf aufgegeben und ging nun einer anderen Tätigkeit nach. Schwerpunkt der Entscheidung war in diesem Fall, in welchem Verhältnis die Frau an dem Vermögen des Mannes bei einer kurzen Ehedauer zu beteiligen sei.

Der Fall *McFarlane*[253] betraf eine 16 Jahre währende Ehe, in der die Ehefrau ihre Karriere als Anwältin zu einem späteren Zeitpunkt der Ehe zugunsten der Betreuung der drei gemeinsamen Kinder aufgab. Zunächst hatte sie sogar ein höheres Einkommen als ihr Ehemann. Während sie später keiner Tätigkeit mehr nachging, hatte er unterdessen durch eine stetige Steigerung seines Gehalts ein beachtliches Vermögen erzielt. Da in Aussicht stand, dass sich das von ihm angehäufte Vermögen in Zukunft noch steigern lassen könnte, war hier die Hauptfrage, ob die Ehefrau auch an diesem künftigen Vermögen teilhaben solle.

Das House of Lords[254] nahm diese Entscheidungen zum Anlass, seine in *White* angelegte Rechtsprechung weiter zu konkretisieren, auf die in dem folgenden Abschnitt im Detail eingegangen wird. Im Ergebnis sprach man der Ehefrau in *Miller* einen beachtlichen, aber deutlich unter einem hälftigen Anteil liegenden Betrag zu. Die Höhe des Betrages wurde trotz kurzer Ehedauer mit dem während der Ehe angehäuften bemerkenswerten ehelichen Vermögen und dem in dieser Zeit erreichten Lebensstandard gerechtfertigt. In *McFarlane* wurden der Ehefrau unbefristete Periodical Payments zugesprochen, weil das Vermögen nicht für einen Clean Break ausreiche. Man betonte, dass auch eine solche Verteilungsanordnung grundsätzlich dazu geeignet sei, ein faires Ergebnis herbeizuführen.[255] Sie hatte durch die Beendigung ihrer Karriere erhebliche Einbußen in der Erwerbsfähigkeit zu verzeichnen und hatte gleichzeitig durch die Kinderbetreuung und Führung des Haushaltes einen gleichwertigen Beitrag erbracht, der nicht nur zur gegenwärtigen, sondern auch zur zukünftigen Entlastung und

---

252 Einzelne Instanzen: [2006] UKHL 24; [2005] EWCA Civ 984; [2005] EWHC 528 (Fam).

253 Einzelne Instanzen: [2006] UKHL 24; [2004] EWCA Civ 872; [2003] EWHC 2410 (Fam).

254 *Miller v Miller; McFarlane v McFarlane* [2006] UKHL 24.

255 *Miller v Miller; McFarlane v McFarlane* [2006] UKHL 24, para. 31.

Förderung der Karriere ihre Mannes beigetragen habe bzw. beitragen werde. Unter diesen Aspekten wurde ihr ein durch wiederkehrende Leistungen gleichwertiger Betrag zugesprochen, der sich auf die Elemente Compensation und Sharing stützte und damit über die Needs hinausging.

c) Kernpunkte der Entscheidung des House of Lords

aa) Drei Elemente der Fairness (Needs, Compensation und Sharing)

Die Hauptaussage der gerichtlichen Entscheidung liegt in der inhaltlichen Anreicherung des Begriffs Fairness durch die drei Elemente Needs, Compensation und Sharing.

Unter Needs sollen alle gegenwärtigen und zukünftigen Bedürfnisse der Parteien berücksichtigt werden.[256] Ausgenommen seien nur solche Bedürfnisse, die nicht im Zusammenhang mit der Ehe entstehen, insbesondere solche, die auf das Alter oder Behinderungen zurückzuführen seien.[257] Eine strenge Differenzierung zwischen ehebedingten und nicht-ehebedingten Nachteilen lasse sich hieraus jedoch nicht ableiten.[258]

Meist ende die Güteraufteilung hier mangels weiterer verfügbarer Vermögensmassen.[259] Sollte hingegen weiteres Vermögen vorhanden sein, könne unter Compensation ein solcher Nachteil geltend gemacht werden, der einem der Ehegatten durch die (einvernehmliche) Rollenverteilung entstanden sei.[260] Hierdurch solle insbesondere demjenigen, der den Haushalt geführt und die Kinderbetreuung übernommen habe, ein Ausgleich dafür geschaffen werden, dass er in dieser Zeit kein eigenes Vermögen erwirtschaften und keine eigene Altersversorgung aufbauen konnte, dem vielmehr sogar noch ein Nachteil für seine Karriere entstanden sei. Dies sei insbesondere auch deshalb gerechtfertigt, weil sich der andere Ehegatte dementsprechend auf die Erwerbstätigkeit konzentrieren und so seine Karriere vorantreiben konnte, was sich finanziell niederschlagen könne

256 *Miller v Miller; McFarlane v McFarlane* [2006] UKHL 24, paras. 10 und 138. Dies geht aber auch bereits aus dem Gesetzeswortlaut in s. 25 (2) (b) MCA 1973 hervor.

257 *Miller v Miller; McFarlane v McFarlane* [2006] UKHL 24, paras. 11 und 137 f.: Insofern wird von „[Needs which are not] generated by the marriage“ gesprochen.

258 *Scherpe*, in: BmFSF (Hrsg.), Rollenleitbilder und -realitäten in Europa, 197 (206).

259 *Miller v Miller; McFarlane v McFarlane* [2006] UKHL 24, para. 12.

260 *Miller v Miller; McFarlane v McFarlane* [2006] UKHL 24, paras. 13 und 140. *Eekelaar* [2005] Fam Law, 870 (873), will Compensation in Abhängigkeit vom tatsächlichen Investitionsgrad der Parteien in die Beziehung gewähren, welcher wiederum auch anhand der Ehedauer bestimmt werden soll.

und konsequenterweise zu einer Beteiligung des nichterwerbstätigen Ehegatten führen müsse.

Schließlich solle über das Sharing sichergestellt werden, dass die Gleichwertigkeit der Beiträge zum Familienleben in der Güteraufteilung zum Ausdruck komme.[261] Hintergrund dieses Elements sei der Grundsatz, dass es sich bei Ehegatten um gleichberechtigte Ehepartner handele, die ihre Rollenverteilung selbstständig regeln und dementsprechend einen Anspruch auf einen gleichwertigen – und damit ihren Beitrag nicht diskriminierenden – Vermögensanteil haben. Dies gelte grundsätzlich unabhängig von der Ehedauer, der Art des Beitrags zum Familienleben[262] und der Zuordnung des zu verteilenden Vermögens. Allerdings könne insbesondere Letzteres einen Grund für eine Abweichung darstellen.[263]

Anhand der Beschreibung wird deutlich, wie stark sich dieses Prinzip inhaltlich an den bereits vorgestellten Yardstick of Equality[264] anlehnt. Dies hatte in der Folgezeit für gehörige Verwirrung gesorgt, weil nun wiederum das Verhältnis des Equal Sharing Principles und des Yardsticks of Equality in Frage stand. Entgegen den eindeutigen Ausführungen von Lord Nicholls in *White* gegen die Einführung einer Presumption im Rahmen der Quotelung bei der Vermögensaufteilung interpretierte der Court of Appeal in *Charman v Charman* („*Charman*")[265] die Entscheidung des House of Lords in *Miller; McFarlane* hinsichtlich des Equal Sharing Principles dahingehend, dass es sich dabei sehr wohl um einen Starting Point zugunsten einer im Grundsatz hälftigen Teilung handele.[266] Das Sharing müsse deshalb, ebenso wie Needs und Compensation, bereits *a priori* und nicht erst *am Ende* der Ermessensausübung zum Tragen kommen.[267] Die sonstigen

---

261 *Miller v Miller; McFarlane v McFarlane* [2006] UKHL 24, paras. 16 und 141.

262 Siehe dazu ausführlicher oben 1. Teil: B. I. 2. b) ff).

263 Siehe dazu ausführlicher unten 1. Teil: B. II. 3. c) bb).

264 Siehe oben 1. Teil: B. II. 2. b).

265 *Charman v Charman* [2007] EWCA Civ 503, para. 65.

266 So die Darstellung der Entwicklung bei *Harris-Short/Miles*, Family Law, S. 463; *Masson/Bailey-Harris/Probert*, Family Law, § 13–055. *Standley*, Family Law, S. 174, hingegen sieht das House of Lords in *Miller; McFarlane* mehrheitlich als Urheber der Rechtsprechungsänderung an. Nach *Cretney* (2003) 15 CFLQ, 403 (412), und *Cooke*, in: Lowe/Douglas (Hrsg.), Evolution of Family Law, 203 (207), sind dafür neben *White* auch der Court of Appeal in *Lambert v Lambert* [2002] EWCA Civ 1685, verantwortlich, wobei *Cooke* (ebd.) den Schwerpunkt eher auf *White* legt, *Cretney* (ebd.) hingegen die beiden Entscheidungen als gleichwertig betrachtet.

267 *Charman v Charman* [2007] EWCA Civ 503, para. 65: „It is clear that the court's consideration of the sharing principle is no longer required to be postponed until the end of the statutory exercise."

inhaltlichen Ausführungen des Prinzips wurden beibehalten. Auf den Punkt gebracht ist hierdurch aus dem Yardstick of Equality als Cross Check plötzlich das Equal Sharing Principle als widerlegbare Vermutung geworden.[268] Zum Höhepunkt der Verwirrung führte schließlich die Entscheidung *B v B (Ancillary Relief)*[269] des Court of Appeals im Jahr 2008, welche die Rechtsprechung wieder zurück auf den in *White* angelegten Yardstick of Equality-Kurs zu lenken versuchte.[270]

Es stellt sich nun die Frage, welche Relevanz dieser konfusen Rechtsprechungslage zukommt. Lord Cooke stufte die Wahl der konkreten Bezeichnung in *White* als eine fragwürdige Erheblichkeit ein.[271] Nicht die Bezeichnung an sich, sondern die rechtliche Wirkung einer solchen Regelung ist ausschlaggebend. Wenn sich hinsichtlich der Wirkung signifikante Unterschiede ergeben, könnte dies das Ergebnis einer Financial Order beeinflussen und deshalb durchaus von Relevanz sein. Da ein gleich gelagertes Problem im Kontext des Private Orderings besteht, wurde die Untersuchung dorthin ausgelagert, um einen kontextabhängigen Diskurs zu ermöglichen.[272]

bb) Behandlung von ehelichem und nicht-ehelichem Vermögen

Ferner musste man sich damit auseinandersetzen, ob und nach welchen Maßstäben mit den unterschiedlichen Arten des Vermögens bei der Güteraufteilung zu verfahren ist.[273] Als unumstritten wird angesehen, dass zur Befriedigung der Elemente Needs und Compensation *jegliches* Vermögen zur Verfügung steht.[274] Beim Sharing wird zwischen dem ehelichen und dem nicht-ehelichen Vermögen unterschieden. Dem Grundsatz nach gilt, dass das eheliche Vermögen – hierzu

---

268 *Masson/Bailey-Harris/Probert*, Family Law, § 13–055.

269 [2008] EWCA Civ 284.

270 Bemerkenswert an dieser Stelle ist, dass dies ein ungewöhnlicher Fall war, in dem es nicht um große Vermögensmassen ging und das vorhandene Vermögen von der Ehefrau mit in die Ehe gebracht wurde. Eine hälftige Teilung war daher von vornherein unwahrscheinlich, sodass die repräsentative Funktion dieses Falles in Frage zu stellen ist.

271 *White v White* [2001] 1 AC 596, 615D: „I doubt whether the labels 'yardstick' or 'check' will produce any result different from 'guidelines' or 'starting point'."

272 Siehe im Einzelnen unten 1. Teil: C. V. 4. d) dd).

273 Dass eine Unterscheidung erforderlich ist, deutete sich bereits in *White* an, indem solches Vermögen, das vor der Heirat eigenständig oder während der Ehe durch Erbschaft erworben wurde, grundsätzlich demjenigen verbleiben sollte, dem es ursprünglich zustand, [2001] 1 AC 596, 610C ff., insbesondere 610F.

274 *Harris-Short/Miles*, Family Law, S. 463.

zählt stets das Familienheim – hälftig zu teilen ist, im Falle des nicht-ehelichen Vermögens hingegen gute Gründe (z. B. Needs und Compensation) regelmäßig für eine Abweichung von einer hälftigen Teilung sprechen.[275] Die Relevanz der konkreten Zuordnung des Vermögens nimmt antiproportional zur Ehedauer ab, d. h. für kurze Ehen ist die Unterscheidung häufig bedeutender als für lange Ehen, weil die Vermögensmassen weniger stark verflochten sind und die Wechselseitigkeit der Beiträge zum Familienleben geringer ausgeprägt ist.[276] Aber auch diese Grundregeln gelten keinesfalls starr und dürfen daher nicht darüber hinwegtäuschen, dass der Richter seinen flexiblen Ermessensspielraum beibehält. Uneinigkeit besteht nur hinsichtlich der Frage, welches Vermögen in die jeweilige Kategorie (ehelich/nicht-ehelich) einzuordnen ist. Zu diesem Thema haben sich, verschiedene Standpunkte vertretend sowie verschiedene Terminologien verwendend, Lord Nicholls und Baroness Hale grundlegend geäußert.

Lord Nicholls[277] trennt zwischen „Matrimonial" und „Non-Matrimonial Property". Er zählt zum Matrimonial Property das Familienheim sowie pauschal all dasjenige Vermögen, das während der Ehe erwirtschaftet wurde, ausgenommen Erbschaften und Schenkungen. Der verbleibende Rest sei als Non-Matrimonial Property zu charakterisieren. Die Grenze solle auf der Grundlage dessen gezogen werden, welches Vermögen maßgeblich in dem jeweiligen *Zeitraum* (vor, während oder nach der Ehe) erarbeitet wurde und damit den gemeinsamen Leistungen der Ehegatten geschuldet sei.

Baroness Hale[278] bezeichnet als „Family Assets" sämtliches Vermögen, das zum Gebrauch und zum Vorteil der Familie erwirtschaftet wurde, einschließlich des Familienheimes und des Unternehmens, in dem beide Partner arbeiten. Eine zulässige Abweichung von einer hälftigen Teilung liege ihrer Meinung nach insbesondere dann vor, wenn bei einer kurzen Ehedauer Unternehmens- und Investmentwerte allein von einem Partner erarbeitet wurden[279] oder es sich um Erbschaften und Schenkungen handele. Daneben bliebe nur noch das als „other

---

275 *Miller v Miller; McFarlane v McFarlane* [2006] UKHL 24, paras. 22, 148.

276 *Miller v Miller; McFarlane v McFarlane* [2006] UKHL 24, paras. 24 f., 148, 152.

277 *Miller v Miller; McFarlane v McFarlane* [2006] UKHL 24, paras. 22–26.

278 *Miller v Miller; McFarlane v McFarlane* [2006] UKHL 24, paras. 149–152. Sie greift damit ausdrücklich die bereits von Lord Denning in *Wachtel v Wachtel* [1972] Fam. 72, 90, angeführte Unterscheidung auf.

279 *Miller v Miller; McFarlane v McFarlane* [2006] UKHL 24, para. 151: „(…) it simply cannot be demonstrated that the domestic contribution, important though it has been to the welfare of the family as a whole, has contributed to their acquisition." Tätigkeiten im Haushalt sowie zugunsten der Familie tragen faktisch nicht zum

Assets" zu klassifizierende Vermögen. Baroness Hale legt den Schwerpunkt demnach nicht auf den Zeitraum, sondern auf die *Zweckrichtung* (zugunsten der Familie oder für den eigenen Zweck), für die das erarbeitete Vermögen hauptsächlich verwendet werden soll.

In *Charman v Charman* („*Charman*") entschied sich der Court of Appeal aus Pragmatismus für Baroness Hales Standpunkt.[280] Dies ist insofern zu hinterfragen, als mit diesem Standpunkt erneut eine Diskussion um die Wertigkeit der einzelnen Beiträge zum Familienleben entfesselt wird, wodurch zwangsläufig eine Diskriminierung der Rollenverteilung zulasten des nichterwerbstätigen Ehegatten wiederaufleben könnte.[281] Was hier als eine selbstverständliche Abweichung vom Sharing propagiert wird, könnte gleichzeitig die Ausnahme, dass nur bei außergewöhnlichen Beiträgen von einer gleichwertigen Behandlung der Contributions Abstand genommen werden soll,[282] zur Regel werden lassen.

4. *Verhältnis der Elemente zueinander (Charman v Charman)*

Nachdem in *Miller; McFarlane* neue Grundsätze für den Bereich der Financial Orders herausgearbeitet worden waren, war unklar, welches Verhältnis die drei Kategorien Needs, Compensation und Sharing zueinander haben sollten. In *Charman*[283] hat man versucht diese Frage zu beantworten.

Fest steht, dass die Elemente nicht trennscharf voneinander abgegrenzt werden können, sondern dass es in vielerlei Hinsichten zu Überschneidungen kommt.[284] In welchem Verhältnis sie interagieren, ist zum einen bedeutend, weil die Herstellung eines ausgewogenen Verhältnisses der Grundsätze zueinander einer doppelten Berücksichtigung eines Umstandes an unterschiedlichen Stellen entgegenwirkt.[285] Zum anderen muss gerade bei geringen Vermögensverhältnissen

---

Vermögenserwerb bei und könnten daher ihrer Meinung nach eine hälftige Teilung nicht rechtfertigen.

280 [2007] EWCA Civ 503, para. 85: „We suggest with respect that, while the approach of Lord Nicholls was perhaps the more logical, the approach (...) of Baroness Hale (...) was perhaps the more pragmatic." Den Ansatz der Presumption aus Praktikabilitätsgründen befürwortend *Miles* (2008) 20 CFLQ, 378 (382).

281 *Herring*, Family Law, S. 237.

282 Siehe oben 1. Teil: B. I. 2. b) ff).

283 [2007] EWCA Civ 503.

284 So im Verhältnis von Needs und Compensation, *Miller v Miller; McFarlane v McFarlane* [2006] UKHL 24, para. 15; tatsächlich können sich alle drei Elemente überschneiden, *Scherpe*, FamRZ 2006, 1314 (1315).

285 *RP v RP* [2006] EWHC 3409 (Fam), paras. 59–65.

einer der Kategorien regelmäßig der Vorrang eingeräumt werden. In diesem Fall muss das Prinzip der Fairness zur Behebung des Konflikts in den Mittelpunkt der Entscheidung gerückt werden[286] und insbesondere berücksichtigen, dass jedem der drei Elemente eine andere Daseinsberechtigung[287] innewohnt. Starre Regelungen, die das Wechselspiel der Elemente unangreifbar festlegen, soll es gerade nicht geben.[288]

Da die Deckung der Bedürfnisse die Lebensgrundlage der Betroffenen absichert, bildete sie auch in der neuen Rechtsprechung den Schwerpunkt der Verteilungsentscheidung, sodass sich folgende Regelung ergab:[289] Sofern der Betrag, der bei gleichmäßiger Teilung des zur Verfügung stehenden Vermögens größer ist als die zu deckenden Bedürfnisse, herrscht das Sharing-Prinzip vor; ist das hälftige Vermögen hingegen kleiner und genügt demnach nicht, um die jeweiligen Bedürfnisse zu befriedigen, ist den Needs vor dem Sharing Priorität einzuräumen. Das Volumen des Vermögens entscheidet folglich darüber, welche Elemente zum Zuge kommen.[290] Bei geringem Vermögen (Everyday Cases) beschäftigt sich die Verteilung exklusiv mit den Needs, sodass kein Raum für die Berücksichtigung weiterer Aspekte bleibt.[291] Im Falle eines Big Money Cases können kumulativ mehrere Elemente, mit Schwerpunkt auf dem Sharing, berücksichtigt werden. Hier stellt sich jedoch die Frage, ob das Gesamtvermögen geteilt werden und etwaige Bedürfnisse, die zu decken sind, bereits in dem hälftigen Betrag enthalten sein sollen, oder ob erst die Bedürfnisse gedeckt werden und der dann noch vorhandene Betrag zu teilen ist.[292]

---

286 *Charman v Charman* [2007] EWCA Civ 503, para. 73.

287 *Miles*, in: Scherpe (Hrsg.), Marital Agreements, 89 (94): „This proliferation of principles poses some difficulty from a theoretical perspective, since each rationale reflects a different model of marriage, and it is not immediately clear how the principles interrelate (…).“

288 *Miller v Miller; McFarlane v McFarlane* [2006] UKHL 24, paras. 29 und 144.

289 *Charman v Charman* [2007] EWCA Civ 503, para. 73 rekurrierend auf einzelne Passagen der Entscheidung des House of Lords in *Miller; McFarlane.*

290 *Miller v Miller; McFarlane v McFarlane* [2006] UKHL 24, para. 29.

291 Vgl. nur *B v B (Financial Provision: Welfare of Child and Conduct)* [2002] 1 FLR 555; auch in *Miller v Miller; McFarlane v McFarlane* [2006] UKHL 24, para. 12, hat man dies erkannt. *Hitchings* (2010) 22 CFLQ, 93, konnte diese Erkenntnis mit den Ergebnissen ihrer empirischen Untersuchung bestätigen.

292 Da die beiden Möglichkeiten zu extrem unterschiedlichen Ergebnissen führen können, soll eine Entscheidung für oder gegen eine der beiden Alternativen unter Fairness-Gesichtspunkten in Abhängigkeit vom Einzelfall getroffen werden. Die zweite Alternative als ebenso zulässige Kalkulationsmethode befürwortend: *Miller v Miller;*

Dem Begriff der Compensation wird grundsätzlich keine eigenständige Bedeutung zugesprochen. Im Regelfall wird ein angemessener Ausgleich bereits in den Bedürfnissen enthalten sein.[293] Bei einem Fall mit erhöhten Vermögensverhältnissen ist er häufig in der gleichmäßigen Teilung wiederzufinden, weil der Anteil meist höher ist als das durch eine Erwerbstätigkeit erzielbare Einkommen tatsächlich ausgefallen wäre.[294] In Ausnahmefällen[295] kann der Compensation eine selbstständige Rolle zukommen, nämlich wenn auf der einen Seite sichergestellt ist, dass genügend Vermögen vorhanden ist, um die Bedürfnisse zu befriedigen, auf der anderen Seite der Anteil im Sharing aber zu klein ist, um einen angemessenen Ausgleich widerzuspiegeln.[296] Im Einzelnen bleibt jedoch unklar, wie dem Grundsatz der Compensation in der Praxis Rechnung zu tragen ist.[297]

5. *Verhältnis von Gesetz und Rechtsprechung*

Ferner stellte sich die Frage, in welchem Verhältnis das Gesetz und die Rechtsprechung zueinander stehen. Das Gericht dürfe entsprechend seiner Funktion keine vom Gesetz völlig losgelöste Rechtsprechung betreiben.[298] Obwohl zwei der drei Begriffe nicht namentlich im Gesetzeswortlaut vorzufinden sind,[299] kann doch jedes der drei Elemente inhaltlich einer der Kategorien in s. 25 (2) MCA 1973

McFarlane v McFarlane [2006] UKHL 24, para. 29; *Lowe/Douglas*, Family Law, S. 1029. Sich dagegen aussprechend: *Charman v Charman* [2007] EWCA Civ 503, paras. 73 und 77 (c).

293 *Lauder v Lauder* [2007] EWHC 1227 (Fam), paras. 63–70 und para. 79; *VB v JP* [2008] EWHC 112 (Fam), paras. 41 ff.; *McFarlane v McFarlane (No. 2)* [2009] EWHC 891 (Fam), paras. 111–124. Für ein rechtsordnungsübergreifendes Beispiel siehe *Scherpe*, in: Scherpe (Hrsg.), Marital Agreements, 443 (479).

294 *CR v CR* [2007] EWHC 3334 (Fam), insbesondere paras. 88, 90 und 92.

295 Vgl. *Miller v Miller; McFarlane v McFarlane* [2006] UKHL 24, paras. 28–29. Hier wurde es als gesondertes Element diskutiert, sodass in einem ersten Schritt der Ausgleich festgelegt und erst in einem zweiten Schritt das übrige Vermögen geteilt wird.

296 *Probert*, Family Law, § 8–016.

297 *Miles* (2008) 20 CFLQ, 378 (389 f.).

298 Deshalb die Warnung von Coleridge LJ. in *RP v RP* [2006] EWHC 3409 (Fam), para. 58: „(…) care needs to be taken to ensure these passages [in *Miller; McFarlane* regarding the elements of needs, compensation and sharing] are not treated as some kind of quasi statutory amendment.“ Hinweise zu negativen Tendenzen in der Praxis, *Bird/King*, Financial Orders Handbook, § 1.12.

299 In s. 25 (2) (b) MCA 1973 findet man lediglich den Begriff der Needs; die anderen beiden Begriffe Compensation und Sharing sucht man vergebens, Law Commission, Law Com No. 343, § 3.71.

zugeordnet werden. So findet sich der Gedanke der Needs ganz deutlich in der Berücksichtigung der finanziellen Bedürfnisse (lit. b)), aber auch in der Beachtung des Lebensstandards (lit. c)), des Alters der Ehegatten (lit. d), 1. Alt.) sowie etwaiger physischer oder psychischer Behinderungen (lit. e)).[300] Des Weiteren führt die Anwendung des Sharing-Prinzips zur Einbeziehung der Dauer der Ehe (lit. d), 2. Alt.), der Beiträge des Einzelnen zum Familienleben (lit. f)) und des Verhaltens der Ehegatten (lit. g)).[301]

Am schwierigsten gestaltet sich die Zuordnung der Compensation, denn es geht hier um den Ausgleich solcher finanzieller Nachteile, die einem der Ehegatten dadurch entstanden sind, dass er zugunsten der Familie *während der Ehe* Kompromisse eingegangen ist. Die Verbindung zu den *durch die Beendigung der Ehe* verloren gegangenen Vorteilen[302] (lit. h) ergänzt durch s. 25B[303] MCA 1973), ist aufgrund des unterschiedlichen zeitlichen Anknüpfungspunktes vage. Es ließe sich hier jedoch das Argument anführen, dass bei der Vornahme des Ausgleichs der Blick ebenso auf den Zeitpunkt der Beendigung der Ehe gerichtet werden muss, weil ein Ausgleich bei Fortbestand der Ehe gerade nicht erforderlich geworden wäre, denn dann hätten beide Ehegatten weiterhin vom *status quo* profitiert. Demzufolge lässt es sich insgesamt ohne Weiteres vertreten, dass die Faktoren in s. 25 MCA 1973 bei der Anwendung aller durch die Rechtsprechung etablierten Grundsätze maßgeblich beteiligt sind, sodass es sich um eine durch das Gesetz gedeckte Fortbildung des englischen Scheidungsfolgenrechts handelt.[304]

Die Reformbewegung der Law Commission lässt diesen Bereich des Scheidungsfolgenrechts inhaltlich unverändert. Sie tangiert ihn nur insofern, als die Bestimmung der finanziellen Bedürfnisse in praktischer Hinsicht greifbarer gemacht werden soll.[305]

III. Zusammenfassung der Grundlagen

Es wäre wohl übertrieben zu behaupten, dass das englische Scheidungsfolgenrecht völlig frei von Direktiven sei. Tatsächlich gibt es aber nur wenige

---

300 *Charman v Charman* [2007] EWCA Civ 503, para. 70.

301 *Charman v Charman* [2007] EWCA Civ 503, para. 72.

302 *Charman v Charman* [2007] EWCA Civ 503, para. 71.

303 Es handelt sich hierbei wohl um eine Ergänzung zur Ermessensvorschrift in s. 25 MCA 1973, siehe oben Fn. 136.

304 So auch *Probert*, Family Law, § 8–017.

305 Siehe hierzu ausführlich unten 1. Teil: C. VI.

Vorgaben, die der Richter bei der Entscheidung über die Güteraufteilung beachten muss. Die Entscheidung muss vor allem in Abhängigkeit von den Umständen des Einzelfalls getroffen werden. Das System besteht aus gesetzlichen Vorgaben und den diesbezüglichen Interpretationen der Rechtsprechung.[306] Die weitreichende Ermessensausübung des Richters vollzieht sich im Rahmen der Verteilungsanordnungen,[307] wodurch in zwei Schritten die Frage nach dem „Wie" (Computation Stage) und dem „Warum" (Distribution Stage) der Umstrukturierung der Vermögensmassen beantwortet wird. Die Möglichkeiten des Richters werden hier häufig durch die Überschaubarkeit des verfügbaren Vermögens beschränkt. Das Familienheim steht im Mittelpunkt der Entscheidung.

Die Erzielung eines fairen Ergebnisses ist bei der Entscheidungsfindung oberste Maxime. Vorgaben trifft das Gesetz in den ss. 25, 25A des MCA 1973 und stellt dort klar, dass neben den ausdrücklichen Aufzählungen des Wohlergehens des Kindes, den weiteren, nicht hierarchischen Faktoren in s. 25 (2) MCA 1973 und dem Clean Break auch alle sonstigen für den Fall maßgeblichen Umstände einbezogen werden können.[308] Darüber hinaus wird der Begriff der Fairness (*White*)[309] durch die in der Rechtsprechung ausgestalteten Grundsätze bestimmt: Needs, Compensation und Sharing (*Miller; McFarlane*).[310] Zu einer hälftigen Teilung kommt es insbesondere in Big Money Cases, wenn das vorhandene Vermögen die Deckung der Bedürfnisse übersteigt.[311] Wie das hierdurch gewonnene Ergebnis in der Realität umzusetzen ist, wird mithilfe der Verteilungsbefugnisse geklärt.

Insgesamt stellt das englische Scheidungsfolgenrecht ein sehr flexibles System dar, denn es ermöglicht eine nuancierte, individuelle Abstimmung auf den Einzelfall. Gleichzeitig ist es aber auch wenig berechenbar, weil es keine zwingenden Prüfungsschritte vorgibt und die genaue Schwerpunktsetzung damit nahezu vollständig der subjektiven Einschätzung des Richters überantwortet. Die Entscheidungsfindung ist daher wenig transparent, der Ausgang eines Prozesses unsicher; hier könnte nur die von der Law Commission angestoßene Reform Abhilfe schaffen. Dies sind Belastungen, die den Parteien neben den emotionalen Schwierigkeiten zusätzlich aufgebürdet werden. Für viele Paare ist es deshalb ein naheliegender Gedanke, das Ergebnis eines Prozesses im Voraus selbst zu

---

306 Siehe oben 1. Teil: B. I (gesetzliche Vorgaben) und 1. Teil: B. II (Rechtsprechung).

307 Siehe oben 1. Teil: B. I. 1.

308 Siehe oben 1. Teil: B. I. 2 und 3.

309 Siehe oben 1. Teil: B. II. 2.

310 Siehe oben 1. Teil: B. II. 3.

311 Siehe oben 1. Teil: B. II. 4.

determinieren. Agreements im Rahmen des Private Orderings werden als ein Umstand des Falles über s. 25 MCA 1973 erfasst;[312] ihre relative Bedeutung, die sie mangels Vertragsfreiheitsgrundsatz haben, ist Gegenstand des nächsten Abschnitts. Der Begriff der Fairness ist auch in diesem Zusammenhang von zentraler Bedeutung.

C. Private Ordering – Marital Agreements auf dem Weg zur Vertragsfreiheit?

I. Einführung – Die Manifestierung richterlichen Paternalismus durch das *Hyman*-Prinzip

Es scheint auf den ersten Blick einen heftigen Widerspruch darzustellen, wenn von den Richtern der Abschluss eines Marital Agreements in ihren Urteilen befürwortet wird (Settlement Culture)[313] und gleichzeitig aber bereits zum Vereinbarungszeitpunkt feststeht, dass es im Falle der Scheidung *gegenüber dem Matrimonial Court*[314] keine Bindungswirkung entfalten wird, sollte sich eine der beiden Parteien dafür entscheiden, einen Antrag auf Financial Orders zu stellen.[315] Dies gilt selbst dann, wenn es als grundsätzlich bindend im Sinne des Contract Laws angesehen werden würde.[316] Die Anrufung des Gerichts ist daher

---

312 Siehe oben 1. Teil: B. I. 2. c).

313 *Radmacher v Granatino* [2010] UKSC 42, para. 148. Diese Entwicklung zugunsten der Befürwortung einer einvernehmlichen Regelung betrifft vor allem Fälle in einem zeitlich vorgerückten Stadium, in denen die Ehe bereits faktisch gescheitert ist, siehe *Masson/Bailey-Harris/Probert*, Family Law, § 13–003; *Probert*, Family Law, § 8–006. Gemeint sind damit vorrangig Consent Orders und Separation Agreements, siehe dazu 1. Teil: C. II und III. Der Widerspruch ist allerdings gerade im Hinblick auf die Consent Orders nicht gravierend, weil diese bereits eine bindende Court Order darstellen. Sobald sie vorliegen, kann von keiner Partei mehr ein Antrag auf Financial Orders gestellt werden. Dieser Unterschied liegt bereits in der Natur der Consent Orders begründet, denen kein klassisches Contested Hearing vorgeschaltet ist. Zwar geht der Anordnung des Gerichts auch immer ein von den Parteien entworfenes und durch das Gericht zu überprüfendes Agreement voraus. Der Überprüfungsmaßstab ist jedoch erheblich vermindert.

314 Zur Relevanz dieses Vorbehalts der Antragstellung siehe unten 1. Teil: C. III. 1 (Separation Agreements) sowie 1. Teil: C. V. 3. c) (Nuptial Agreements).

315 *Masson/Bailey-Harris/Probert*, Family Law, § 13–004; *Probert*, Family Law, § 5–007; *Harper/Frankle*, in: Scherpe (Hrsg.), Marital Agreements, 122 (123); *Scherpe*, FamRZ 2011, 1471 (1472); *ders.* [2007] IFL, 18 (22).

316 *Miles*, in: Scherpe (Hrsg.), Marital Agreements, 89 (97).

grundsätzlich so lange möglich, wie keine Court Order vorliegt. Das Ermessen des Gerichts, welches ihm vom Gesetzgeber in Part II des MCA 1973 zugesprochen wurde, kann nicht durch privatautonome Entscheidungen beschränkt werden.[317] An dem in *Hyman v Hyman* festgelegten Grundsatz hat sich bis heute nichts geändert, sodass nur eine Reform seitens des Gesetzgebers denkbar wäre.[318] Es handelt sich deshalb um eine konsequente Fortführung dessen, was im Rahmen des Scheidungsfolgenrechts als freies Ermessen des Richters propagiert wird. Folglich bleibt für den Begriff der Vertragsfreiheit kein Raum, „[because] all [agreements] are subject to the Hyman principle and all are treated in a fact-sensitive way in pursuit of a fair outcome."[319]

Ein Agreement stellt, wie alle anderen Faktoren eines Falles, grundsätzlich lediglich einen zu berücksichtigenden Umstand innerhalb der Ermessensentscheidung zur Erzielung eines fairen Ergebnisses gemäß s. 25 MCA 1973 dar.[320]

Gleichwohl steht es dem Gericht offen, die Vereinbarungen der Parteien auf den Prüfstand zu stellen, um nach sorgfältiger Abwägung der Umstände des Einzelfalls das tatsächliche Gewicht des Agreements zu bestimmen:

> „A court when considering the grant of ancillary relief is not obliged to give effect to nuptial agreements – whether they are ante-nuptial or post-nuptial. The parties cannot, by agreement, oust the jurisdiction of the court. The court must, however, give appropriate weight to such an agreement. This (…) raises the question of the principles to be applied by the court when considering the weight that should be attached to an (…) agreement."[321]

Die Vereinbarungen haben keinen konstitutiven Charakter, können jedoch im Rahmen der Ermessensausübung und der damit einhergehenden Beurteilung, wie ein faires Ergebnis erzielt werden könnte, eine wichtige Rolle spielen.[322] Sollte das Agreement allerdings nur dann von Bedeutung sein, wenn der Inhalt genau das widerspiegelt, was das Gericht in seiner Entscheidung als fair eingestuft hätte,[323] wäre dessen Relevanz als untergeordnet einzustufen. Denn nicht die Vereinbarung zwischen den Ehegatten, sondern die Auffassung des Richters

---

317 *Hyman v Hyman* [1929] AC 601, 608 f. sowie 628 f.

318 *Radmacher v Granatino* [2010] UKSC 42, para. 3; siehe dazu unten 1. Teil: C. V. 2. a).

319 *Harris-Short/Miles*, Family Law, S. 497.

320 Siehe oben 1. Teil: B. I. 2. c).

321 *Radmacher v Granatino* [2010] UKSC 42, para. 2.

322 *Masson/Bailey-Harris/Probert*, Family Law, § 13–008; *Harper/Frankle*, in: Scherpe (Hrsg.), Marital Agreements, 122.

323 Zum richterlichen Ermessen im allgemeinen Scheidungsfolgenrecht siehe oben 1. Teil: B.

würde weiterhin bestimmen, was als fair anzusehen ist. Rechtsunsicherheit und geringe Transparenz wären damit nicht nur fester Bestandteil des allgemeinen Scheidungsfolgenrechts,[324] sondern auch des Private Orderings, weil der üblichen richterlichen Prüfung lediglich eine vergleichende Darstellung zum Ergebnis der parteilichen Vereinbarung folgen würde. Nur wenn das Agreement tatsächlich Einfluss darauf hat, was als fair gelten soll, könnten ihm privatautonome Züge zugesprochen werden. Der Supreme Court beschrieb diese Konfliktsituation zutreffend mit den Worten:

> „If an (…) agreement deals with those matters in a way that the court might adopt absent such an agreement, there is no problem about giving effect to the agreement. The problem arises where the agreement makes provisions that conflict with what the court would otherwise consider to be the requirements of fairness. The fact of the agreement is capable of altering what is fair."[325]

Die Rechtsprechung zur Bedeutung und Gewichtung der Marital Agreements hat sich je nach Art des Agreements unterschiedlich entwickelt. Der Anknüpfungspunkt für die zu treffende Unterscheidung ist nicht etwa der *Inhalt* des Agreements, denn in allen Fällen geht es um die finanziellen Konsequenzen einer Ehescheidung, sondern ein zeitlicher Aspekt: der *Vereinbarungszeitpunkt*. Man unterscheidet zunächst zwischen Pre- und Post-Nuptial Agreements. Der Wortlaut lässt bereits erkennen, dass es sich dabei um Vereinbarungen handelt, die vor bzw. nach der Eheschließung mit Blick auf eine in der Zukunft liegende, denkbare Scheidung geschlossen werden.[326] An einen späteren Zeitpunkt, und zwar den Zeitpunkt der bereits bevorstehenden Trennung bzw. Scheidung, knüpfen die Separation Agreements an.[327] Consent Orders bilden darüber hinaus eine weitere, gleichwohl distinktiv zu betrachtende Form und bergen aufgrund der besonderen Beteiligung des Gerichts an dem Entscheidungsprozess (Inkorporation des Agreements in eine Court Order) den größten Rechtssicherheitsfaktor.[328] Die Rechtsprechung bezüglich der Separation Agreements ist über die Jahre hinweg

---

324 Siehe oben 1. Teil: B. III.

325 *Radmacher v Granatino* [2010] UKSC 42, para. 75.

326 Halsbury's Laws of England, Vol. 73 (2009), §§ 711 f. Da insbesondere mit Blick auf die Entwicklung der Rechtsprechung eine zeitweise gleichmäßige Handhabung der Pre- und Post-Nuptial Agreements durchgeführt wurde, werden diese im Folgenden als „Nuptial Agreements" bezeichnet, wenn das Gesagte gleichermaßen für beide Arten von Agreements gelten soll.

327 *Miles*, in: Scherpe (Hrsg.), Marital Agreements, 89 (107); *Probert*, Family Law, § 8–006.

328 Siehe unten 1. Teil: C. II.

konstant geblieben und wird deshalb nur kurz aufzugreifen sein.[329] Diskussionen entstanden vor allem im Kontext von Pre- und Post-Nuptial Agreements (Nuptial Agreements), die es im Anschluss daran zu analysieren gilt.[330] Ihrem Konfliktpotenzial entsprechend (von gering zu hoch aufsteigend: Consent Orders, Separation Agreements, Post-Nuptial Agreements, Pre-Nuptial Agreements) soll der gegenwärtige Stand der Rechtsprechung zu den Agreements besprochen werden.[331] Ein Agreement wirft umso mehr Schwierigkeiten auf, je weiter es von dem maßgeblichen Entscheidungszeitpunkt im Rahmen der gerichtlichen Güteraufteilung entfernt ist.

II. Consent Orders

Eine Möglichkeit besteht für die Ehegatten gemäß s. 33A MCA 1973 darin, das Agreement dem Gericht vorzulegen. Dieses Agreement wird dann in üblicher Weise anhand der gesetzlichen und richterlichen Vorgaben des englischen Scheidungsfolgenrechts durch das Gericht überprüft und dessen Inhalt, in der Regel unverändert,[332] in eine sogenannte Consent Order aufgenommen.[333] Das Ergebnis ist nicht etwa Ausdruck der rechtlichen Möglichkeiten der Ehegatten, dem Gericht mithilfe des Agreements Vorgaben machen zu können, sondern allein der gerichtlichen Anordnungskompetenz zuzuschreiben.[334] Demzufolge wird das Ermessen des Gerichts *von vornherein* nicht tangiert.[335] Damit stellt eine Consent Order eine alternative Vorgehensweise zu einem Contested Hearing

---

329 Siehe unten 1. Teil: C. III.

330 Siehe unten 1. Teil: C. IV und V.

331 So bereits der überzeugende Aufbau bei *Harris-Short/Miles*, Family Law, S. 489 ff. Diametral dazu (von hoch zu gering abfallend: Consent Orders, Separation Agreements, Post-Nuptial Agreements, Pre-Nuptial Agreements) verhält sich das Rechtssicherheitspotenzial eines Agreements bzw. dessen Gewichtungsgrad.

332 Vgl. nur *Smallmann v Smallman* [1972] Fam. 25; *Dean v Dean* [1978] Fam. 161.

333 *Herring*, Family Law, S. 254; *Standley*, Family Law, S. 183 f.

334 *De Lasala v De Lasala* [1980] AC 546, 560G-H.

335 *Harris v Manahan* [1997] 1 FLR 205, 213 (Ward LJ.): „(…) the court is no rubber stamp, nor is it some kind of forensic ferret. (…) The statutory duty cannot be ducked (…).“

dar,[336] wobei in beiden Fällen am Ende eine gerichtliche Anordnung steht; daher müssen beide dieselben rechtlichen Wirkungen[337] nach sich ziehen.

Auch wenn demnach bei einer Consent Order die vollständige Überprüfungskompetenz des Gerichts erhalten bleibt, handelt es sich faktisch nur um eine grobe richterliche Einschätzung,[338] die lediglich bei konkreten Anhaltspunkten zu einer detaillierten Begutachtung führt.[339] Denn die Tatsache, dass sich die durch unabhängige Rechtsanwälte beratenen Parteien (trotz Trennung) einvernehmlich einigen konnten, sei im Regelfall ein Hinweis darauf, dass die Vereinbarungen sorgfältig gewählt wurden.[340] Dieser Weg ist daher derzeit die einzige Möglichkeit für Ehepaare, dem Inhalt ihres Agreements weitestgehend Geltung zu verschaffen.[341] Die Konstellation verstößt aufgrund des fehlenden Ausschlusses richterlichen Ermessens, im Unterschied zu anderen Agreements, nicht gegen das in *Hyman* festgelegte Prinzip.[342]

---

336 *Pounds v Pounds* [1994] 1 WLR 1535, 1537G, 1539A, 1540A sowie 1541A-B: Es liegt in der Bedeutung der Ehe begründet, dass eine Ehe nur durch das Gericht beendet werden kann und eine Anordnung zur Güteraufteilung in jedem Fall durch das Gericht justifiziert werden muss. Eine Entscheidung des Gerichts zur Vermögensaufteilung kann, unabhängig davon, ob diese einer einvernehmlichen Regelung oder einem streitigen Verfahren folgt, wobei beide Wege als gleichwertige Möglichkeiten zu betrachten sind, erst nach Erteilung des *decree nisi* ergehen, um Versöhnungsversuche nicht zu behindern.

337 *Herring*, Family Law, S. 254; *Harris-Short/Miles*, Family Law, S. 490.

338 *Pounds v Pounds* [1994] 1 WLR 1535, 1540G-H (Waite LJ.): Die Überprüfung ist beschränkt auf „a broad appraisal of the parties' financial circumstances as disclosed to it in the statutory form, without descent into the valley of detail."

339 Der Gesetzeswortlaut in s. 33A MCA 1973 weist bereits auf einen veränderten Bewertungsmaßstab hin: „(…) the court may, unless it has reason to think that there are other circumstances into which it ought to inquire, make an order in the terms agreed (…)."

340 *Harris v Manahan* [1997] 1 FLR 205, 213 (Ward LJ.): „(…) the court is entitled to assume that parties who are sui juris and who are represented by solicitors know what they want."

341 So auch *Harris-Short/Miles*, Family Law, S. 489; *Masson/Bailey-Harris/Probert*, Family Law, § 13-005; dies galt auch bereits früher als einzige Möglichkeit: *Pounds v Pounds* [1994] 1 WLR, 1535, 1537E-F.

342 *Masson/Bailey-Harris/Probert*, Family Law, § 13-005. Dies muss auch dann gelten, wenn von diesem Ermessen im Rahmen der Consent Orders nur rudimentär Gebrauch gemacht wird, so bereits der Hinweis in den obigen Fn. 338, 339 und auch *Harris-Short/Miles*, Family Law, S. 491.

III. Separation Agreements

Bei den Separation Agreements handelt es sich um solche Vereinbarungen zwischen den Parteien, die zu einem Zeitpunkt geschlossen werden, zu dem die Ehe bereits faktisch gescheitert ist, der Inhalt des Agreements aber nicht wie bei einer Consent Order in die Anordnungen des Gerichts aufgenommen wurde. Diese Art von Agreements bieten keine Rechtssicherheit, weil es beiden Parteien weiterhin offensteht, einen Antrag auf Financial Orders zu stellen.[343] Das gilt selbst dann, wenn sie die Absicht hatten, das Agreement in eine Consent Order umwandeln zu lassen und es in dieser Phase zu einer Verzögerung und folglich nicht zur tatsächlichen Umsetzung dieser Absicht gekommen ist.[344] Nur das Vorliegen einer Court Order kann absolute Sicherheit und Beständigkeit bieten.[345]

1. Rechtsnatur und Rechtswirkung

Der in den 1920er-Jahren entschiedene Fall *Hyman v Hyman*, der ein Separation Agreement zum Gegenstand hatte, stellte den Grundsatz auf, dass solche Agreements erst einmal als wirksam zu behandeln seien und nur solche Regelungen als unwirksam gelten sollen, die Bestrebungen zur Umgehung der richterlichen Entscheidungsgewalt aufweisen.[346]

Dieser Grundsatz wurde in die Vorschriften der ss. 34 und 35 MCA 1973 aufgenommen, die ihrem Wortlaut entsprechend auf Maintenance Agreements[347] und damit auf Separation Agreements anwendbar sind.[348] Sofern das Agreement schriftlich fixiert wurde (formelle Anforderung in s. 34 (2) MCA 1973), gelten die getroffenen Regelungen grundsätzlich als wirksam und durchsetzbar und demzufolge auch als *zwischen den Vertragsparteien* bindend, s. 34 (1) (b) MCA 1973. Nur diejenige Regelung, die darauf abzielt, einer Partei die Möglichkeit

---

343 *Harris-Short/Miles*, Family Law, S. 492.

344 Vgl. die Umstände im Fall *Rose v Rose* [2002] EWCA Civ 208.

345 *Pounds v Pounds* [1994] 1 WLR 1535, 1550: „The court retains its supervisory role and only its order gives finality."

346 [1929] AC 601, 608, 625 f., 628 f.

347 Der Oberbegriff „Maintenance Agreements" ergab sich aus ihrer Funktion, Periodical Payments zugunsten der in Trennung lebenden Ehefrau zu regeln, Law Commission, Law Com No. 343, § 4.12.

348 Entgegen der Meinung in *MacLeod* sind die Vorschriften allein auf Separation Agreements und damit gerade nicht auch auf Post-Nuptial Agreements anwendbar, hierzu ausführlich unten 1. Teil: C. V. 3. a) aa).

zu nehmen, einen Antrag auf Financial Orders vor dem *Matrimonial Court* zu stellen,[349] gilt als von Anfang an unwirksam nach Maßgabe der s. 34 (1) (a) des MCA 1973 und beschränkt das Ermessen des Gerichts daher nicht. Neben der Möglichkeit, sich von einem Separation Agreement über den üblichen Antrag auf Financial Orders zu lösen, besteht auch die Möglichkeit, einen Antrag auf Änderung des bestehenden Agreements gemäß s. 35 MCA 1973 zu stellen.[350] Wird eine der genannten Loslösungsalternativen gewählt, entfaltet das Agreement keinerlei Bindungswirkung gegenüber dem *Matrimonial Court*, dessen Zuständigkeit für das Scheidungsfolgeverfahren begründet wurde;[351] vielmehr kann das Gericht seine Entscheidungsgewalt frei walten lassen.[352] Auch wenn es sich nach wohl einhelliger Meinung[353] bei Separation Agreements um *zwischen den Parteien* bindende Verträge im Sinne des Contract Laws handelt, die

349 Wobei umstritten ist, wann genau eine Regelung überhaupt ein solches Ziel verfolgt, vgl. nur die Fälle *Sutton v Sutton* [1984] 1 Ch 184, 196G-H, und *Soulsbury v Soulsbury* [2007] EWCA Civ 969, paras. 21 f. Eindeutig zu verneinen sei dies jedenfalls dann, und dieser Banalität musste offensichtlich Ausdruck verliehen werden, a. a. O. 197C-D, wenn es zu keiner Scheidung komme im Rahmen derer das Ermessen des Gerichts durch eine Vereinbarung tangiert werden könne.

350 *Miles*, in: Scherpe (Hrsg.), Marital Agreements, 89 (109); *Harris-Short/Miles*, Family Law, S. 493.

351 Die Zuständigkeit zur Regelung der Scheidungsfolgen entsteht erst mit der Scheidung (*decree nisi*) selbst, *Sutton v Sutton* [1984] 1 Ch 184, 197C-E mit Verweis auf *Hyman v Hyman* [1929] AC 601, 625; *Miles* (2009) 21 CFLQ, 513 (517); siehe bereits oben 1. Teil: B. I. 1. b).

352 *Miles* (2011) 74 MLR, 430 (439).

353 *Hyman v Hyman* [1929] AC 601, 625 f.; *Merritt v Merritt* [1970] 1 WLR 1211; *Amey v Amey* [1992] 2 FLR 89; *X v X (Y and Z intervening)* [2002] 1 FLR 508, para. 79; *Soulsbury v Soulsbury* [2007] EWCA Civ 969, paras. 35, 40 und 44–45; *Miles*, in: Scherpe (Hrsg.), Marital Agreements, 89 (109); *Harris-Short/Miles*, Family Law, S. 493; *Herring*, Family Law, S. 255; *Probert*, Family Law, § 8-006; *Lowe/Douglas*, Family Law, S. 1011; a. A. *Xydhias v Xydhias* [1999] 1 FLR 683, 691; *Newbury/Alexander/Corrigan*, Ancillary Relief, § 6.2.2. Der gegenläufige Ansatz in *Xydhias* wurde in der Entscheidung *Soulsbury* ausdrücklich angezweifelt. Nicht unerwähnt bleiben sollte, dass diese Entscheidungen beide im Court of Appeal in jeweils unterschiedlicher Besetzung *per curiam* gefällt wurden, *Bird/King*, Financial Orders Handbook, § 1.61. Es ist daher noch offen, in welche Richtung sich die Rechtsprechung entwickeln wird. Gegen die Auffassung in *Xydhias* spricht allerdings, dass sie weder im Einklang mit der früheren Rechtsprechung noch – und das ist am gravierendsten – mit dem Wortlaut in s. 34 (1) (b) MCA 1973 steht, *Miles*, in: Scherpe (Hrsg.), Marital Agreements, 89 (114). Trotzdem wurde diese Ansicht auch in der Folgezeit vertreten, siehe nur *MacLeod v MacLeod* [2008] UKPC 64, para. 26.

theoretisch sowohl gerichtlich einklagbar als auch durchsetzbar sind,[354] kann dieser beschränkten Art von Bindungswirkung[355] jedenfalls im Kontext von Scheidungsfolgeverfahren nur unwesentliche Bedeutung beigemessen werden.[356]

2. *Richterliche Würdigung*

Wenn sich eine Partei von einem Separation Agreement distanzieren möchte und einen Antrag auf Financial Orders einreicht, führt das Gericht seine übliche Prüfung durch. Das Agreement wird im Lichte aller für den Einzelfall relevanten Faktoren zum *Zeitpunkt des Abschlusses* sowie zum *Zeitpunkt der gerichtlichen Anordnungen* auf seine Fairness hin überprüft.[357] Die Entscheidung *Edgar v Edgar* („*Edgar*") hat insofern einen maßgeblichen Beitrag zur Bewertung des Agreements gegeben:

> „Formal Agreements, properly and fairly arrived at with competent legal advice, should not be displaced unless there are good and substantial grounds for concluding that an injustice will be done by holding the parties to the terms of their agreement."[358]

---

354 *Miles*, in: Scherpe (Hrsg.), Marital Agreements, 89 (109): „Separation agreements that comply with the requirements of section 34 are valid and legally binding (and so can *in theory* be sued on and enforced as a matter of contract law) by virtue of that section under section 34 (…)" (Hervorhebung der Verfasserin); *dies.* (2009) 21 CFLQ, 513 (515); *Scherpe*, FamRZ 2011, 1471 (1472).

355 Daher vermutlich auch der Hinweis von *Harris-Short/Miles*, Family Law, S. 492, 495, dass diesen Agreements lediglich „some binding legal force" zugesprochen werden könne, weil sie „neither straightforwardly binding nor irrelevant" sind.

356 In welchen Konstellationen die Bindungswirkung außerhalb des scheidungsfolgenrechtlichen Kontextes virulent wird, siehe unten zu Nuptial Agreements 1. Teil: C. V. 3. c).

357 Die Bedeutung des Zeitpunktes des Vertragsabschlusses betonend: *Edgar v Edgar* [1980] 1 WLR 1410, 1417C-E. Den Zeitpunkt der gerichtlichen Verhandlung als ebenso wichtig herausstellend: *A v B (Financial Relief: Agreements)* [2005] EWHC 314 (Fam), para. 11.

358 [1980] 1 WLR 1410, 1417E (Übersetzung der Verfasserin): „Agreements, die ordnungsgemäß und fair mit kompetenter rechtlicher Beratung zustande gekommen sind, sollen nicht ersetzt werden, solange gute und bedeutende Gründe nicht dafür sprechen, dass einer Partei Unrecht widerfährt, wenn sie an den Bestimmungen des Vertrages festgehalten wird." Im Nachgang zu dieser Entscheidung bestätigend, dass die Parteien grundsätzlich an dem Vereinbarten festgehalten und nur in Ausnahmefällen vom Gericht eingegriffen werden soll: *Camm v Camm* [1983] 4 FLR 577, 579; *Smith v McInerney* [1994] 2 FLR 1077, 1081A-B.

Eine Korrektur wird vonseiten des Gerichts nicht schon deshalb vorgenommen, weil es eine großzügigere Anordnung gewählt hätte.[359] Vielmehr müssen konkrete Umstände vorliegen, welche dazu geeignet sind, die Gerechtigkeit des Vertrages in Zweifel zu ziehen, so z. B. Ausübung von Druck, Ausnutzung einer dominanten Position einer Partei zu deren Vorteil, unzureichender Wissensstand, mangelhafter rechtlicher Rat sowie die zum Zeitpunkt des Vertragsschlusses unvorhergesehene Veränderung von wesentlichen Umständen.[360] Bei der Bestimmung des Gewichts des Agreements sei außerdem dem Grundsatz der Gleichbehandlung von Mann und Frau Geltung zu verschaffen.[361]

Mit dem Zeitpunkt des Abschlusses des Separation Agreements hängen zweierlei Aspekte zusammen: Zum einen wurde in ihrem Kontext ein Verstoß gegen Public Policies[362] nicht diskutiert,[363] weil eine Trennung der Ehepartner nicht erst herbeigeführt wird, sondern bereits den *status quo* darstellt. Insofern galten Separation Agreements seit jeher als von Anfang an wirksam. Zum anderen kommt einem solchen Agreement regelmäßig bedeutendes Gewicht bei der Entscheidungsfindung zu, weil es im Angesicht der gescheiterten Ehe und damit in einem weitgehenden Bewusstsein einer nunmehr getrennt verlaufenden Zukunftsplanung der Parteien abgeschlossen wird.[364] Insbesondere unvorhergesehene Umstände sind daher selten von Relevanz.

IV. Pre- und Post-Nuptial Agreements (Nuptial Agreements)

1. Keine rechtsgeschäftliche Verfügbarkeit über die Ehe als Institution im Spiegel der Tradition (Public Policy)

Die Auffassung der Gerichte zu den vor bzw. während der Ehe geschlossenen Agreements (Nuptial Agreements) blieb bis kurz nach der Jahrtausendwende hinsichtlich eines wesentlichen Aspekts einheitlich und konstant: Sie galten als

359 *Edgar v Edgar* [1980] 1 WLR 1410, 1418A.

360 *Edgar v Edgar* [1980] 1 WLR 1410, 1417D-E.

361 *G v G* [2004] 1 FLR 1011.

362 Das Prinzip der Public Policy stammt aus dem Contract Law und besagt, dass Verträge nicht dem öffentlichen Interesse entgegenstehen bzw. schaden dürfen, *Fender v St John-Mildmay* [1938] AC 1, 12. Dieses Prinzip wurde im Übrigen viele Jahrzehnte lang im Rahmen von Post- und Pre-Nuptial Agreements gegen deren Wirksamkeit angeführt, siehe unten 1. Teil: C. IV. 1.

363 *Miles* (2009) 21 CFLQ, 513 (515).

364 *Radmacher v Granatino* [2010] UKSC 24, para. 65; *Miles*, in: Scherpe (Hrsg.), Marital Agreements, 89 (112); *Scherpe* (2010) 69 C.L.J., 35 (37); *Harris-Short/Miles*, Family Law, S. 497.

von Anfang an *unwirksam* und konnten demzufolge auch nicht im Sinne des Contract Laws durchgesetzt werden.[365]

Der Grund für die Unwirksamkeit der Nuptial Agreements wurde in einem Public Policy-Verstoß gesehen. Die Institution der Ehe beinhaltete eine Pflicht zum gemeinsamen Leben und bot daher keinen Raum für parteiliche Vereinbarungen, die Vorkehrungen für eine in der Zukunft liegende Trennung schaffen oder diese womöglich gar erst verursachen könnten.[366] Diese Pflicht geht zurück auf eine Zeit vor der Reform im Jahre 1857 (MCA 1857), die im Grundsatz erstmals die Möglichkeit einer Scheidung vor Gericht für jedermann einführte.[367] Bis dahin galt das Eheband (*vinculum matrimonii*) als weitgehend unauflöslich.[368] Die Scheidung *a vinculo matrimonii* musste durch einen kostspieligen Act of Parliament bewilligt werden, was zur Folge hatte, dass die Scheidung ein Privileg der Reichen blieb.[369] Die weniger Wohlhabenden wurden auf die Möglichkeit verwiesen, die Pflicht durch eine scheidungsähnliche Anordnung des Kirchengerichts *a mensa et thoro* (Trennung von Tisch und Bett)[370] aufheben zu lassen, durch die den Ehegatten das Getrenntleben erlaubt, gleichzeitig aber das Eheband aufrechterhalten wurde.[371] Blieb die Pflicht hingegen bestehen, konnte sie nicht wirksam durch eine privatautonome Vereinbarung abbedungen werden.[372] Denn es wurden in zweierlei Hinsichten Bedenken geäußert, würde man einem solchen Vorgehen rechtliche Beständigkeit zusprechen:[373] Einerseits könnte die Vereinbarung einen Anreiz zu einer Trennung für diejenige Partei

365 Siehe bspw. noch der Hinweis aus dem Jahre 2002 für Nuptial Agreements in der Entscheidung *X v X (Y and Z intervening)* [2002] 1 FLR 508, para. 79, der allerdings selbst ein Separation Agreement zugrunde lag.

366 Halsbury's Laws of England, Vol. 22 (1979), § 1124.

367 Zur Entwicklung der Gesetzgebung siehe *Cretney*, Family Law in the Twentieth Century, S. 94 ff.; *ders.* (2003) 15 CFLQ, 403 (405); *Hyman v Hyman* [1929] AC 601, 608.

368 *Westmeath v Westmeath* (1830) 1 Dow & Cl. 519, para. 544.

369 *Blackstone*, Commentaries on the Laws of England, Vol. I, S. 428 f.

370 *Blackstone*, Commentaries on the Laws of England, Vol. I, S. 428 f.

371 *Miles*, in: Scherpe (Hrsg.), Marital Agreements, 89 (97) mit Verweis auf die dortige Fn. 61; *dies.* [2009] 21 CFLQ, 513 (516).

372 *Wilkinson v Wilkinson* (1871) L.R. 12 Eq. 604; *In Re Moore, Trafford v Maconochie* (1888) 39 Ch. D. 116; *Duchess of Marlborough v Duke of Marlborough* [1901] 1 Ch 165, 171: „(...) if persons choose to bargain about an event which they are not entitled to anticipate, their bargain will be bad (...)"; *Brodie v Brodie* [1917] P. 271, 273.

373 In dieser Form zusammenfassend dargestellt bei *Miles*, in: Scherpe (Hrsg.), Marital Agreements, 89 (97); *dies.* [2009] 21 CFLQ, 513 (516).

bieten, die finanziell von ihr profitiert (Perspektive des Verlassenden).[374] Andererseits könnte das Agreement auch für die andere Partei (Perspektive des Verlassenen) einen Anreiz zur Duldung der Trennung darstellen, wenn er, sofern er von einer Klage auf Wiederherstellung der ehelichen Rechte (Restitution of Conjugal Rights) und damit von der Durchsetzung der Pflicht zum gemeinsamen Leben absehen würde, dadurch in den Genuss der für ihn finanziell günstigen Regelungen des Agreements käme.[375]

Darüber hinaus brachte man vor, dass ein Agreement nicht dazu berechtigen dürfe, die Verantwortung gegenüber dem Ehepartner, die üblicherweise nach einer Scheidung im Rahmen der nachehelichen Rechte bestand, auf den Staat zu verlagern.[376] Mit dieser Befürchtung wurde dem Gebot der nachehelichen Solidarität Ausdruck verliehen, welches aus dem Verständnis der Ehe als lebenslange Bindung gefolgert wurde und im Interesse der Öffentlichkeit (keine unnötige Belastung des Fiskus, State Benefits) einzuhalten war. Allein deshalb sollte auf diese wie auch auf jede andere Art von Agreement das *Hyman*-Prinzip angewendet werden, sodass eine Umgehung der Entscheidungsgewalt des Matrimonial Courts unmöglich würde und eine Möglichkeit zur Korrektur jederzeit offenstehe.[377] Die regelrechte Feindseligkeit des englischen Rechts gegenüber privatautonomen Vereinbarungen kam bis zum Jahre 1963 noch darin zum Ausdruck, dass jede Handlung, die ein Hinweis auf ein Zusammenwirken der Parteien (Collusion) hätte sein können, einen zwingenden Ausschlussgrund für die Scheidung darstellte; denn eine einvernehmlich vereinbarte Regelung der Scheidungsfolgenrechte hätte zur damaligen Zeit im Widerspruch zum Verschuldensprinzip gestanden.[378]

2. *Lösung der gesetzlichen Verankerung der Public Policy durch die Reform 1969/1970*

Die Pflicht zum gemeinsamen Leben hat mit der Reform des Scheidungs- und Scheidungsfolgenrechts im Jahre 1969/1970[379] zumindest ihre gesetzliche

---

374 Vgl. *Westmeath v Westmeath* (1830) 1 Dow & Cl. 519; *Cocksedge v Cocksedge* (1844) 60 E.R. 351.

375 Vgl. *Cartwright v Cartwright* (1853) 43 E.R. 385; *H v W* (1857) 69 E.R. 1157.

376 *Hyman v Hyman* [1929] AC 601, 628 f.; *Ashley v Ashley* [1968] P. 582, 588B-D rekurrierend auf die Entscheidung *National Assistance Board v Parkes* [1955] 2 QB 506.

377 *Hyman v Hyman* [1929] AC 601, 608 f. sowie 628 f.

378 *Cretney*, Family Law in the Twentieth Century, S. 132, Fn. 279.

379 Divorce Reform Act 1969 und Matrimonial Proceedings and Property Act 1970, die beide im MCA 1973 konsolidiert wurden.

Verankerung, wenn auch nicht gleichsam ihre kasuistische Legitimierung, verloren.[380] Eine Klage auf Wiederherstellung der ehelichen Rechte wurde durch s. 20 Matrimonial Proceedings and Property Act 1970 ausdrücklich abgeschafft und das anachronistische Recht des Ehemannes abgelöst, das Verhalten der Ehefrau mittels eines Selbsthilferechts kontrollieren zu können.[381] Eine Ehescheidung ist, insbesondere im Falle des zweijährigen Getrenntlebens und der beidseitigen Zustimmung (s. 1 (2) (d) MCA 1973), ohne Weiteres möglich, sodass der Scheidungsgrund „Desertion" (das „Verlassen" des Antragstellers durch den Antragsgegner, s. 1 (2) (c) MCA 1973) als ein letztes Relikt der früheren Pflicht zum gemeinsamen Leben angesehen werden kann.

Damit war zwar die gesetzliche Hürde genommen, die gegen eine Einbeziehung der Nuptial Agreements sprach, nicht jedoch der in der Rechtsprechung begründete Public Policy-Verstoß beseitigt, der zur anfänglichen Unwirksamkeit derselbigen führte.[382] Dies hatte zumindest zur Folge, dass die Agreements als einer der für die Anordnung der Financial Orders relevanten Faktoren i. S. v. s. 25 MCA 1973 berücksichtigt werden konnten.[383] Die Bedeutung eines Agreements, dessen Unwirksamkeit aus bestimmten Gründen von vornherein feststand, hatte aber zunächst nur geringen Einfluss auf das Ergebnis.[384] Dies galt auch vor dem Hintergrund, dass dem Gericht mit Erlass des Matrimonial Proceedings and Property Act 1970 bedeutend mehr Möglichkeiten und ein großzügiger Ermessensspielraum zur Güteraufteilung zugestanden wurde.[385] Und auch der Schutz der schwächeren Partei, die sich durch den Abschluss eines Agreements (bewusst oder unbewusst) in eine für sie negative Situation begeben konnte, gewann an

---

380 *Miles*, in: Scherpe (Hrsg.), Marital Agreements, 89 (98).

381 Dieses Selbsthilferecht, welches vom Ehemann zur Durchsetzung einer gerichtlichen Entscheidung auf Wiederherstellung der ehelichen Rechte (Bestimmung des Aufenthaltsortes der Ehefrau) genutzt werden durfte, wurde von der Rechtsprechung entwickelt (*In Re Cochrane* (1840) 8 Dowl. 630) und von dieser schließlich wieder beseitigt (*R v Jackson* [1891] 1 QB 671; *R v Reid* [1973] QB 299).

382 Zur Beseitigung in der Rechtsprechung siehe unten 1. Teil: C. V. 3. a).

383 Was für Separation Agreements bereits seit *Edgar* (siehe oben 1. Teil: C. III. 2) feststand, musste nun im Grundsatz auch für Nuptial Agreements gelten. Hierfür war jedoch zunächst die Verneinung eines Public Policy-Verstoßes notwendig. Für *Post*-Nuptial Agreements: provisorisch *NA v MA* [2006] EWHC 2900 (Fam), bzw. endgültig bestätigt durch *MacLeod v MacLeod* [2008] UKPC 64. Für *Pre*-Nuptial Agreements: *Radmacher v Granatino* [2010] UKSC 42.

384 *F v F (Ancillary Relief: Substantial Assets)* [1995] 2 FLR 45, 66.

385 *Wachtel v Wachtel* [1973] Fam. 72; *Cretney*, Family Law in the Twentieth Century, S. 135 und 420.

Bedeutung.[386] Die konkreten Einwände der Rechtsprechung gegen eine gezielte Einbeziehung der Nuptial Agreements veränderten sich, führten aber lediglich zu einer Aufweichung des paternalistischen Anknüpfungspunktes.[387]

Weitere Bedenken gegen Nuptial Agreements brachte der Gedanke mit sich, dass es keinem Ehegatten möglich sein sollte, sich durch Abschluss einer Vereinbarung von der Verantwortung gegenüber dem Kind lossagen zu können.[388] Der Einwand der Ausnutzung der State Benefits sowie das *Hyman*-Prinzip blieben als weitere Argumente unangetastet bestehen.

3. *Neuere Entwicklungen in der Rechtsprechung*

Es wurde die These[389] aufgestellt, dass die Entscheidung in *White* den eigentlichen Impuls für die Anerkennung aller Arten von Agreements gegeben habe. Denn mit der Betonung des Prinzips der Fairness[390] habe man bereits das zentrale Anliegen eines jeden Entscheidungsfindungsprozesses identifiziert, sodass es nahe liege, den Inhalt des Prinzips eigenständig von den *Parteien* definieren zu lassen. Lord Nicholls[391] stellte jedoch noch in der Entscheidung selbst klar, dass die englische Rechtsordnung eindeutig den Weg dahingehend eingeschlagen habe, dass der *Richter* – ausgestattet mit einem weiten, von der Gesetzgebung unbeschränkten Ermessensspielraum – bestimmen solle, was fair sei. Es wäre daher falsch, die Entscheidung als maßgeblichen Auslöser in Richtung Anerkennung der Agreements anzusehen. Trotzdem markiert sie einen Zeitpunkt der Wende und formuliert mit dem Prinzip der Fairness einen Begriff, der nicht nur für die konkrete Güteraufteilung von Relevanz ist, sondern auch

---

386 Vgl. *Backhouse v Backhouse* (1978) 1 WLR 243, insbesondere 251H-252C; *Edgar v Edgar* [1980] 1 WLR 1410; *Miller v Miller; McFarlane v McFarlane* [2006] UKHL 24, para. 153; *NG v KR (Pre-Nuptial Contract)* [2008] EWHC 1532 (Fam), para. 129.

387 In diese Richtung geht auch die Meinung von *Miles* (2009) 21 CFLQ, 513 (520), die die Abwendung von der Pflicht zum gemeinsamen Leben hin zu einem bevormundenden Richterschutz als eine Entwicklung von einer Alt-Testamentarischen zu einer Neu-Testamentarischen Akzentuierung bezeichnet.

388 Zum eigenständigen Kindesunterhalt siehe bereits oben Fn. 155 und weiterführend: *Herring*, Family Law, S. 193 ff.; Law Commission, CP No. 198, § 2.20 ff. Zum geschichtlichen Hintergrund siehe die Ausführungen von Baroness Hale in *R (on the application of Kehoe) v Secretary of State for Work and Pensions* (2005) UKHL 48, paras. 50–77.

389 *Duckworth/Hodson* [2001] Fam Law, 24 (27).

390 Siehe dazu ausführlich oben 1. Teil: B. II. 2.

391 *White v White* [2001] 1 AC 596, 599H-600B.

bei der Gewichtung der Agreements im Laufe der Zeit eine bedeutende Rolle einnehmen sollte.[392]

a) Graduelle Steigerungen bei der Gewichtung und die vorübergehende Entstehung eines Paradoxons

Hatte man in *F v F (Ancillary Relief: Substantial Assets)* noch propagiert, ein Nuptial Agreement[393] „must be of very limited significance"[394] im Rahmen der Entscheidung des Richters, wurde es bereits kurze Zeit später[395] als absehbar bezeichnet, dass den Gerichten zu gegebener Zeit ein Fall vorliegen werde, in dem die Bedeutung des Agreements als maßgeblich eingestuft werden müsse, weil das Agreement selbst sowie die umgebenden Umstände eine andere Einstufung nicht zulassen würden. Insbesondere die Tatsache steigender Scheidungsraten verdeutliche, dass die Auflösung des Ehebandes in der heutigen Gesellschaft als etwas Alltägliches gesehen werde, sodass es nicht länger als angebracht gelten könne, die privatautonome Regelung der Scheidungsfolgen durch die Ehegatten mithilfe eines Agreements als Entwertung des Instituts der Ehe zu sehen.[396]

Bescheidenere Anordnungen, die auf eine partielle Berücksichtigung des Agreements schließen ließen, waren zunächst die Folge. Die erste Entscheidung, durch die sich die Entwicklung in Richtung der Einbeziehung der Nuptial Agreements

392 Siehe dazu ausführlich unten 1. Teil: C. V. 4.

393 Die folgende Darstellung bezieht sich zwar ausschließlich auf Entscheidungen, die Pre-Nuptial Agreements betrafen (zu einer ausführlichen Darstellung der Entwicklung siehe *Todd* [2006] Fam Law, 539). Dies hängt jedoch damit zusammen, dass Fälle zu Post-Nuptial Agreements generell selten sind, *Radmacher v Granatino* [2010] UKSC 42, para. 47. Es kann hieraus deshalb gerade nicht geschlossen werden, dass die folgenden Ausführungen zur stärkeren Berücksichtigung der Agreements nicht ebenso für Post-Nuptial Agreements gelten. Vielmehr wurde in dem Fall *NA v MA* [2006] EWHC 2900 (Fam), paras. 12 ff., die sich später durch *MacLeod* ergebende Wende (siehe unten 1. Teil: C. IV. 3. b), insbesondere die Anwendung des *Edgar*-Prinzips auf Post-Nuptial Agreements, bereits vorhergesehen und damit eine gleichsame Entwicklung für Post-Nuptial Agreements gewährleistet.

394 [1995] 2 FLR 45, 66 (Thorpe J.).

395 *S v S (Matrimonial Proceedings: Appropriate Forum)* [1997] 1 WLR 1200, 1203G-H: „But there will come a case (…) where the circumstances surrounding the prenuptial agreement and the provision therein contained might, when viewed in the context of the other circumstances of the case, prove influential or even crucial."

396 *M v M (Prenuptial Agreements)* [2002] 1 FLR 654, para. 21; *Miles* (2011) 74 MLR, 430 (441 f.); *Scherpe* (2011) 23 CFLQ, 513 (526 f.); *Cretney* (2003) 15 CFLQ, 403 (403 ff.); a. A. *Hale* (2011) 33 JSWFL, 3 (3 ff.); *Harris/George/Herring* [2011] Fam Law, 367 (368 ff.); *Herring* (2010) 160 NLJ, 1551.

manifestierte, war *K v K (Ancillary Relief: Prenuptial Agreement)*, in der die Ehefrau an der mit dem Ehemann getroffenen Vereinbarung weitestgehend festgehalten wurde, mit der Ausnahme der Erhöhung auf der Grundlage ihres Familienbeitrages (Betreuung des Kindes).[397] Es lagen keine Anhaltspunkte vor bspw. mangelhafte juristische Beratung, einseitiger Druck, unvorhergesehene Umstände etc., die zu einer gegenteiligen Annahme berechtigt hätten; vielmehr wäre dem Ehemann Unrecht widerfahren, hätte man der Ehefrau zugestanden, sich einseitig von dem Vertrag zu distanzieren. Das Agreement hatte in diesem Fall also substanziellen Einfluss darauf, welche Anordnungen als fair anzusehen waren. Noch wesentlich eindeutiger war die nachfolgende Formulierung in *Crossley v Crossley*, dass einem Nuptial Agreement sogar „magnetic importance" zuteilwerden könne.[398] Entgegen seines früheren Standpunktes in *F v F (Ancillary Relief: Substantial Assets)* räumte Thorpe LJ. in diesem Fall ein, „that the role of contractual dealing, the opportunity for the autonomy of the parties, is becoming increasingly important."[399] Im Laufe der Zeit entstand durch die Zunahme der Bedeutung der Nuptial Agreements eine selbst für englische Zivilrechtler paradoxe Situation,[400] denn eine Vereinbarung, die unwirksam ist, weil sie gegen eine Public Policy verstößt, kann normalerweise überhaupt keine Relevanz haben. Rix LJ. (Commercial Lawyer) brachte dies mit den folgenden Worten auf den Punkt:

> „It follows that pre-nuptial agreements are at one and the same time both unenforceable and invalid as being against public policy and matters which the court is prepared to take into account (and possibly decisively) for the purposes of its section 25 jurisdiction. That is a situation which has been criticised as 'the worst of both worlds'."[401]

b) Partielle Enthebung der Public Policy in der Rechtsprechung durch *MacLeod v MacLeod*

Zur offiziellen Abschaffung der Public Policy im Hinblick auf Post-Nuptial Agreements kam es durch die Entscheidung in *MacLeod v MacLeod* („*MacLeod*")[402]

---

397 [2003] 1 FLR 120, insbesondere 131–132.

398 [2007] EWCA Civ 1491, para. 15.

399 [2007] EWCA Civ 1491, para. 17.

400 Auf dieses Paradox ebenfalls hinweisend: *Harris-Short/Miles*, Family Law, S. 498, *Miles*, in: Scherpe (Hrsg.), Marital Agreements, 89 (98); *dies.* (2009) 21 CFLQ, 513 (519).

401 *Radmacher v Granatino* [2009] EWCA Civ 649, para. 64 mit Verweis auf die Entscheidung *Pounds v Pounds* [1994] 1 WLR 1535, 1550H.

402 [2008] UKSC 64. Es handelt sich hierbei um eine Entscheidung des Privy Councils nach dem Recht der Isle of Man, die für ein englisches Gericht zwar nicht bindend,

– wenn auch unter einer falschen Prämisse,[403] nämlich der gleichwertigen Behandlung von Post-Nuptial Agreements und Separation Agreements. Das Gericht erkannte, dass mit der Beseitigung der gesetzlichen Grundlage für die Pflicht zum gemeinsamen Leben[404] auch der Public Policy-Verstoß nicht länger Geltung beanspruchen kann, nahm aber gleichzeitig eine unterschiedliche Bewertung zwischen Pre- und Post-Nuptial Agreements vor, die im Wesentlichen auf zwei Argumente gestützt wurde:

Als das speziellere führte es das Argument[405] an, dass die Anwendung der ss. 34 und 35 MCA 1973 auf Post-Nuptial Agreements aufgrund des Wortlautes in s. 34 (2) MCA 1973 („any agreement in writing (…) made between the parties to a marriage") möglich sei. Sie müssten als wirksam und durchsetzbar gelten, weil über s. 35 MCA 1973 gewährleistet sei, ein bestehendes Agreement bei Bedarf abändern zu können. Da die Vorschriften aufgrund des Wortlautes gerade nicht auf Pre-Nuptial Agreements anwendbar – die Adressaten dieser Vereinbarungsart sind noch nicht „Ehegatten" – und eine Anpassung nach s. 35 MCA 1973 deshalb ebenfalls ausgeschlossen sei, wäre es falsch, Pre-Nuptial Agreements gleichsam als wirksam und durchsetzbar einzustufen.

Darüber hinaus wies das Gericht auf das generelle Argument[406] hin, dass die Situation, in der Pre- und Post-Nuptial Agreements jeweils geschlossen werden, nicht vergleichbar sei. Der Zeitpunkt der Eheschließung markiere einen deutlichen Wendepunkt, denn ab dann hätten sich die Parteien bereits positiv für die Übernahme der Rechte und Pflichten in der Ehe entschlossen, sodass die Möglichkeit, auf die andere Partei Druck zum Abschluss des Agreements auszuüben, hinfällig sei. Demzufolge könne schon unter zeitlichen Gesichtspunkten nur ein Pre-Nuptial Agreement mit dieser Schwäche behaftet sein, sodass ein Public Policy-Verstoß insofern weiterhin bejaht werden müsse. Post-Nuptial Agreements hingegen müssten nunmehr in einer Linie mit den Separation Agreements als wirksam und durchsetzbar (s. 34 (1) (b) MCA 1973), sofern schriftlich fixiert (s. 34 (2) MCA 1973), gleichzeitig aber als nicht bindend, sondern voll überprüfbar durch den Matrimonial Court gelten (s. 34 (1) (a) MCA 1973). Dies hatte

aber aufgrund der Identität der relevanten Vorschriften von großer Bedeutung ist, *Miles*, in: Scherpe (Hrsg.), Marital Agreements, 89 (102).

403 Siehe zur Korrektur des Fehlers durch die Entscheidung des Supreme Courts in *Radmacher v Granatino* [2010] UKSC 42, paras. 52 ff. (*obiter dictum*) sowie zur ausführlichen Analyse unten 1. Teil: C. V. 3. a).

404 Siehe oben 1. Teil: C. IV. 2.

405 [2008] UKSC 64, paras. 29 ff. (insbesondere para. 35 sowie paras. 39–40).

406 [2008] UKSC 64, paras. 29 ff. (insbesondere paras. 31, 36).

auch zur Folge, dass die Maßstäbe für eine Gewichtung des Agreements, die sich in der *Edgar*-Entscheidung für Separation Agreements herausgebildet hatte, auf Post-Nuptial Agreements übertragen wurden.

Diese Ansicht ist in vielerlei Hinsicht kritisch zu sehen:[407] Es ist nicht nachvollziehbar, warum es bis zur Verneinung eines Public Policy-Verstoßes, und damit bis zur Anerkennung und Umsetzung der gesetzlichen Veränderungen durch die Rechtsprechung, mehr als 30 Jahre dauerte. Des Weiteren ist es unverständlich, warum dieser Fortschritt auf Post-Nuptial Agreements beschränkt bleiben sollte. Insbesondere in letzterem Kontext ist die Zuhilfenahme der ss. 34 und 35 MCA 1973 und die damit einhergehende Gleichbehandlung von Separation und Post-Nuptial Agreements unter Anwendung des *Edgar*-Tests durchaus fragwürdig. Der Supreme Court verkündete deshalb schon kurze Zeit später, dass diese Rechtsprechung in weiten Teilen keinen Bestand haben könne.[408]

V. Die Rechtsprechung seit *Radmacher v Granatino* und ihre Folgen für die Rechtswirkung von Nuptial Agreements

Die Entscheidung des Supreme Courts in *Radmacher v Granatino* stellt einen weiteren Meilenstein in der Entwicklung der Rechtsprechung zum Private Ordering dar. Das Urteil befasst sich mit der grundlegenden Frage, welche Prinzipien angewendet werden, wenn es um die Evaluierung der Bedeutung geht, die einem (Pre-) Nuptial Agreement bei der Anordnung der Financial Orders beigemessen werden soll.[409] Die Veränderungen, die sich im Zuge dessen ergeben haben, lassen eine liberalere Haltung der Gerichte gegenüber den zwischen den Ehegatten privatautonom geschlossenen Agreements erkennen. An der fehlenden Bindungswirkung der Vereinbarungen gegenüber dem Matrimonial Court, so viel sei an dieser Stelle vorweggenommen, hat sich hierdurch aber nichts geändert. Die Entscheidung ist deshalb weniger eine Trendwende als vielmehr ein Höhepunkt der Entwicklung,[410] der die zunehmende Bedeutung der Nuptial Agreements[411] konsequent weiterverfolgt und auf eine neue Stufe stellt.

---

407 So auch bereits *Scherpe*, FamRZ 2009, 1536 (1537 f.).

408 Siehe dazu unten 1. Teil: C. V. 3. a) aa), bb) und cc).

409 [2010] UKSC 42, para. 2.

410 Sich ebenfalls gegen eine Bezeichnung im Sinne einer radikalen Veränderung aussprechend: *Harris-Short/Miles*, Family Law, S. 502.

411 Siehe oben 1. Teil: C. IV. 3.

1. *Instanzieller Werdegang*

Frau Radmacher (deutsche Staatsangehörige, wohlhabend) und Herr Granatino (französischer Staatsangehöriger, gut verdienend) heirateten im November 1998 in London nach einer einjährigen Kennenlernphase. Drei Monate vor der Heirat hatte man auf Anregung des Brautvaters, der das immense Vermögen der Familie schützen wollte, einen Ehevertrag in deutscher Sprache vor einem Notar in Deutschland geschlossen. Die Tatsache, dass auch Frau Radmacher den Abschluss eines Ehevertrages wünschte, weil sie befürchtete, dass ihr Zukünftiger sie nur des Geldes wegen heiraten könnte, offenbarte sie diesem nicht. Der Vertrag enthielt eine Rechtswahlklausel, die bestimmte, dass die vermögensrechtlichen Verhältnisse der Ehegatten sowohl im Falle der Scheidung als auch im Todesfall dem deutschen Recht unterliegen sollten. Sowohl während der Ehe als auch im Falle einer Beendigung, sei es durch Scheidung oder Tod, sollte kein Ausgleich von erworbenem Vermögen stattfinden. Dementsprechend vereinbarten sie Gütertrennung, einen Ausschluss des Versorgungsausgleichs sowie einen Ausschluss des nachehelichen Unterhalts. Frau Radmachers Vater übertrug ihr nach der Eheschließung absprachegemäß einen weiteren Teil des Vermögens in Form von liquidem Kapital sowie in Form von Anteilen am Unternehmen.

Nach acht Jahren Ehe trennte sich das Paar, woraufhin 2007 die von der Ehefrau initiierte Scheidung in England folgte. Aus der Ehe waren zwei Töchter hervorgegangen, geboren in den Jahren 1999 und 2002. Frau Radmacher ging mit den Kindern zunächst zurück nach Deutschland, dann nach Monaco. Herr Granatino hatte seine überaus gut bezahlte Stelle als Investment Banker bei JP Morgan & Co bereits im Jahre 2003 aufgegeben, um ein Forschungsstudium in Biotechnologie an der Universität in Oxford zur Erlangung der Doktorwürde aufzunehmen. Nach der Ehescheidung stellte er einen Antrag auf Financial Orders vor einem englischen Gericht, gerichtet auf die Anordnung von Periodical Payments und einer Lump Sum.

Das erstinstanzliche Urteil des High Courts (Family Division)[412] gestand Herrn Granatino eine Gesamtsumme von £ 5.56 Mio. zu, welches ihm ein lebenslanges Einkommen in Höhe von £ 100.000,- pro Jahr sicherte sowie ihm die Möglichkeit eröffnen sollte, eine Unterkunft in London zu kaufen, damit ihn seine Töchter besuchen könnten. Außerdem sollten ihm Periodical Payments in Höhe von £ 35.000,- pro Jahr für jedes Kind zustehen, solange die Kinder Ganztagesunterricht genossen. Zusätzlich erhielt er einen Betrag, um sich ebenfalls eine Unterkunft in Deutschland zuzulegen, die jedoch im Eigentum von

412 *NG v KR (Pre-Nuptial Contract)* [2008] EWHC 1532 (Fam).

Frau Radmacher stehen sollte. Dem Agreement wurde aufgrund der Umstände, unter denen es zustande gekommen war, nur geringes Gewicht beigemessen.[413] Als Maßstab wurden die vom Home Office im 1998 publizierten Dokument „Supporting Families"[414] dargelegten Schutzmaßnahmen angelegt, denen ein Agreement gerecht werden müsse. Insbesondere die Tatsachen, dass der Kläger keine unabhängige Rechtsberatung in Anspruch genommen habe und über den Vertrag keine Verhandlungen geführt worden seien, die Beklagte ihr Vermögen nicht offengelegt habe und aus der Ehe zwei Kinder hervorgegangen seien, deren Bedürfnisse in dem Vertrag nicht widergespiegelt würden, müsse bereits zu einer Reduktion der Bedeutung des Agreements führen. Ferner reiche der Vertrag inhaltlich so weit, dass dem Kläger auch im Falle der Bedürftigkeit kein Anspruch zustehe und er allein deshalb als „manifestly unfair" einzustufen sei. Laut Gericht habe es keine Auswirkung auf das Ergebnis, ob die Beklagte ein Vermögen mit einem Gesamtvolumen von über £ 100 Mio. habe, wie es der Kläger schätzte, oder in Höhe von £ 54.3 Mio. zuzüglich eines jährlichen Einkommens von £ 2 Mio., wie vom Gericht eruiert. Gegen das Urteil legte die Beklagte Rechtsmittel ein.

Der Court of Appeal[415] hob die Entscheidung der Vorinstanz auf und reduzierte das Ergebnis deutlich. Dem Agreement sei – entgegen Baron J.s Ansicht – entscheidendes Gewicht zuzuschreiben, weil keine Umstände vorlägen, die eine Entwertung rechtfertigen.[416] Dem Argument, dass Herr Granatino keine unabhängige anwaltliche Beratung erhalten habe, hielt man entgegen, dass er den Inhalt des Vertrages sehr wohl verstanden und auch die Möglichkeit gehabt habe, einen eigenen Rechtsbeistand zu konsultieren. Gegen die Tatsache, dass Frau Radmacher ihr Vermögen nicht offengelegt habe, wendete man ein, dass Herr Granatino vom Reichtum der Familie Radmacher wusste und nach außen sein diesbezügliches Desinteresse bekräftigte. Dass über den Vertragsinhalt keine Verhandlungen geführt worden seien, sei *per se* kein Argument für die Entwertung des Vertrages, sondern zeige lediglich, dass es sich dabei um eine heutzutage alltägliche Vorgehensweise handele. Aufgrund seiner beruflichen Qualifikationen sei davon auszugehen, dass es ihm möglich gewesen wäre, seine eigenen Interessen durchzusetzen. Von einem fehlerhaften Agreement könne daher jedenfalls nicht die Rede sein. Hinsichtlich der Bedürfnisse stellte das Gericht fest, dass Herr Granatino selbst im Falle von Real Needs an dem Vertrag festgehalten werden müsse, denn

413 *NG v KR (Pre-Nuptial Contract)* [2008] EWHC 1532 (Fam), para. 137.

414 Home Office, Supporting Families, § 4.23.

415 *Radmacher v Granatino* [2009] EWCA Civ 649.

416 *Radmacher v Granatino* [2009] EWCA Civ 649, paras. 135–148.

er war sich zum Zeitpunkt der Unterzeichnung bewusst, was er unterschrieb, und falls er dies nicht tue, dass Frau Radmacher einer Eheschließung nicht einwilligen würde. Demzufolge könne ihm in der einen (Vertrag unterschrieben; Folge: Ehe eingegangen, aber Ansprüche kraft Vertrages ausgeschlossen) wie auch in der anderen Situation (Vertrag nicht unterschrieben; Folge: Keine Ehe, keine Ansprüche) kein Anspruch zustehen. Diesen Umstand unberücksichtigt zu lassen würde dazu führen, das Interesse der Ehefrau, die an dem Agreement festhalten möchte, vollständig auszublenden; lediglich im Hinblick auf seine Vaterrolle seien hier gewisse Zugeständnisse zu erlauben. Der Bezug zu einer ausländischen Rechtsordnung und die dortige Einordnung des Agreements als wirksam verstärke die Bedeutung des Agreements nochmals. Der Urteilsspruch solle daher zumindest die bestehende Verpflichtung des Vaters als Elternteil widerspiegeln, nicht aber dessen eigene Langzeitbedürfnisse abdecken. Gegen dieses Urteil legte Herr Granatino wiederum Rechtsmittel ein.

Der Supreme Court[417] bestätigte das Urteil des Court of Appeals und fällte seine Entscheidung mit 8 zu 1 Stimmen. Das Gericht entschied, dass dem Agreement entscheidendes Gewicht beizumessen sei. Dem Ehemann solle, wie bereits von der Vorinstanz vorgeschlagen, lediglich eine Summe – die im Vergleich zum Vermögen der Frau als geringfügig einzustufen ist – zur Verfügung gestellt werden, die es ihm ermögliche, sich ein Haus in London zu kaufen und seiner Rolle als Vater zweier Kinder gerecht zu werden.

Möchte man die Entscheidungsgründe kurz umreißen, so ist festzuhalten, dass das Gericht neben Grundlagen (1. Teil: C. V. 2 und 3),[418] die das Fundament der (Pre-) Nuptial Agreements tangieren, einen zweistufigen Test[419] (Two-Stage-Test of Fairness, 1. Teil: C. V. 4) formulierte, um die Gewichtigkeit des Agreements zu bestimmen. Auf der ersten Stufe seien die Umstände, in denen das

---

417 *Radmacher v Granatino* [2010] UKSC 42: Die Meinung der Mehrheit wurde von Lord Philipps (Vorsitzender), a. a. O., paras. 1–123, überliefert und von Lord Mance, a. a. O., paras. 124–130, trotz weitgehender Beipflichtung, zusätzlich kommentiert. Lady Hale, a. a. O., paras. 131–195, Zusammenfassung in para. 138, die einzige Familienrechtlerin im Supreme Court, wendete sich gegen die mehrheitliche Auffassung und formulierte die Gründe für ihre abweichende Meinung in einer Dissenting Opinion. Ihre Auffassung wird an den relevanten Stellen dargestellt. Wenn im Folgenden von der „Meinung des Gerichts" die Rede ist, soll damit die Meinung der Mehrheit gemeint sein. Im Übrigen wird der konkrete Richter benannt.

418 Zur relevanten Stelle im Urteil: *Radmacher v Granatino* [2010] UKSC 42, paras. 31–66 (Lord Philipps) und para. 125 (Lord Mance).

419 Zur relevanten Stelle im Urteil: *Radmacher v Granatino* [2010] UKSC 42, paras. 67–123 (Lord Philipps) und paras. 126–130 (Lord Mance).

Agreement zustande gekommen war, zu überprüfen (Procedural Fairness). Nach Auffassung des Gerichts seien hier, den Ausführungen des Court of Appeals insoweit zustimmend, keine Umstände vorhanden, die Anlass dazu gäben, die Bedeutung des Agreements herabzustufen.[420] Vielmehr sei aus der Tatsache, dass das Agreement nach der Maßgabe deutschen Rechts voll wirksam sei, Rückschlüsse darauf zu ziehen, dass die Parteien die Regelungen als bindend und damit als Basis ihrer Vermögensaufteilung gelten lassen wollten (Foreign Element). Auf der zweiten Stufe sei das Agreement zum Zeitpunkt der Gerichtsentscheidung darauf zu untersuchen, ob es inhaltlich als fair angesehen werden kann (Substantive Fairness). Das Gericht stimmte hier nur im Hinblick auf das Ergebnis mit der Ansicht des Court of Appeals überein, dass die Parteien an ihren als fair beurteilten Vereinbarungen grundsätzlich festgehalten werden müssten. Die Begründung hierzu divergierte jedoch insofern, als die Fairness deshalb bejaht werden konnte, weil Herr Granatino nicht bedürftig sei, sondern von seiner Erwerbsfähigkeit, die er in Zukunft noch durch eine weitere Qualifikation (Doktorwürde) unterstreichen werde, selbstständig seinen Lebensunterhalt bestreiten könne.[421]

2. *Anwendungsbezogene Vorfragen*

a) Anwendungstiefe *(Hyman v Hyman* und *Radmacher v Granatino)*

Entscheidungen im Rahmen der Anordnung von Financial Orders unter Anwendung des MCA 1973 sind grundsätzlich keine bindenden Präzedenzurteile,[422] sondern reine Ermessensentscheidungen, die lediglich Leitlinien für spätere Entscheidungen darstellen können;[423] dies muss mit Ausnahme der Formulierung des Two-Stage-Tests of Fairness zur Gewichtung eines Agreements auch für den restlichen Teil der Entscheidung des Supreme Courts in *Radmacher* gelten.[424]

Die Entscheidung des House of Lords in *Hyman*, die vor der Entstehung des MCA 1973 im Jahre 1929 gefällt wurde, ordnete das Verhältnis von gerichtlicher

---

420 *Radmacher v Granatino* [2010] UKSC 42, paras. 114–117.

421 *Radmacher v Granatino* [2010] UKSC 42, paras. 118–123, insbesondere para. 119.

422 Ein Urteil besteht im Wesentlichen aus einem (vertikal und horizontal) bindenden Statement of Law, der den Grund für die Entscheidung bildet (*ratio decidendi*) und damit der Doktrin der *stare decisis* unterliegt, und einem nicht bindenden Statement of Law, der für die Entscheidung nicht maßgeblich war und nebenbei geäußert wurde (*obiter dictum*), *Slapper/Kelly*, English Legal System, § 3.6.4 sowie § 10.4.2. *Obiter dicta* können jedoch auch faktisch bindend wirken.

423 *Martin v Martin* [1978] Fam. 12, 20B-D; *Chamberlain v Chamberlain* [1973] 1 WLR 1557 (*per curiam*).

424 [2010] UKSC 42, para. 75.

Entscheidungsgewalt und privatautonomer Regulierung des Scheidungsfolgenrechts grundlegend und bleibt von der Entscheidung des Supreme Courts in *Radmacher* unbehelligt. Das historische Präzedenzurteil beansprucht durch den Wortlaut bedingt unabhängig vom gesellschaftlichen und wirtschaftlichen Wandel weiterhin Geltung, weshalb das darin zum Ausdruck kommende Prinzip, das die gerichtliche Entscheidungsgewalt als durch eine privatautonome Vereinbarung unbeschränkbar bezeichnet (*ratio decidendi*), nur durch eine Gesetzesreform abgeschafft werden kann. Jegliche Entscheidung über die Bindungswirkung von Marital Agreements tangiert deshalb das *Hyman*-Prinzip, sodass solch grundlegende Entscheidung nicht der Judikative, sondern der Legislative vorbehalten sein muss.[425]

b) Anwendungsbreite *(MacLeod v MacLeod* und *Radmacher v Granatino)*

Des Weiteren muss auf diverse Anwendungsfragen eingegangen werden, die sich aus der unmittelbaren Gegenüberstellung der Entscheidungen *MacLeod* und *Radmacher* ergeben. Letztere Entscheidung des Supreme Courts betraf ein Pre-Nuptial Agreement, sodass dessen Anwendungsbereich erst einmal auf solche beschränkt ist. Die für Post-Nuptial Agreements bestehende Rechtsprechung des Privy Councils in *MacLeod* (Recht der Isle of Man) wird deshalb nicht von der für Pre-Nuptial Agreements geltenden *Radmacher*-Rechtsprechung (Recht von England und Wales) verdrängt.[426] Vielmehr bilden beide Fälle den Beurteilungsmaßstab für zwei unterschiedliche Arten von Agreements.

Das eigentliche Problem besteht darin, dass der Supreme Court sich im Rahmen eines *obiter dictum*[427] auch zu den Ausführungen des Privy Councils äußerte, die dieses hinsichtlich der Anwendbarkeit der ss. 34 und 35 des MCA 1973 auf Post-Nuptial Agreements verlauten ließ. Das Privy Council hatte eine Anwendbarkeit bejaht, woraus eine Gleichbehandlung der Post-Nuptial und Separation

---

425 Lady Hale betont die beratende Rolle der Law Commission gegenüber dem Parlament, welche dazu genutzt werden sollte, die Notwendigkeit einer Reform vorab prüfen zu lassen, *Radmacher v Granatino* [2010] UKSC 42, paras. 131–135. Ein richterliches Overruling des *Hyman*-Prinzips wäre aufgrund der Reichweite der Entscheidung daher unangebracht.

426 *Radmacher v Granatino* [2010] UKSC 42, para. 161 (Lady Hale). Ein Overruling kommt aus rechtstechnischer Sicht aber nicht nur deshalb nicht in Betracht, weil die Entscheidungen unterschiedliche Rechtsfragen betreffen, sondern auch, weil es sich um das Recht zweier verschiedener Rechtsordnungen handelt, *Scherpe*, FamRZ 2011, 1471 (1472, Fn. 7).

427 *Harris-Short/Miles*, Family Law, S. 497.

Agreements folgte.[428] Der Supreme Court hingegen verneinte die Anwendbarkeit und gab gleichzeitig die Differenzierung zwischen Pre- und Post-Nuptial Agreements als überflüssig auf,[429] was konsequenterweise eine Gleichbehandlung ebendieser nach sich ziehen müsste.

Durch diese beiden Entscheidungen entwickelte sich ein Widerspruch. Zwei Gerichte haben im Zusammenhang mit der Bewertung unterschiedlicher Arten von Agreements einen nicht einheitlichen Beurteilungsmaßstab für Post-Nuptial Agreements geschaffen. Diametrale Standpunkte in der Rechtsprechung müssen zugunsten eines Standpunktes und damit zulasten des anderen Standpunktes entschieden werden. Betrachtet man nun die Zusammensetzung der jeweiligen Gerichte, so ist Folgendes festzustellen:[430] Das Privy Council als letzte Entscheidungsinstanz einiger Commonwealth-Länder besteht zum Großteil aus Richtern des Supreme Courts. Die Entscheidungen des Privy Councils haben für englische Gerichte keine Bindungswirkung, sind aber in faktischer Hinsicht durchaus maßgeblich, insbesondere wenn die Rechtslage in den betreffenden Jurisdiktionen identisch ist.[431] Bemerkenswert ist nun, dass die Entscheidung in *MacLeod* von Baroness Hale, Lord Walker und Lord Scott, die auch an der Entscheidung in *Radmacher* beteiligt waren, getroffen wurde. Waren in der damaligen Entscheidung noch alle Richter der Meinung, dass eine Gleichbehandlung von Post-Nuptial Agreements und Separation Agreements angebracht sei, so wird diese Meinung aktuell nur noch von Lady Hale vertreten. Lord Walker schloss sich der Mehrheit an, die eine Gleichbehandlung von Pre- und Post-Nuptial Agreements einführte und Lord Scott trat in den Ruhestand. Auch wenn die Entscheidung des Privy Councils durch diese Kehrtwende nicht automatisch hinfällig geworden ist – denn die Entscheidung des Supreme Courts betraf eben eine andere Art von Agreement – so spricht doch einiges dafür, dass in Zukunft die Meinung des Supreme Courts anklingen wird. Denn im Privy Council wird sich derzeit keine Mehrheit finden, um die damalige Rechtsprechung fortzuführen. Auch die unteren Instanzen des Supreme Courts werden sich äußerst wahrscheinlich an die Entscheidung der höheren Instanz halten.[432] Denn ungeachtet der Tatsache, dass es sich hier nur um Aussagen im Rahmen eines *obiter dictum* und deshalb gerade

---

428 Siehe oben 1. Teil: C. IV. 3. b).

429 Siehe unten 1. Teil: C. V. 3. a) aa) und bb).

430 *Miles*, in: Scherpe (Hrsg.), Marital Agreements, 89 (102).

431 Sogenannte „Persuasive Authority“, *Slapper/Kelly*, English Legal System, § 4.12.

432 So auch *Miles*, in: Scherpe (Hrsg.), Marital Agreements, 89 (102 f.), die eine gleichmäßige Anwendung der *Radmacher*-Rechtsprechung auf beide Arten von Agreements für „höchstwahrscheinlich“ hält.

nicht um eine vertikal bindende *ratio decidendi* handelt, bewirkt dies trotz alledem meist eine rein faktische Bindung der unteren Instanzen.[433] Infolgedessen ist davon auszugehen, dass nun für Pre- und Post-Nuptial Agreements dieselben Beurteilungsmaßstäbe gelten müssen und damit die im Hinblick auf die Gewichtung von Pre-Nuptial Agreements aufgestellten Grundsätze in *Radmacher* ebenso auf Post-Nuptial Agreements übertragbar sind.

3. Grundlagen der Nuptial Agreements

Die nach *MacLeod* aufkeimende Kritik[434] wurde vom Supreme Court erfasst und in seiner *Radmacher*-Entscheidung aufgenommen. Im Zuge dessen äußerte sich das Gericht insbesondere zu der Frage der Anwendbarkeit der Public Policy auf Pre-Nuptial Agreements sowie der Ungleichbehandlung und der Geltung unterschiedlicher Grundsätze für Pre- und Post-Nuptial Agreements.

a) Vollständige Enthebung der Public Policy in der Rechtsprechung sowie deren Folgen

Das Gericht stellte zunächst klar, es teile die Ansicht des Privy Councils, dass die vornehmlich im Gesetzesrecht begründeten Einwände, die stets gegen eine Wirksamkeit der Agreements gesprochen hatten, nicht länger bestünden und demzufolge die dem Public Policy-Verstoß zugrunde liegende Argumentation obsolet geworden sei.[435] Keine Beipflichtung fand hingegen die daran anknüpfende Argumentation des Privy Councils, die eine Aufhebung des Public Policy-Verstoßes aus einem spezifischen sowie einem allgemeinen Grund als auf Post-Nuptial Agreements beschränkt erklärten. Vielmehr müsse eine Aufhebung gleichermaßen für Pre-Nuptial Agreements gelten. Die diesbezüglichen Ausführungen des Supreme Courts werden nun im Folgenden dargelegt.

Ein Public Policy-Verstoß hat rechtliche Konsequenzen für Agreements, weil sie inhaltlich mit einer wesentlichen Grundeinstellung der Gesellschaft in Konflikt stehen.[436] Solch ein Verstoß führte im Zusammenhang mit Pre- und Post-Nuptial Agreements zu dem Ergebnis, dass diese als von Anfang an unwirksam und nicht durchsetzbar eingestuft wurden (traditioneller Standpunkt),[437] denn

---

433 Vgl. *Slapper/Kelly*, English Legal System, § 3.6.3.

434 Siehe oben 1. Teil: C. IV. 3. b).

435 *Radmacher v Granatino* [2010] UKSC 42, para. 52.

436 Vgl. *Beale/Bishop/Furmston*, Contract, S. 1069 ff.; *Chitty/Beale*, Chitty on Contracts, Vol. 1, § 16–001 ff.

437 Siehe oben 1. Teil: C. IV. 1.

es galt als illegitim, dass ein Agreement vorbereitende Regelungen für das unvorhergesehene Ereignis einer Trennung trifft. Durch die nun vorliegende Bestätigung, dass neben Post-Nuptial Agreements – insofern bereits anerkannt seit *MacLeod* – auch Pre-Nuptial Agreements nicht länger einem solchen Verstoß unterfallen, sind beide von vornherein wirksam. Auch der paradoxen Situation, die sich im Hinblick auf Pre-Nuptial Agreements über längere Zeit entwickelt hatte, dass sie als unwirksam angesehen wurden, gleichzeitig aber für die gerichtliche Ermessensentscheidung bei der Güteraufteilung von teilweise maßgeblicher Relevanz sein konnten, wurde hiermit Abhilfe geschaffen.[438]

aa) Keine Anwendung der ss. 34 und 35 des MCA 1973 auf Post-Nuptial Agreements

Das Gericht führte aus, dass es einer Anwendung der ss. 34 und 35 MCA 1973 auf Post-Nuptial Agreements[439] im Sinne der spezifischen Argumentation des Privy Councils[440] nicht folge. Die Vorschriften in ss. 34 und 35 MCA 1973 seien vielmehr ausschließlich auf Separation Agreements anwendbar. Das gehe aus demjenigen Gesetz hervor, in dem die relevanten Regelungen enthalten waren, bevor sie in den MCA 1973 aufgenommen wurden. Die Präambel und (sinngetreu) s. 1 (1) des Maintenance Agreements Act 1957 besagten, dass die Vorschriften auf alle Agreements „for the purposes of those parties living separately" anwendbar seien. Zwar wurden diese Passagen nicht in das neue Gesetz aufgenommen (s. 34 (2) MCA 1973 spricht insofern nur von Agreements „made (…) between the parties to a marriage"), doch wies das Gericht darauf hin, dass es nicht der Wille des historischen Gesetzgebers gewesen sein konnte, Post-Nuptial Agreements, die grundsätzlich unwirksam waren, über die Anwendung der ss. 34 und 35 MCA 1973 Wirksamkeit zuzusprechen, obwohl diese zum damaligen Zeitpunkt weiterhin gegen die Public Policy verstießen, die vor der Reform 1969/1970 noch gesetzlich und nach der Reform zumindest noch in der Rechtsprechung Geltung für sich beanspruchte. Dem früheren Wortlaut sowie dem mutmaßlichen Willen des historischen Gesetzgebers nach zu urteilen, sei eine Anwendung der aktuellen Vorschriften weiterhin auf Separation Agreements beschränkt.

Die Einstufung des Privy Councils hatte zur Folge, dass den Post-Nuptial Agreements über die Anwendung der ss. 34 und 35 MCA 1973 Wirksamkeit und

---

438 Siehe oben 1. Teil: C. IV. 3. a).

439 *Radmacher v Granatino* [2010] UKSC 42, paras. 54–56. Bestätigend: Law Commission, Law Com No. 343, § 4.12.

440 Siehe oben 1. Teil: C. IV. 3. b).

Durchsetzbarkeit zugesprochen wurde: Dies sei nur möglich, weil das in s. 34 (1) (b) MCA 1973 ausdrücklich enthaltene *Hyman*-Prinzip sowie die Anpassungsmöglichkeit in s. 35 MCA 1973 eine Eingriffsmöglichkeit des Matrimonial Courts zu jeder Zeit gewährleiste. Diesem Argument ist jedoch unter Berufung auf die Aussage von Wilson LJ. im Court of Appeal entgegenzuhalten, dass es sich bei s. 35 MCA 1973 aus praktischer Sicht um „dead letters“[441] handelt, die für die Einordnung der Post-Nuptial Agreements nicht entscheidend sein können. Auch das Argument im Hinblick auf das gesetzlich fixierte *Hyman*-Prinzip geht fehl, wenn man bedenkt, dass dieses Prinzip gleichwohl auch in der Rechtsprechung manifestiert ist und daher für *jede* Art von Agreement eine Möglichkeit des Gerichts zur Anpassung sichert.[442] Insbesondere kann es dann nicht als maßgeblicher Grund dafür vorgetragen werden, Pre-Nuptial Agreements die Wirkung zu versagen.

Die Nichtanwendung der ss. 34 und 35 MCA 1973 auf Post-Nuptial Agreements hat jedoch nicht zur Folge, dass diesen die Wirksamkeit und Durchsetzbarkeit abgesprochen werden müsste. Vielmehr bewirkt der vollständige Sturz der Public Policy in der Rechtsprechung, dass sowohl Post-Nuptial wie auch Pre-Nuptial Agreements diese Wirkungen zukommen. Aufgrund der Fortgeltung des *Hyman*-Prinzips in der Rechtsprechung entstehen für die Gerichte insofern auch keine unbeherrschbaren Gefahren. Ein Rückgriff auf die für Separation Agreements geltenden Vorschriften ist jedenfalls nicht erforderlich.

bb) Aufgabe der Differenzierung zwischen Pre- und Post-Nuptial Agreements

Da das spezielle Argument des Privy Councils, die Möglichkeit einer Anwendung der ss. 34 und 35 MCA 1973 auf Post-Nuptial Agreements, nicht durchgreift und eine Gleichstellung von Separation und Post-Nuptial Agreements in Abgrenzung zu Pre-Nuptial Agreements damit nicht ohne Weiteres gerechtfertigt werden kann, musste die Einordnung der Nuptial Agreements von Grund auf überdacht werden.[443] Das Gericht stellte deshalb im Hinblick auf das generelle

441 *Radmacher v Granatino* [2009] EWCA Civ 649, para. 134; *Miles*, in: Scherpe (Hrsg.), Marital Agreements, 89 (110, Fn. 141), unterstreicht die Zuverlässigkeit der Aussage mit dessen (Wilson LJ.) jahrelanger Erfahrung als Richter.

442 Press Summary zur Entscheidung des Supreme Courts im Fall *Radmacher v Granatino*, S. 2, abrufbar unter: http://www.supremecourt.uk/decided-cases/docs/UKSC_2009_0031_PressSummary.pdf (Stand: 18.12.2014): „(...) the court was entitled to overrule the agreement [whether pre- or post-nuptial] in either case (...).“

443 *Radmacher v Granatino* [2010] UKSC 42, paras. 57–61.

Argument des Privy Councils[444] fest, dass sich die Situation zu Beginn der Ehe im Vergleich zu derjenigen am Ende der Ehe maßgeblich unterscheide. Emotionaler Druck im Sinne des Hinwirkens einer Partei auf den Abschluss der Vereinbarung könne sowohl kurz vor als auch noch während der Ehe ausgeübt werden. Ist es vor der Ehe vielleicht der Preis, den die eine Partei zahlen müsse, damit die andere die Ehe mit ihr eingeht, so ist es während der Ehe möglicherweise der Preis dafür, dass die Ehe aufrechterhalten wird.[445] Dass an dieser Stelle dennoch relevante Unterschiede für beide Arten von Agreements auftreten, sei nicht *per se* ausgeschlossen und könne im Einzelfall dazu führen, dass eine Differenzierung ausnahmsweise erforderlich werde.

Beide Agreements – selbst wenn sie zum Zeitpunkt des Abschlusses mit Bedacht gewählt und einen für beide Parteien fairen Inhalt haben, weil sie vermeintlich gleichläufige Interessen verfolgen – bergen vor allem das Risiko in sich, dass unvorhersehbare Umstände in der Zukunft (z. B. Geburt eines Kindes trotz fehlendem Kinderwunsch oder Einverdienerehe trotz geplanter Doppelverdienerehe) das Ergebnis, das die Vereinbarung zum Zeitpunkt der Geltendmachung hervorrufen könne, unfair aussehen lassen könnten. Dieses Risiko steige umso mehr, je weiter der Zeitpunkt des Abschlusses vom Zeitpunkt der Geltendmachung entfernt sei. Ein solches Problem könne bei Separation Agreements gerade nicht mehr entstehen, weil beide Zeitpunkte fast unmittelbar aufeinandertreffen und eine unvorhergesehene Entwicklung noch relevanter Beziehungsaspekte kaum denkbar erscheine. Der emotionale Druck sei dann zwar nicht weniger hoch; dass die Ehe zu scheitern drohe, löse jedoch eine andere Art emotionalen Drucks aus. Die Verfolgung gegenläufiger Interessen führe dazu, dass jeder das für sich beste Ergebnis erzielen möchte. Zu Recht sei deshalb in jeder Hinsicht eine andersartige Behandlung der Nuptial Agreements im Vergleich zu Separation Agreements geboten. Auf eine Differenzierung zwischen Pre- und Post-Nuptial Agreements werde es im Großteil der Fälle nicht ankommen. Entgegen der Annahme des Privy Councils und der hartnäckigen Ansicht Lady Hales[446] sind daher nicht Post-Nuptial und Separation Agreements, sondern vielmehr Post-Nuptial und Pre-Nuptial Agreements einer einheitlichen Bewertung zuzuführen.

---

444 Siehe dazu oben 1. Teil: C. IV. 3. b).

445 *Hitchings* [2009] Fam Law, 1056 (1060); *Sanders* (2010) 59 ICLQ, 571 (583).

446 *Radmacher v Granatino* [2010] UKSC 42, paras. 155–162. Sie hält an ihrer in *MacLeod* geäußerten Ansicht fest, a. a. O., para. 162.

Außerhalb der gerichtlichen Entscheidung merkt *Scherpe*[447] zu diesem Punkt vollkommen zutreffend an, dass eine Differenzierung zwischen Pre- und Post-Nuptial Agreements doch insbesondere in solchen Systemen virulent werde, in denen bereits mit Eheschließung ein Anspruch entstehe, denn nur dann greife gerade ein Post-Nuptial Agreement im Unterschied zu einem Pre-Nuptial Agreement in einen bestehenden Anspruch ein. Im englischen Scheidungsfolgenrecht werde jedoch ein potenzieller Ausgleichsanspruch vielmehr vollständig auf den Zeitpunkt der Ehescheidung hinausgeschoben.

cc) Keine Anwendung des Edgar-*Tests auf (Post-) Nuptial Agreements*

Die berechtigte Differenzierung zwischen Separation Agreements auf der einen und Nuptial Agreements auf der anderen Seite führt dazu, dass auch der auf die jeweiligen Agreements anzuwendende Test zur Feststellung des Gewichts im Einzelfall überprüft werden muss. Den *Edgar*-Test, der im Hinblick auf Separation Agreements entwickelt wurde, auch für (Post-) Nuptial Agreements einzusetzen, kommt aus den zuvor genannten Gründen nicht in Betracht. Hieraus folgerte das Gericht, dass mit *Radmacher* ein separater Test für Nuptial Agreements (Two-Stage-Test of Fairness) etabliert werden soll, der diesen Unterschieden Rechnung trägt.[448] Ob sich aus den zwei Tests (*Edgar* und *Radmacher*) strukturelle Unterschiede dergestalt ableiten lassen, dass diese zu abweichenden Ergebnissen führen, sei zunächst einmal dahingestellt und kann erst nach einer eingehenden Analyse beider Tests beurteilt werden.[449]

b) Fortgeltung elementarer Prinzipien

Nicht durch die Rechtsprechung des Supreme Courts tangiert wurde die hervorgehobene Stellung des Kindes, die auch im Rahmen der Bewertung des Agreements besondere Berücksichtigung finden soll.[450] Den Matrimonial Courts verbleibt aufgrund der Fortgeltung des *Hyman*-Prinzips auch weiterhin die Möglichkeit, in die Agreements einzugreifen und eine in ihrem Ermessen

447 *Scherpe,* in: Scherpe (Hrsg.), Marital Agreements, 443 (487).

448 *Radmacher v Granatino* [2010] UKSC 42, paras. 64–66. Die Ermittlung des konkreten Tests stellt den Schwerpunkt der Entscheidung dar und wird unten ausführlich dargestellt, 1. Teil: C. V. 4.

449 Siehe dazu unten das Zwischenergebnis am Ende der Besprechung des *Radmacher*-Tests, 1. Teil: C. V. 4. e) cc).

450 *Radmacher v Granatino* [2010] UKSC 42, para. 77.

liegende einzelfallabhängige Anpassung vorzunehmen, sofern eine der Parteien einen Antrag auf Financial Orders stellt.[451]

Die früher gegen Agreements vorgetragenen Bedenken, dass die Verantwortung auf den Staat verlagert werden könnte, wurden vom Gericht nicht aufgegriffen. Das Argument scheint auch insofern an Durchschlagskraft verloren zu haben, als das Gebot der nachehelichen Solidarität aufgrund des sich im Wandel befindlichen Ehebildes geschwächt wurde. Die Sicht auf die Ehe als lebenslanger Bund kann von allgegenwärtigen Scheidungen und der Veränderung der Gesellschaft im Allgemeinen nicht völlig unberührt bleiben. Prozesse wie diese haben die Einführung des Clean Breaks sicherlich unterstützt und damit eine Betonung der nachehelichen Selbstständigkeit gefördert. Damit soll nicht behauptet werden, dass nacheheliche Rechte in jedem Fall gänzlich versagt werden. Sie werden aber nur noch in eingeschränkterer Form zugesprochen,[452] sodass das State Benefit-Argument seitdem weniger im Mittelpunkt stehen dürfte.

c) Rechtsnatur und Rechtswirkung

Zur Rechtswirkung der Nuptial Agreements können derzeit nur zwei Aussagen sicher getroffen werden: Sie sind erstens seit der ausdrücklichen Abschaffung der Public Policy in *Radmacher* wirksam[453] und können aber zweitens aufgrund der Fortgeltung des *Hyman*-Prinzips[454] weiterhin keine Bindung gegenüber dem *Matrimonial Court* schaffen. Insofern wurde ein Gleichlauf zwischen Separation Agreements[455] und Nuptial Agreements erzielt.[456] Ihr Gewicht bestimmt sich anhand der konkreten Evaluierung der Einzelfallumstände mithilfe des sogleich zu besprechenden Two-Stage-Tests, der demjenigen Test für Separation Agreements äußerst ähnlich ist.[457]

Im Unterschied zu Separation Agreements bleibt jedoch in der Rechtsprechung bisher ungeklärt, ob Nuptial Agreements *zwischen den Parteien* bindende Verträge im Sinne des Contract Laws sind. Dies ist deshalb entscheidend,

---

451 *Radmacher v Granatino* [2010] UKSC 42, paras. 2 f., 127 und 144.

452 *Radmacher v Granatino* [2010] UKSC 42, para. 187 (Lady Hale).

453 Siehe oben 1. Teil: C. V. 3. a).

454 Siehe oben 1. Teil: C. I, 1. Teil: C. V. 2. a) sowie 1. Teil: C. V. 3. b).

455 Zur Rechtsnatur und Rechtswirkung der Separation Agreements siehe oben 1. Teil: C. III. 1.

456 *Miles* (2011) 74 MLR, 430 (433); *dies.*, in: Scherpe (Hrsg.), Marital Agreements, 89 (98).

457 Zum Vergleich der beiden Tests (*Radmacher* und *Edgar*) siehe unten 1. Teil: C. V. 4. e) cc).

weil sie bejahendenfalls – ebenso wie Separation Agreements – außerhalb des scheidungsfolgenrechtlichen Kontextes durchgesetzt werden könnten.[458] Im Vergleich zum *Matrimonial Court* sind andere Gerichte nämlich weder an das in der familienrechtlichen Praxis entstandene *Hyman*-Prinzip gebunden noch ist der MCA 1973 auf diese anwendbar.[459]

Der Supreme Court ließ diese Frage in seinem Urteil dahin stehen,[460] weil sie zur Erfüllung seiner Funktion in Entscheidungen über das Scheidungsfolgenrecht nicht notwendigerweise beantwortet werden müsse:

> „The value of a contract is that the court will enforce it. But in ancillary relief proceedings the court is not bound to give effect to nuptial agreements, and is bound to have regard to them whether or not they are contracts."[461]

Darüber hinaus ziehe die Anwendung des Contract Laws die für den Bereich der Financial Orders undifferenzierte und daher wenig begrüßenswerte Rechtsfolge nach sich, dass dem Agreement volle oder keine Geltung verschafft werden müsse.[462] Folglich handele es sich aus ihrer Sicht bei der Diskussion um den Vertragsstatus um einen „Red Herring"[463], also eine Frage, die vom eigentlichen Fokus (Scheidungsfolgen) ablenke und keiner Entscheidung bedürfte.

---

458 Vgl. *Karsten*, FamRZ 2011, 1474 (1478); zu Separation Agreements: *Harris-Short/Miles*, Family Law, S. 493.

459 Es wäre demzufolge theoretisch möglich, dass zwei Gerichte (Scheidungsfolgeverfahren und sonstiges Zivilverfahren) im Hinblick auf die Durchsetzbarkeit desselben Agreements gegenläufigen urteilen.

460 Lady Hale, *Radmacher v Granatino* [2010] UKSC 42, para. 138, scheint einer Fehlinterpretation der Aussagen der Mehrheit zu unterliegen, die vermutlich auf die Ausführungen a. a. O., paras. 52, 56, 62 zurückzuführen sind, wenn sie sich vermeintlich entgegengesetzt positioniert. Lord Mance sich ihr anschließend, a. a. O., para. 128. Dieses Missverständnis aufdeckend: *Miles* (2011) 74 MLR, 430 (439); *Karsten*, FamRZ 2011, 1474 (1478).

461 *Radmacher v Granatino* [2010] UKSC 42, para. 62. „The court can overrule the agreement of the parties, whether contractual or not (…)", a. a. O., para. 74.

462 Auch bei der inhaltlichen Prüfung gilt zu bedenken, dass solche Umstände, die üblicherweise über die Stufe der Procedural Fairness des *Radmacher*-Tests berücksichtigt werden können, die aber unterhalb der für das Contract Law relevanten Schwelle bleiben, nicht einbezogen werden könnten, siehe unten 1. Teil: C. V. 4. a).

463 *Radmacher v Granatino* [2010] UKSC 42, para. 63: Trotz der sprachlich missglückten Formulierung in diesem Abschnitt wird deutlich, dass das Gericht die Bezeichnung des „Red Herrings" auf die Frage nach dem Vertragsstatus und nicht auf die Frage nach der Differenzierung zwischen Pre- und Post-Nuptial Agreements bezieht.

Diese Sichtweise ist allein für den Kontext des Scheidungsfolgenrechts durchaus zutreffend; verglichen mit anderen Konstellationen handelt es sich jedoch um eine beschränkte Sichtweise. Denn insbesondere *Miles*[464] führt diverse Fallvarianten an, in denen es darauf ankäme, ob Nuptial Agreements Verträge im Sinne des Contract Laws sind und infolgedessen in einem anderen Verfahren außerhalb der Financial Orders durchgesetzt werden könnten. Die Frage muss daher zwingend grundlegend beantwortet werden und bestenfalls geschieht dies vonseiten desjenigen Gerichts, das die höhere Expertise und die nähere Verbindung zu der familienrechtlichen Beziehung hat – selbst wenn es später nicht die konkrete Entscheidung trifft.

Lord Mance[465] gibt zunächst in seiner Schilderung zu bedenken, dass die Rechtsnatur und Rechtswirkung einer Vereinbarung dann von Bedeutung werden könne, wenn sie vor einem ausländischen Gericht durchgesetzt werde, das mit der Regelung der Scheidungsfolgen befasst sei. Wie *Miles*[466] jedoch vollkommen richtig feststellt, habe dies zur Folge, dass das ausländische Gericht nach Maßgabe des (vereinheitlichten oder nationalen) Kollisionsrechts zur Anwendung des englischen Rechts gelangen könne, was zur vollständigen Rezeption des englischen Scheidungsfolgenrechts führen müsse. Ebenso bestehe für das englische Gericht über Part III des Matrimonial and Family Proceedings Act 1984 die Möglichkeit, nach einer ausländischen Scheidung den englischen Prinzipien Geltung zu verschaffen. Einer Fehlanwendung des englischen Rechts vonseiten des ausländischen Gerichts, und dies scheint Lord Mances Vorbehalt gegen eine Anwendung des Contract Laws zu begründen, könne durch eine Versagung des vertraglichen Status jedenfalls nicht sinnvoll vorgebeugt werden. Kommt das ausländische Gericht nach kollisionsrechtlicher Prüfung sogar zu dem Ergebnis, dass ein anderes, und damit nicht das englische Sachrecht anwendbar ist, wird der materiell-rechtliche Maßstab des englischen Rechts irrelevant.

Die Konstellationen, in denen die Rechtsnatur und Rechtswirkung zum Tragen käme, sind daher auf die inländischen zu beziehen. *Miles*[467] führt deshalb aus, dass sie sowohl für die Ehegatten selbst als auch für potenziell *betroffene Dritte* von Bedeutung werden könne. Hinsichtlich der Ehegatten könne sich bspw. eine

464 *Miles* (2011) 74 MLR, 430 (439); *dies.*, in: Scherpe (Hrsg.), Marital Agreements, 89 (98 f.); siehe hierzu auch *Karsten*, FamRZ 2011, 1474 (1478).

465 *Radmacher v Granatino* [2010] UKSC 42, para. 128.

466 *Miles* (2011) 74 MLR, 430 (440).

467 *Miles* (2011) 74 MLR, 430 (440); *dies.*, in: Scherpe (Hrsg.), Marital Agreements, 89 (98 f.).

der in *Soulsbury v Soulsbury*[468] ähnlichen Situation vergegenwärtigt werden, in der von einer Partei in einer Vereinbarung das Versprechen (Promise) abgegeben wird, zugunsten der anderen Partei ein Testament aufzusetzen. Stirbt der Erblasser ohne sein Versprechen gehalten zu haben oder wird das vermeintliche Testament als unwirksam zurückgewiesen, stelle sich die Frage, ob der potenzielle Erbe den Nachlass einklagen könne. Denkbar sei auch, dass die Vereinbarung ein Versprechen enthalte, das auf die Übertragung eines Grundstücks gerichtet sei. Im Falle der Insolvenz einer der beiden Parteien stelle sich in der jeweiligen Perspektive die Frage nach der gerichtlichen Durchsetzbarkeit: Bei Insolvenz des Versprechensgebers sei es der Versprechensempfänger, der ein Interesse an der Rechtswirkung der Vereinbarung zum Schutz vor Ansprüchen Dritter hege. Bei Insolvenz des Versprechensempfängers seien es potenzielle Gläubiger desselbigen, die sich hierdurch einen Schutz der jeweiligen Vermögensmasse erhoffen könnten.

Der Fokus liegt somit auf denjenigen Fällen, in denen es nicht zu einer Scheidung und damit auch nicht zur Anwendung der Normen des MCA 1973 einschließlich des *Hyman*-Prinzips kommt. Auch wenn die Frage der Anwendbarkeit des Contract Laws also aus Sicht des Scheidungsfolgenrechts tatsächlich unerheblich ist – und insofern könnte der Begriff des „Red Herrings“ als berechtigt eingestuft werden, demzufolge eine Einordnung in Bezug auf die Rechtsnatur als Vereinbarung *sui generis* Genüge getan sein –, wäre es für die Ehegatten und betroffene Dritte in den genannten Konstellationen durchaus bedeutsam.

Im Übrigen ist es auch nicht eingängig, warum für Nuptial Agreements – trotz sonstiger Gleichlagerung der Rechtswirkungen und Evaluierungsmethoden zur Bestimmung der Bedeutung der Vereinbarung – im Verhältnis zu Separation Agreements ein anderer Maßstab zur Anwendbarkeit des Contract Laws gelten solle.[469] Denn auch die konkrete Subsumtion unter die Voraussetzungen eines Vertrages (Offer and Acceptance [Angebot und Annahme], Intention to create Legal Relations [Bindungswille] und Consideration [Gegenleistung]) wäre in beiden Hinsichten ähnlichen mehr oder minder geringen Schwierigkeiten ausgesetzt.[470] Die Rechtsprechung sollte daher ihren Standpunkt überdenken.

---

468 [2007] EWCA Civ 969.

469 *Miles* (2011) 74 MLR, 430 (439 f.); *dies.*, in: Scherpe (Hrsg.), Marital Agreements, 89 (99).

470 Zu den Voraussetzungen eines Contracts im Allgemeinen: *Beale/Bishop/Furmston*, Contract, S. 97 ff. sowie S. 191 ff. Kurz und prägnant zu Marital Agreements: Law Commission, CP No. 198, § 6.10 ff. Im familienrechtlichen Kontext wird insbesondere das Fehlen einer „Consideration“ (Gegenleistung) oder einer „Intention to

Gleichwohl könnte sich diese Frage noch im Falle der Umsetzung der Reformbestrebung der Law Commission erübrigen, sollten Qualifying Nuptial Agreements tatsächlich vonseiten der Legislative eingeführt werden.[471]

4. *Form und Inhalt der Nuptial Agreements (Two-Stage-Test of Fairness)*

Schwerpunktmäßig beschäftigte sich der Supreme Court in seiner Entscheidung mit der Frage, wie das Gewicht eines Pre-Nuptial Agreements konkret zu ermitteln ist.[472] Man identifizierte zunächst die drei entscheidenden Themenkomplexe:

> „a. Were there circumstances attending the *making of the agreement* that *detract from the weight* that should be accorded to it?
> b. Were there circumstances attending the *making of the agreement* that *enhance the weight* that should be accorded to it; the foreign element?
> c. Did the circumstances prevailing when the court's order was made make it fair or just to depart from the agreement?"[473]

Um einen für nachfolgende Entscheidungen allgemeingültigen Maßstab festzulegen, formulierte das Gericht eine Zusammenfassung der drei Themenkomplexe in dem folgenden Test, anhand dessen eine vollumfängliche Prüfung erfolgen sollte:

> „The court should give effect to a nuptial agreement that is freely entered into by each party with a full appreciation of its implications *unless* in the circumstances prevailing it would not be fair to hold the parties to their Agreement."[474]

---

create Legal Relations" (Bindungswille, hierzu siehe auch die Ausführungen unten 1. Teil: C. V. 4. b) bb)) diskutiert. In beiden Fällen könnte jedoch die juristische Beratung gefolgt von der Unterzeichnung einer Urkunde (Deed) sicher über etwaige Zweifel hinweghelfen, *MacLeod v MacLeod* [2008] UKPC 64, para. 36. Darüber hinaus sind Verstöße gegen Public Policy-Grundsätze nach *Radmacher* (siehe oben 1. Teil: C. V. 3. a)) weniger wahrscheinlich.

471 Siehe unten 1. Teil: C. VI.

472 *Radmacher v Granatino* [2010] UKSC 42, paras. 67–83 (Darstellung), paras. 84–123 (Anwendung).

473 *Radmacher v Granatino* [2010] UKSC 42, para. 67 (Hervorhebungen und Übersetzung der Verfasserin): „a. Waren zum *Zeitpunkt des Vertragsschlusses* Umstände vorhanden, die das *Gewicht beeinträchtigen*, das dem Vertrag zugesprochen werden sollte? b. Waren zum *Zeitpunkt des Vertragsschlusses* Umstände vorhanden, die das *Gewicht erhöhen*, das dem Vertrag zugesprochen werden sollte; Foreign Element? c. Sind die zum *Zeitpunkt der gerichtlichen Anordnung* vorherrschenden Umstände derart gelagert, dass es *fair und gerecht* erscheint, *vom Vertrag Abstand zu nehmen*?"

474 *Radmacher v Granatino* [2010] UKSC 42, para. 75 (Übersetzung von *Scherpe*, ZEuP 2012, 615; Hervorhebung der Verfasserin): „Das Gericht soll im Rahmen seiner

Der vom Gericht aufgestellte Beurteilungsmaßstab soll als Leitfaden bei der Bewertung dienen und einer einzelfallabhängigen Einordnung zugänglich sein. Die Prüfung kann in zwei Hauptstufen eingeteilt werden:[475] Erstens muss das Agreement von beiden Parteien aus „freely (...) with a full appreciation of its implications" zustande gekommen sein. Auf dieser Stufe geht es um eine Gesamtbetrachtung der zum Zeitpunkt des Abschlusses des Agreements vorliegenden Umstände (Procedural Fairness, 1. Teil: C. V. 4. a)). In dem Fall, dass ein Agreement einen Bezug zu einer anderen Rechtsordnung hat, kann die positive Bewertung durch das ausländische Recht (Foreign Element, 1. Teil: C. V. 4. b)) als ein *verstärkender* Faktor zugunsten des Agreements hinzutreten.[476] Unterschiedliche Umstände des Einzelfalls können daher einen negativen (verringernden) oder einen positiven (verstärkenden) Einfluss auf die Bedeutung des Agreements im Rahmen der gerichtlichen Ermessensentscheidung haben. Zweitens wird das Agreement *nicht* einbezogen (Negativformulierung eingeleitet mit „unless"), sofern es „in the circumstances prevailing it would not be fair to hold the parties to their agreement." Hierbei handelt es sich um eine inhaltliche Überprüfung (Substantive Fairness, 1. Teil: C. V. 4. c)) des Agreements zum Zeitpunkt der Geltendmachung. Entsprechend dem Wortlaut „unless" gilt eine widerlegbare Vermutung zugunsten der Anerkennung des Agreements durch das Gericht und eine damit einhergehende Beweislast zulasten der sich vom Vertrag lösenden Partei (1. Teil: C. V. 4. d)). Beide Hauptstufen sind damit grundsätzlich, abgesehen von der Sonderstellung des Foreign Elements, dazu geeignet, eine *geringere* Gewichtung des Agreements zu bewirken.[477]

a) First Stage – Procedural Fairness

Wie bereits im vorherigen Abschnitt erwähnt, werden auf der ersten Stufe der Prüfung[478] die das Agreement zum Zeitpunkt des Abschlusses umgebenden

---

Ermessensausübung den Vereinbarungen in einem Ehevertrag Folge leisten, sofern die Parteien den Ehevertrag frei und unter vollem Verständnis seiner Bedeutung und Folgen eingegangen sind, *es sei denn*, es wäre unter den gegebenen Umständen nicht fair, die Parteien an ihrem Ehevertrag festzuhalten."

475 Die Einteilung in eine zweistufige Prüfung erfolgt in Anlehnung an *Scherpe*, in: Scherpe (Hrsg.), Marital Agreements, 443 (514 ff.); *ders.*, ZEuP 2012, 615 (624 ff.); *ders.*, FamRZ 2011, 1471 (1472 ff.); *ders.* (2011) 23 CFLQ, 513 (515 ff.).

476 Siehe hierzu nochmals die Formulierung des Themenkomplexes b) oben Fn. 473, die sich in der Formulierung des Tests (Fn. 474) nicht explizit niedergeschlagen hat.

477 Siehe hierzu nochmals die Formulierung der Themenkomplexe a) und c) oben Fn. 473.

478 *Radmacher v Granatino* [2010] UKSC 42, paras. 68–73.

Umstände begutachtet. Dem speziellen Zeitpunkt des Abschlusses ist es geschuldet, dass insbesondere die emotionale Lage der Parteien einer genaueren Betrachtung bedarf.[479] Rationales Verhalten mit Blick auf eine potenzielle Scheidung wird beidseitig vermutlich nur in Ausnahmefällen vorliegen, sodass aufgrund eines unrealistischen Optimismus nicht nur inhaltlich nachteilhafte Regelungen geschlossen, sondern auch formelle Vorgehensweisen übergangen werden, die zur Gewährleistung einer autonomen Entscheidung auf einer vollständigen Informationsgrundlage notwendig wären. Deshalb muss sichergestellt sein, dass die Parteien das Agreement freiwillig, ohne unzulässigen Druck und in voller Kenntnis der Auswirkungen im Falle der Scheidung unterzeichnen. Das Gericht musste also hierfür einen Beurteilungsmaßstab festlegen. Es stand fest, dass Umstände zum Zeitpunkt des Abschlusses, die einen Vertrag im Sinne des klassischen Contract Laws unwirksam machen würden (Fraud, Duress und Misrepresentation), erst recht die Wirksamkeit eines empfindlicheren Agreements tangieren müssten. Bleibt der Druck, der auf eine der Parteien ausgeübt wird, hinter den Anforderungen des Contract Laws zurück, bedeutet dies jedoch nicht, dass dieser vermeintlich geringere Druck nicht für die Gewichtung des Agreements relevant ist. Vielmehr sind die Anforderungen zur Reduktion des Gewichts geringer, sodass unter Berücksichtigung der jeweiligen Lage der Parteien (Alter, Reife, vorherige Ehe, Dauer der Beziehung, aktuelle Situation bspw. Schwangerschaft) jede Art von Beeinflussung oder Druckausübung erheblich sein kann; eben diese Merkmale können im Gegenteil aber auch eine zulässige Erklärung für den Abschluss des Vertrages darstellen. Auf dieser Stufe geht es daher um den Schutz *der* Privatautonomie.[480]

Um Beeinträchtigungen der Privatautonomie weitestgehend auszuschließen, hatte das Home Office[481] im Jahre 1998 formale Maßnahmen zum Schutz der Privatautonomie vorgeschlagen, insbesondere den unabhängigen anwaltlichen Rat sowie die Offenlegung des Vermögens. Hätte das Gericht den Sachverhalt allein hieran messen wollen, so wäre es – wie Baron J. in der ersten Instanz – ebenfalls

479 *Radmacher v Granatino* [2010] UKSC 42, para. 126; *Harris/George/Herring* [2011] Fam Law, 367 (370) mit Verweis auf das Consultation Paper der Law Commission, CP No. 198, §§ 5.27–5.28.

480 Zurückgehend auf *Scherpe* (2011) 23 CFLQ, 513 (517 ff.); *ders.*, ZEuP 2012, 615 (624 ff.). *Gray, K./Gray, S. F.*, Land Law, S. 1234, bezeichnet diese Stufe als „Übervorteilung beim Handel" (Übersetzung der Verfasserin) und betont damit sogleich das potenziell auftretende Problem. Zum Pendant („Schutz *vor* Privatautonomie") siehe unten 1. Teil: C. V. 4. c).

481 Home Office, Supporting Families, § 4.23.

zu dem Ergebnis gekommen, dass man diesen Schutzmaßnahmen im Fall *Radmacher* nicht nachgekommen war. Die Ansicht des Gerichts, dass die formalen Vorgaben nicht entscheidend und daher lediglich wünschenswert seien, solange die Entscheidung bewusst und auf einer ausreichenden Informationsgrundlage getroffen wurde, verhalf über das Verdikt der Procedural Unfairness hinweg.

aa) Formale Vorgaben und ihre Kritik im Allgemeinen

Ein Zeitlimit zwischen Abschluss des Agreements und der Eheschließung von mindestens 21 Tagen sollte die schwächere Partei davor schützen, kurz vor der Hochzeit mit der Unterzeichnung eines Pre-Nuptial Agreements unter Druck gesetzt werden zu können. Glücklicherweise hat sich das Gericht, obwohl das Agreement im vorliegenden Fall knapp vier Monate vor der Eheschließung unterzeichnet wurde, nicht näher mit dieser Frage auseinandergesetzt. Zum einen ist die Anzahl an Tagen, die einer zeitlichen Begrenzung zugrunde liegen soll, stets willkürlich und trifft keine Aussage darüber, wie gut oder schlecht die einzelnen Vereinbarungen im Detail ausgehandelt wurden.[482] Zum anderen kann durch ein solches Zeitlimit im Einzelfall auch eine bloße Vorverlagerung des emotionalen Drucks bewirkt werden.[483]

Der unabhängige anwaltliche Rat soll sicherstellen, dass die Parteien ausreichend neutral und umfassend über den Inhalt des Agreements aufgeklärt wurden. Herr Granatino und seine Frau wurden – wie in Deutschland üblich – von einem Notar beraten, und er wurde in einer rudimentären mündlichen Übersetzung auf Englisch über den Inhalt des deutschsprachigen Vertrages in Kenntnis gesetzt. Sowohl die unabhängige Beratung als auch die vollumfängliche Aufklärung könnten daher in Frage gestellt werden. Selbst diese Maßnahmen sind aber kein Garant dafür, dass ausreichender Schutz gewährleistet ist. Insbesondere der illusorische Optimismus einer emotional gebundenen Person zur Ehescheidungsthematik kann geradezu beratungsresistierend wirken, sodass auch der unabhängige anwaltliche Rat keinen vollständigen Schutz vor unfairen Vereinbarungen bieten kann.[484]

Die vollständige und aufrichtige Offenlegung des Vermögens dient ebenfalls der Entscheidungsfindung einer jeden Partei, die auf einer ausreichenden

---

482 Law Commission, CP No. 198, § 6.109; *Scherpe* (2011) 23 CFLQ, 513 (518); a. A. *Harper/Frankle*, in: Scherpe (Hrsg.), Marital Agreements, 122 (143).

483 Law Commission, CP No. 198, § 6.109; *Hooker* [2001] Fam Law, 56 (57).

484 *Coxhead v Coxhead* [1993] 2 NZLR 397, para. 404: „(…) [provisions on legal advice do] not protect one who ignores the advice (…)“; *Scherpe*, in: Scherpe (Hrsg.), Marital Agreements, 443 (495); *ders.*, (2011) 23 CFLQ, 513 (520).

Informationsgrundlage beruhen muss. Weder Frau Radmacher noch Herr Granatino hatten ihr Vermögen offengelegt, sodass auch hier der Vorwurf der Procedural Unfairness im Raum stünde. Eine Offenlegung in jedem Fall zu fordern, würde jedoch teure und zeitaufwändige Beratung bzw. Prozessverfahren verursachen.[485] Es sollte daher lediglich dann von besonderer Relevanz sein, wenn bestimmtes Vermögen vom Sharing ausgenommen werden soll.[486]

bb) Funktionaler Ansatz

Nicht nur angesichts der Kritik scheint die Einstufung der soeben genannten formalen Vorgaben durch das Gericht als grundsätzlich nicht zwingende Voraussetzung als begrüßenswert. Im Einzelfall kann es sein, dass die Einhaltung einer Schutzmaßnahme nicht erforderlich ist, sei es bspw., weil eine der Parteien kein Interesse an dem Vermögen des anderen hat oder sich durch den Rechtsanwalt der anderen Partei gut beraten fühlt. Deshalb sei zusätzlich zu prüfen, ob alle Informationen vor Abschluss des Agreements vorgelegen haben, die für die jeweilige Entscheidung der Parteien erheblich („material") sind, und ob sich die Absicht der Parteien, dass das zu prüfende Agreement bindend zur Regelung der finanziellen Folgen einer Scheidung gelten soll, aus den Umständen ergibt (funktionaler Ansatz). Das Gericht hat sich damit für eine *subjektive* anstelle einer objektiven *Überprüfung* auf dieser Stufe entschieden.[487] Herr Granatino wusste von dem enormen Reichtum seiner zukünftigen Frau bzw. deren Familie und hatte geäußert, dass er kein Interesse daran habe und ein Verzicht hierauf einer Ehe nicht im Wege stehe.[488] Mit seinem Verzicht wollte er ihrer „Enterbung" vorbeugen. Im Übrigen spreche sein beruflicher Werdegang ebenfalls nicht dafür, dass ihm zusätzlicher Schutz zugesprochen werden müsste. Er nahm trotz der ihm offenstehenden Möglichkeit keine anderweitige Beratung in Anspruch. Ihm war bewusst, dass er auf einen potenziell hohen Anspruch verzichtete, auch wenn er diesen nicht genau beziffern konnte. Die Nichteinhaltung der genannten Punkte führe daher nicht zwingend zur Nichtberücksichtigung des Agreements, weil sie selbst bei Einhaltung nicht zu einem anderen Ergebnis geführt hätten. Man könnte auch sagen, dass die mangelnde Erfüllung der formalen Voraussetzungen

485 *Scherpe* (2011) 23 CFLQ, 513 (520).

486 *Scherpe* (2011) 23 CFLQ, 513 (520 f.).

487 In dieser Weise differenzierend: *Meehan* [2010] Fam Law, 1284 (1287).

488 *Radmacher v Granatino* [2010] UKSC 42, para. 87.

nicht kausal für die Entscheidung der schwächeren Partei zum Abschluss der Vereinbarung war.[489]

Dagegen wurde angeführt,[490] dass durch eine optionale Handhabung der Schutzmaßnahmen nicht gewährleistet werden könne, dass die schwächere Partei eine freiwillige Entscheidung getroffen habe und auch eine Rechtfertigung der Position der stärkeren Partei nicht nachgewiesen werden könne. Diese Meinung verkennt jedoch, dass es sich nicht um eine optionale Handhabung in dem Sinne handelt, dass die formalen Vorgaben in jedem Fall ohne Konsequenzen übergangen werden können. Vielmehr kommt es der Rechtssicherheit der Parteien zugute, wenn sie die Schutzmaßnahmen einhalten, denn für das urteilende Gericht ist es ein Indikator dafür, dass die Entscheidung bewusst und auf einer vollständigen Informationsgrundlage getroffen wurde und die Anerkennung des Agreements zumindest in dieser Hinsicht nicht ausgeschlossen ist. Andernfalls bleibt es in einem von Ermessen geprägten System aber Sache des Gerichts festzustellen, ob das Nichteinhalten der Schutzmaßnahmen Auswirkungen auf die Entscheidung der jeweiligen Partei hatte, um im Anschluss daran die daraus notwendigen positiven oder negativen Konsequenzen zu ziehen.[491] Um es mit den Worten des Gerichts zu sagen, „[i]t is necessary to have black and white rules of this kind if agreements are otherwise to be binding. There is no need for them, however, in the current state of the law."[492] Wird der Zweck, der hinter einer formalen Vorgabe steht, bereits anderweitig verwirklicht, ist eine Berufung auf die Nichteinhaltung dieser Vorgabe bloße Förmelei und bezweckt keinen zusätzlichen Schutz der Privatautonomie. Dies gilt umso mehr, als es sich nicht um verbindliche gesetzliche Vorschriften handelt, sondern s. 25 MCA 1973 die

---

489 In diese Richtung argumentierte auch Wilson LJ. in der Vorinstanz, *Radmacher v Granatino* [2009] EWCA Civ 649, para. 141: „To be specific, there has to be a causative element. What is lacking is any finding by the judge (…) that, had there been accurate mutual disclosure, he would not have, or might well not have, or perhaps even might not have, entered into the contract." Der im englischen Deliktsrecht im Rahmen der Kausalität geläufige „But-for-Test" (siehe hierzu *Lunney/Oliphant*, Tort Law, S. 205 ff.) könnte im Vertragsrecht sozusagen in umgekehrter Weise verwendet werden, indem dessen Nichterfüllung als Indikator für die Unerheblichkeit der formalen Vorgabe und damit gleichzeitig als Indikator für die Procedural Fairness dienen könnte.

490 *Harris/George/Herring* [2011] Fam Law, 367 (368).

491 *Miles* (2009) 21 CFLQ, 513 (526).

492 *Radmacher v Granatino* [2010] UKSC 42, para. 69; siehe insofern auch die künftigen Reformbestrebungen unten 1. Teil: C. VI.

Einbeziehung sämtlicher Einzelfallumstände zur Erzielung eines fairen Ergebnisses vorsieht.

Es wäre in dem vorliegenden Fall deshalb sicherlich nicht angebracht gewesen, dem Agreement nur deshalb die Bedeutung zu versagen, weil formale Vorgaben nicht erfüllt waren, die weder vorgeschrieben sind noch bei strikter Einhaltung zu einem anderen Ergebnis geführt hätten. Herr Granatino traf seine Entscheidung „informed and conscious", wie es das Gericht als erforderlich einstufte. Das Agreement hält demzufolge der subjektiven Überprüfung auf der ersten Stufe (Procedural Fairness) stand.[493]

b) Sonderstellung – Foreign Element

aa) Englisches Kollisionsrecht und dessen Plädoyer für die Anwendung der lex fori

Die Feststellung, dass der Vertrag sowohl nach deutschem als auch nach französischem Recht wirksam und durchsetzbar gewesen wäre,[494] konnte und wollte das Gericht auch für die Bewertung nach englischem Recht nicht vollkommen ausblenden. Die Art und Weise der Einbeziehung dieses Umstandes war allerdings fraglich, weil ein sich für zuständig erklärendes englisches Gericht[495]

---

493 Welche Rechtsfolge ein auf der ersten Stufe unfaires Ergebnis hervorrufe, beantwortete das Gericht nicht. Selbst in einem Ermessenssystem kann unter Verwendung eines funktionalen Ansatzes jedoch in Gänze eigentlich nicht mehr von einem fairen Agreement gesprochen werden, wenn eine der Parteien zum Zeitpunkt des Abschlusses nicht „informed and conscious" war. Das Manko betrifft meist nicht nur einzelne Regelungen – dies auseinanderzuhalten wäre im Übrigen schwierig –, sondern schlägt vielmehr auf sämtliche Ebenen durch. Auf eine eindeutige Verständigung der Rechtsprechung ist an dieser Stelle aber nicht zu bauen, siehe unten zur zweiten Stufe 1. Teil: C. V. 4. c).

494 *Radmacher v Granatino* [2009] EWCA Civ 649, para. 62. Der Supreme Court [2010] UKSC 42, para. 101, bestätigt (a) die materiell-rechtliche Wirksamkeit des Vertrages nach deutschem Recht sowie (b) die Wirksamkeit der Rechtswahlklausel zugunsten des deutschen Rechts, (c) die fehlende Pflicht zur Offenlegung nach deutschem Recht sowie, weniger klar formuliert, (d) die Wirksamkeit des Vertrages nach französischem Kollisionsrecht; zur Bewertung nach deutschem materiellen Recht siehe unten 2. Teil: C. III. 3.

495 Die internationale Zuständigkeit richtet sich entweder nach vorrangig anzuwendenden europäischen Verordnungen oder eher selten auf der Basis nationalen Prozessrechts nach dem Grundsatz des *forum non conveniens* (gesetzliche Grundlage: Sch. 1 para. 9 (1) und (2) des Domicile and Matrimonial Proceedings Act 1973; gerichtlich bestätigt: *De Dampierre v De Dampierre* [1988] AC 92). Zum Anwendungsbereich der einzelnen Zuständigkeitsvorschriften siehe unten 3. Teil: B. I. 1 bzw. 3. Teil: B. I. 2. a).

in seiner Ermessensentscheidung nach s. 25 des MCA 1973 im Rahmen des Scheidungsfolgenrechts – unabhängig von bestehenden Verbindungen zu einer anderen Rechtsordnung – grundsätzlich nach dem *lex fori*-Prinzip vorgeht.[496] Dies ist deshalb möglich, weil sich das Vereinigte Königreich im europarechtlichen Kontext eine Opt-In-Option vorbehalten hat, wovon es nur im Hinblick auf die zivilverfahrensrechtlichen Vorschriften Gebrauch machte, hingegen einen einheitlichen Einsatz internationaler Kollisionsnormen und damit eine Anwendung ausländischen Rechts kategorisch ausschloss.[497] Die hierfür angeführten Gründe bewegen sich zwischen den Fragen, ob die geringe Anzahl sowie der niedrige Streitwert der internationalen Fälle überhaupt eine Fremdrechtsanwendung rechtfertige und ob dies nicht außer Verhältnis zu denjenigen Kosten stehe, die durch die Auseinandersetzung mit dem ausländischen Recht entstünden.[498] Dies hat zur Folge, dass es zur Anwendung des englischen materiellen Sachrechts kommt, sodass Maßstäbe einer ausländischen Rechtsordnung grundsätzlich ausgeblendet werden müssen.[499]

bb) Materiell-rechtlicher Inhalt des Foreign Elements

Um dennoch eine Einbeziehung von Auslandsbezügen zu ermöglichen, entwickelte sich in der Rechtsprechung der Begriff des Foreign Elements, dessen inhaltliche Reichweite sich im Laufe der Jahre veränderte.

---

496 *C v C (Ancillary Relief: Nuptial Settlement)* [2004] EWCA Civ 1030, para. 31; *Collins*, Conflict of Laws, Vol. 2, Rule 91 (7); *Fawcett/Carruthers*, Private International Law, S. 966 ff. Zu den Fällen, in denen ausländisches Recht ausnahmsweise relevant werden kann, siehe *dens.*, Conflict of Laws, Vol. 2, § 18–208.

497 Siehe hierzu ausführlich unten 3. Teil: A (im Allgemeinen) und 3. Teil: B. I. 1 bzw. 3. Teil: B. II. 1 (im Speziellen).

498 *Radmacher v Granatino* [2010] UKSC 42, para. 105. Weiterführend hierzu auch: *Karsten*, FamRZ 2011, 1474 (1478 f.),

499 Frau Radmacher hätte die Anwendung englischen Rechts nur umgehen können, wenn sie bereits im Hinblick auf das Scheidungsverfahren (denn ein im Scheidungsverfahren international zuständiges englisches Gericht kann regelmäßig auch über die Scheidungsfolgen entscheiden, siehe unten 3. Teil: B. I. 2. a)) die Zuständigkeit eines deutschen Gerichts begründet hätte. Dies wäre ihr nur durch die Verlagerung ihres gewöhnlichen Aufenthaltsortes von England nach Deutschland für mindestens ein halbes Jahr vor Antragstellung (Art. 3 Abs. 1 lit. a) Str. 6 Brüssel IIa-VO) möglich gewesen. Um die Kinder nach Deutschland mitnehmen zu können, benötigte sie jedoch die Erlaubnis eines englischen Gerichts, *Miles*, in: Scherpe (Hrsg.), Marital Agreements, 89 (106, Fn. 124); *dies.* (2009) 21 CFLQ, 513 (530).

Die Rechtsprechung[500] vertrat zunächst die Ansicht, dass in Fällen, in denen eine Verbindung zu einer ausländischen Rechtsordnung bestünde, ein „Sideways Look" auf das Ergebnis geworfen werden müsste, das durch das ausländische Recht erzielt werde. Da das englische Recht häufig zu einer großzügigeren Anordnung von Financial Orders zugunsten der schwächeren Partei gelange, müsse hierüber eine vermittelnde Anpassung der Ergebnisse vorgenommen werden. Als unumstößlich galt aber auch, dass die fehlende Bindungswirkung eines Nuptial Agreements gegenüber dem englischen Gericht aufgrund des geltenden *lex fori*-Prinzips nicht durch die gegenteilige Bewertung des Agreements in einer anderen Rechtsordnung überspielt werden könne. Dementsprechend komme lediglich die Einbeziehung der Auslandsbezüge als Faktor im Rahmen der Ermessensentscheidung in Betracht.[501] Insbesondere im Zusammenhang mit einem Agreement, das nach der ausländischen Rechtsordnung als bindend betrachtet werde, könne durch diese Verwendung des Begriffs eine Steigerung der Bedeutung des Agreements und damit letztendlich eine Reduktion des zuzusprechenden Betrages im englischen Recht errungen werden. Auch in den vorinstanzlichen Entscheidungen des hier zu analysierenden Falles[502] schloss man sich dieser Ansicht an.

Die Entscheidung des Supreme Courts[503] führte anschließend zu einer Degradierung des Begriffs.[504] Das Foreign Element könne lediglich Rückschlüsse darauf zulassen, ob die Parteien den Vertrag als bindend erachtet haben. Für Agreements, auf die eine Anwendung *englischen Rechts* wahrscheinlich sei, könne dieser Bindungswille in Zukunft bereits aus dem Umstand abgeleitet werden, dass diese durch die Rechtsprechung nun als grundsätzlich wirksam und potenziell bedeutsam eingeordnet werden.[505] Für Agreements, auf die eine Anwendung *ausländischen Rechts* wahrscheinlich sei, müsse dieser Rückschluss anderweitig

500 Der Fall *Otobo, O v O* [2002] EWCA Civ 949, wird als diejenige Entscheidung angesehen, in der sich das Foreign Element ursprünglich herausbildete, *Radmacher v Granatino* [2009] EWCA Civ 649, para. 147. Zur allgemeinen Einbeziehung der Auslandsbezüge in die gerichtliche Ermessensentscheidung: *O v O* [2002] EWCA Civ 949, para. 57. Im speziellen Zusammenhang mit Agreements: *A v T* [2004] EWHC 471 (Fam), paras. 44 f.; *C v C* [2004] EWHC 742 (Fam), para. 36.

501 *Scherpe*, ZEuP 2012, 615 (622).

502 *Radmacher v Granatino* [2009] EWCA Civ 649, paras. 146 f.; *NG v KR* [2008] 1532 (Fam), paras. 89–92.

503 *Radmacher v Granatino* [2010] UKSC 42, para. 74 und paras. 96–108.

504 *Scherpe*, FamRZ 2011, 1471 (1473).

505 *Radmacher v Granatino* [2010] UKSC 42, para. 70.

erbracht werden. Das Gericht folgerte aus der positiven Beurteilung des Agreements nach deutschem Recht und der enthaltenen Rechtswahlklausel zugunsten deutschen Rechts, dass ein solcher Bindungswille auch hier vorgelegen habe. Es kann daher davon ausgegangen werden, dass das Foreign Element für ausländische Agreements vornehmlich als Ersatz für den Nachweis eines Bindungswillens (Procedural Fairness) angesehen wird, der für englische Agreements zukünftig als selbstverständlich gelten wird.

cc) *Weite und enge Auslegung des Begriffs – Konflikt zwischen dem englischen materiellen Sachrecht und dem englischen Kollisionsrecht*

Eine weite Auslegung des Foreign Elements hat ihre Vorteile, denn sie gestattet die Einbeziehung des Rechts, dessen Anwendung beabsichtigt war. *Scherpe*[506] führt dazu aus, dass das Prinzip der Fairness es sogar gebiete, den ursprünglichen *Zweck* und die *Funktion* des ausländischen Agreements auf beiden Stufen der Prüfung einzubeziehen. Andernfalls entstünde ein untragbares Ergebnis, würde man einem Agreement, welches nach den Maßstäben einer anderen Rechtsordnung zunächst formell und materiell wirksam war und auf dessen Bindungswirkung nicht nur die Parteien selbst, sondern u. U. auch unter güterrechtlichen Aspekten Dritte und Familienmitglieder vertraut haben, nachträglich nach den Maßstäben der englischen Rechtsordnung sämtliche Rechtswirkung aberkennen.

So wünschenswert diese weite Auslegung des Begriffs des Foreign Elements auch wäre, weil sie es tatsächlich ermöglichen könnte, Ungerechtigkeiten zu reduzieren, die durch die Anwendung der *lex fori* auf einen ausländischen Vertrag entstehen, ist sie doch mit dem geltenden englischen Kollisionsrecht unvereinbar. Überspitzt könnte man den Mechanismus der weiten Auslegung als einen *partiellen renvoi* auf das deutsche materielle Recht beschreiben, der sich jedoch unüblicherweise inzident im englischen materiellen Recht selbst verbirgt.[507] Die kollisionsrechtliche Regelung der *lex fori* wird dadurch teilweise ausgehebelt und dessen Torpedierung mithilfe des materiellen Rechts verschleiert. Denn

---

506 *Scherpe*, in: Scherpe (Hrsg.), Marital Agreements, 443 (485 f.); *ders.*, ZEuP 2012, 615 (622 f.); *ders.*, FamRZ 2011, 1471 (1472); *ders.* (2011) 23 CFLQ, 513 (525); *ders.* (2011) 70 C.L.J., 29 (31); *ders.* [2010] P.C.B., 190 (194).

507 Zu Recht wirft *Miles* (2009) 21 CFLQ, 513 (531), daher auch die Frage auf, ob es sich bei dem Mechanismus um eine Einführung des ausländischen Rechts „durch die Hintertür" handele. Da das Ergebnis einer englischen Entscheidung im Falle der Anwendung der weiten Auslegung eine Mischung aus deutschem und englischen Recht wäre, kommt ihre plastische Beschreibung der Realität sehr nahe.

tatsächlich würde dadurch – entgegen der gerichtlichen Behauptungen[508] – sehr wohl ein Blick auf das ausländische materielle Recht geworfen und die dort gewonnene Erkenntnis sogar teilweise in die Entscheidung implementiert, die gleichwohl selbst auf der Grundlage englischen Rechts gefällt würde.

Das Kollisionsrecht führt aber im Allgemeinen gerade entweder zur Anwendung der *lex fori* oder der *lex causae*; beides gleichzeitig ist jedoch nie der Fall.[509] Ein ehrlicher Lösungsweg zur Einbeziehung des ausländischen Rechts hätte daher nur über eine Anpassung der kollisionsrechtlichen Regelungen erzielt werden können. Dies hätte allerdings zur Folge, dass die Gerichte potenziell von einer Berücksichtigung sämtlicher Prinzipien des englischen Scheidungsfolgenrechts absehen müssten, denn eine Bereitschaft zur Fremdrechtsanwendung wäre für eine Anpassung Grundvoraussetzung. Da zum gegenwärtigen Zeitpunkt nichts darauf hindeutet, dass es sich hierbei um eine reelle Option für das englische Recht handelt, kann eine Beschränkung auf die enge Auslegung des Begriffs des Foreign Elements nur als konsequent begrüßt werden. Nur diese Ansicht, welche die Auslandsbezüge eines internationalen Falles und die Beurteilung des Agreements durch das ausländische Recht lediglich als Ersatz für den Nachweis eines Bindungswillens (Procedural Fairness) heranzieht, steht im Einklang mit dem

508 Siehe nur die Ausführungen des Court of Appeals in *Radmacher v Granatino* [2009] EWCA Civ 649, para. 53 (Thorpe LJ.): „This is not to apply foreign law, nor is it to give effect to a contract foreign to English tradition. It is (…) a legitimate exercise of the very wide discretion that is conferred on the judges to achieve fairness between the parties to the ancillary relief proceedings." A. a. O., para. 146 (Wilson LJ.): „In my view the foreign dimension should have fortified a conclusion that the contract should carry decisive weight (…)." Dem widerspricht zu Recht *Miles*, in: Scherpe (Hrsg.), Marital Agreements, 89 (119), denn es handelt sich weniger um einen kurzen Blick, den das englische Gericht auf das ausländische Recht wirft, als vielmehr um eine genaue Betrachtung: „The Court of Appeal in Radmacher might be regarded as not so much glancing sideways at as ‚eyeballing' the foreign law." Denn ohne eine genaue Betrachtung kann das gewonnene Ergebnis nicht sinnvoll verwertet werden. Das Argument, dass die Auswertung der *lex causae* zu aufwändig und teuer im Verhältnis zum verteilenden Vermögen sei, siehe *Radmacher v Granatino* [2010] UKSC 42, para. 105 sowie *Karsten*, FamRZ 2011, 1474 (1478 f.), und gerade deshalb die *lex fori* bevorzugt werde, wäre damit nicht haltbar.

509 Denn selbst in dem Fall des Rückgriffs auf den kollisionsrechtlichen *ordre public*, d. h. wenn das Ergebnis der *lex causae* mit demjenigen der Rechtsordnung der *lex fori* unvereinbar ist, führt dies nur zur Anwendung *einer* Rechtsordnung, nämlich der *lex fori*.

geltenden Kollisionsrecht. In allen anderen Fällen würde die Rechtsprechung gegen ihre eigenen Maßstäbe verstoßen.

dd) Weite und enge Auslegung des Begriffs – Konsequenzen des Konflikts für das internationale Recht

Thorpe LJ.[510] unternahm den Versuch, die weite Auslegung mit dem Argument zu rechtfertigen, dass das eigentliche Unrecht nicht durch die Anwendung der *lex fori* durch englische Gerichte, sondern durch die Zuständigkeitsregelungen der Brüssel IIa-VO[511] hervorgerufen werde. Sei diese Verordnung anwendbar, schließe der Prioritätsgrundsatz in Art. 19 Brüssel IIa-VO es aus, dass englische Gerichte vom Grundsatz des *forum non conveniens*[512] Gebrauch machen und ihr Verfahren zugunsten des adäquateren Gerichts (und damit aus ihrer *lex fori*-Perspektive auch zugunsten eines anderen Rechts) aussetzen können.[513] Über die weite Auslegung werde lediglich ein Ausgleich zwischen dem neuen Zuständigkeitszwang und dem Prinzip der *lex fori* geschaffen, der eine Einbeziehung des ausländischen Rechts ermögliche. Es handele sich bei dieser Vorgehensweise um eine legitime Ausübung des weiten Ermessensspielraumes. Wilson LJ. unterstützte diese Auffassung mit der Aussage, „[that] the parties made an explicit choice of foreign law; and for the court to decline to have regard to it would border on the absurd."[514] Zugegebenermaßen liegt der Fehler nicht in der Anwendung des ausländischen Rechts, welches möglicherweise einen näheren Bezug zum

---

510 *Radmacher v Granatino* [2009] EWCA Civ 649, paras. 51 f.

511 Verordnung (EG) Nr. 2201/2003 des Rates vom 27.11.2003 über die Zuständigkeit und die Anerkennung und Vollstreckung von Entscheidungen in Ehesachen und in Verfahren betreffend die elterliche Verantwortung und zur Aufhebung der VO (EG) Nr. 1347/2000. Zwar gelten die Zuständigkeitsregelungen der Brüssel IIa-VO nur für das *Scheidungsverfahren* selbst. Hat sich das englische Gericht allerdings bereits insofern für zuständig erklärt, ergibt sich hieraus in der Regel eine Annexzuständigkeit für das Verfahren im Hinblick auf die *Scheidungsfolgen*, siehe dazu ausführlich unten 3. Teil: B. I. 1. b).

512 Zum *forum non conveniens*-Grundsatz: Sch. 1 para. 9 (1) und (2) des Domicile and Matrimonial Proceedings Act 1973; *De Dampierre v De Dampierre* [1988] AC 92. Die Regelung der internationalen Zuständigkeit im nationalen Verfahrensrecht hat erheblich an Bedeutung verloren. Ob der englische Grundsatz seine Anwendbarkeit sogar vollständig eingebüßt hat, ist noch nicht abschließend geklärt, siehe dazu im Einzelnen unten 3. Teil: B. I. 2. a).

513 *Miles*, in: Scherpe (Hrsg.), Marital Agreements, 89 (115 f.); *dies.* (2009) 21 CFLQ, 513 (528 f.).

514 *Radmacher v Granatino* [2009] EWCA Civ 649, para. 147.

Agreement aufweist. Vielmehr ist es der Weg, den die englischen Gerichte eingeschlagen haben, um weiter an ihrem *lex fori*-Prinzip festhalten zu können, ohne das ausländische Recht gänzlich außer Acht zu lassen. Das Problem mithilfe einer weiten Auslegung, die im englischen materiellen Recht fußt, zu kaschieren, obwohl die Ursache dafür an einer vollkommen anderen Stelle (Kollisionsrecht) entsteht, wäre der falsche Ansatzpunkt; zu Recht hat der Supreme Court in seiner Entscheidung daher diesen Weg versperrt. Eine Lösung zur einheitlichen Rechtsanwendung kann daher sinnvollerweise nur an der Stelle gefunden werden, an der das Problem entsteht, und zwar direkt im englischen Kollisionsrecht *oder* übergeordnet im internationalen (Zivilverfahrens-) Recht. Die Lage ist jedoch verfahren, denn während man in England nicht gewillt ist, von der Anwendung der *lex fori* abzusehen, ist man auf internationaler Ebene grundsätzlich nicht bereit, das Prinzip des *forum non conveniens*[515] einzuführen. Entscheidet sich der englische Gesetzgeber nicht für eine Veränderung – wovon auszugehen ist –, bleibt es Aufgabe des europäischen Gesetzgebers über das internationale Recht eine befriedigendere Situation herbeizuführen. Eine umfassende Untersuchung des Rechts der internationalen Zuständigkeiten und des Kollisionsrechts *de lege lata* sowie *de lege ferenda* sind deshalb Gegenstand des 3. Teils der Arbeit.

ee) Verbleibende Bedeutung des Foreign Elements für internationale Ehepaare

Die enge Auslegung des Foreign Elements ist nach der Entscheidung des Supreme Courts geltendes Recht[516] und hat die Reichweite des Begriffs erheblich reduziert.[517] Im vorliegenden Fall konnte der deutsche Ehevertrag nur als Nachweis eines Bindungswillens angeführt werden. Der Vorteil liegt darin, dass dem *lex fori*-Prinzip volle Geltung verschafft wird. Gleichzeitig bringt es jedoch den Nachteil mit sich, dass internationalen Ehepaaren weniger Rechtssicherheit vermittelt wird, weil das englische Recht angewendet wird, wenn die Zuständigkeit eines englischen Gerichts begründet wurde und von einer Partei ausgenutzt werden könnte, um eine großzügigere Anordnung zu ihren Gunsten zu bewirken

515 *Adolphsen*, Europäisches Zivilverfahrensrecht, S. 281 (speziell zum Familienrecht) mit weiterem Verweis auf S. 74 f. (allgemein und mit Blick auf die Brüssel I-VO).

516 *Scherpe*, FamRZ 2011, 1471 (1472); *Radmacher v Granatino* [2010] UKSC 42, para. 181 (Lady Hale): „In strict legal terms the so-called 'foreign element' is irrelevant."

517 *Bradley* und *Healing* [2012] Fam Law, 294 (298 f.), bezeichnen den gegenwärtigen Rechtszustand als „applicable law light, in the best English tradition of practical compromise and careful evolution."

oder um einen nachteiligen Vertrag zu umgehen.[518] Das nach der ausländischen Rechtsordnung bindende Agreement müsste sich allein an den Maßstäben der englischen Rechtsordnung messen lassen und wäre daher nicht *per se* entscheidend.[519] Bei einer weiten Auslegung wären die Vor- und Nachteilsaspekte diametral angelegt. Demzufolge vermag nur Letzteres die Attraktivität des Forum Shoppings deutlich zu mindern. Mit dem geltenden Kollisionsrecht stünde dies aber keinesfalls im Einklang, sodass von dieser Position gegenwärtig zum Schutz der Einheit der Rechtsordnung Abstand genommen werden sollte.

c) Second Stage – Substantive Fairness

Einen der wichtigsten Bestandteile des Tests bildet die Überprüfung des Agreements auf der zweiten Stufe.[520] Die seinerzeit privatautonom geschlossene Entscheidung wird zum Schutze der schwächeren Partei auf ihre inhaltliche Nachteilhaftigkeit hin untersucht. Damit soll sichergestellt werden, dass das durch das Agreement hervorgerufene Ergebnis angepasst werden kann, sollte es sich als untragbar erweisen. Denn dann muss diejenige Partei, zu deren Lasten sich das Agreement auswirken würde, vor ihrer einst privatautonomen Entscheidung (Schutz *vor* Privatautonomie)[521] geschützt werden. Die an dieser Stelle zu beantwortende Frage muss daher lauten, ob es fair wäre, die Parteien im Zeitpunkt der gerichtlichen Anordnung an ihrer Vereinbarung festzuhalten.[522]

Hieran anschließend musste das Gericht den Maßstab dafür festlegen, was auf der Tatbestandsebene als ein faires Ergebnis anzusehen und welche Rechtsfolge aus einer unfairen Vereinbarung zu ziehen ist. Da es meist Sinn und Zweck eines privatautonomen Agreements ist, ein Ergebnis zu erzielen, das abseits dessen liegt, was das Gericht entscheiden würde, kann der im Scheidungsfolgenrecht gewonnene Begriff der Fairness einschließlich seiner drei Elemente (Needs, Compensation und Sharing) nach *White* sowie *Miller; McFarlane*[523] nur als

---

518 *Scherpe* [2010] P.C.B., 190.

519 *Scherpe*, FamRZ 2011, 1471 (1472).

520 *Radmacher v Granatino* [2010] UKSC 42, paras. 75–83.

521 Zurückgehend auf *Scherpe*, ZEuP 2012, 615 (624 ff.); *ders.* (2011) 23 CFLQ, 513 (517 ff.); *Gray, K./Gray, S. F.*, Land Law, S. 1234, bezeichnet diese Stufe als „Übervorteilung beim Ergebnis" (Übersetzung der Verfasserin) und betont damit sogleich das potenziell auftretende Problem. Zum Pendant („Schutz *der* Privatautonomie") siehe oben 1. Teil: C. V. 4. a).

522 Die Umstände, die zum Zeitpunkt des Vertragsschlusses vorherrschend waren, können hierauf weiteren Einfluss nehmen, *Scherpe* (2011) 23 CFLQ, 513 (517).

523 Siehe oben 1. Teil: B. II.

Orientierungspunkt dafür gewertet werden, was generell als relevant zu erachten ist.[524] Wie weit der Spielraum für eine Abweichung ist, d. h. inwieweit ein Agreement die Fähigkeit besitzt, den gerichtlichen Begriff der Fairness eigenständig abzuwandeln, blieb weitestgehend offen. Ebenso blieb die hieraus resultierende Rechtsfolge unklar: Ist die unfaire Vereinbarung einfach partiell durch eine faire zu ersetzen,[525] sodass die anderen Vereinbarungen weiterhin berücksichtigt werden können, oder wird stets die Gesamtheit der Vereinbarungen tangiert, sodass diese vollständig zu ersetzen sind? Es stellt sich also nicht nur die Frage, was fair ist, sondern auch unter Rechtsfolgegesichtspunkten „how unfair is unfair and what will the court then do?“[526] Das Gericht betonte seine Absicht, verhindern zu wollen, dass es zu einer Bildung starrer Regeln kommt, und beschränkte sich daher auf die Formulierung der nun folgenden Leitlinien.[527]

aa) Wohlergehen des Kindes

In Übereinstimmung mit der hervorgehobenen Platzierung des Kindeswohls in s. 25 (1) MCA 1973 wurde es vom Gericht auch an dieser Stelle als essentiell eingestuft, dass das Agreement die Absicherung der grundlegenden Bedürfnisse des Kindes nicht tangieren dürfe.[528] Insofern ist es interessant, dass das Gericht den Begriff der „Reasonable Requirements“[529] nun wiederaufleben lässt, der ursprünglich die Anordnungsmöglichkeiten zugunsten des schwächeren Ehegatten der Höhe nach begrenzte und der durch die Rechtsprechung in *White* aufgegeben worden war. Vermutlich soll hierdurch die Grundversorgung des Kindes sichergestellt werden, sodass die Konnotation hier eine andere ist und das Wiederaufgreifen des Begriffs nicht weiter negativ ins Gewicht fällt.

---

524 *Scherpe* (2011) 23 CFLQ, 513 (522): „The real question therefore is whether the fairness criteria for marital Agreements are different from those for ancillary relief generally. One thing, though, should be reasonably clear: a comparison with what the spouses would have received under the default regime can be of only limited usefulness.“

525 *Scherpe*, ZEuP 2012, 615 (625).

526 Diesen Zustand kritisierend: *Trim* [2010] Fam Law, 1185 (1187).

527 *Radmacher v Granatino* [2010] UKSC 42, para. 76. Zu der Frage der Rechtsfolge äußerte sich das Gericht gar nicht. Es ist aber davon auszugehen, dass es auch in dieser Hinsicht eine flexible Vorgehensweise favorisieren wird, a. a. O., para. 69.

528 *Radmacher v Granatino* [2010] UKSC 42, para. 77.

529 Siehe dazu bereits ausführlich oben 1. Teil: B. II. 2. a) und b).

bb) Privatautonomie

Als Hauptgrund für die wesentliche Einbeziehung eines Nuptial Agreements bei der Ermessensentscheidung führte das Gericht die Anerkennung privatautonomer Entscheidungen an:

> „The reason why the court should give weight to a nuptial agreement is that there should be respect for individual autonomy. The court should accord respect to the decision of a married couple as to the manner in which their financial affairs should be regulated. It would be paternalistic and patronising to override their agreement simply on the basis that the court knows best. This is particularly true where the parties' agreement addresses existing circumstances and not merely the contingencies of an uncertain future."[530]

Hiermit betonte das Gericht die generelle Bereitschaft, dem Inhalt des Nuptial Agreements maßgebliche Bedeutung zu verleihen, sofern es die Einzelfallumstände zulassen, ohne dabei jedoch die Grundfesten des *Hyman*-Prinzips (keine Bindungswirkung gegenüber dem Matrimonial Court) in Frage zu stellen. Auch wenn diese Aussage nicht vollkommen neu erscheint, denn sie hatte sich bereits seit Ende der 1990er-Jahre angedeutet und fortwährend verfestigt,[531] so kann trotzdem festgestellt werden, dass der Respekt gegenüber der Autonomie der Parteien als Grund für die Anerkennung deutlicher hervortritt.[532] Das Gericht soll sich nicht über die Vereinbarungen der Ehegatten hinwegsetzen, nur weil es der Auffassung ist, dass es eine vermeintlich bessere Entscheidung treffen würde.[533] Der Akzent des Begriffs Fairness könnte sich hierdurch von der üblichen gerichtlichen Definition anhand der drei Elemente (Needs, Compensation und Sharing) hin zu einer näheren Orientierung an dem parteilichen Verständnis verlagert haben.[534] Inwiefern dies zutreffend ist, kann wiederum erst dann festgestellt werden, wenn abschließend geklärt ist, welcher Prüfungspunkt dafür

---

530 *Radmacher v Granatino* [2010] UKSC 42, para. 78.

531 Zur Nachzeichnung der Entwicklung siehe oben 1. Teil: C. IV. 3. a).

532 Eine Entwicklung „from status to contract" vehement ablehnend: *Herring* (2010) 160 NLJ, 1551; *Harris/George/Herring* (2011) 127 L.Q.R., 335 (338); a. A. *Cretney* (2003) 15 CFLQ, 403. Zum historischen Hintergrund: *Cretney*, Family Law in the Twentieth Century, S. 90 ff.

533 Privatautonome Vereinbarungen wurden bereits in *MacLeod v MacLeod* [2008] UKPC 64, para. 42 (Baroness Hale), zumindest im Kontext der Post-Nuptial Agreements für relevant erachtet: „We must assume that each party to a properly negotiated agreement is a grown up and able to look after him- or herself. (...) But the mere fact that the agreement is not what a court would have done cannot be enough to have it set aside."

534 *Diduck* (2011) 38 J.L. & Soc., 272 (281).

verantwortlich zeichnet, dass der Privatautonomie erhöhte Durchsetzungskraft zugesprochen wird.[535]

cc) Nicht-eheliches Vermögen

Gerade im Hinblick auf nicht-eheliches Vermögen ist es ein nachvollziehbares Anliegen der Ehegatten, dieses von einer Güteraufteilung auszusparen. Da es im Vergleich zum ehelichen Vermögen den geringsten Bezug zur Ehe hat[536] und eine Rechtfertigung für eine solche Vereinbarung durchaus plausibel erscheint (z. B. finanzielle Verpflichtungen gegenüber anderen Familienmitgliedern), entschied das Gericht, dass das nicht-eheliche Vermögen grundsätzlich disponibel sei.[537] Man könnte es infrage stellen, ob hierdurch wirklich eine neue Erkenntnis gewonnen wurde. Denn bereits in *Miller; McFarlane* wurde festgehalten, dass bezüglich des nicht-ehelichen Vermögens gute Gründe eine Abweichung von einer hälftigen Teilung (Sharing) rechtfertigen können.[538] Gleichwohl hat das Gericht in diesem Punkt die Autonomie der Parteien weiter gestärkt, weil nun nicht nur eine bloße Abweichung von einer hälftigen Teilung gerechtfertigt werden könnte, sondern auch eine darüber hinausgehende vollständige Herausnahme des nicht-ehelichen Vermögens aus dem Aufteilungsverfahren im Grundsatz möglich scheint. Ob das „Ringfencing" dieser Vermögensmasse letztendlich vor dem Gericht Bestand haben wird, hängt entscheidend von der Deckung der anderen Elemente (Needs und Compensation) durch das verbleibende Vermögen ab.[539]

Bei der genauen Abgrenzung zwischen ehelichem und nicht-ehelichem Vermögen schloss sich das Gericht nicht ausdrücklich einer der beiden Definitionen von Lord Nicholls (Matrimonial und Non-Matrimonial Property) oder von Baroness Hale (Family und other Assets) an.[540] Allerdings unterschied man in der Formulierung zwischen „such property and matrimonial property accumulated *in the course of* marriage"[541], sodass man die vorsichtige Vermutung äußern könnte, dass die grundlegende Differenzierung an einem zeitlichen Moment des Erwerbes (vor, während oder nach der Ehe) ausgerichtet und demzufolge der

---

535 Siehe hierzu unten 1. Teil: C. V. 4. d) sowie zusammenfassend 1. Teil: C. V. 4. e) aa).

536 *Scherpe*, ZEuP 2012, 615 (628).

537 *Radmacher v Granatino* [2010] UKSC 42, para. 79.

538 *Miller v Miller; McFarlane v McFarlane* [2006] UKHL 24, paras. 22, 148.

539 Laut *Scherpe* (2011) 23 CFLQ, 513 (523), stehe das Ringfencing daher unter einem Vorbehalt. Dieser Vorbehalt hat maßgeblichen Einfluss auf die Aufweichung der Vermutungswirkung, siehe unten 1. Teil: C. V. 4. d) cc).

540 Zur genauen Differenzierung siehe bereits oben 1. Teil: B. II. 3. c) bb).

541 *Radmacher v Granatino* [2010] UKSC 42, para. 79 (Hervorhebung der Verfasserin).

Definition von Lord Nicholls gefolgt wurde.[542] Hierfür spricht auch, dass diese Definition im Überblick zum Scheidungsfolgenrecht zu Beginn des Urteils deutlich in den Mittelpunkt der Darstellung gerückt wurde.[543]

dd) Unvorhergesehene Umstände und Disponibilität der drei Elemente (Needs, Compensation und Sharing)

In einem weiteren Punkt rekurrierte das Gericht auf die in *White* und *Miller; McFarlane* gewonnenen Kriterien Needs, Compensation und Sharing, die zur Bestimmung der Fairness im allgemeinen Scheidungsfolgenrecht verwendet und in dem Kontext des Private Orderings erneut zur Konkretisierung herangezogen wurden. Es betonte, dass die Bedeutung der zeitlichen Distanz zwischen Abschluss des Agreements und Ehescheidung im Zusammenhang mit der Disponibilität der drei Elemente besonders stark hervortrete.[544] Sollte sich die dem Agreement ursprünglich zugrunde liegende Vorstellung durch den Eintritt unvorhergesehener Umstände, z. B. nachträglicher Kinderwunsch, maßgeblich verändert haben, kann dies eine Erklärung dafür darstellen, weshalb dem Inhalt des Agreements keine volle Wirkung zugestanden wird. Die Wahrscheinlichkeit für eine unvorhergesehene Veränderung und damit auch für eine fortschreitende Unangemessenheit der Vereinbarungen steige, je größer der Abstand zwischen Abschluss und Scheidung sei.

Als künftige Grundhaltung müsse gelten, dass die ersten beiden Elemente Needs und Compensation tendenziell weniger zur freien Disposition der Ehegatten stünden als das Sharing. In Anknüpfung daran müsse auch die jeweilige Einordnung ausfallen, ob der Inhalt des Agreements als fair angesehen werden könne. Eine Absicht der Parteien, ihre Vereinbarung auch für den Fall gelten lassen zu wollen, dass sich einer von beiden im Zeitpunkt der Scheidung in einer „Real Need" Situation befinde oder ein zugunsten der Familie in Kauf genommener Nachteil nicht ausgeglichen werde, könne nicht angenommen werden; beide Konstellationen (Real Need und Compensation) können daher das Verdikt der Unfairness und damit eine Abweichung vom Agreement rechtfertigen. Seien Needs und Compensation nicht gefährdet, müsse dem Inhalt der Vereinbarung Geltung verschafft werden.

---

542 Der Court of Appeal in *Charman v Charman* [2007] EWCA Civ 503, para. 85, war damals aus pragmatischen Gründen der Definition von Baroness Hale gefolgt.

543 *Radmacher v Granatino* [2010] UKSC 42, paras. 23–27.

544 *Radmacher v Granatino* [2010] UKSC 42, paras. 80–83.

Vergleicht man diese Auffassung des Gerichts zur Disponibilität der einzelnen Elemente mit dem Verhältnis der Elemente im Scheidungsfolgenrecht[545] zueinander, so fällt auf, dass die Rechtsprechung ihre damalige Auffassung konsequent weitergeführt hat. Denn auch dort wird in vermögensarmen Fällen eine deutliche Priorisierung von Needs und Compensation zulasten des Sharings angeordnet, unabhängig davon, ob es sich um eheliches oder nicht-eheliches Vermögen handelt.[546] Auf die Differenzierung zwischen den beiden Vermögensarten (ehelich/nicht-ehelich) kommt es deshalb nur an, wenn das Vermögen zur Sicherstellung der ersten beiden Elemente ausreicht.

Die Einführung des Begriffs „Real Needs“ könnte jedoch auf eine Verringerung des Schutzes der schwächeren Partei und damit gleichzeitig auf eine Einflussnahme der privatautonomen Vereinbarung auf den Begriff der Fairness hindeuten. Wenn Real Needs nämlich einen geringeren Versorgungsstand vermitteln als Needs,[547] dann würde hierdurch die sonst deutliche Priorisierung dieses Elements im Verhältnis zum Sharing verkürzt. Demnach wäre der Schutz der schwächeren Partei im allgemeinen Scheidungsfolgenrecht um die jeweilige Nuance größer als im Private Ordering. Diese Nuance ließe sich nur durch eine Gegenüberstellung des Umfangs der Real Needs und Needs bestimmen. Sie könnte darin bestehen, dass der eheliche Lebensstandard, der über s. 25 (2) (c) MCA 1973 bei der Bestimmung der Bedürfnisse regelmäßig miteinbezogen wird, seine Bedeutung verliert und als Maßstab durch die tatsächlichen Bedürfnisse der Parteien ersetzt wird.[548] Da zur Deckung der Bedürfnisse grundsätzlich jegliches Vermögen zur Verfügung steht, also auch dasjenige, das von einer Teilung durch die Vereinbarung potenziell ausgenommen („Ringfencing“)[549] werden soll, könnte durch die Reduktion des Umfangs der Needs auf Real Needs eine Ausweitung[550] der Möglichkeit zum Ringfencing bezweckt worden sein. Das Gericht bleibt eine Stellungnahme schuldig, ob es tatsächlich eine solche

545 Siehe oben 1. Teil: B. II. 4.

546 *Scherpe* (2011) 23 CFLQ, 513 (523).

547 Zur Vermutung, dass der Begriff „Real Needs“ enger sei als „Needs“, aber insofern auch weiterhin Unklarheit bestünde: Law Commission, CP No. 198, § 2.57; *Herring/Harris/George* (2011) 127 L.Q.R., 335 (336); *Miles* (2011) 74 MLR, 430 (443); *Scherpe* (2011) 23 CFLQ, 513 (524).

548 So bereits *Herring/Harris/George* (2011) 127 L.Q.R., 335 (336); *Miles* (2011) 74 MLR, 430 (443); *Scherpe* (2011) 23 CFLQ, 513 (524).

549 *Scherpe*, FamRZ 2011, 1471 (1474); *ders.* (2011) 23 CFLQ, 513 (523).

550 *Scherpe* (2011) 23 CFLQ, 513 (524).

Interpretation seiner Aussage bezwecken wollte. Wenn dies nicht beabsichtigt war, kann die Wortwahl nur als äußerst unglücklich bezeichnet werden.

Für die Entscheidung des Falles waren die vorstehenden Überlegungen weitestgehend überflüssig. Das Gericht entschied,[551] dass Herrn Granatinos Bedürfnisse, und mittelbar die Bedürfnisse der Kinder, über den bereits durch die Vorinstanzen festgesetzten Betrag abgedeckt seien. Es handelt sich dabei lediglich um einen solchen Betrag, der ihm als Vater unter sch. 1 des Children Act 1989 zugesprochen worden wäre.[552] Insbesondere ein Ausgleich im Sinne der Compensation komme nicht in Betracht, weil er seine Karriere als Investment Banker nicht für die Familie, sondern im eigenen Interesse aufgegeben habe. Insoweit bestünde kein Grund, Herrn Granatino nicht an dem Inhalt der Vereinbarung festzuhalten.

Zusammenfassend ist zu sagen, dass der Schutz des Schwächeren, der im allgemeinen Scheidungsfolgenrecht propagiert wird, auch im Private Ordering aufrechterhalten wurde. Dem steht auch nicht entgegen, dass die Parteien im Hinblick auf das Sharing grundsätzlich frei sind, Vermögen aus der Güteraufteilung herauszunehmen. Vielmehr besteht vonseiten des Gerichts stets die Möglichkeit, die Deckung der (Real) Needs und der Compensation durch jegliches Vermögen zu gewährleisten, auch durch das zulässigerweise von der Güteraufteilung ausgenommene. Den (Real) Needs und der Compensation kommt daher ein besonderer Schutz in dem Sinne zu, dass es sich um wesentliche, *der Disponibilität der Parteien entzogene*, Verpflichtungen von Ehegatten handelt.[553] Sofern diesem Schutzgedanken im Agreement nicht Rechnung getragen wurde, gilt es als unfair und es kommt regelmäßig zur richterlichen Korrektur.

---

551 *Radmacher v Granatino* [2010] UKSC 42, paras. 118–121. Lady Hale wendete sich gegen diesen beschränkten Umfang der zugesprochenen Bedürfnisse und gestand Herrn Granatino in ihrer Dissenting Opinion einen höheren Anspruch zu, *Radmacher v Granatino* [2010] UKSC 42, paras. 187 f. *Scherpe* (2011) 23 CFLQ, 513 (527), führt daher aus, dass der Hauptunterschied zwischen Lady Hales Auffassung und der Auffassung der Mehrheit nicht im Recht selbst, sondern vornehmlich in der eigentlichen Rechtsanwendung gründet.

552 *Scherpe* (2011) 23 CFLQ, 513 (526).

553 *Harris-Short/Miles*, Family Law, S. 501; *Scherpe*, ZEuP 2012, 615 (627).

d) Privatautonomie auf Umwegen und richterliche Kompetenz-Kompetenz

aa) Widerlegbare Vermutung zugunsten der Anerkennung und Beweislastumkehr

In der früheren Rechtsprechung existierte eine Vermutung zugunsten des Agreements nicht, sodass dessen Inhalt nicht zwingend gefolgt werden musste und stets derjenige die Beweislast trug, der sich auf das als fair erachtete Agreement berief.[554] Diesen Standpunkt vertritt Lady Hale weiterhin,[555] wenn sie die Prüfungspunkte folgendermaßen angeordnet sehen will:

> „Did each party freely enter into an agreement, intending it to have legal effect and with full appreciation of its implications? If so, in the circumstances as they now are, would it be fair to hold them to their agreement?"[556]

Im Gegensatz dazu stellt die richterliche Mehrheit des Supreme Courts im neuen Two-Stage-Test eine widerlegbare Vermutung zugunsten der Aufrechterhaltung des Agreements auf. Diese Vermutung ist unweigerlich mit einer Umkehr der Beweislast zulasten desjenigen verbunden,[557] der einen Antrag auf Financial Orders einreicht und damit das Agreement in Frage stellt:[558]

> „*The court should give effect to a nuptial agreement* that is freely entered into by each party with a full appreciation of its implications *unless* in the circumstances prevailing it *would not be fair* to hold the parties to their agreement."[559]

554 *Harper/Frankle*, in: Scherpe (Hrsg.), Marital Agreements, 122 (123); *Scherpe* (2011) 23 CFLQ, 513 (526).

555 *Radmacher v Granatino* [2010] UKSC 42, para. 169. Zwar gibt sie vor, dass in einem Ermessenssystem keine der Parteien eine Beweislast zu tragen habe, a. a. O., para. 166. Tatsächlich trägt in einer *non liquet*-Konstellation aber auch nach ihrem Ansatz irgendjemand die Beweislast, und zwar derjenige, der sich auf das Agreement beruft.

556 *Radmacher v Granatino* [2010] UKSC 42, para. 164.

557 *Scherpe* (2011) 23 CFLQ, 513 (526).

558 Eine Veränderung der Beweislast deutete sich bereits an in *Crossley v Crossley* [2007] EWCA Civ 1491, paras. 15, 18. Im Unterschied zum gegenwärtigen Stand fehlte zur damaligen Zeit eine Vermutungswirkung zugunsten der Anerkennung. Dem Agreement wurde „magnetic importance" zugesprochen und eine Nichtberücksichtigung dessen nur dann in Erwägung gezogen, sofern die sich dem Agreement zur Wehr setzende Partei gute Gründe dafür vortrug, *Clark* (2010) 32 JSWFL, 237 (238 f.).

559 *Radmacher v Granatino* [2010] UKSC 42, para. 75 (Hervorhebungen der Verfasserin).

Lord Mance[560] befasste sich mit einem Vergleich der beiden Tests. Die Hervorhebung in dem mehrheitlichen Ansatz mache kenntlich, dass das Wort „fair" im Unterschied zu Lady Hales Ansatz mit einer Negation belegt wurde.[561] Dies führe in Kombination mit der Einleitung des Nebensatzes „unless" zu dem Ergebnis, dass derjenige, der die Vereinbarung für nicht fair befindet, die hierfür zuträglichen Umstände darlegen und beweisen muss. Im Übrigen sei festzustellen, dass die Prüfung in beiden Tests auf beiden Ebenen inhaltlich parallel verlaufe.[562] Er führt deshalb aus, dass der verbleibende Unterschied (Vermutung und neue Beweislastverteilung)[563] in der Praxis grundsätzlich keine Auswirkungen auf das Ergebnis habe; er beschränkt seine Aussage sodann auf die Konstellation, dass dem Gericht alle Fakten des Falles bekannt seien.

Ungeachtet der rechtlichen Auswirkungen wirft *Scherpe*[564] zunächst berechtigterweise ein, dass neben der konkreten Beweislastverteilung der psychologische Effekt der Vermutung zugunsten der Anerkennung bedeutend sei. Es mache für die Authentizität des Agreements und damit auch für das Rechtssicherheitsgefühl der Ehegatten einen Unterschied, ob man über den Inhalt einer Vereinbarung verhandele, deren Anerkennung vonseiten des Gerichts eher sicher (mit Vermutung) als unsicher (ohne Vermutung) sei. Allein deshalb können schon Zweifel an der Richtigkeit von Lord Mances Aussage gehegt werden.

Darüber hinaus ist aber vor allem die Frage zu stellen, in welchen Fällen sich eine Veränderung der Beweislast rechtlich auswirkt: Die Beweislast ist nur dann relevant, wenn der Beweis einer Behauptung *nicht* gelingt, kurzum bei Beweisproblemen; dies wird derjenigen Partei zum Nachteil gereichen, die die Beweislast trägt.[565] Demnach ist zu differenzieren zwischen der von Lord Mance genannten unproblematischen Konstellation, dem aufgeklärten, unstreitigen Sachverhalt, sowie der entgegengesetzten Konstellation, dem *non liquet*.[566] Erst bei näherer Betrachtung der beiden Konstellationen kann auch die Wirkung einer widerlegbaren Vermutung zugunsten der Aufrechterhaltung eines Agreements richtig eingeordnet werden.

560 *Radmacher v Granatino* [2010] UKSC 42, para. 129.

561 Hierzu auch *Harris-Short/Miles*, Family Law, S. 499.

562 Zustimmend insofern Lady Hale, *Radmacher v Granatino* [2010] UKSC 42, para. 169; *Miles* (2011) 74 MLR, 430 (438); *Scherpe* (2011) 23 CFLQ, 513 (527).

563 Zur Frage, wer die Beweislast tragen sollte, siehe unten 1. Teil: C. V. 4. d) bb).

564 [2007] IFL, 18 (23).

565 *Brinkmann*, Beweismaß im Zivilprozess, S. 19.

566 Zum *non liquet*, vgl. *Brinkmann*, Beweismaß im Zivilprozess, S. 19.

Handelt es sich um einen aufgeklärten Sachverhalt, müsste das Ergebnis – zumindest in der juristischen Theorie – identisch sein, weil das Gericht seine Entscheidung unter Anwendung inhaltlich identischer Ansätze auf einer vollständigen und unstreitigen Tatsachengrundlage treffen kann. Es sollte dann keinen Unterschied machen, ob man von einem Ansatz *ohne* Vermutung ausgeht und über das Ermessen zu einer erheblichen Bedeutung des Agreements kommt,[567] oder ob man von einem Ansatz *mit* Vermutung ausgeht und über das Ermessen zu einer geringen Abweichung gelangt;[568] insofern wäre Lord Mances Aussage zutreffend. Etwas anderes müsste hier nur dann gelten – und unter anderem in diese Richtung gehen wohl auch die Bedenken von Lady Hale[569] –, wenn der Aufbau der beiden Tests (mit bzw. ohne Vermutungswirkung) in der Praxis eine Verschiebung zu einer Seite in dem Sinne bewirkt, dass die Vermutung die Entscheidung des Gerichts im Sinne eines vorgefestigten Ergebnisses in Richtung Anerkennung des Agreements beeinflussen würde. Hierzu liegen allerdings keine empirischen Erhebungen vor, was nicht verwundert, weil es undenkbar erscheint, dass eine gerichtliche Entscheidung existiert, die gleichzeitig und vor allem objektiv reflektierend zu beiden Ansätzen vorträgt.

Muss das Gericht hingegen eine Entscheidung auf der Grundlage eines *non liquet* treffen, sind die Ergebnisse, die die beiden Ansätze hervorbringen, potenziell unterschiedlich; insofern ist Lord Mances Aussage unvollständig und geht daher am Kern der Frage vorbei. An dieser Stelle birgt die Beweislastumkehr in Kombination mit der Vermutungswirkung zwei ungewöhnliche Veränderungen in sich. Denn wenn nicht alle Fakten klar sind, kann das gerichtliche Ermessen nicht mehr korrigierend in eine bestimmte Richtung eingreifen. Die Vermutung, die nicht widerlegt werden konnte, nimmt das Ergebnis vorweg, indem sie die bestehende Lücke zulasten der beweisbelasteten Partei schließt; nur das unstreitig Vorgetragene kann vom Gericht noch in freier Ermessensausübung bewertet werden. Im Folgenden führt die sodann überwundene Lücke zur Aufrechterhaltung des Agreements. Gibt es hingegen keine Vermutung, wird weder das

---

567 Lady Hale führt aus, dass ihr Ansatz es auch ohne Vermutungswirkung ermögliche, die Bewertung des Agreements an den Anfang oder das Ende der Prüfung zu stellen, *Radmacher v Granatino* [2010] UKSC 42, para. 170.

568 A. A. *Harris/George/Herring* [2011] Fam Law, 367. Die Entscheidung *Radmacher* markiere daher eine Verlagerung der „Ehe als Status" zur „Ehe als Vertrag", *Herring/Harris/George* (2011) 127 L.Q.R., 335 (338).

569 *Radmacher v Granatino* [2010] UKSC 42, para. 169: Da sie sich allerdings nicht ausdrücklich auf die von Lord Mance genannte Konstellation bezieht, ist davon auszugehen, dass sich ihre Bedenken nicht hierauf beschränken.

Ermessen des Gerichts tangiert noch eine zwingende Einbeziehung des Agreements bewirkt. Für die Bedeutung des Agreements hieße das schlimmstenfalls, dass Unklarheiten im Sachverhalt dazu führen, dass das Agreement gerade nicht maßgeblich miteinbezogen werden kann. Dies wäre in den meisten Fällen lediglich für die stärkere Partei nachteilhaft, die an dem Vertrag festhalten möchte. Dem englischen Grundverständnis, dem Schutz des Schwächeren im Rahmen des Ermessensspielraumes den Vorzug vor der Anerkennung von Privatautonomie zu geben, würde letztere Ansicht wohl eher entsprechen, als im Vergleich dazu einem Agreement die Anerkennung zuzugestehen, obgleich die schwächere, mit dem Risiko des Beweises belastete Partei hierunter leidet.[570]

Deshalb werden Zweifel an der Zulässigkeit einer Vermutung für den Fall gehegt, dass der Beweis, dass das Agreement unfair ist, nicht erbracht werden kann. Es bestünde die Gefahr, dass die Gerichte ihrer Pflicht aus s. 25 MCA 1973 nicht nachkommen könnten, alle Umstände des Einzelfalles in ihre Ermessensentscheidung einzubeziehen.[571] Denn entweder ist ein Agreement nicht unfair, weil der zugrunde liegende Sachverhalt dies bei vollständiger Einbeziehung der relevanten Faktoren ergibt, oder es wird als nicht unfair angesehen, weil Aspekte, die über s. 25 MCA 1973 einbezogen worden wären, aufgrund des fehlenden Beweises vonseiten des Beweispflichtigen nicht einbezogen werden können und eine Widerlegung folglich nicht glückt. Erstere Konstellation ist unproblematisch, weil das Agreement nach beiden rechtlichen Prüfungsansätzen objektiv fair ist. Nur in der letzten Konstellation verletzt die Rechtsprechung durch die Anwendung einer Vermutungsregel seine gesetzliche Pflicht, „[because t]here is a slip, from the agreement *affecting* what is fair, to the agreement *being* what is fair.“[572] Die Kritik, dass dieser Schritt, der gemeinhin als Hinzufügung einer „unerlaubten Randbemerkung“[573] zum Gesetz durch die Judikative bezeichnet wird, dem Parlament vorbehalten sein sollte, erweist sich daher als nicht unberechtigt.

---

570 Zur Aufweichung dieser aus englischer Sicht im Augenblick noch sehr hart anmutenden Differenzierung siehe unten 1. Teil: C. V. 4. d) cc).

571 In der Rechtsprechung: *Radmacher v Granatino* [2010] UKSC 42, para. 169 (Lady Hale); [2009] EWCA Civ 649, para. 122 (Wilson LJ.). In der Literatur: *Clark* (2011) 33 JSWFL, 15 (22 f.); *Harris/George/Herring* [2011] Fam Law, 367.

572 *Harris/George/Herring* [2011] Fam Law, 367 (371).

573 *Clark* (2011) 33 JSWFL, 15 (22 f.); *Herring/George/Harris* (2011) 127 L.Q.R., 335 (339). Im Zusammenhang mit dem Equal Sharing Principle siehe auch *Davis* [2008] Fam Law, 428.

bb) Systemwidrige Beweislastverteilung

Nachdem nun festgestellt wurde, dass die Vermutungswirkung eine erhebliche Neuerung für das englische Recht darstellt, stellt sich die Frage nach der richtigen Beweislastverteilung. Die Beweislast liegt grundsätzlich bei demjenigen, für den die Erfüllung eines Tatbestandsmerkmals zum Angriff oder zur Verteidigung notwendig ist.[574] Die konkrete Beweislastverteilung gibt unwillkürlich Auskunft darüber, ob das zugrunde liegende System privatautonome Züge in sich trägt und muss daher notwendigerweise mit diesem in Einklang stehen. Es entscheidet darüber, ob der finanzielle Schutz des Schwächeren oder der Vertrauensschutz des Stärkeren im Vordergrund steht.[575] Gelten Vereinbarungen zwischen Ehegatten in einer von Privatautonomie geprägten Rechtsordnung als bindend, liegt die Beweislast von Natur aus bei dem sich lossagenden Angreifer („binding unless inequitable"); werden sie zum Schutz der schwächeren Partei als nicht bindend erachtet, muss der Verteidiger des Vertrages die zum Beweis des Gegenteils erforderlichen Tatsachen darlegen und beweisen („not binding unless equitable").[576]

Wie bereits im obigen Abschnitt hervorgehoben, hat sich die Beweislast durch die *Radmacher*-Entscheidung vom Verteidiger (Agreement ist fair) zum Angreifer (Agreement ist unfair) verlagert. Diese Verschiebung würde jedoch nur dann mit dem System harmonieren, wenn auch im Hinblick auf die Bindungswirkung des Agreements eine Anpassung vorgenommen worden wäre. Unter Beibehaltung des *Hyman*-Prinzips eine widerlegbare Anerkennungsvermutung einzuführen, hat das englische Scheidungsfolgenrecht in eine rechtliche Zwitterstellung gebracht, die für das Agreement weder volle Bindungskraft noch juristische Unerheblichkeit bedeutet. Vielmehr wurden dem Agreement auf diese Weise privatautonome Züge verliehen, ohne dabei den als zentral erachteten Grundsatz der freien Ermessensentscheidung zugunsten einer vollständigen Anerkennung ehelicher Vereinbarungen aufgeben zu müssen.[577] Ein solcher Schritt war zwar an sich folgerichtig, wenn sich das Gericht ausdrücklich für eine gesteigerte Anerkennung der Privatautonomie ausspricht,[578] gleichwohl wurde hierdurch eine Veränderung bewirkt, die die Ermessensbetätigung der Richter zumindest vordergründig tangiert und eine mit dem System nicht in Einklang

574 *Brinkmann*, Beweismaß im Zivilprozess, S. 19.

575 Vgl. *Harris-Short/Miles*, Family Law, S. 504.

576 *Scherpe* [2007] IFL, 18 (23).

577 *Scherpe* (2011) 23 CFLQ, 513 (516).

578 *Radmacher v Granatino* [2010] UKSC 42, para. 78.

stehende Beweislastverteilung hervorruft.[579] Aus kontinentaleuropäischer Sicht würde man diesen Rechtszustand vermutlich als widersprüchlich bezeichnen. Aus englischer Sicht war es die einzige Möglichkeit, eine möglichst weitgehende Form der Privatautonomie einzuführen, die gleichzeitig die Diskrepanzen zum geltenden Recht auf ein – wohl aus Sicht der Mehrheit des Supreme Courts – erträgliches Maß reduzieren. Die Reichweite dieser neuartigen Entwicklung bestätigt jedoch, dass die Einbeziehung der Legislative angebracht gewesen wäre.

cc) Aufweichung der Vermutungsregel

Der Ansicht *Diducks*,[580] dass durch die Entscheidung des Supreme Courts eine Verlagerung des Schwerpunktes von den drei Elementen Needs, Compensation und Sharing hin zur Privatautonomie stattgefunden habe, ist zuzustimmen. Eine maßgebliche Verschiebung findet erst durch die widerlegbare Vermutung der Anerkennung in Verbindung mit der Beweislastumkehr statt,[581] sodass hierin die wesentliche Neuerung zu sehen ist.[582] Dabei darf aber nicht in Vergessenheit geraten, dass die Vermutung zugunsten der Anerkennung nur dann durchsetzbar ist, wenn die Deckung der (Real) Needs und Compensation sichergestellt ist. Denn der Schutz des allgemeinen Scheidungsfolgenrechts wird durch das Prüfungsraster der zweiten Stufe aufrechterhalten.[583] Sind (Real) Needs und Compensation nicht abgedeckt, kann das Gericht ohne Weiteres in das vom Sharing ausgenommene Vermögen – unabhängig von dessen konkreter Zuordnung in eheliches oder nicht-eheliches Vermögen – eingreifen[584] und es kommt hierüber zu einer Aufweichung der Vermutungsregel. Zum Schutz der wirtschaftlich schlechter gestellten Partei lebt das gerichtliche Ermessen dann wieder auf und verhindert eine großflächige Anwendung der Vermutung.[585] Insofern wird

579 So auch die berechtigte Kritik von Lady Hale, *Radmacher v Granatino* [2010] UKSC 42, para. 166.

580 *Diduck* (2011) 38 J.L. & Soc., 272 (279); siehe dazu auch bereits oben 1. Teil: C. V. 4. c) bb).

581 Siehe dazu im Einzelnen oben 1. Teil: C. V. 4. d) aa) und bb).

582 *Scherpe*, ZEuP 2012, 615 (627); *Harper/Frankle*, in: Scherpe (Hrsg.), Marital Agreements, 122 (123). Für internationale Ehepaare daneben auch das Foreign Element für erheblich erachtend: *Miles*, in: Scherpe (Hrsg.), Marital Agreements, 89 (119).

583 Siehe dazu im Einzelnen oben 1. Teil: C. V. 4. c), insbesondere 1. Teil: C. V. 4. c) dd).

584 *Harris-Short/Miles*, Family Law, S. 501; *Scherpe*, ZEuP 2012, 615 (628).

585 *Harper/Frankle*, in: Scherpe (Hrsg.), Marital Agreements, 122 (134), weisen darauf hin, dass der englische Richter eine Vereinbarung, die einen Ausschluss sämtlicher Scheidungsfolgen vorsieht, stets als unfair einstufen wird. Die Vermutungsregel hat daher faktisch nur in geringen Fällen eine tatsächliche Wirkung. Würde man ihr

deutlich, dass die Wahrscheinlichkeit dafür, dass die im Hinblick auf die Vermutung und Beweislast unterschiedlich formulierten Tests der Mehrheit und Lady Hales zu einem divergierenden Ergebnis gelangen, durch die Aufweichung der Vermutungsregel relativiert wird.

Aus Sicht der Praxis wird deshalb häufig geraten, den Inhalt des Agreements derart zu gestalten, dass den Bedürfnissen und Nachteilen Rechnung getragen wird, die ein Ehegatte zugunsten der Familie, aber zulasten seines eigenen beruflichen Fortkommens eingegangen ist.[586] Die Qualität der Vermutungswirkung hängt damit eklatant von der Höhe der verfügbaren Vermögensmassen und der inhaltlichen Reichweite des Agreements ab. Es ist davon auszugehen, dass die Inkonsistenz des Verhältnisses zwischen fehlender Bindungskraft und systemwidriger Beweislastverteilung gerade deshalb aus englischer Sicht als nicht gravierend empfunden wird.

dd) Inkurs – Yardstick of Equality (White v White) oder Equal Sharing Principle (Miller v Miller; McFarlane v McFarlane)

Die vorstehenden Überlegungen zur Vermutungswirkung und Beweislastverteilung im Rahmen des Private Orderings können für den Bereich des allgemeinen Scheidungsfolgenrechts gleichermaßen[587] fruchtbar gemacht werden, weil die Qualität des Schutzes auf beiden Ebenen gleichwertig ist.[588] Der Yardstick of Equality in *White*[589] entwickelte sich innerhalb kürzester Zeit zum Equal Sharing Principle in *Miller; McFarlane*[590], in dessen Zusammenhang es ebenfalls zur Einführung einer widerlegbaren Vermutung und einer damit einhergehenden Beweislastumkehr kam.[591] Auch hier könnte vorgebracht werden, dass es keinen Unterschied mache, ob eine gleichberechtigte Teilung bei der Überprüfung den Ausgangspunkt darstelle, von dem aus bestimmten, mehr oder minder wahrscheinlichen Gründen abgewichen werden könne (so der Standpunkt in *Miller;*

---

jedoch auch die verbleibende Wirkung mit dem Argument der freien Ermessensausübung des Richters absprechen, würde sie schlichtweg obsolet.

586 *Bradley/Healing* [2012] Fam Law, 294 (299).

587 Einen Vergleich zwischen diesen beiden Punkten ebenfalls anführend: *Radmacher v Granatino* [2010] UKSC 42, paras. 165 f. (Lady Hale).

588 Siehe hierzu bereits oben 1. Teil: C. V. 4. c) dd).

589 Siehe oben 1. Teil: B. II. 2. b).

590 Siehe oben 1. Teil: B. II. 3. c) aa).

591 Man beachte auch nochmals die Bedeutung der Entscheidung *Charman v Charman* [2007] EWCA Civ 503, para. 65, in diesem Zusammenhang siehe dazu bereits oben Fn. 266.

McFarlane und *Charman*), oder ob zunächst ein vorläufiges Ergebnis getroffen werde, welches am Ende anhand des Yardstick of Equality auf seine Richtigkeit überprüft wird (so der Standpunkt in *White* und *B v B*). Ebenso wie Lord Mance im Private Ordering[592] stufte auch Lord Cooke[593] die Wahl zwischen beiden Tests (mit oder ohne Vermutung) deshalb als irrelevant ein. Richtigerweise sind hier die ursprünglichen Erwägungen von Lord Nicholls[594] hervorzuheben, dass die Einführung einer Presumption der Untergrabung der gesetzgeberischen Funktion des Parlaments gleichkomme. Zum einen sei der Gedanke einer hälftigen Teilung nicht im Gesetz angelegt,[595] zum anderen werde hierdurch eine Veränderung der Beweislast bewirkt, weil eine Vermutung zugunsten einer hälftigen Teilung bewirke, dass derjenige, der sich gegen eine hälftige Teilung ausspreche – also der Leistungsverpflichtete – gezwungen sei, Gründe für eine Abweichung vom Sharing darzulegen. Das genaue Gegenteil war ursprünglich der Fall.[596]

Die Untersuchung hat bisher ergeben – für das Private Ordering in kurzer Form rekapituliert –, dass eine Vermutungswirkung in Verbindung mit einer Beweislastumkehr im Falle eines *non liquet* zu einem unterschiedlichen Ergebnis gelangt als der zuvor vertretene Ansatz.[597] Dieses Ergebnis ist auf die hiesige Diskussion übertragbar. Das gilt selbst bei Berücksichtigung der Tatsache, dass versucht wurde, die Simultanität und Gleichwertigkeit aller Faktoren in den Vordergrund zu stellen, indem man betonte, „[that] departure is not *from* the principle but takes place *within* the principle."[598] Deshalb könne auch im Falle einer Vermutung nicht von einer Priorisierung des Sharings die Rede sein, weil

---

592 *Radmacher v Granatino* [2010] UKSC 42, para. 129.

593 *White v White* [2001] 1 AC 596, 615D.

594 *White v White* [2001] 1 AC 596, 606D-E.

595 Wobei laut der Entscheidung in *B v B (Ancillary Relief)* [2008] EWCA Civ 284, para. 24, ein Teil dieser Schuldigkeit auch auf die Entwicklung in *White* selbst zurückzuführen sei, wenn auch zulässigerweise zur Vermeidung diskriminierender Ergebnisse: „The importance of the ‚yardstick of equality' is twofold. First it underlines the necessity not to treat financial contributions differently from those in non-monetary form. Second, it underlines the essential fairness of equal division in a large number of cases of shared matrimonial life."

596 *Miles* (2008) 20 CFLQ, 378 (383).

597 Siehe oben 1. Teil: C. V. 4. d) aa)

598 *Charman v Charman* [2007] EWCA Civ 503, para. 65 (Übersetzung der Verfasserin): Die Vornahme an sich sei „keine Abweichung *vom Prinzip selbst*, sondern vielmehr eine [zulässige] Abweichung *innerhalb des Prinzips*."

es gar keinen festen Ausgangspunkt gebe.[599] Eine solche Formulierung kann jedoch nur als Verschleierungsversuch der Tatsache unter dem Deckmantel einer intraprinzipiellen Abweichung gewertet werden, dass das Ermessen des Richters sehr wohl teilweise beschnitten wird. Damit bleibt es auch hier dabei, dass nur der Yardstick of Equality es vermochte, eine vonseiten der Judikative unzulässige Randbemerkung des Gesetzes zu vermeiden. Denn auch an dieser Stelle bewirkt die Vermutung in der Konstellation eines *non liquet* die Lückenschließung zugunsten einer hälftigen Teilung.

Es verwundert deshalb nicht, dass im Zuge dessen vorgebracht wurde, dass hier ohne Beteiligung des Parlaments faktisch eine Deferred Community of Property eingeführt worden sei.[600] Diese Aussage wurde durch die Rechtsprechung zurückgewiesen[601] und ihr ist auch zu Gute zu halten, dass das englische Recht immer *noch* keinen Güterstand in dem Sinne hat, wie es aus anderen Rechtsordnungen bekannt ist, weil eine Einstufung der 50/50-Quotelung als feste, unveränderliche Regelung gerade nicht vorliegt.[602] Denn aufgrund der Überschaubarkeit der Vermögensmassen wird das Gericht häufig dazu gezwungen sein, von einer hälftigen Teilung zum Schutz von Needs und Compensation Abstand zu nehmen,[603] und das Gericht wird von seinem Ermessen Gebrauch machen.[604] Korrelativ zu *Radmacher* kommt es auch hier zu einer Aufweichung

---

599 *Miller v Miller; McFarlane v McFarlane* [2006] UKHL 24, para. 16: „[that] [t]he yardstick of equality is to be applied as an aid, not a rule."

600 So eindeutig *Cretney* (2003) 119 L.Q.R., 349. *Cooke*, in: Lowe/Douglas (Hrsg.), Evolution of Family Law, 203 (207 ff.), hingegen formuliert an dieser Stelle vorsichtiger und beschreibt einzelne Merkmale, die in diese Richtung deuten, kommt aber zu dem Ergebnis, dass die Unwägbarkeiten eines gerichtlichen Verfahrens (Ermessenssystem) letztlich gegen eine solche Annahme sprechen.

601 *Sorrell v Sorrell* [2005] EWHC 1717, para. 96 (Bennett J.); *Miller v Miller; McFarlane v McFarlane* [2006] UKHL 24, para. 151 (Baroness Hale).

602 *Scherpe*, FamRZ 2006, 1314 (1315).

603 *White v White* [2001] 1 AC 596, 605F: „Sometimes, having carried out the statutory exercise, the judge's conclusion involves a more or less equal division of the available assets. More often, this is not so. More often, having looked at all the circumstances, the judge's decision means that one party will receive a bigger share than the other." *Miller v Miller; McFarlane v McFarlane* [2006] UKHL 24, para. 13: „In most cases the search for fairness largely begins and ends at this stage [needs]. In most cases the available assets are insufficient to provide adequately for the needs of two homes."

604 Law Commission, CP No. 198, § 2.65, darauf hinweisend, dass insbesondere auch die Definition der Vermögensarten (ehelich/nicht-ehelich), die für das Ausmaß des Sharings relevant ist, dem Ermessen unterliegt; *Scherpe* (2007) 18 King's C.L.J., 348 (360).

der Vermutungsregel.[605] Es handelt sich deshalb nicht um die Einführung eines nach starren Regeln agierenden Güterstandes. Allerdings könnte das Sharing in einem vermögensträchtigen Fall deutlich zugunsten einer hälftigen Teilung weisen.[606] Da in diesen Fällen die Needs nicht im Mittelpunkt stehen und eine diskriminierende Bewertung der Beiträge zum Familienleben tunlichst unterlassen werden muss, ist hier eine Abweichung vom Sharing unwahrscheinlich.[607] Demzufolge wurde statt einer Priorisierung der Needs eine deutlichere Vorrangstellung des Sharings in Abhängigkeit von der Höhe der Vermögensmasse geschaffen.[608] Dies bringt auch *Cooke* zum Ausdruck, wenn sie sagt, die Rechtslage habe einen „European flavour, but it does not amount to a regime."[609] Neben einer Zwitterstellung zwischen Vertragsfreiheit und Ermessenssystem wurde auch hier eine solche zwischen Ehegüterstand und Ermessenssystem geschaffen. Damit hat sich die englische Rechtsprechung, jedenfalls im Ansatz, zweimalig (im Scheidungsfolgenrecht und im Private Ordering) von ihrer flexiblen Handhabung entfernt.

Es stellt sich daher auch hier die Frage, ob eine systemgerechte Beweislastverteilung gewährleistet ist, d. h. trägt das Risiko der Beweisfälligkeit derjenige, dessen Schutz nach dem zugrunde liegenden System im Fokus steht? Bei näherer Betrachtung hat sich bereits zuvor ergeben, dass die Beweislast im Hinblick auf eine Abweichung von einer hälftigen Quotelung dem Leistungs*verpflichteten* und demnach der stärkeren Partei obliegt. Ein solches Ergebnis ist in einem den Schutz des Schwächeren betonenden System sogar wünschenswert und führt zu einem Gleichlauf von Beweislastverteilung und Grundhaltung. Im Umkehrschluss wäre bei umgekehrter Beweislastverteilung, hinsichtlich einer Einbindung von Vermögensmassen in den Sharing-Pool zulasten des Leistungs*berechtigten* im Sinne des Yardsticks, von einer Systemungerechtigkeit auszugehen. Die fehlende Einbeziehung der Legislative fällt aufgrund der in der Entwicklung angelegten Verlagerung der Beweislast von system*widrig* zu system*konform* weniger ins Gewicht als dies im Bereich des Private Ordering der Fall ist.

---

605 Siehe dazu oben 1. Teil: C. V. 4. d) cc).

606 *Cooke*, in: Lowe/Douglas (Hrsg.), Evolution of Family Law, 203 (207 f.).

607 Abweichungen sind nur in Ausnahmefällen bei außergewöhnlichen Beiträgen zum Familienleben (Stellar Contributions) denkbar, siehe oben 1. Teil: B. I. 2. b) ff).

608 Generell eine Verschiebung zwischen Needs und Sharing annehmend: *Standley*, Family Law, S. 174 f.

609 *Cooke*, in: Lowe/Douglas (Hrsg.), Evolution of Family Law, 203 (208). Sich einer vorsichtigen Wortwahl ebenfalls anschließend: *Pintens*, ZEuP 2009, 268 (276); *Scherpe*, in: Scherpe (Hrsg.), Marital Agreements, 443 (481) m. w. N.

e) Zwischenergebnis und Bewertung

aa) Ausmaß des Fortschrittes

Resümierend kann festgehalten werden, dass beide Entwicklungen – sowohl diejenige auf der Stufe des allgemeinen Scheidungsfolgenrechts als auch diejenige auf der Stufe des Private Orderings – seit der Jahrtausendwende eine beachtliche Bewegung in das englische Familienrecht gebracht haben.[610] Die Verlagerung zur Vermutungswirkung einschließlich der Beweislastumkehr und die damit einhergehende Folge, sich zumindest partiell für die *non liquet*-Situation auf einen festen Ausgangspunkt einzulassen, bedeutet einen für englische Verhältnisse erheblichen Schritt in Richtung kontinentaleuropäischer Standards. Eine Aufweichung der Vermutungsregel und das damit verbundene Aufleben der richterlichen Ermessensfreiheit erfolgt in Abhängigkeit von der Vermögensmasse und der inhaltlichen Reichweite des Agreements in beiden Bereichen.

Gleichzeitig muss jedoch auch hervorgehoben werden, dass die Veränderung durch *Radmacher* im Private Ordering den größeren Fortschritt bewirkt hat. Eine weitergehende Anerkennung der Privatautonomie würde das *Hyman*-Prinzip tangieren und müsste daher zu dessen Abschaffung führen oder mit diesem auf andere Weise in Einklang gebracht werden;[611] die Beweislastverteilung entspricht bereits einer solchen Systematik. Gegenläufig dazu weist die Systemgerechtigkeit des Equal Sharing Principles auf eine Divergenz zwischen kontinentaleuropäischem und englischem Verständnis hin. Die Einbeziehung der Legislative wäre gerade deshalb in der ersten Konstellation noch wesentlich wichtiger gewesen als in der zweiten. Lady Hale lässt dies auch in ihrer Meinung anklingen, wenn sie betont, dass es einen Unterschied mache, ob man das Sharing-Prinzip als Ausdruck einer gleichberechtigten Partnerschaft sehe, oder ob man der Gleichberechtigung mithilfe der Privatautonomie Ausdruck verleihe.[612]

Der rechtliche Fortschritt ist im Common Law allerdings nur so gut, wie die ihm zugrunde liegenden Einzelfallumstände. *Radmacher* ist ein atypischer

---

610 So auch die Einschätzung von *Scherpe*, ZEuP 2012, 615 (628 f.); *ders.* (2011) 70 C.L.J., 29.

611 Letzteren Weg favorisiert die Law Commission in ihrem Report als Empfehlung an das Parlament, siehe unten 1. Teil: C. VI.

612 *Radmacher v Granatino* [2010] UKSC 42, para. 178: „On the one hand, the sharing principle reflects the egalitarian and non-discriminatory view of marriage (…). On the other hand, respecting their individual autonomy reflects a different kind of equality. In the present state of the law, there can be no hard and fast rules, save to say that it may be fairer to accept the modification of the sharing principle than of the needs and compensation principles."

Fall:[613] Das immense Vermögen befand sich ausnahmsweise aufseiten der sich um die Kinder sorgenden Partei und auch die vermeintlich schwächere Partei verfügte über beachtliche Qualifikationen, die zur eigenständigen Sicherung der Bedürfnisse ausreichen würden. Dass es in einem solchen Fall zu einer nahezu vollständigen Anerkennung des Agreements kommen würde, lag auf der Hand. Die Deckung von Needs und Compensation war auf beiden Seiten weitestgehend gesichert, sodass eine großflächige Aufweichung der Vermutungsregel ausschied. Hieran zeigt sich deutlich, dass die richtige Lagerung der Einzelfallumstände maßgeblich über die Anerkennung des Agreements und damit über das Maß der Rechtssicherheit entscheidet. Es steht damit auch das Argument im Raum, dass die Attraktivität des Forum Shoppings in ausgewählten Konstellationen (hohes Vermögen, Deckung von Needs und Compensation) gesunken sein könnte.[614] Die durch die Vermutungsregel und Beweislastumkehr intendierte Betonung der Privatautonomie scheitert aber zuhauf am geringen „Trickle-Down-Effekt", d. h. die Grundsätze werden in Big Money Cases entwickelt, müssen jedoch im Großteil der Fälle auf entgegengesetzte Sachverhalte angewendet werden,[615] weshalb letztendlich die Aufweichung der Vermutungsregel den Schauplatz der Prüfung markiert.

bb) Dilemma der Rechtsprechung

Was hierdurch deutlich hervortritt, ist der Balanceakt,[616] den die Gerichte bei der Anfertigung solcher Grundsätze bewältigen müssen. Auf der einen Seite sind sie gezwungen, ihre Rechtsprechung fortzuentwickeln, weil schon die Dürftigkeit des Gesetzeswortlautes dies gebietet[617] und weil durch die Begründung einer konstanten Rechtsprechung Transparenz geschaffen und Willkür vorgebeugt werden soll.[618] Auf der anderen Seite sind sie davor gewarnt, ihre Rechtsprechung zu weit voranzutreiben und dadurch die Funktion der Legislative zu

---

613 *Bradley/Healing* [2012] Fam Law, 294 (296).

614 Zur Zunahme der Attraktivität des Forum Shoppings durch *White*: *Duckworth/Hodson* [2001] Fam Law, 24 (29); im Allgemeinen: *Fisher* [2002] Fam Law, 108 (111). Zur Reduktion durch *Radmacher*: *Miles*, in: Scherpe (Hrsg.), Marital Agreements, 89 (119).

615 Sich den Begriff des Trickle-Down-Effekts im Zusammenhang mit *White* nutzbar machend: *Hitchings* (2010) 22 CFLQ, 93 (113 f.).

616 So auch bereits *Miles* (2008) 20 CFLQ, 378 (388).

617 *Bailey-Harris* (2005) 19 IJLPF, 229.

618 Zur Frage der Notwendigkeit der Interpretation des Gesetzes durch die Gerichte siehe oben 1. Teil: B. II. 1.

übernehmen bzw. zu untergraben[619] oder ihr eigenes, von Gesetzes wegen übertragenes Ermessen unzulässigerweise zu sehr zu beschränken[620] und sich der Inflexibilität auszusetzen.

Es kommt erschwerend hinzu, dass sich die Rechtsprechung in der Regel in einem zeitlichen Dilemma[621] befindet. Es ist ihr selten möglich, auf gesetzgeberische Initiativen zu warten, sodass sie darauf angewiesen ist, selbst tätig zu werden. Diesen Balanceakt kann man nur mit einer übersichtlichen und systemkonformen Rechtsprechungslage erreichen. Die Entwicklung von Grundsätzen und ihre beständige, widerspruchsfreie Anwendung soll dazu beitragen, Rechtssicherheit zu gewährleisten; durch die Entstehung paradoxer Bereiche wird jedoch das genaue Gegenteil bewirkt und Rechtsunsicherheit gefördert.[622] In einem von Ermessen bestimmten System gegenüber einem System, das durch feste Regeln beherrscht wird, kommt dies potenziert zum Ausdruck. Die daraus resultierende Unvorhersehbarkeit der Ergebnisse erschwert zudem die Rechtsberatung.[623]

cc) Radmacher-Test (Nuptial Agreements) und Edgar-Test (Separation Agreements) im Vergleich

Die einzelnen Merkmale des Two-Stage-Tests of Fairness lassen bereits bei erster Lektüre eine erhebliche Nähe zu dem in *Edgar*[624] aufgestellten Test erkennen, der auf Separation Agreements anwendbar ist. In beiden Fällen sollen sich die Parteien an dem Agreement festhalten lassen, sofern es nicht „unfair" wäre bzw. hieraus

---

619 So auch bereits der Hinweis von Thorpe LJ. in *Dart v Dart* [1996] 2 FLR 286, 301: „If a fundamental change is to be introduced it is for the legislature and not the judges to introduce it."

620 *Martin v Martin* [1978] Fam. 12, 20C-D: „It is the essence of such a discretionary situation that the court should preserve, so far as it can, the utmost elasticity to deal with each case on its own facts. (…) It equally means that decisions of this court can never be better than guidelines. They are not precedents in the strict sense of the word. There is bound to be an element of uncertainty in the use of the wide discretionary powers given to the court under the Act of 1973, and no doubt there always will be, because as social circumstances change so the court will have to adapt the ways in which it exercises discretion."

621 Hierzu ausführlicher: *Cretney* (2003) 15 CFLQ, 403 (415 ff.).

622 Auf diverse Paradoxe in der Rechtsprechung hinweisend: *Harris* [2008] Fam Law, 1096 (1096 ff.).

623 *Standley*, Family Law, S. 175.

624 Siehe dazu ausführlich oben 1. Teil: C. III. 2. Einen gleichartigen Bewertungsmaßstab für die beiden Vereinbarungsarten abstrakt bereits 2006 vorhersagend: *Todd* [2006] Fam Law, 539.

kein „Unrecht" entstünde; es existiert damit gleichsam eine Vermutungswirkung zugunsten des Agreements sowie eine hieraus ableitbare Beweislastumkehr.[625] Ebenfalls parallel verlaufend werden die Agreements in zwei Schritten zum Zeitpunkt des Abschlusses und zum Zeitpunkt der Anordnung durch das Gericht auf ihre formelle und materielle Fairness überprüft. Bereits aufgrund dessen ist die Wahrscheinlichkeit gering, dass die Tests im Hinblick auf die verschiedenen Arten von Agreements zu unterschiedlichen Ergebnissen gelangen.[626] Dies ist insofern bemerkenswert, als hierdurch der mit der *MacLeod*-Rechtsprechung einhergehende Anwendungszwiespalt[627] gegenüber dem Standpunkt in *Radmacher* an Brisanz verliert.[628]

Einen einheitlichen, für alle Agreements gültigen Test zu formulieren, lehnte das Gericht bekanntermaßen ab.[629] Aus Lady Hales Begründung geht hervor, dass der Grund hierfür in den unterschiedlichen Schwierigkeiten zu sehen ist, mit denen die Agreements auf die Probe gestellt werden.[630] Dass die Anforderungen für eine Abweichung von einem Separation Agreement höher sind als bei einem Pre-Nuptial Agreement, liegt in der Natur des jeweiligen Agreements: Je näher der Abschluss des Agreements am Zeitpunkt der gerichtlichen Anordnung liegt, desto geringer ist die Wahrscheinlichkeit, dass emotionale Störungen und zukunftsbedingte Ungewissheiten ein unfaires Ergebnis erzeugen.[631] Es lässt sich deshalb mutmaßen, dass die Formulierung eines einheitlichen Tests aus Sicherheitsgründen unterlassen wurde.

---

625 *Miles*, in: Scherpe (Hrsg.), Marital Agreements, 89 (110).

626 *Scherpe* (2011) 23 CFLQ, 513 (516); *Miles*, in: Scherpe (Hrsg.), Marital Agreements, 89 (110).

627 Siehe dazu im Einzelnen oben 1. Teil: C. V. 2. b).

628 *Miles*, in: Scherpe (Hrsg.), Marital Agreements, 89 (110).

629 Siehe dazu bereits oben 1. Teil: C. V. 3. a) cc) sowie *Radmacher v Granatino* [2010] UKSC 42, para. 65. Hieran wurde auch in der Folgezeit festgehalten, siehe nur *Z v Z (Financial Remedies: Marriage Contract)* [2011] EWHC 2878 (Fam).

630 *Radmacher v Granatino* [2010] UKSC 42, para. 171. Ihrem Standpunkt entsprechend hält sie auch an dieser Stelle an einer Differenzierung zwischen Pre- und Post-Nuptial Agreements fest.

631 Im Hinblick auf die zeitliche Komponente: *Radmacher v Granatino* [2010] UKSC 42, paras. 80, 171; [2009] EWCA Civ 649, para. 73; *Scherpe* (2011) 23 CFLQ, 513 (516); *Miles* (2009) 21 CFLQ, 513 (524). Im Hinblick auf die emotionale Komponente: *Harper/Frankle*, in: Scherpe (Hrsg.), Marital Agreements, 122 (124).

5. *Nachfolgende Entwicklung*

In der der Entscheidung folgenden Zeit kam es zu keiner bemerkenswerten Weiterentwicklung der Rechtsprechung; vielmehr wurden die Ergebnisse in *Radmacher* grundlegend bestätigt.[632] Insbesondere wurde die enge Auslegung des Foreign Elements als Nachweis eines Bindungswillens der Parteien aufrechterhalten.[633]

Allerdings konnte auch bestätigt werden, dass es sich bei den in *Radmacher* vorherrschenden Umständen um atypische Vermögensverhältnisse und Rollenverteilungen handelte.[634] Hierdurch relativiert sich das Ausmaß der faktischen Auswirkungen für Folgeentscheidungen, das im Zusammenhang mit dem neuen Two-Stage-Test of Fairness in Aussicht gestellt wurde.[635] Denn die Parteien können mithilfe des Agreements zwar grundsätzlich Einfluss auf das Prinzip des Sharings nehmen, nicht jedoch so weitgehend, dass dieser Ausschluss von den Gerichten auch in jedem Fall vollständig zulasten der Needs akzeptiert wird.[636]

VI. Reformbewegung der Law Commission – Einführung von Qualifying Nuptial Agreements *de lege ferenda*

Trotz der bisherigen Entwicklungen in der Rechtsprechung werden Stimmen in familienrechtlichen Fachkreisen und bei Interessenvertretern lauter, die für eine stärkere Anerkennung von Privatautonomie auf gesetzgeberischer Grundlage

---

632 *Radmacher* applied: *Z v Z (Financial Remedies: Marriage Contract)* [2011] EWHC 2878 (Fam). *Radmacher* followed: *Luckwell v Limata* [2014] EWHC 502 (Fam); *BN v MA* [2013] EWHC 4250 (Fam); *AH v PH* [2013] EWHC 3873 (Fam); *Kremen v Agrest* [2012] EWHC 45 (Fam); *V v V (Ancillary Relief: Pre-Nuptial Agreement)* [2011] EWHC 3230 (Fam); *GS v L (Financial Remedies: Pre-Acquired Assets)* [2011] EWHC 1759 (Fam). *Radmacher* considered: *B v S (Financial Remedy: Matrimonial Property Regime)* [2012] EWHC 265 (Fam).

633 *Z v Z (Financial Remedies: Marriage Contract)* [2011] EWHC 2878 (Fam), para. 40; *V v V (Ancillary Relief: Pre-Nuptial Agreement)* [2011] EWHC 3230 (Fam), para. 69; *Scott* [2012] Fam Law, 73.

634 *Bradley/Healing* [2012] Fam Law, 294 (296).

635 Im Übrigen sei diese Entwicklung bereits in der früheren Rechtsprechung angelegt gewesen, *Miles*, in: Scherpe (Hrsg.), Marital Agreements, 89 (105 f.).

636 Bestätigt durch den im Vergleich zu *Radmacher* ähnlich, jedoch nicht in letzter Konsequenz gleich gelagerten Fall *Z v Z (Financial Remedies: Marriage Contract)* [2011] EWHC 2878 (Fam), siehe hierzu *Scherpe*, ZEuP 2012, 615 (627). Zur Analyse der Unterschiede sowie deren Auswirkungen auf das Ergebnis: *Bradley/Healing* [2012] Fam Law, 294 (295 ff.).

plädieren.[637] Die aktuelle Reformbestrebung seitens der Law Commission ist Ausdruck dessen, gleichzeitig jedoch insofern kein Novum, als es sich um eine Diskussion handelt, die bereits seit einigen Jahren geführt wird.[638]

Die Law Commission ist ein durch den Law Commissions Act 1965 installiertes, unpolitisches und von der Regierung unabhängiges Organ. Sie dient nach s. 3 (1) Law Commissions Act 1965 dazu, das geltende Recht fortwährend auf seine Angemessenheit zu überprüfen und notwendigen Reformbedarf aufzuzeigen. Einen solchen Reformbedarf hat die Law Commission im Bereich der Marital Agreements gesehen und infolgedessen ein Consultation Paper zu diesem Thema im Januar 2011 sowie mit inhaltlicher Erweiterung um die Bereiche (nicht-) eheliches Vermögen und Bedürfnisse im September 2012 veröffentlicht.[639] Mit der Reform soll ein stärkeres Maß an Transparenz und Rechtssicherheit einhergehen, bei gleichbleibender Absicherung für betroffene Schutzbedürftige. Nachdem der Öffentlichkeit die Möglichkeit zur Stellungnahme gegeben wurde, fand eine diesbezügliche Auswertung statt, die nach ausführlicher Analyse in einem Report zusammengetragen wurde. Diese Ergebnisse wurden im Februar 2014 als Empfehlungen einschließlich einer Nuptial Agreements Bill gemäß s. 3 (2) des Law Commissions Act 1965 dem Parlament vorgelegt, das an diese Vorgaben nicht gebunden ist.[640]

---

637 Reformbedürfnisse ergäben sich insofern nicht nur aus rein nationaler, sondern auch aus internationaler Perspektive, *Miles*, in: Scherpe (Hrsg.), Marital Agreements, 89 (120 f.). Der Gewinn an Rechtssicherheit für internationale Ehepaare mit ausländischem Ehevertrag hält sich jedoch in Grenzen, siehe unten am Ende des Abschnittes.

638 Zusammenfassung der vorhandenen Reformvorschläge sowie der wissenschaftlichen Untersuchungen in diesem Bereich: Law Commission, CP No. 198, § 1.43 ff. m. w. N.

639 „Marital Property Agreements – A Consultation Paper“, CP No. 198, veröffentlicht am 11.01.2011 sowie „Marital Property, Needs and Agreements – A Supplementary Consultation Paper“, CP No. 208, veröffentlicht am 11.09.2012; weiterführend: *Cooke*, in: Scherpe (Hrsg.), Marital Agreements, 144 (144 ff.); *dies.* [2011] Fam Law, 145 (145 ff.); *dies.* [2012] Fam Law, 323 (323 ff.); *Miles* (2011) 74 MLR, 430 (430 ff.); *Barton* [2011] Fam Law, 992 (992 ff.).

640 „Marital Property, Needs and Agreements“, Law Com No. 343, veröffentlicht am 27.02.2014.

Das für den Kontext des Private Orderings wichtigste Ergebnis ist die Empfehlung der Law Commission zur Einführung von Qualifying Nuptial Agreements:[641]

> „[They] are a new form of enforceable nuptial property agreement that restrict the court's jurisdiction to make financial orders on the dissolution of marriage that are inconsistent with the terms of the agreement, except where such orders are necessary to meet the needs of a party."[642]

Diese sollen im Hinblick auf ihre Rechtsnatur und Rechtswirkung im Grundsatz als durchsetzbare Verträge im Sinne des Contract Laws[643] verstanden werden, vermöge derer der Ermessensspielraum des Richters beschränkt werden kann. Ausnahmen müssten jedoch dann gelten, wenn die Deckung der Bedürfnisse eines Ehegatten oder eines Kindes nicht gewährleistet sei. Insofern könne dem Agreement eine solche Rechtswirkung nicht zuteilwerden, sodass es jeder Partei auch weiterhin offenstehe, auf dieser Grundlage einen Antrag auf Financial Orders bei Gericht einzureichen, welches anhand der bisher geltenden Fairness-Maßstäbe ermessensgelenkt zu entscheiden habe. Demzufolge würde sich der Anwendungsbereich der Qualifying Nuptial Agreements auf den Bereich des Sharings konzentrieren.[644] Vorausgesetzt, dass die Bedürfnisse der Parteien sowie des Kindes gedeckt sind, könne dies insbesondere zum Schutz nichtehelichen Vermögens, d. h. zum Schutz von Vermögen, das vor der Ehe generiert wurde oder im Rahmen einer Erbschaft oder Schenkung angefallen sei, sowie zum Schutz des Vermögens insgesamt eingesetzt werden, wenn die Vermögensmassen dementsprechend großzügig ausfallen.[645]

---

641 Law Com No. 343, § 9.1 ff. als Zusammenfassung der Empfehlungen mit Verweis auf die ausführliche Darstellung in Kapitel 5 des Reports.

642 Law Com No. 343, A.19.

643 Nun entgegen früheren Bedenken, „[that f]amily relationships are not like straightforward commercial relationships", *MacLeod v MacLeod* [2008] UKPC 64, 42. Zur Frage der Anerkennung von Privatautonomie im ehevertraglichen Kontext auf der Grundlage eines Vergleichs von Ehe und (englischem) Partnership: *Cretney* (2003) 15 CFLQ, 403 (411 ff.); *Sanders* (2010) 59 ICLQ, 571 (589 ff.).

644 Diese Variante plastisch als „Ehegüterrechtsverträge" mit großer Bindungswirkung bezeichnend: *Scherpe*, ZEuP 2012, 615 (628).

645 Law Com No. 343, § 5.4.

Mit dieser Empfehlung der Law Commission geht gleichzeitig eine Absage an den ebenfalls andiskutierten Vorschlag eines „Cast-Iron Agreements" einher.[646] Danach würde vonseiten des Gerichts überhaupt nur in solch extremen Fällen eine Überprüfungsoption bestehen, in denen der durch die Vereinbarung benachteiligte Ehegatte auf staatliche Unterstützung angewiesen wäre oder Kindesinteressen unzureichend berücksichtigt würden. Solange beides nicht vorliege, könne jeglicher Inhalt, unabhängig von seinem Ausmaß, vereinbart werden. In diesem Fall bestünde keinerlei Ermessensspielraum, woraus sich ein untragbarer Widerspruch zum Schutz des Schwächeren als zentraler Aspekt des englischen Scheidungsfolgenrechts ergeben würde. In diese extreme Richtung geht auch die am 10.06.2014 im House of Lords eingeführte Divorce (Financial Provision) Bill (HL Bill 8), die bereits unter inhaltlichen Gesichtspunkten – nach s. 3 des Vorschlags würde eine Bindungswirkung des Agreements nur in Ausnahmefällen verneint, wenn hierdurch Dritten Verpflichtungen auferlegt oder formelle Voraussetzungen nicht eingehalten wurden – wenig Aussicht auf Erfolg hat; dies gilt gleichermaßen für die in der Committee Stage geänderte Fassung vom 24.11.2014 (HL Bill 60).[647]

Es stellt sich daher die Frage, welche Auswirkungen die Reform auf das in der Rechtsprechung begründete *Hyman*-Prinzip hat, das die durch Vereinbarungen zwischen Ehegatten unbeschränkbare Anrufungsmöglichkeit und Ermessensausübung der Gerichte im Bereich der Financial Orders statuiert und maßgeblichen Einfluss auf die Anerkennung von Privatautonomie hat.[648] Unstrittig ist, dass dem Prinzip durch die Reform nicht die Grundlage entzogen

646 Zum ursprünglichen Vorschlag im Consultation Paper: CP No. 198, § 7.23 ff.; zur Ablehnung im Report: Law Com No. 343, § 5.78. Siehe hierzu auch *Scherpe*, in: Scherpe (Hrsg.), Marital Agreements, 443 (489).

647 HL Bill 8 („as introduced") bzw. HL Bill 60 („as amended in Committee") abrufbar unter: http://www.publications.parliament.uk/pa/bills/lbill/2014-2015/0008/lbill_2014-20150008_en_1.htm bzw. http://www.publications.parliament.uk/pa/bills/lbill/2014-2015/0060/lbill_2014-20150060_en_1.htm (Stand: 18.12.2014). Da es sich zudem um eine Private Members' Bill handelt, denen grundsätzlich weniger Zeit gewidmet wird als anderen Bills, ist es nach statistischen Erfahrungswerten wenig wahrscheinlich, dass diese Bill alle Gesetzgebungsstufen des House of Lords und des House of Commons bis zum Royal Assent durchläuft. Im Vordergrund steht vielmehr der öffentliche Diskurs, hierzu allgemein: http://www.parliament.uk/about/how/laws/bills/private-members/ (Stand: 18.12.2014).

648 Siehe oben 1. Teil: C. I.

wurde.[649] Das geht bereits daraus hervor, dass s. 1 (3) der Nuptial Agreements Bill klarstellt, dass die offizielle Abschaffung der Public Policy,[650] die von der Law Commission gemäß s. 1 (2) Nuptial Agreements Bill vorgesehen ist und auch eine Anpassung der ss. 34 ff. MCA 1973 nach sich ziehen wird,[651] das *Hyman*-Prinzip unberührt lässt:

> „1 Abolition of public policy rule (…)
>
> (2) The common law rule (if it still exists) that provision of that sort is void if it concerns the financial consequences of a future separation is abolished.
>
> (3) But subsection (2) does not affect the court's powers to make orders for financial relief in the event that separation occurs, and any term agreed between the parties that purports to limit those powers (or the right of either party to apply for an order) remains void."

Vielmehr soll s. 25H MCA 1973 eingefügt werden, der auf die Beschränkbarkeit richterlichen Ermessens in Part II des MCA 1973 kraft des in sch. A1 MCA 1973 geregelten Qualifying Nuptial Agreements verweist. In s. 5 der Nuptial Agreements Bill heißt es (Hervorhebungen der Verfasserin):

> „(…) After section 25G insert –
>
> '25H Qualifying Nuptial Agreements
>
> Schedule A1 (which contains provisions limiting the powers of the court to make certain orders under this Part) has effect.' (…)
>
> Schedule A1
>
> Qualifying Nuptial Agreements
>
> The rule
>
> 1 (1) This paragraph applies if a qualifying nuptial agreement is in force with respect to the marriage when the court is deciding whether and, if so, how to exercise a power under section 23(1)(a), (b) or (c), 24, 24A, 24B or 24E in relation to a party to the marriage.

---

649 Law Com No. 343, § 4.32: „Because [*Hyman*] remains intact, the fact that an agreement between husband and wife is a valid contract does not change the court's jurisdiction to make financial orders."

650 Der Public Policy wurde in der *Radmacher*-Rechtsprechung bereits im Rahmen eines *obiter dictum* der Boden entzogen, siehe oben 1. Teil: C. V. 2. b) und den Hinweis zur Klausel im Report, Law Com No. 343, A.6 bzw. § 9.5 f. mit Verweis auf § 4.28 ff., sodass der Reform zumindest Klarstellungsfunktion zukommt und darüber hinaus auch sogar eine Möglichkeit erschaffen wurde, bei entfallendem richterlichen Ermessen vertragliche Durchsetzbarkeit einzuführen.

651 Law Com No. 343, § 4.36 ff.

1 (2) The court *must not exercise the power* in a way that is inconsistent with the qualifying nuptial agreement *unless* it is doing so

(a) to meet the needs of a party to the marriage, or

(b) in the interests of a child of the family. (…)“

Ist ein solches Agreement vorhanden, bestimmt s. 1 (1) sch. A1 MCA 1973, dass die darauffolgenden Vorschriften zu berücksichtigen sind, die Einfluss auf die richterliche Entscheidungsgewalt haben. Nach s. 1 (2) sch. A1 MCA 1973 darf das Gericht grundsätzlich keine Anordnungen treffen, die inhaltlich nicht mit dem Qualifying Nuptial Agreement in Einklang stehen, es sei denn, dass es zur Deckung der Bedürfnisse eines Ehegatten oder im Interesse des Kindes notwendig erscheint. Ausgehend hiervon ist anzunehmen, dass es sich um eine gesetzlich vorgesehene und dem Qualifying Nuptial Agreement inhärente Rechtswirkung handelt, das Ermessen des Gerichts im Bereich des Sharings einschränken zu können:

> „Clause 1 (3) makes it clear that the abolition of the common law rule under subsection (2) does not affect the common law rule that terms within nuptial agreements purporting to limit or remove the court's powers to make orders for financial relief upon separation are void; nor does it affect the court's powers to make orders for financial relief at the end of a marriage or civil partnership. By contrast, qualifying nuptial agreements, defined in Schedule A1 to the Matrimonial Causes Act 1973 (…), do affect those powers.“[652]

Infolgedessen würde auch die systemwidrige Anordnung der Beweislastverteilung[653] beseitigt, weil das System in seiner Grundkonzeption nun dem Format „binding unless inequitable“ entsprechen würde: Der Bindungswirkung und fehlenden Überprüfungsmöglichkeit im Bereich des Sharings stünde das *Hyman*-Prinzip gegenüber, dem weiterhin eine Stellung als Garant für die Anrufungsmöglichkeit zukäme, im Rahmen dessen das Gericht den in s. 1 (2) sch. A1 MCA 1973 genannten Gesichtspunkten zur Geltung verhelfen könnte. In dem Bereich, in dem ein Ermessensgebrauch des Gerichts *de lege ferenda* unmöglich würde, sieht die Law Commission den eigentlichen Gewinn an Rechtssicherheit gegenüber dem Rechtszustand, der *de lege lata* durch *Radmacher* bereits bestand.[654]

Hieran schließt sich die Frage an, ob sich die Reform auch inhaltlich auf das Ergebnis auswirken wird. Hiervon könnte wohl nur dann die Rede sein, wenn sie auch die ihr zugrunde liegenden Komponenten beeinflussen würde. Die Law

---

652 Law Com No. 343, A.9.

653 Siehe oben 1. Teil: C. V. 4. d) bb).

654 Law Com No. 343, § 5.38.

Commission hat klargestellt, dass die den Begriffen Needs[655] und nicht-eheliches Vermögen (als Teil des Sharings) zugehörige Rechtsprechung beibehalten werden solle.[656] Allerdings müsse das Recht im Hinblick auf Needs zur Gewährleistung einer gleichmäßigen Anwendung durch die Gerichte transparenter und für den vor Gericht unvertretenen Laien verständlicher gestaltet werden. Dies gewinnt vor allem auch deshalb an Bedeutung, weil im Großteil der Fälle nur geringe Vermögensmassen vorhanden sind und hierdurch bedingt allein die Deckung der Bedürfnisse in das Zentrum der Entscheidung rückt, sodass für die Berücksichtigung des Sharings kein Raum verbleibt. Daher solle dieser Bereich nach Maßgabe der Empfehlungen des Family Justice Councils mithilfe von Leitlinien in einfacher, nicht gesetzlicher Form verschriftlicht und leichter zugänglich gemacht werden, ohne dabei jedoch die Flexibilität durch die Einführung fester mathematischer Größen einzubüßen. Den Ehegatten müsse ein Übergang zur Unabhängigkeit ermöglicht werden, der insbesondere unter Einbeziehung der gemeinsamen Entscheidungen während der Ehe, der Ehedauer, dem Lebensstandard während der Ehe sowie der Erwartungen hinsichtlich des gemeinsamen Lebens (Rollenverteilung, Verpflichtungen, Familienheim) erfolgen solle. Insofern sei auch zukunftsorientiert zu überlegen, ob eine ebenfalls nicht gesetzlich fixierte Formel als Berechnungsgrundlage Hilfestellung leisten könne, um eine Ober- und Untergrenze für gerichtliche Entscheidungen zu definieren.

Der Supreme Court merkte bereits in seiner Rechtsprechung an, dass „black and white rules“[657] nur dann notwendig seien, wenn Vereinbarungen Bindungswirkung zukommen soll. Daher muss sich auch ein Qualifying Nuptial Agreement an gewissen formellen Vorgaben messen lassen.[658] Nach Ansicht der Law Commission muss es den allgemeinen Maßstäben des Contract Laws standhalten, in der urkundlichen Form eines Deeds abgefasst sein und eine unterschriftliche Bestätigung enthalten, dass beide Parteien verstanden haben, dass durch den Abschluss der Vereinbarung die Möglichkeit zum korrigierenden Eingriff vonseiten des Gerichts teilweise ausgeschlossen wurde. Ferner darf das

---

655 Law Com No. 343, § 9.1 als Zusammenfassung der Empfehlungen mit Verweis auf die ausführliche Darstellung in Kapitel 3 des Reports, insbesondere § 3.73: „(…) our Policy is closer to clarification, or even to a statement of best practice, than a change in the law.“

656 Law Com No. 343, § 8.14.

657 *Radmacher v Granatino* [2010] UKSC 42, para. 69.

658 Law Com No. 343, § 9.11 ff. als Zusammenfassung der empfohlenen Voraussetzungen des Agreements mit Verweis auf die jeweilige Stelle in Kapitel 6 des Reports.

Agreement nicht in einem Zeitfenster von 28 Tagen vor Eheschließung, nur in Verbindung mit einer gegenseitigen Offenlegung des Vermögens sowie infolge getrennter anwaltlicher Beratung abgeschlossen werden.

Die Law Commission hatte bereits in ihrer ursprünglichen Fassung des Consultation Papers geäußert, dass sich eine rechtssichere Situation für internationale Ehepaare mit ausländischem Ehevertrag aus der Reform in aller Regel nicht ergeben werde.[659] Es sei unwahrscheinlich, dass sich an der Einstellung zur Anwendung der *lex fori* im englischen Kollisionsrecht etwas ändern bzw. eine Teilnahme des Vereinigten Königreichs an den vereinheitlichten internationalen Kollisionsregeln, das zur regelmäßigen Anwendung der *lex causae* oder des in einer Rechtswahlklausel genannten Rechts führe, erfolgen werde. Daher sei ein ausländischer Ehevertrag – ebenso wie ein englisches Agreement – auch künftig den materiell-rechtlichen Anforderungen des englischen Sachrechts unterworfen, sodass er den formellen Vorgaben eines Qualifying Nuptial Agreements gerecht werden müsse, um eine dementsprechende Rechtswirkung herbeiführen zu können. In diesem Zusammenhang werde es allerdings häufig an der getrennten anwaltlichen Beratung sowie an der Offenlegung des Vermögens fehlen, die anderen Rechtsordnungen als Grundvoraussetzungen fremd sind. Am Ende bleibt es dann bei der Anwendung der vor der Reform für Nuptial Agreements entwickelten Maßstäbe, insbesondere des Two-Stage-Tests of Fairness.

D. Zusammenfassende Beurteilung der Marital Agreements

Die Entscheidungsgewalt des Richters steht im englischen Scheidungsfolgenrecht im Mittelpunkt.[660] Es steht in seinem freien Ermessen und ist damit unabhängig von den Eigentumsverhältnissen, wie das Vermögen zum Zeitpunkt der Scheidung verteilt wird. Das Ermessen vollzieht sich im Rahmen der Verteilungsbefugnisse, welche die konkrete Verteilung des Vermögens bestimmen. Gesetzliche Maßstäbe für die Ermessensausübung sind die Faktoren in ss. 25, 25A MCA 1973; Marital Agreements sind grundsätzlich nur eine der zu berücksichtigenden Faktoren.[661] Eine vermeintliche Konkretisierung erfahren diese Maßstäbe mittels der Entwicklung weiterer Grundsätze durch die Rechtsprechung. Das Ziel einer jeden Entscheidung ist die Erzielung eines fairen Ergebnisses (*White*),

659 Law Commission, CP No. 198, § 7.90 ff. sowie auch Law Com No. 343, § A.34.

660 Zu einer ausführlichen Zusammenfassung der Grundlagen siehe oben 1. Teil: B. III.

661 Im Allgemeinen siehe oben 1. Teil: B. I. 2 und 3; zur schwachen Stellung der Marital Agreements siehe oben 1. Teil: B. I. 2. c); zum Einfluss der neuen Rechtspechung auf die Stellung derselbigen siehe oben 1. Teil: C. V. 4. d).

welches sich anhand der drei Elemente Needs, Compensation und Sharing (*Miller; McFarlane* sowie *Charman*) näher spezifizieren lässt.

Privatautonomie ist insbesondere in wirtschaftlichen Kontexten erwartungsgemäß ein Instrument eigenverantwortlicher Selbstbestimmung;[662] umso befremdlicher mutet die konservative Einstellung im Bereich der Marital Agreements an.[663] Das in *Hyman* niedergelegte Prinzip, dass ein Agreement zwischen Ehegatten keine Bindungswirkung gegenüber dem Matrimonial Court hervorrufen kann, gilt weiterhin und beschneidet letztendlich die Möglichkeiten der Ehegatten, die vermögensrechtlichen Folgen einer Scheidung eigenständig zu regeln.[664] Dies gilt ausnahmslos für alle Arten von Agreements. Lediglich Consent Orders i. S. v. s. 33A MCA 1973, deren Besonderheit darin liegt, dass ein Agreement der Ehegatten nach richterlicher Durchsicht in eine Court Order umgewandelt wird, bieten naturgemäß die rechtliche Sicherheit und Beständigkeit, die sich die Parteien wünschen.[665] Separation Agreements sind Vereinbarungen zwischen den Ehegatten, die zu einem Zeitpunkt geschlossen werden, in dem die Ehe bereits faktisch gescheitert ist und eine Scheidung bevorsteht.[666] Diese Art von Agreement gilt seit jeher als zwischen den Parteien wirksam, nicht jedoch als gegenüber dem Matrimonial Court bindend. Eine richterliche Überprüfung erfolgt daher stets anhand des in der *Edgar*-Entscheidung aufgestellten Tests. Die Bedeutung von Nuptial Agreements, also solchen Agreements, die vor (Pre-Nuptial) oder während (Post-Nuptial) der intakten Ehe geschlossen wurden, hat sich über die Jahrzehnte stark verändert. Von einer gänzlichen Unwirksamkeit zunächst ausgehend,[667] wurde in einem nächsten Schritt die gegen eine Berücksichtigung der Nuptial Agreements sprechende gesetzliche Verankerung der Public Policy[668] gelöst. Daraufhin folgte eine zunehmende Einbeziehung der durch die Parteien geschlossenen Vereinbarungen und eine damit im Zusammenhang stehende Schaffung einer paradoxen Situation: Die nun zulässige Berücksichtigung des Nuptial Agreements bei der Ermessensentscheidung bei verbleibender Unwirksamkeit desselbigen.[669] In der Folgezeit wurde in der *MacLeod*-Entscheidung

---

662 *Phang* (2000) 16 JCL, 158.

663 Die unterschiedliche Einordnung als auffällig bezeichnend: *Sanders*, Statischer Vertrag und dynamische Vertragsbeziehung, S. 239.

664 Siehe oben 1. Teil: C. I.

665 Siehe oben 1. Teil: C. II.

666 Siehe oben 1. Teil: C. III.

667 Siehe oben 1. Teil: C. IV. 1.

668 Siehe oben 1. Teil: C. IV. 2.

669 Siehe oben 1. Teil: C. IV. 3. a).

auch der in der Rechtsprechung noch bestehende Public Policy-Verstoß beseitigt, der gegen die Wirksamkeit von Post-Nuptial Agreements sprach[670] – obgleich durch *Radmacher*[671] eine Beschränkung der Entscheidung auf Post-Nuptial Agreements und eine damit einhergehende Gleichstellung von Post-Nuptial und Separation Agreements abgelehnt wurde. Letztere Entscheidung bestätigte damit entgegen *MacLeod*, dass die dem Public Policy-Verstoß zugrunde liegende Argumentation in Gänze hinfällig geworden sei (*obiter dictum*), sodass auch Pre-Nuptial Agreements als grundsätzlich wirksam gelten müssten; die Rechtsnatur sowie die sonstige Rechtswirkung von Nuptial Agreements blieb, mit Ausnahme der fehlenden Bindungswirkung gegenüber dem Matrimonial Court, ungeklärt.[672]

Aufgrund der aus dieser Entscheidung folgenden Gleichstellung von Pre-Nuptial und Post-Nuptial Agreements und deren Abgrenzung zu Separation Agreements musste der Maßstab der richterlichen Überprüfung, der nun nicht ohne Weiteres von den Separation Agreements übernommen werden konnte (*Edgar*-Test), überdacht werden.[673] Aus dieser Überzeugung heraus wurde zur Überprüfung der Nuptial Agreements der Two-Stage-Test of Fairness[674] entwickelt. Auf der ersten Stufe wird das Agreement zum Zeitpunkt des Abschlusses auf seine Procedural Fairness hin untersucht.[675] Zum Schutz *der* Privatautonomie wird überprüft, ob die den Vertragsabschluss umgebenden Umstände davon künden, dass die Parteien die Vereinbarung freiwillig und unter vollem Verständnis der Tragweite getroffen haben (funktionaler Ansatz). Für den Fall, dass ein Sachverhalt Bezüge zu einer anderen Rechtsordnung haben sollte (Foreign Element), kann die positive Bewertung der Vereinbarung durch das ausländische Recht als Nachweis für einen Bindungswillen dienen (enge Auslegung).[676] Auf der zweiten Stufe wird das Agreement zum Zeitpunkt der Anordnung durch das Gericht auf seine Substantive Fairness geprüft.[677] Dies dient dem Schutz *vor* Privatautonomie und damit vor inhaltlich nachteilhaften Vereinbarungen der

---

670 Siehe oben 1. Teil: C. IV. 3. b).

671 Siehe oben 1. Teil: C. V. 1.

672 Siehe oben 1. Teil: C. V. 2 sowie 1. Teil: C. V. 3. b) und c).

673 Siehe oben 1. Teil: C. V. 3. a). Wenn auch rein faktisch wohl am Ende nur ein geringer Unterschied zwischen dem *Edgar*-Test (für Separation Agreements) und dem *Radmacher*-Test (für Nuptial Agreements) verbleibt, 1. Teil: C. V. 4. e) cc).

674 Siehe oben 1. Teil: C. V. 4.

675 Siehe oben 1. Teil: C. V. 4. a).

676 Siehe oben 1. Teil: C. V. 4. b).

677 Siehe oben 1. Teil: C. V. 4. c).

Parteien. Maßgebliche Elemente sind hier das Wohlergehen des Kindes, die Berücksichtigung der Autonomie der Parteien, die Disponibilität des nicht-ehelichen Vermögens, der Eintritt unvorhergesehener Umstände seit Vertragsschluss sowie die Disponibilität der drei Elemente Needs, Compensation und Sharing.

Die durch die Formulierung des Two-Stage-Tests bedingte Einführung einer widerlegbaren Vermutung zugunsten der Anerkennung des Agreements sowie die damit einhergehende Beweislastumkehr zulasten des meist leistungsberechtigten Angreifers steht im Widerspruch zur privatautonomiefeindlichen Grundhaltung des englischen Rechts (keine Bindungswirkung der Vereinbarung) und ist daher nicht system*gerecht* – relativiert wird dies im Falle der Aufweichung der Vermutungsregel bei Nichtdeckung von (Real) Needs und Compensation.[678] Im Gegensatz dazu fällt die Verlagerung der Beweislast zulasten des leistungsverpflichteten Angreifers im allgemeinen Scheidungsfolgenrecht, der sich von einer hälftigen Teilung des Vermögens nach Maßgabe des Equal Sharing Principles befreien möchte, weniger ins Gewicht, weil sie den Schutz des Schwächeren bezweckt und daher system*konform* erscheint.[679]

Letzten Endes hat die *Radmacher*-Entscheidung des Supreme Courts wichtige Neuerungen mit sich gebracht, die jedoch in Abhängigkeit von den atypischen Einzelfallumständen (Rollen- und Vermögensverteilung) und dem geringen Trickle-Down-Effekt der Big Money Cases in einem realistischen Gesamtzusammenhang gesehen werden müssen.[680] Die Bedeutung privatautonomer Entscheidungen zwischen Ehegatten wurde insgesamt deutlicher in den Mittelpunkt gestellt. Gleichzeitig kann jedoch nicht geleugnet werden, dass für eine vollständige Einführung von Privatautonomie eine Reform unumgänglich wäre. Allerdings stößt hier die richterliche Tätigkeit wegen der Fortgeltung des in *Hyman* geschaffenen Prinzips an ihre Grenzen, sodass die Einbeziehung der Legislative vonnöten ist.[681] An dieser Stelle könnte die Reformbewegung der Law Commission, käme es in naher Zukunft zu einer gesetzgeberischen Umsetzung ihrer Pläne, zur Einführung von Qualifying Nuptial Agreements führen und damit in der Hauptsache ein stärkeres Maß an Rechtssicherheit schaffen.[682] Eine auch rechtssicherere Situation für internationale Ehepaare ist hiermit allerdings nicht automatisch verbunden.

---

678 Siehe oben 1. Teil: C. V. 4. d).
679 Siehe oben 1. Teil: C. V. 4. d) dd).
680 Siehe oben 1. Teil: C. V. 4. e).
681 Siehe oben 1. Teil: C. V. 4. e) bb)
682 Siehe oben 1. Teil: C. VI.

Die Einordnung und Bewertung der Entwicklungen im englischen Recht wird am Maßstab der deutschen Rechtsordnung vorgenommen, die als eine von Privatautonomie geprägte Rechtsordnung und in diesem Bereich stellvertretend für kontinentaleuropäische Rechtsordnungen herangezogen wird. Es ist daher Ziel, die soeben gewonnenen, im Zusammenhang mit Marital Agreements stehenden wesentlichen Erkenntnisse, dem nun folgenden Abschnitt zuzuführen und gegen eine solche Rechtsordnung zu testen, in deren Richtung die englische Rechtsordnung zu tendieren scheint. Die Untersuchung geht nämlich davon aus, dass sich das englische Recht trotz privatautonomiefeindlicher Grundhaltung (keine Bindungswirkung) qua Entwicklung des Two-Stage-Tests of Fairness mittlerweile privatautonomiefreundlicher gestaltet. Die Stellung der Privatautonomie hängt maßgeblich von zwei Einordnungen im Gesamtgefüge ab, und zwar erstens dem Default System und dessen Integrationsmodalitäten zugunsten der Privatautonomie als Opt-Out Option (2. Teil: B) sowie zweitens dem richterlichen Prüfverfahren als Schutzmechanismus zugunsten der Privatautonomie (2. Teil: C).

2. Teil: Einordnung und Bewertung der Entwicklungen in der englischen Rechtsordnung am Maßstab der deutschen Rechtsordnung

A. Einführung

I. Vertragsfreiheit und Vertragsgerechtigkeit

Der Privatautonomie liegt in ihren Grundzügen *rechtsordnungsautonom* ein verallgemeinerungsfähiger Gedanke zugrunde: Die Vertragsfreiheit ist eine ihrer bedeutendsten Erscheinungsformen und der Vertrag damit das Hauptmittel zur Ausübung der Privatautonomie.[683] Den Parteien wird Vertragsfreiheit dann zugestanden, wenn sie das Recht grundsätzlich für befähigt hält, ihre rechtlichen Verhältnisse gerecht zu ordnen, weil sie, den Idealfall skizzierend, zum eigenständigen Ausgleich ihrer Interessen und damit auch zur eigenverantwortlichen Verteilung von Rechten und Vorteilen sowie Pflichten und Lasten imstande sind;[684] in diesem Zusammenhang häufig fälschlich als ausgleichende Gerechtigkeit i. S. e. *iustitia commutativa*[685] bezeichnet.[686] Dem übereinstimmenden Willen der Parteien wird zunächst einmal die Vermutung der Richtigkeit zuteil,[687]

---

683 *Flume*, AT Band II, S. 12, 18: „Vertragsfreiheit (…) als pars pro toto der Privatautonomie"; *Lorenz*, Unerwünschter Vertrag, S. 1; Staudinger-*Olzen*, BGB, Einl. zum Schuldrecht, Rn. 52.

684 *Canaris*, AcP 200 (2000), 273 (284 f.); *v. Jhering*, Zweck im Recht, Band I, S. 72: „Mittelst des Vertrages constatiren [die Parteien] die Coinzidenz ihrer Interessen (…)"; *Weitnauer*, Schutz des Schwächeren im Zivilrecht, S. 17 f.; MüKo-*Roth/Schubert*, BGB, § 242 Rn. 462; *Peel*, Law of Contract, § 1–004.

685 Der Gedanke der austeilenden (distributiven) und ausgleichenden (weniger missverständlich: korrigierenden) Gerechtigkeit geht zurück auf *Aristoteles*, Nikomachische Ethik, V.7, Zeile 1132a ff. zitiert nach der Übersetzung von *Wolf* (Hrsg.), Rowohlt, 2006). Der lateinische Begriff *iustitia commutativa* beruhe auf einer späteren Fehlübersetzung von *Thomas von Aquin*, hierzu ausführlich *Honsell*, in: FS Mayer-Maly, 287 (287 ff.).

686 Für die Vertragsparteien bestehe keine Pflicht zum gerechten Interessensausgleich. Dies sei vielmehr Aufgabe der Legislative und Judikative als *iustitia correctiva*, *Honsell*, in: FS Mayer-Maly, 287 (295 f.).

687 *Schmidt-Rimpler*, AcP 147 (1941) 130, (149 ff.); *ders.*, in: FS Nipperdey, 1 (6 ff.); erwähnenswert ist insofern die Ansicht *Schwenzers*, AcP 196 (1996), 88 (113),

woraus der Grund für die Anerkennung und die Bindungswirkung des Vertrages gefolgert wird.

Die Vertragsfreiheit kann sich aber grundsätzlich nur innerhalb der Grenzen der Rechtsordnung entfalten.[688] So sind im allgemeinen Vertragsrecht standardmäßig Schranken vorhanden, die die Parteien bspw. im deutschen Recht vor arglistiger Täuschung, Drohung und Irrtümern (§§ 119, 123 BGB) oder im englischen Recht vor Fraud, Duress und Misrepresentation[689] schützen. Die rechtliche Entscheidungsfreiheit (formale Vertragsfreiheit) stößt insbesondere dort an ihre Grenzen, wo die Grundlage dessen, die Selbstbestimmung als Voraussetzung einer tatsächlichen Entscheidungsfreiheit (materiale Vertragsfreiheit), nicht gegeben ist und gegen die Gewährleistung einer formalen Vertragsgerechtigkeit spricht.[690] Ebenso kann die objektive Äquivalenz der Vereinbarung, also die Gerechtigkeit des Vertragsgestaltungsergebnisses, infrage zu stellen sein, damit die Richtigkeitsgewähr erschüttern und eine Vertragskontrolle aus Gründen der materialen Vertragsgerechtigkeit notwendig erscheinen lassen.[691]

Wenn für die Parteien selbst keine Pflicht zum gerechten Ausgleich ihrer Interessen besteht, stellt sich die Frage, wann ein korrigierender Eingriff vonseiten des Staates i. S. e. *iustitia correctiva* nicht nur zulässig, sondern zwingend notwendig ist: Was ist ungerecht und bedarf der Korrektur?[692] Die Identifizierung potenzieller Störquellen der Richtigkeitsgewähr sowie das erforderliche Maß der Erschütterung sind in dieser Hinsicht von außerordentlicher Bedeutung. Denn jeder Eingriff stellt grundsätzlich eine Einschränkung der Privatautonomie entgegen dem Grundsatz *pacta sunt servanda* dar und ist deshalb seinerseits rechtfertigungsbedürftig.[693]

Dass gerade im Familienrecht Eingriffsmöglichkeiten zum Schutz Einzelner vonnöten sind, bedarf im Grundsatz keiner weiteren Rechtfertigung und steht

---

die eine Richtigkeitsgewähr im ehevertraglichen Kontext als grundsätzlich nicht gegeben sieht.

688 *Flume*, AT Band II, S. 17; *Bydlinski*, Privatautonomie, S. 56.

689 So der Hinweis auf die den Vertrag regelmäßig beeinträchtigenden Faktoren in *Radmacher v Granatino* [2010] UKSC 42, paras. 71, 173; als Beispiel für Duress: *Barton v Armstrong* [1975] 2 All ER 465.

690 *Canaris*, AcP 200 (2000), 273 (277 f.) m. w. N. sowie zur Verbindung zwischen formaler Vertragsgerechtigkeit und materialer Vertragsfreiheit, a. a. O. (286 f.).

691 *Canaris*, AcP 200 (2000), 273 (282 f., 288).

692 Dies sei Aufgabe der *iustitia correctiva* und nicht – wie vielfach behauptet – der *iustitia distributiva*, weil Letztere im Verhältnis der Bürger untereinander (Privatrecht) keine Rolle spiele, *Honsell*, in: FS Mayer-Maly, 287 (295 ff.) m. w. N.

693 Vgl. *Scherpe*, in: Scherpe (Hrsg.), Marital Agreements, 1 (2).

mittlerweile[694] sowohl in der deutschen als auch in der englischen Rechtsordnung außer Frage.[695] Die perspektivische Darstellung ist aber dort geboten, wo inhaltlicher Umfang und rechtliche Grenzen der Privatautonomie eine Ausprägung der Wertevorstellung der jeweiligen Rechtsordnung sind.

II. Evaluierungsmethodik

Wie stark sich das englische Recht von seinem zunächst recht paternalistischen Standpunkt entfernt und damit in Richtung eines stärker privatautonom geprägten Standpunktes bewegt hat, soll nun mithilfe einer Gegenüberstellung des deutschen Rechts untersucht werden: Sie führt zu der Einnahme einer solchen Außenperspektive, in der grundsätzlich ein Vorrang privatautonomer Vereinbarungen gilt. Diese Außenperspektive soll dem Aufbau des 2. Teils zugrunde gelegt werden, und anhand dessen soll sich die Entwicklung im englischen Recht prüfen lassen. Die Untersuchung steht deshalb unter der Prämisse, dass Ehegatten Vereinbarungen zur Regelung ihrer vermögensrechtlichen Verhältnisse für den Fall der Scheidung schließen, weil sie von deren Bindungswirkung ausgehen (2. Teil: B). Für das rechtliche Gefüge sind die Rechtsnatur und Rechtswirkung der Vereinbarung (2. Teil: B. I) sowie das Default System, auf das ein potenzieller Vertragsfreiheitsgrundsatz Rekurs nehmen muss, von außerordentlicher Bedeutung (2. Teil: B. II). Dabei sticht die Besonderheit des englischen Rechts hervor, dass das Ermessen des Matrimonial Courts nicht durch privatautonome Vereinbarungen beschränkt werden kann und den Vereinbarungen dementsprechend keine Bindungswirkung beigemessen wird. Tief verwurzelt ist diese Haltung im weiten Ermessensspielraum des Richters, dem zum Zeitpunkt der Ehescheidung eine nahezu unbegrenzte Verteilungs- und Entscheidungsmacht zukommt.[696] Marital Agreements können aufgrund dieser grundsätzlich ablehnenden Haltung gegenüber der Privatautonomie erst in einem zweiten Schritt, im Zuge des richterlichen Prüfverfahrens, Bedeutung erlangen.[697]

Das richterliche Prüfverfahren ist im Kontext der Ehevertragsfreiheit maßgebliches Medium zur Gewährleistung des Schutzes der Ehegatten und des Kindes (2. Teil: C). Die rechtshistorischen Entwicklungen in beiden Rechtsordnungen zeigen, dass eine gesunde Skepsis gegenüber privatautonomen Vereinbarungen

---

694 Dies galt für das Ehevertragsrecht in der deutschen Rechtsordnung nicht immer, siehe zur Entwicklung unten 2. Teil: C. I. 1.

695 *Sanders* (2010) 59 ICLQ, 571 (602).

696 Siehe oben 1. Teil: A. I sowie ausführlich 1. Teil: B.

697 Siehe oben 1. Teil: A. II sowie ausführlich 1. Teil: C.

nicht immer vorhanden (2. Teil: C. I) war, mittlerweile aber durch die Einführung zweigliedriger Kontrollmechanismen (Richterliche Inhaltskontrolle nach §§ 138 Abs. 1, 242 BGB bzw. Two-Stage-Test of Fairness nach *Radmacher v Granatino*) gegenwärtig ist (2. Teil: C. II. 1. a)). Die dem Prüfverfahren zugrunde liegende Beweislastverteilung sollte idealerweise mit der Grundhaltung der jeweiligen Rechtsordnung im Hinblick auf ehevertragliche Privatautonomie übereinstimmen und daher systemgerecht angelegt sein (2. Teil: C. II. 1. b)). Letzteres ist im englischen Recht nicht der Fall, auch wenn es eine bemerkenswerte Entwicklung zugunsten der Privatautonomie unternommen hat. Mit dem Two-Stage-Test of Fairness wurde von der Rechtsprechung ein Maßstab für die Gewichtung von Nuptial Agreements zwischen Ehegatten etabliert, der trotz privatautonomiefeindlicher Grundhaltung zur Anerkennung der Vereinbarung führen kann.[698] Die Aufweichung der Vermutungsregel zugunsten der Anerkennung im Falle der Nichtdeckung der Needs beschränkt jedoch den Anwendungsbereich des Tests. Die vorstehende Gliederung dient der Untersuchung folgender Schnittmengen:

Abb. 1: Privatautonomie und richterliches Prüfverfahren (Sachrechtsannäherung).

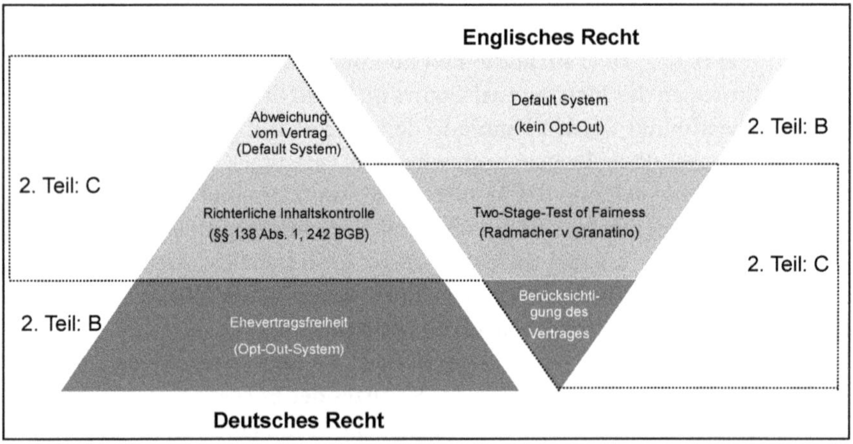

Die Einordnung und Bewertung der Entwicklungen in der englischen Rechtsordnung könnte eine wachsende Sachrechtsannäherung derselbigen an die privatautonomiefreundliche deutsche Rechtsordnung ergeben. Die Rechtsvergleichung ist dabei nicht bloßer Selbstzweck, sondern „[sie] schärft das

698 Siehe oben 1. Teil: C. V. 4.

Bewusstsein dafür, dass die Rechtsinstitute und Methoden des eigenen Rechts nicht die einzig möglichen Lösungen für soziale Probleme sind. Sie ist ‚Gegengift gegen blinde Dogmengläubigkeit' und befreit vom Denken im Elfenbeinturm. Der Vergleich mit ausländischen Ansätzen bewahrt die geistige Flexibilität und verbessert das Verständnis für die eigene und die fremde Rechtsordnung."[699]

Ein solches Verständnis kann nicht nur für rein nationale Sachverhalte fruchtbar gemacht werden, sondern vor allem auch für Sachverhalte mit Auslandsberührung (internationale Dimension) von Bedeutung sein. Verbleiben zwischen den zu vergleichenden Rechtsordnungen materiell-rechtliche Unterschiede, die entscheidend sind, weil sie Einfluss auf den Ausgang eines Verfahrens haben, bestehen gerade bei internationalen Sachverhalten Möglichkeiten, diese Unterschiede einer Verwertung zuzuführen. Neben zufälligen Berührungspunkten zu einer Rechtsordnung, kommt vor allem eine gezielte Einbeziehung derjenigen Rechtsordnung in Betracht, die das für die jeweilige Partei bestmögliche Ergebnis nach sich zieht;[700] diesem Aspekt gilt es sowohl *de lege lata* (3. Teil: B) als auch *de lege ferenda* (3. Teil: C) im Anschluss nachzugehen.

B. Privatautonomie als systemimmanentes Prinzip

I. Rechtsnatur und Rechtswirkung der Vereinbarung

Der Wert eines Vertrages liegt in seiner Bindungswirkung.[701] Für kontinentaleuropäische Rechtsordnungen ist es grundsätzlich selbstverständlich, dass mit einer Bindungswirkung zwischen den Parteien auch eine Bindungswirkung gegenüber dem Gericht einhergeht.

Das englische Recht trifft für den Bereich der Financial Orders an eben dieser Stelle eine für ausländische Juristen befremdlich anmutende Differenzierung. Das Marital Agreement mag zwischen den *Parteien* wirksam sein und bindend wirken, gleichwohl vermag es diese Wirkung nicht gegenüber dem *Matrimonial*

699 Vorwort des heute ehemaligen Präsidenten des Bundesgerichtshofs *Hirsch*, in: *Markesinis*, Rechtsvergleichung in Theorie und Praxis, IX (XXI f.).

700 Lokalproblem, Einleitung: A. III. 1 bzw. Globalproblem, Einleitung: A. III. 2.

701 Vgl. *Canaris*, Vertrauenshaftung, S. 412 ff.; *ders.*, AcP 200 (2000), 273 (278 f.), *Singer*, Selbstbestimmung und Verkehrsschutz, S. 54 ff.; *Bydlinski*, Privatautonomie, S. 66 ff.; *Peel*, Law of Contract, § 1–001 ff.: „A contract is an agreement giving rise to obligations which are enforced or recognised by law. The factor which distinguishes contractual from other legal obligations is that they are based on the agreement of the contracting parties."

Court hervorzurufen.[702] Insofern treffend ist die Aussage, „[that t]he value of a contract is that the court will enforce it. But in ancillary relief proceedings the court is not bound to give effect to nuptial agreements, and is bound to have regard to them, whether or not they are contracts."[703] Die fehlende Bindungswirkung gegenüber dem Matrimonial Court ist demnach für die hier in Frage stehenden Scheidungsfolgeverfahren entscheidend und ist auf die Bedenken zurückzuführen, dass der Richter andernfalls jeglichen Einfluss auf die zwischen den Ehegatten geschlossene Vereinbarung verlieren könnte.[704] Dieses Prinzip gilt seit der *Hyman*-Entscheidung und wird vonseiten der Rechtsprechung bis in die Gegenwart als unumstößlich angesehen.[705] Die Frage der Anwendbarkeit des Contract Laws kann daher zumindest aus Sicht des Matrimonial Courts dahinstehen: Der potenziellen Bindungswirkung *zwischen den Parteien* kommt nur noch dann ein eigenständiger Wert zu, wenn sie im Zusammenhang mit anderen Gerichtsverfahren außerhalb der Financial Orders Bedeutung erlangt.[706] In seiner Grundhaltung ist das englische Scheidungsfolgenrecht demzufolge paternalistisch geprägt. Der weite Ermessensspielraum des Richters kann durch eine privatautonome Vereinbarung, deren Rechtsnatur und Form zumindest in diesem Kontext als irrelevant eingestuft wird, nicht beschränkt werden. Ein Agreement ist vielmehr nur einer von vielen Faktoren, die auf die Entscheidungsfindung Einfluss nehmen können.[707] Der Richter ist damit vorrangig Herr der Entscheidung. Privatautonome Entscheidungen der Ehegatten werden demzufolge erst nachrangig innerhalb des richterlichen Prüfverfahrens virulent.[708]

---

702 Siehe oben 1. Teil: C. III. 1 (Separation Agreements) bzw. 1. Teil: C. V. 3. c) (Nuptial Agreements). Die Reformbestrebungen der Law Commission könnten hier jedoch partielle Veränderungen bewirken, siehe oben 1. Teil: C. VI.

703 *Radmacher v Granatino* [2010] UKSC 42, para. 62.

704 *Scherpe*, in: Scherpe (Hrsg.), Marital Agreements, 443 (489). In diesem Zusammenhang sind jedoch die Auswirkungen der widerlegbaren Vermutung zugunsten der Anerkennung der Vereinbarung in Kombination mit der Beweislastumkehr des Two-Stage-Tests of Fairness zu berücksichtigen (1. Teil: C. V. 4. d) aa)) sowie die diesbezügliche Relativierung durch die Aufweichung der Vermutungsregel (1. Teil: C. V. 4. d) cc)).

705 Siehe oben 1. Teil: C. I sowie 1. Teil: C. V. 2. a).

706 Im Hinblick auf Separation Agreements wurde die Anwendbarkeit bejaht (1. Teil: C. III. 1) während sie im Hinblick auf Nuptial Agreements unbeantwortet blieb (1. Teil: C. V. 3. c) mit Anwendungsbeispielen).

707 Siehe oben 1. Teil: B. I. 2. c).

708 Siehe unten 2. Teil: B. III.

Der Ehevertrag im deutschen Recht unterscheidet sich hinsichtlich seiner Rechtsnatur und seiner Rechtswirkung nicht von anderen Verträgen. Die Grundlage der Bindungswirkung leitet sich daraus ab, dass der Vertrag in der Gesellschaft generell, und damit auch im Scheidungsfolgenrecht, als zulässiges Gestaltungsmittel anerkannt wird.[709] Machen die Parteien von dieser Gestaltungsmöglichkeit Gebrauch, gilt der Grundsatz *pacta sunt servanda* und die Parteien müssen sich infolgedessen an ihrer Entscheidung festhalten lassen.[710] Eine Differenzierung zur Bindungswirkung gegenüber den Parteien auf der einen und gegenüber dem Gericht auf der anderen Seite ist dieser Rechtsordnung also fremd. Die Parteien sind damit vorrangig die Herren der Entscheidung.[711]

II. Interdependenz von Privatautonomie und Default System

1. Grundlegung

Die Evaluierung der Rolle der Privatautonomie in einer Rechtsordnung geht stets mit einer Untersuchung dessen einher, wovon sich die Ehegatten zu distanzieren versuchen.[712] Denn die vorgegebenen vermögensrechtlichen Folgen werden von den Parteien offensichtlich abgelehnt (2. Teil: B. II. 1. a)). Vielmehr entscheiden sie sich für eine selbstverantwortliche Regelung. Inwiefern sich privatautonome Vereinbarungen in das von der jeweiligen Rechtsordnung vorgegebene Scheidungsfolgenrecht (Default System) einfügen, soll Gegenstand des folgenden Abschnitts sein (2. Teil: B. II. 1. b)).

Wie *Scherpe*[713] bereits in seinem wegweisenden Beitrag dargestellt hat, lassen sich die Scheidungsfolgensysteme der einzelnen Rechtsordnungen anhand unterschiedlicher Merkmale kategorisieren, die sich in chronologischer Reihenfolge von der Eheschließung bis zur Ehescheidung, wie folgt, darstellen:

---

709 Vgl. Staudinger-*Schiemann*, BGB, Eckpfeiler des Zivilrechts, C. Das Rechtsgeschäft, Rn. 63.

710 Staudinger-*Schiemann*, BGB, Eckpfeiler des Zivilrechts, C. Das Rechtsgeschäft, Rn. 63.

711 *Langenfeld/Milzer*, Handbuch der Eheverträge, Rn. 65, spricht insofern von parteilicher Selbstbestimmung statt von gesetzlicher oder richterlicher Fremdbestimmung.

712 So auch der Fokus des rechtsvergleichenden Sammelwerks einschließlich seiner Länderberichte bei *Scherpe*, in: Scherpe (Hrsg.), Marital Agreements, 1 (1 ff.).

713 *Scherpe*, in: Scherpe (Hrsg.), Marital Agreements, 443 (446 ff. bzw. 473 f.). Diese Einteilung soll aufgrund ihrer Prägnanz der hiesigen zugrunde liegen, soweit sie für das englische und das deutsche Recht sachdienlich ist.

Erstens seien die rechtlichen Folgen der *Eheschließung* für die Eigentumsverhältnisse zu berücksichtigen. Was dies anbelangt, sind die englische und die deutsche Rechtsordnung nicht allzu weit voneinander entfernt. Zwar gibt es im englischen Recht keinen Güterstand, sodass die Eingehung der Ehe keinerlei Konsequenzen für die Eigentumsverhältnisse der Ehegatten hat.[714] Aber auch im deutschen Recht[715] hat der von Gesetzes wegen begründete Güterstand der Zugewinngemeinschaft zunächst eine Gütertrennung während der Ehe zur Folge und erst bei Ehescheidung wird eine konkrete Vermögensverteilung auf der Grundlage der in Frage stehenden Ansprüche erwogen. Zum Schutz vor Aushöhlung des potenziellen Zugewinnausgleichsanspruchs bestehen jedoch während der Ehe bereits Einschränkungen hinsichtlich der Verfügungsbefugnis der Parteien. Den Parteien steht es daneben gleichermaßen offen, den vertraglich zu begründenden Güterstand der Gütertrennung oder Gütergemeinschaft zu wählen. Nur die Gütergemeinschaft bringt für die Dauer der Ehe deutliche Veränderungen, die dazu führen, dass bestimmte Vermögensmassen mit Abschluss des Vertrages zu gemeinschaftlichem Eigentum verschmelzen. Eine solche Möglichkeit, die Eigentumsverhältnisse der Ehegatten bereits vor der Ehescheidung kraft güterstandsrechtlicher Vertragsregelung zu beeinflussen, gibt es im englischen Recht nicht und könnte auch den weiten Ermessensspielraum des Richters bei Ehescheidung nicht beschränken; die Vermögensverteilung konzentriert sich damit inhaltlich und zeitlich auf den Störfall Ehescheidung. Dies gilt im deutschen Recht nur bei vertraglicher Vereinbarung der Gütertrennung oder (unter Außerachtlassung der Verfügungsbeschränkungen während der Ehe) bei der subsidiär geltenden Zugewinngemeinschaft. Die Teilhabe am gemeinsam Erwirtschafteten ist in diesen Fällen in der englischen wie auch in der deutschen Rechtsordnung auf den Zeitpunkt der Ehescheidung hinausgeschoben.[716]

Zweitens, und dies ist deshalb das weitaus maßgeblichere Kriterium, müsse die Art und Weise der Vermögensverteilung zum Zeitpunkt der *Ehescheidung* näher betrachtet werden. Die beiden Rechtsordnungen stehen sich an dieser Stelle als ermessensgesteuertes System mit scheidungsfolgenrechtlichen Gesamtpaketen auf der englischen Seite und als regelbasiertes Säulensystem differenzierend nach Anspruchsgrundlagen auf der deutschen Seite gegenüber.[717] Dies soll nun einer genaueren Betrachtung unterzogen werden.

---

714 Siehe oben 1. Teil: A. I.

715 Dazu ausführlicher unten 2. Teil: B. II. 2.

716 Vgl. *Scherpe*, in: Scherpe (Hrsg.), Marital Agreements, 443 (474).

717 *Scherpe*, in: Scherpe (Hrsg.), Marital Agreements, 443 (476 f.); vgl. *ders.*, ZEuP 2012, 615 (629).

a) Default System

Die Basiskonzeption der beiden Rechtsordnungen hinsichtlich der konkreten Vermögensverteilung bei Ehescheidung könnte kaum unterschiedlicher sein.

aa) Ermessenbasiertes Scheidungsfolgenpaket im englischen Recht

Das Ermessen des Richters[718] steht im englischen Recht im Zentrum der Entscheidungen. Es wurde ihm übertragen, um die Erzielung eines fairen Ergebnisses in Abhängigkeit von den individuellen Gegebenheiten eines jeden Falles zu gewährleisten. Vorgaben hierfür stammen primär aus dem Gesetz und werden sekundär durch die Rechtsprechung konkretisiert. Der Begriff der Fairness definiert sich daher grundlegend über ss. 25, 25A MCA 1973 sowie die in der Rechtsprechung geschöpften, den Begriff ausfüllenden Elemente Needs, Compensation und Sharing. Die Deckung der Needs (Ausgleich aller gegenwärtigen und zukünftigen Bedürfnisse der Parteien ohne ausdrückliche Beschränkung auf ehebedingte Nachteile) hat höchste Priorität. Für eine Teilhabe am übrigen Vermögen im Sinne des Sharings (Güteraufteilung des gemeinsam Erwirtschafteten) bleibt nur dann Raum, sofern nach der Deckung der Bedürfnisse noch weiteres Vermögen verfügbar ist. Der Compensation (Ausgleich ehebedingter Nachteile) wird meist innerhalb der Needs oder des Sharings Rechnung getragen. Das Volumen des Vermögens ist demzufolge ausschlaggebend, wobei die Reichweite recht breit angelegt wird und sogar Einkommen aufgrund einer fiktiven Erwerbstätigkeit und zukünftiges Vermögen miteinbezogen werden kann. Ebenso kann die konkrete Zuordnung des Vermögens eine Rolle spielen. So ist eheliches Vermögen grundsätzlich hälftig zu teilen, wohingegen gute Gründe für eine Abweichung von einer hälftigen Teilung sprechen können, wenn es sich um nicht-eheliches Vermögen handelt.[719] Zum nicht-ehelichen Vermögen werden insbesondere vor der Ehe erworbene Vermögensgegenstände als auch Schenkungen und Erbschaften gezählt. Das Familienheim stellt stets eheliches Vermögen dar.

Obwohl der Schutz des betreuenden Ehegatten und des Kindes hier die maßgebliche Rolle spielt und die Existenzsicherung vorrangig durch die Ehegatten und nicht durch den Staat erfolgen soll, ist auch der Clean Break, also die zeitnahe Beendigung der gegenseitigen Verpflichtungen nach Ehescheidung, ein

718 Der folgende Abschnitt stellt eine Kurzzusammenfassung des obigen Abschnitts dar, 1. Teil: B.

719 Zur Diskussion um die Zuordnung des Vermögens zwischen Lord Nicholls und Baroness Hale siehe oben 1. Teil: B. II. 3. c) bb) sowie die Folgeentwicklungen im Bereich der Nuptial Agreements durch *Radmacher* 1. Teil: C. V. 4. c) cc).

klares, wenn auch nicht um jeden Preis zu verwirklichendes gesetzliches Verfahrensziel.[720]

Das Ermessen selbst verwirklicht sich innerhalb der Verteilungsbefugnisse. Im Mittelpunkt der Befugnisse steht die konkrete Realisierung der Vermögensverteilung, d. h. die Entscheidung konzentriert sich darauf, in welcher Weise das Vermögen zugesprochen werden muss, um ein faires Ergebnis zu erzielen. Auch wenn das Eigentum der Parteien während der Ehe getrennt bleibt, wird die Aufteilung bei Scheidung unabhängig von den Eigentumsverhältnissen vollzogen; das Ergebnis kann nicht einmal ansatzweise im Voraus determiniert werden, sodass die Annahme einer Gütertrennung ein Fehlschluss wäre. Der Richter formt mithilfe der Verteilungsbefugnisse ein Scheidungsfolgenpaket und ist dabei gehalten, die auf die Besonderheiten des englischen Immobilienmarktes zurückzuführende herausragende Bedeutung des Familienheims zu berücksichtigen.[721] Insofern muss die richterliche Entscheidung eine faire und auch ergebnisorientierte Gesamtlösung bereithalten, die gleichzeitig mehreren Zwecken (Bedürftigkeit, Teilhabe etc.) zu dienen bestimmt sein kann. Ausgehend von einer rechtsfolgenorientierten Basis (Art der Anordnung) steht damit das Anspruchs*ziel*[722] (Ausgleich von Needs, Sharing etc.) im Fokus des richterlichen Ermessens.

Insgesamt bleibt der Richter sowohl hinsichtlich der Einordnung und Bewertung der Einzelfallumstände als auch hinsichtlich der konkreten Vermögensaufteilung frei. Diese richterliche Freiheit zugunsten von Einzelfallgerechtigkeit geht unwillkürlich mit Rechtsunsicherheit zulasten der Parteien einher.[723]

bb) Regelbasiertes Säulensystem im deutschen Recht

Im Unterschied dazu sind die Regeln im deutschen Recht[724] deutlich verbindlicher. Den Rechtsrahmen bilden die auf mehrere Säulen verteilten Anspruchsgrundlagen für den Unterhalt, Versorgungsausgleich sowie das Güterrecht.[725] Sie sind in ihrer Gesamtheit dazu bestimmt, dem Teilhabegedanken und der nachehelichen Solidarität Ausdruck zu verleihen sowie einen Ausgleich ehebedingter

720 Vgl. *Scherpe*, in: BmFSF (Hrsg.), Rollenleitbilder und -realitäten in Europa, 197 (206 ff.) und siehe oben 1. Teil: B. I. 3.

721 Siehe oben 1. Teil: B. I. 1.

722 *Scherpe*, ZEuP 2012, 613 (629).

723 *Scherpe*, in: Scherpe (Hrsg.), Marital Agreements, 443 (460).

724 Der folgende Kurzabschnitt zum deutschen Recht wird im Anschluss an den Überblick in einem breiteren und vertieften Kontext dargestellt, 2. Teil: B. II. 2.

725 Der Begriff „multi-pillar system“ wurde von *Dutta* begründet und übernommen, *ders.*, in: Scherpe (Hrsg.), Marital Agreements, 158 (161 ff.).

Nachteile herbeizuführen.[726] Entscheidendes Differenzierungsmerkmal ist daher die zu prüfende Anspruchsgrundlage, der sich sodann eine entsprechende Rechtsfolge (Einmalzahlung, monatliche Zahlung einer Geldrente, Übertragung von Versorgungsanrechten etc.) entnehmen lässt; mit welchen Mitteln dieser Anspruch konkret befriedigt wird, ist grundsätzlich Sache des Leistungsverpflichteten. Da dem deutschen Immobilienmarkt die Schwierigkeiten des englischen Immobilienmarktes weitestgehend fremd sind, können Familienheime als Vermögensmasse leichter liquidiert und günstigere Wohnungen angemietet werden, sodass die Frage der Anspruchsbefriedigung vergleichsweise geringere Bedeutung aufweist. Ungewöhnlich rechtsfolgenorientiert und pragmatisch ordnen sich daher neben den drei Hauptsäulen die Regelungen zur Verteilung der Ehewohnung sowie der Haushaltsgegenstände ein.

Grundlage der einzelnen Ansprüche sind die durch das Gesetz vorgegebenen Maßstäbe des BGB und VersAusglG sowie die sie konkretisierenden Entscheidungen der Rechtsprechung. Insbesondere die Güterrechts- und Versorgungsausgleichsansprüche können aufgrund der genauen gesetzlichen Vorgaben vorab berechnet werden.[727] Solche Vorgaben bestehen auch im Hinblick auf den Unterhalt, jedoch verbleibt dem Richter in diesem Bereich ein gewisser Ermessensspielraum im Rahmen der Billigkeitsprüfung und damit auch zur Einbeziehung von Fairness-Gesichtspunkten.[728] Dort bedarf es insbesondere der Herstellung eines Einklangs zwischen dem Grundsatz der Eigenverantwortung nach der Scheidung und dem in dem Institut der Ehe gründenden Prinzip, dass die Ehegatten im Falle der Bedürftigkeit auch über die Scheidung hinaus zur gegenseitigen Unterstützung verpflichtet sind.

Insgesamt kann eine richterliche Entscheidung im deutschen System wesentlich leichter vorhergesagt werden als im englischen System und bietet daher ein stärkeres Maß an Rechtssicherheit, welche jedoch auf Kosten der Einbeziehung von Einzelfallgerechtigkeitserwägungen geht.

b) Integration privatautonomer Vereinbarungen in das System

aa) Integrationsmechanismus – Primäre und sekundäre Integration

Die Allokation und Gewichtung der Privatautonomie innerhalb des jeweiligen Systems ist ein notwendiger Zwischenschritt vor der Überleitung zum richterlichen Prüfverfahren der Vereinbarungen. Während im englischen Recht das

---

726 Zu den Zwecken der einzelnen Anspruchsgrundlagen siehe unten 2. Teil: B. II. 2. b).

727 *Scherpe*, in: Scherpe (Hrsg.), Marital Agreements, 443 (457 f.).

728 *Dutta*, in: Scherpe (Hrsg.), Marital Agreements, 158 (165); *Scherpe*, in: Scherpe (Hrsg.), Marital Agreements, 443 (458).

Ermessen des Richters vorherrschendes Element einer jeden Scheidungsfolgenentscheidung ist, der Abschluss von Agreements zwischen den Parteien zwar grundsätzlich befürwortet wird und dessen Inhalt auch als potenzieller Faktor nach Ehescheidung in die Entscheidung miteinfließen kann, aber keinesfalls muss (*sekundäre Integration*), ist im deutschen Recht die Entscheidung der Ehegatten für einen Opt-Out und damit auch für eine privatautonome Regelung eine bereits im System angelegte und vorrangig zu berücksichtigende Option (*primäre Integration*). Diese Option besteht grundsätzlich für alle Anspruchsgrundlagen (Unterhalt, Versorgungsausgleich, Güterrecht), wobei sich unmittelbare Auswirkungen bei Abschluss auch nur in Bezug auf die güterrechtlichen Verhältnisse ergeben und damit die vollumfängliche Konsequenz einer Vereinbarung für die Scheidungsfolgen erst mit Ehescheidung zur Geltung gelangt. Damit werden Vereinbarungen zwischen den Parteien im englischen Recht, vereinfacht gesagt, als Bestandteil des Default Systems selbst berücksichtigt, wohingegen solche im deutschen Recht einen separaten Weg außerhalb des Default Systems eröffnen.

Eine faktische Zunahme an Rechtssicherheit, die sich Ehegatten im Zuge des Abschlusses von Vereinbarungen regelmäßig erhoffen, kann demzufolge ernsthaft nur im deutschen, regelbasierten System, nicht jedoch im englischen, ermessenbasierten System erwartet werden.

bb) Integrationsgründe – Ehebild und Ehetypen

Aus der Eheschließungsfreiheit kann selbst in den von Privatautonomie geprägten Rechtsordnungen wie der deutschen nicht die Ehevertragsfreiheit gefolgert werden.[729] Man könnte zwar mutmaßen, dass aus der eigenständigen und übereinstimmenden Entscheidung (Konsens), die Ehe einzugehen auch folgt, dass es den Ehegatten möglich sein muss, ihre vermögensrechtlichen Angelegenheiten selbstverantwortlich zu regeln.[730] Diese Argumentation greift jedoch zu kurz, weil sie unberücksichtigt lässt, dass das Institut der Ehe durch Rechte und Pflichten sowohl während als auch nach der Ehe geprägt wird, für deren Übernahme sich die Parteien mit Eingehung der Ehe verbürgt haben.[731]

---

729 Vgl. BVerfG, FamRZ 2001, 343 (346), die frühere diametrale Ansicht revidierend: BGH, FamRZ 1996, 1536 (1537); FamRZ 1997, 156 (157 f.); siehe hierzu auch: *Dauner-Lieb*, AcP 201 (2001), 295 (318 f.).

730 Dies ebenso nur als denkbare Annahme diskutierend: *Scherpe*, in: Scherpe (Hrsg.), Marital Agreements, 443 (444).

731 Zu den eherechtlichen Pflichten siehe das grundlegende Werk von *Lipp*, Die eherechtliche Pflichten und ihre Verletzung – ein Beitrag zur Fortbildung des persönlichen Eherechts; darüber hinaus: *Sanders*, Statischer Vertrag und dynamische

Gleichzeitig kann aber auch festgestellt werden, dass sich die Ehe nicht allein über die vermögensrechtlichen Konsequenzen einer Ehescheidung definiert.[732] Die Kontraktualisierung des Instituts Ehe pauschal zu proklamieren, sofern den Ehegatten ein gewisses Maß an Eigenständigkeit zugestanden wird,[733] wirkt undifferenziert und trägt zur Bestimmung des zulässigen Maßes von Privatautonomie im Scheidungsfolgenrecht wenig bei. Eine Anpassung der vermögensrechtlichen Verpflichtungen sollte doch insbesondere dort zugelassen werden, wo das dem Default System zugrunde liegende Ehebild nicht der gelebten Familienrealität entspricht und eine Abweichung daher nicht nur gerechtfertigt, sondern sogar angezeigt erscheint. Was wiederum darüber hinaus geht und ungerechtfertigt wirkt, muss mithilfe des richterlichen Prüfverfahrens als Schutzmechanismus zugunsten der schwächeren Partei korrigierbar bleiben.[734] Die hierfür notwendige Grenzziehung stellt ein schwieriges Unterfangen dar und hängt von den Modalitäten der Rechtsordnung und den Wertevorstellungen der Gesellschaft ab.

Die Entscheidungsprärogative im Hinblick auf vermögensrechtliche Angelegenheiten liegt im englischen Recht stets beim Richter, im deutschen Recht – sofern von der Vertragsfreiheit Gebrauch gemacht wurde – bei den Parteien. Erst in einem zweiten Schritt wird als Korrektiv das Agreement vonseiten des Richters miteinbezogen respektive der Ehevertrag vonseiten des Richters angepasst oder unter Rückgriff auf die gesetzlichen Vorschriften gänzlich unberücksichtigt gelassen.

Diese Grundhaltungen sind im System der jeweiligen Rechtsordnung angelegt: Dem englischen Recht ist primär daran gelegen, der Ehe als Gemeinschaft gleichberechtigter Partner mithilfe des richterlichen Ermessens Rechnung zu tragen. Besonderheiten, die den gelebten Ehetyp betreffen, können direkt bei der Ermessensausübung sowohl selbstständig vonseiten des Richters als auch von

---

Vertragsbeziehung, S. 237 unter Hinweis auf *Planck*, BGB, Band IV. 2., Familienrecht, S. 41; *Harris/George/Herring* [2011] Fam Law, 367 (369); *Herring/Harris/George* (2011) 127 L.Q.R., 335 (338). Es handelt sich auch nicht um reine Privatsachen, weil sie gerade nicht aus dem Kontext der Gesellschaft herausgelöst werden können: *Diduck* (2011) 38 J.L. & Soc., 272 (283 ff.).

732 So bereits *Scherpe* (2011) 23 CFLQ, 513 (527), für das englische Recht, dessen Gedanke eine gewisse rechtsordnungsautonome Allgemeingültigkeit zugesprochen werden kann.

733 So *Herring* (2010) 160 NLJ, 1551, der mit der Entscheidung des Supreme Courts in *Radmacher* das Ende des Instituts der Ehe herannahen sieht.

734 Zur Rechtfertigung der gerichtlichen Beteiligung im Familienrecht: *Diduck* (2011) 38 J.L. & Soc., 272 (298).

diesem auf der Basis eines zwischen den Parteien ausgehandelten Agreements berücksichtigt werden. Auch im deutschen Recht gelten die Ehegatten unabhängig von ihrer konkreten Arbeitsteilung als gleichberechtigte Partner. Gleichwohl sind es dort primär die Ehegatten, denen als Vertragsparteien die Freiheit der vermögensrechtlichen Organisation ihres Verbundes nach dem jeweiligen prognostizierten Ehetyp obliegt. Ein solcher Anpassungsbedarf besteht im deutschen Recht insbesondere deshalb, weil andernfalls die gesetzlichen Regelungen zum Zuge kommen, die auf ein festgelegtes Ehebild zugeschnitten sind, und zwar die Einverdienerehe.[735] Wird die Anpassung durch die Parteien *ex post* als nicht geglückt angesehen, weil es bspw. zu einer Abweichung von Prognose und Realität kommt, kann letztlich noch die richterliche Korrektur Abhilfe schaffen. Solche Mechanismen sind im englischen Recht deshalb überflüssig, weil das System die Einbeziehung von Ehebildern und Ehetypen auf den Zeitpunkt der Geltendmachung der Scheidungsfolgen hinausschiebt und eine Entscheidung hierüber dem Richter überlässt.

Die Ehevertragsfreiheit ist deshalb dem deutschen Recht systemimmanent und eine Folge der Ehetypenfreiheit,[736] der das Gesetz durch die §§ 1408 Abs. 1 und Abs. 2, 1585c BGB Rechnung trägt. Diese Vertragsfreiheit umfasst nicht nur die Abschlussfreiheit, d. h. die autonome Entscheidung, überhaupt einen solchen Vertrag abzuschließen, sondern auch die Freiheit zu dessen inhaltlicher Gestaltung.[737] Dies bringt die Vertragsparteien in die komfortable Situation, ihr beiderseitiges Vermögen nach den eigenen Bedürfnissen und Vorstellungen ordnen zu können. Aus der Gestaltungsfreiheit für die Zeit während der Ehe folgt konsequenterweise auch, dass die Ehegatten für den Fall der Auseinandersetzung ebenso über die Scheidungsfolgen bestimmen können.[738]

Ohne den Abschluss eines solchen Ehevertrages bleibt es bei der gesetzlichen Vorgabe, die sich an dem Leitbild der Einverdienerehe orientiert, in der einer der Ehegatten die Kinderbetreuung und die Hausarbeit übernimmt.[739] Durch die Einführung des § 1360 BGB hat der Gesetzgeber klargestellt, dass Familienarbeit und andere Erwerbstätigkeiten gleichwertig sind. Das wird auch für den Fall der Scheidung berücksichtigt, indem das Gesetz ein fast lückenloses Schutzsystem

---

735 Zur inhaltlichen Ausrichtung der deutschen Scheidungsfolgen ausführlicher unten 2. Teil: B. II. 2. b); siehe hierzu auch *Dauner-Lieb*, AcP 201 (2001), 295 (312 ff.).

736 *Dauner-Lieb*, AcP 201 (2001), 295 (315).

737 *Schlüter*, Familienrecht, § 12 Rn. 94.

738 *Hahne*, DNotZ 2004, 84 (88).

739 BVerfG, FamRZ 1981, 745 (750 f.); vgl. *Langenfeld/Milzer*, Handbuch der Eheverträge, Rn. 2, 51, 222.

für denjenigen Ehepartner bereithält, der zugunsten der Familie, aber zulasten seines eigenen beruflichen und finanziellen Fortkommens keiner Erwerbstätigkeit nachgegangen ist und dadurch Nachteile erlitten hat.[740] Diese Verluste sollen durch die Gewährung von Zugewinnausgleich (§ 1378 Abs. 1 BGB), Versorgungsausgleich (§§ 1 ff. VersAusglG i. V. m. § 1587 BGB) und nachehelichem Unterhalt (§§ 1570 ff. BGB) ausgeglichen werden.

Das Vorbild der Einverdienerehe, an dem sich das gesetzliche Scheidungsfolgenrecht orientiert, wird allerdings nicht den Vorstellungen eines jeden Ehepaares entsprechen. Der gesellschaftliche Entwicklungsprozess hat das Ehebild in den letzten Jahren stark verändert und eine Vielzahl von unterschiedlichen Ehemodellen hervorgebracht.[741] Gerade deshalb scheint es legitim, dass die Ehegatten abweichende Vereinbarungen treffen können. Sie sind die Einzigen, die ihr favorisiertes Ehemodell einschätzen und beeinflussen sowie den am wahrscheinlichsten gelebten Ehetyp prognostizieren können,[742] worauf die Ehevertragsgestaltung[743] individuell eingehen muss. Durch diese Modifizierungen wenden sie sich aber auch automatisch vom Schutz- und Kompensationssystem des gesetzlichen Scheidungsfolgenrechts ab. Dies kann vor allem dann Risiken bergen, wenn die Entwicklung der Gemeinschaft nicht wie erwartet verläuft. Dementsprechend werden insbesondere solche abweichenden Regelungen kritisch begutachtet, denen ein gelebter Ehetyp zugrunde liegt, der demjenigen der Einverdienerehe besonders nahe kommt.[744] Dies ist deshalb von großer Bedeutung, weil die Ehe, in der Haushalt und Kindererziehung von einem Partner geleistet werden muss, immer noch einen Großteil der tatsächlich gelebten Ehetypen repräsentiert.[745]

2. *Deutsche Perspektive*

Dieser erste recht abstrakt anmutende Eindruck hinsichtlich der Gegebenheiten im deutschen Recht soll nun mithilfe einer detaillierteren Ausführung intensiviert und verfestigt werden. Aufgrund der hervorgehobenen Stellung der Privatautonomie im Ehevertragsrecht ist es sinnvoll, diese in einen direkten

740 *Dauner-Lieb*, AcP 201 (2001), 295 (314 f.); *Hahne*, DNotZ 2004, 84 (86).

741 Zu den einzelnen Ehetypen siehe *Langenfeld/Milzer*, Handbuch der Eheverträge, Rn. 48 sowie im Einzelnen die Rn. 971 ff.

742 *Dauner-Lieb*, AcP 201 (2001), 295 (315).

743 Zur Ehevertragsgestaltung nach Ehetypen siehe *Langenfeld/Milzer*, Handbuch der Eheverträge, Rn. 959 ff.

744 *Sanders*, Statischer Vertrag und dynamische Vertragsbeziehung, S. 241.

745 *Dauner-Lieb*, AcP 201 (2001), 295 (316) m. w. N.

Zusammenhang mit dem subsidiären gesetzlichen System zu setzen. Der Begriff des Ehevertrages definiert sich über dessen Inhalt, der eine Abweichung von bestimmten gesetzlichen Regelungen darstellt, die als Einheit ein mehrgliedriges Säulensystem bilden.

a) Begriff des Ehevertrages

Der Ehevertrag eröffnet den Ehegatten die Möglichkeit, vom Gesetz vorgesehene Ansprüche individuell anzupassen. Nach der Legaldefinition in § 1408 Abs. 1 BGB umfasst er als Regelungsgegenstand erst einmal nur die güterrechtlichen Verhältnisse.[746] Dabei handelt es sich um die ehebezogenen Vermögensbeziehungen, die im 6. Titel des BGB unter der Überschrift „Eheliches Güterrecht" (§§ 1363–1563 BGB) geregelt werden.[747]

Darüber hinaus fügt § 1408 Abs. 2 BGB den Versorgungsausgleich als weiteren Regelungsgegenstand hinzu. In der Literatur[748] scheint Uneinigkeit darüber zu herrschen, ob durch Abs. 2 die Legaldefinition des Ehevertrages in Abs. 1 erweitert wird. Ungeachtet dessen hat sich in der Praxis[749] der von *Langenfeld* entworfene „funktional erweiterte Ehevertragsbegriff"[750] durchgesetzt. Dieser setzt sich aus der Gesamtheit der ehebezogenen Dispositionsmöglichkeiten zusammen[751] und geht damit weit über den in § 1408 BGB dargestellten Umfang hinaus. Neben die Bereiche, die am häufigsten von Modifikationen oder Ausschlüssen betroffen sind (Güterstand, Versorgungsausgleich sowie nachehelicher Unterhalt nach § 1585c S. 1 BGB),[752] treten weitere Regelungen, die ebenfalls einer vertraglichen Abweichung zugänglich sind. Es steht den Ehegatten bspw. auch offen, den Beitrag zum Familienunterhalt (§ 1360 BGB) ihrem Ehetyp entsprechend zu gestalten, eigenständige Vereinbarungen über die Verteilung der

---

746 In das Gesetz aufgenommener Begriff, der auf *v. Baligand*, Der Ehevertrag, S. 4, zurückgeht.

747 MüKo-*Kanzleiter*, BGB, § 1408 Rn. 6.

748 Bejahend: *Bergschneider*, Richterliche Inhaltskontrolle, S. 33 f.; *Schlüter*, Familienrecht, § 12 Rn. 93; Weinreich/Klein-*Henjes*, Familienrecht, § 1408 Rn. 2; verneinend: *Langenfeld/Milzer*, Handbuch der Eheverträge, Rn. 7 und Soergel-*Gaul*, BGB § 1408 Rn. 26 die den Versorgungsausgleich lediglich als den Vorschriften der §§ 1410 f. unterworfen ansehen.

749 Bspw. eine dem Wortlaut des § 1408 BGB nicht unterfallende Unterhaltsvereinbarung als Ehevertrag bezeichnend: BVerfG, FamRZ 2001, 343.

750 Zurückgehend auf *Langenfeld*, Handbuch der Eheverträge, 1. Aufl., 1984, § 1 Rn. 3.

751 *Langenfeld/Milzer*, Handbuch der Eheverträge, Rn. 8 ff.

752 *Langenfeld/Milzer*, Handbuch der Eheverträge, Rn. 9. Zu möglichen Gestaltungsformen: *Sanders*, Statischer Vertrag und dynamische Vertragsbeziehung, S. 88 m. w. N.

Ehewohnung sowie die Haushaltsgegenstände zu treffen (§ 1568a und § 1568b BGB), den Widerruf der Überlassung der Vermögensverwaltung (§ 1413 BGB) einzuschränken oder auszuschließen sowie sonstige Vereinbarungen zu treffen, die auch Dritte untereinander schließen könnten (z. B. Dienstverhältnis, unbenannte Zuwendungen, Ehegatteninnengesellschaft).[753] An diesen Ehevertragsbegriff im weiteren Sinne knüpft auch der BGH an,[754] wenn er in seiner Rechtsprechung eine Zusammenschau der Vereinbarungen hinsichtlich des Güterrechts, des Versorgungsausgleichs und des nachehelichen Unterhalts in den Mittelpunkt der Überprüfung stellt.

b) Inhalt des Ehevertrages als Abweichung vom Default System

aa) Güterrecht

Die Ehegatten können gem. § 1408 Abs. 1 BGB von den Vorgaben des gesetzlichen Güterstandes der Zugewinngemeinschaft (§§ 1363 ff. BGB) abweichen. Das Gesetz bringt in dieser Vorschrift zum Ausdruck, dass die Vertragsfreiheit den Ausgangspunkt des Güterrechts darstellt, woraus folgt, dass der gesetzliche Güterstand (Zugewinngemeinschaft) gegenüber den vertraglichen Güterständen (Gütertrennung oder Gütergemeinschaft) als subsidiär einzustufen ist.[755]

Die Zugewinngemeinschaft als gesetzlicher Güterstand zeichnet sich im Wesentlichen dadurch aus, dass das Vermögen der Ehegatten getrennt bleibt und im Falle der Beendigung des Güterstandes durch Scheidung ein schuldrechtlicher Zahlungsanspruch auf Zugewinnausgleich nach § 1378 BGB entsteht.[756] Zur Ermittlung dieses Anspruchs wird das Anfangs- und Endvermögen (§§ 1374, 1375 BGB) der Ehegatten jeweils getrennt betrachtet. Derjenige, zu dessen Gunsten sich nach Abzug des Anfangsvermögens vom Endvermögen (§ 1373 BGB) ein höherer Zugewinn ergibt, muss die Hälfte des Überschusses gem. § 1378 Abs. 1 BGB an den anderen Ehepartner auskehren. Dem liegt insbesondere die Annahme zugrunde, dass die Ehegatten einen gleichwertigen Beitrag während der Ehe erbringen, der eine gleichmäßige Teilhabe an dem gemeinsam Erwirtschafteten rechtfertigt.[757] Aus diesem Grund wird solches Vermögen, das keinen

---

753 Vgl. Weinreich/Klein-*Henjes*, Familienrecht, § 1408 Rn. 5 ff.; zu den ausgenommenen Materien siehe *Gernhuber/Coester-Waltjen*, Familienrecht, § 32 Rn. 5 ff.

754 Bereits festgestellt von *Langenfeld/Milzer*, Handbuch der Eheverträge, Rn. 13.

755 Staudinger-*Thiele*, BGB, Vorbem. zu §§ 1363–1390, Rn. 1.

756 Staudinger-*Thiele*, BGB, Vorbem. zu §§ 1363–1390, Rn. 3.

757 MüKo-*Koch*, BGB, Vor § 1363 Rn. 8. Zur detaillierten Nachzeichnung der einzelnen Begründungsstränge siehe *Sanders*, Statischer Vertrag und dynamische Vertragsbeziehung, S. 44 ff.

Bezug zur Ehe aufweist und daher auch nicht der Teilung unterliegen soll, anspruchsschmälernd zum Anfangsvermögen hinzugerechnet;[758] hierzu zählen insbesondere Erbschaften und Schenkungen (§ 1374 Abs. 2 BGB). Damit der potenzielle Zugewinnausgleichsanspruch nicht vollständig zulasten einer Partei ausgehöhlt werden kann und die wirtschaftliche Grundlage der Familie erhalten bleibt, wird die Verfügungsbefugnis der Ehegatten über das Vermögen nach Maßgabe der §§ 1365, 1369 BGB während der Ehe beschränkt,[759] sog. „vinkuliertes Vermögen".[760]

Sofern dieses Modell nicht den Vorstellungen und Plänen der Ehegatten entspricht, steht es ihnen frei, den gesetzlichen Güterstand durch einen Vertrag aufzuheben und damit Gütertrennung (§ 1414 BGB) oder Gütergemeinschaft (§§ 1415 ff. BGB) zu wählen (genereller Ehevertrag). Darüber hinaus können sie auch die dispositiven Regelungen eines bestimmten Güterstandes modifizieren (spezieller Ehevertrag).[761]

bb) Versorgungsausgleich

Der Versorgungsausgleich regelt den Bereich der Absicherung für das Alter oder die verminderte Erwerbsfähigkeit. Nur wer einer Erwerbstätigkeit nachgeht, erwirbt im Zuge dessen Versorgungsansprüche (Alters- und Invalidenversorgung); der betreuende und haushaltsführende Ehegatte bliebe ohne den Versorgungsausgleich mangels eigener Erwerbstätigkeit unabgesichert.[762] Deshalb geht man ähnlich wie beim Zugewinn davon aus, dass derjenige, der *während der Ehe* höhere Anrechte auf eine Versorgung erhalten hat, diesen Überschuss im Falle der Scheidung mit dem anderen Ehepartner hälftig teilen muss (§ 1 VersAusglG); der gleichwertige Beitrag rechtfertigt also auch hier die Teilhabe.[763] Als Anrechte werden gem. § 2 Abs. 1 VersAusglG sowohl Anwartschaften auf eine künftige Versorgung als auch bereits bestehende Ansprüche auf laufende Versorgungen

---

758 Palandt-*Brudermüller*, BGB, § 1374 Rn. 6 ff.

759 Ständige Rechtsprechung siehe nur BGHZ 77, 293 (296 f.); 101, 225 (228).

760 Zur prägnanten Begriffsverwendung siehe *Lipp*, FamRZ 1996, 1117 (1119).

761 Zur Modifizierung innerhalb der Grenzen des Grundsatzes der Typenbeschränkung siehe MüKo-*Kanzleiter*, BGB, § 1408 Rn. 13; Soergel-*Gaul*, BGB, Vor § 1408 Rn. 11 ff.; *Gernhuber/Coester-Waltjen*, Familienrecht, § 32 Rn. 21; *Langenfeld/Milzer*, Handbuch der Eheverträge, Rn. 6, 22 ff.

762 *Schlüter*, Familienrecht, § 19 Rn. 230.

763 BVerfG FamRZ 2003, 1173 (1173 f.); *Sanders*, ZFE 2003, 324; *dies.*, Statischer Vertrag und dynamische Vertragsbeziehung, S. 52 f.

verstanden. Den Folgen eines güterrechtlichen Ausgleichs kann im Rahmen der Billigkeitsprüfung nach § 27 VersAusglG Rechnung getragen werden.[764]

Die Ausrichtung der gesetzlichen Regelung ist damit zweigliedrig als eigene Altersabsicherung nahe dem Unterhalt, ohne jedoch im Unterschied zu Letzterem Bedürftigkeit vorauszusetzen,[765] und als hälftige Vermögensteilhabe nahe dem Zugewinn zu verstehen.[766] Nach Maßgabe des § 1408 Abs. 2 BGB i. V. m. §§ 6, 8 VersAusglG ist – unter dem Vorbehalt einer Inhaltskontrolle – sowohl ein Ausschluss des Anspruchs als auch dessen Modifikation zulässig.[767]

cc) Nachehelicher Unterhalt

Die nachehelichen Unterhaltsansprüche der §§ 1569 ff. BGB sind vertraglichen Modifikationen nach § 1585c BGB zugänglich. Hintergrund der gesetzlichen Unterhaltstatbestände ist nicht die Teilhabe am gemeinsam Erwirtschafteten, sondern die Bedürftigkeit des wirtschaftlich schwächeren Ehegatten: Kann er selbst für seinen Unterhalt sorgen, steht ihm nach dem Grundsatz der Eigenverantwortung kein Anspruch zu, § 1569 S. 1 BGB. Die nachwirkende Mitverantwortung nach § 1569 S. 2 BGB ist die Ausnahme und greift nur, sofern einer der Unterhaltstatbestände einschlägig ist.

Den Unterhaltstatbeständen liegen maßgeblich zwei Gedanken[768] zugrunde. Erstens dienen sie mehrheitlich dem Ausgleich *ehebedingter* Bedürfnislagen, die als Nachteil des Verzichts auf eine eigene Berufstätigkeit entstanden sind (ehebedingte Nachteile). Zweitens stellen sie vereinzelt eine Unterstützung zugunsten desjenigen Ehegatten dar, der nach Auflösung der Solidargemeinschaft nicht im Stande ist, selbst für seinen Lebensunterhalt zu sorgen (nacheheliche Verantwortung oder Solidarität).[769] Die einzelnen Unterhaltstatbestände sind dabei auf unterschiedliche Situationen zugeschnitten. So greift § 1570 BGB für den Fall der

764 Palandt-*Brudermüller*, BGB, Einl. v. VersAusglG Rn. 9 sowie § 27 VersAusglG Rn. 26.

765 BGH, FamRZ 1982, 909 (910); Palandt-*Brudermüller*, BGB, Einl. v. VersAusglG Rn. 7.

766 BGH, FamRZ 2005, 26 (26 f.); NJW 2008, 1080 (1082); *Mayer*, FPR 2004, 363 (368). Zur Abgrenzung von Versorgungsausgleich und Zugewinn siehe auch *Lipp*, JZ 2003, 902 (902 f.). Die Nähe zum Unterhalt schlägt sich in der Einordnung innerhalb der Kernbereichslehre nieder, siehe unten 2. Teil: C. II. 2. a) aa).

767 BGH, FamRZ 1990, 273 (274); FamRZ 1986, 890 (892).

768 Zur ausführlichen Analyse siehe *Sanders*, Statischer Vertrag und dynamische Vertragsbeziehung, S. 53 ff. Der Grundsatz der ehebedingten Bedürftigkeit ist in fast allen Unterhaltstatbeständen mit Ausnahme des Alters- und Krankenunterhalts der §§ 1571 f. BGB wiederzufinden.

769 Begriff geprägt durch *Schwab*, Handbuch Scheidungsrecht, 1. Aufl., 1977, Rn. 236 f.

Kindesbetreuung, §§ 1571 f. BGB wegen des Alters oder Krankheit sowie § 1573 Abs. 1 BGB wegen Erwerbslosigkeit. Gemäß § 1575 BGB wird Aus- oder Fortbildungsunterhalt gewährt, sofern ein Ehegatte eine Ausbildung in Erwartung oder während der Ehe nicht aufgenommen hat. Sollte der Ehegatte einer Erwerbstätigkeit nachgehen, die den eigenen Bedarf im Verhältnis zum Standard während der Ehe nicht deckt, so steht ihm schließlich ein Aufstockungsunterhalt i. S. v. § 1573 Abs. 2 BGB zu.

Ob einer der genannten Unterhaltsansprüche besteht, ist ferner von weiteren Variablen abhängig. Dem Grundsatz der Eigenverantwortung entsprechend kann der Gläubiger nur dann Unterhalt geltend machen, wenn er nicht für sich selbst sorgen kann und damit bedürftig ist (§ 1577 Abs. 1 BGB). Wertausgleichsansprüche, die bereits erzielt wurden oder noch erzielbar sind, können bedürftigkeitsmindernd wirken.[770] Daneben ist die Leistungsfähigkeit des Unterhaltsschuldners relevant (§ 1581 BGB), dem die Unterstützung des Unterhaltsgläubigers nicht zulasten seiner eigenen Existenzsicherung übertragen werden soll.[771] Der Umfang der Unterhaltspflicht (§ 1578 BGB) orientiert sich an den *ehelichen* Lebensverhältnissen. Zukünftige Einkünfte nach dem Zeitpunkt der Ehescheidung können nur dann eine Rolle spielen, wenn deren Grundlage in der Ehe geschaffen wurde und sie zum Zeitpunkt der Scheidung in Aussicht standen.[772] Darüber hinaus kann jeder Anspruch in Höhe und Dauer vonseiten des Richters begrenzt werden (§ 1578b BGB), insbesondere wenn es sich um Bedürftigkeit handelt, die in keinem Zusammenhang zur Ehe steht und damit nicht ehebedingt aufgetreten ist.[773] Zwar sind die Unterhaltstatbestände einer eigenständigen Modifikation vonseiten der Ehegatten zugänglich, gleichzeitig ziehen sie aufgrund ihrer exponierten Bedeutung aber auch besonderes Augenmerk der richterlichen Inhaltskontrolle auf sich.[774]

---

770 Zur Anrechnung des Zugewinnausgleichs: BGH, FamRZ 1985, 354 (356 f.); zur Auseinandersetzung der Gütergemeinschaft: BGH, NJW-RR 1986, 682; zum Versorgungsausgleich: BGH, NJW-RR 1989, 322 (323); OLG Celle, FamRZ 1982, 501 (503). Grundlegend zum Vorrang schuldrechtlicher Ausgleichsansprüche gegenüber Unterhaltsansprüchen: OLG Hamm, FamRZ 1987, 290 (291); OLG Celle, ebd.; diesen Vorrang neuerdings relativierend: vgl. BGH, FamRZ 2012, 845 (846 f.).

771 Zur Minderung des Anspruchs berücksichtigt werden kann aber z. B. auch ein fiktiver Erwerb aufseiten des Unterhaltsberechtigten oder des -schuldners: BGH, FamRZ 1986, 439 (440 f.); FamRZ 1986, 560 (561 f.); FamRZ 2008, 872 (873 f.).

772 BGH, FamRZ 2006, 683 (685 f.); zu dieser Frage ausführlich Palandt-*Brudermüller*, BGB, § 1578 Rn. 20 m. w. N.

773 Palandt-*Brudermüller*, BGB, § 1578b Rn. 12.

774 Zur Stellung in der Kernbereichslehre siehe unten 2. Teil: C. II. 2. a) aa).

Durch das zum 01.01.2008 in Kraft getretene Unterhaltsrechtsänderungsgesetz[775] (Unterhaltsreform 2008) wird der Grundsatz der Eigenverantwortung deutlicher betont als zuvor. Neben den Änderungen hinsichtlich des Unterhaltsranges in § 1609 BGB sowie der Ausweitung der Begrenzungs- und Befristungsmöglichkeit in § 1578b BGB auf alle Tatbestände[776] wurde insbesondere die starke Stellung des Betreuungsunterhalts[777] erschüttert. Seitdem steht dem sorgenden Elternteil bis zur Vollendung des dritten Lebensjahres des Kindes nach § 1570 Abs. 1 S. 1 BGB zwar ein fester Basisunterhalt ohne Erwerbsobliegenheit zu. Danach ist eine Verlängerung des Betreuungsunterhalts aber nur dann zu gewähren, wenn es aus kindes- (§ 1570 Abs. 1 S. 3 BGB) oder elternbezogenen Gründen (§ 1570 Abs. 2 BGB) unter dem Gesichtspunkt der Billigkeit (§ 1570 Abs. 1 S. 2 BGB) erforderlich scheint.[778] Das bedeutet nicht, dass der betreuende Ehegatte nach dem Ende dieser drei Jahre sofort verpflichtet ist, einer Vollzeittätigkeit nachzugehen; sehr wohl wird ihm aber ein gestufter Übergang von der Betreuung zur Erwerbstätigkeit abverlangt.[779]

Angesichts der Tatsache, dass die Unterhaltstatbestände maßgeblich für den Ausgleich ehebedingter Nachteile sind,[780] kann diese verkürzende Entwicklung kritisch gesehen werden. Nach § 1570 BGB a. F. konnte der betreuende Ehegatte Unterhalt verlangen, „solange und soweit von ihm wegen der Pflege oder Erziehung eines gemeinschaftlichen Kindes eine Erwerbstätigkeit nicht erwartet werden kann." Die Ausgestaltung dieses Spielraums hatte die Rechtsprechung übernommen und mithilfe des früheren Altersphasenmodells definiert: Bis zur Vollendung des achten Lebensjahres des Kindes wurde keine Erwerbstätigkeit,[781] ab dem achten bis zur Vollendung des fünfzehnten

775 BGBl. 2007 I, S. 3189.

776 Palandt-*Brudermüller*, BGB, Einf. v. § 1569 Rn. 4; *Langenfeld/Milzer*, Handbuch der Eheverträge, Rn. 530 ff.

777 Im Allgemeinen: *Bergschneider*, Richterliche Inhaltskontrolle, S. 44 ff. Zur Rechtsprechungsänderung, die im Zuge der Unterhaltsreform notwendig wurde: BGH, FamRZ 2008, 1739.

778 BT-Drucks. 16/6980, S. 8 f.

779 BT-Drucks. 16/6980, S. 9.

780 *Dauner-Lieb*, AcP 210 (2010), 580 (601 f.); *Dauner-Lieb/Sanders*, FPR 2005, 141 (144); *Dethloff*, in: Boele-Woelki/Miles/Scherpe (Hrsg.), The Future of Family Property in Europe, 65 (90 ff.); vgl. *Scherpe*, ZEuP 2012, 615 (629 f.).

781 Vgl. BGH, FazmRZ 1992, 1403 (1405).

Lebensjahres eine Teilzeitbeschäftigung[782] und ab dem fünfzehnten Lebensjahr eine volle Erwerbstätigkeit[783] gefordert.

Der BGH[784] hat in einer Entscheidung im Nachgang zur Reform konstatiert, dass es für die Feststellung eines *kindesbezogenen* Grundes nicht mehr genüge, allein auf das Kindesalter abzustellen. Vielmehr müsse auf die Betreuungsbedürftigkeit des Kindes im Einzelfall Bezug genommen werden. Diese könne vor allem aus einer Behinderung, schweren Erkrankung oder sonstigen seelischen Störungen gefolgert werden.[785] Erst danach seien auch die *elternbezogenen* Gründe zu überprüfen, die nur insoweit schützenswert erscheinen, als zwischen den Ehegatten ursprünglich ein Konsens über die Rollenverteilung bestand.[786]

Mit dieser Umgestaltung hat der Gesetzgeber deutlich gemacht, dass der persönlichen Betreuung durch den Elternteil kein Vorrang mehr eingeräumt wird.[787] Eine persönliche Betreuung sei ab dem dritten Lebensjahr nicht zwingend notwendig und könne durch eine kindgerechte Betreuung in einer entsprechenden Einrichtung (Kindergarten, Kinderhort etc.) abgelöst werden.[788] Dies könne nur dann nicht gelten, wenn aus besonderen Umständen hervorginge, dass dadurch das Kindeswohl beeinträchtigt werden könnte.

dd) Ehewohnung und Haushaltsgegenstände

Die gesetzlichen Vorschriften zur Behandlung der Ehewohnung und der Haushaltsgegenstände stellen denjenigen Ehegatten in den Mittelpunkt, der auf die Nutzung dessen „unter Berücksichtigung des Wohls der im Haushalt lebenden Kinder und der Lebensverhältnisse der Ehegatten in stärkerem Maße angewiesen ist", § 1568a Abs. 1 BGB und § 1568b Abs. 1 BGB. Die Vorschriften sind nicht als eine Art Ausgleichsanspruch für (Mit-) Eigentum zu verstehen, sondern sie sollen vorrangig dazu dienen, dem betreuenden und/oder schwächeren Ehegatten durch eine andere Zuordnung der Ehewohnung oder der Haushaltsgegenstände den Alltag zu erleichtern.[789]

Haushaltsgegenstände, die im gemeinsamen Eigentum stehen, und hier streitet die Vermutung in § 1568b Abs. 2 BGB für Miteigentum der während der Ehe

782 BGH, FamRZ 1997, 671 (673).
783 BGH, FamRZ 1990, 496 (497).
784 BGH, FamRZ 2010, 1880 (1882).
785 *Peschel-Gutzeit*, FPR 2008, 24 (25).
786 BGH, FamRZ 2010, 1880 (1882).
787 BGH, FamRZ 2009, 770; FamRZ 2009, 1391 (1393).
788 BGH, FamRZ 2009, 1391 (1394).
789 *Dutta*, in: Scherpe (Hrsg.), Marital Agreements, 158 (165 f.).

angeschafften Gegenstände, können grundsätzlich nach Maßgabe des § 1568b Abs. 1 BGB einen Anspruch auf Überlassung und Übereignung auslösen; Alleineigentum ist hingegen nicht zu verteilen und fällt dem Zugewinnausgleich anheim.[790] Da der Begriff der Haushaltsgegenstände relativ weit gefasst ist und auch teure Gegenstände, wie bspw. der Wohnungsdekoration dienende Antiquitäten, umfasst sein können,[791] ist die Disponibilität der im Miteigentum stehenden Haushaltsgegenstände für die Ehevertragsgestaltung nicht gerade von untergeordneter Bedeutung.

Darüber hinaus kann ein Anspruch auf Überlassung der Ehewohnung bestehen, § 1568a Abs. 1 BGB. Der Begriff der Ehewohnung definiert sich unabhängig von den konkreten Eigentumsverhältnissen.[792] Im Falle einer gemieteten Wohnung kommt eine alleinige Fortsetzung des Mietverhältnisses durch den Anspruchsberechtigten in Betracht. Sofern Alleineigentum eines Ehegatten oder Miteigentum beider Ehegatten bestand, kann es auch zu einer alleinigen Nutzung durch den anderen Ehegatten kommen. Eine Vereinbarung hierüber, insbesondere wenn sie über eine nutzungsrechtliche Regelung hinausgeht, kann gleichzeitig für das Güterrecht und den nachehelichen Unterhalt von Bedeutung sein.[793]

c) Form des Ehevertrages

Werden in einem Ehevertrag die güterrechtlichen Verhältnisse erfasst, muss der Vertrag gem. § 1410 BGB bei „gleichzeitiger Anwesenheit beider Teile zur Niederschrift eines Notars“ abgeschlossen werden. Dieselbe Form gilt gem. § 7 Abs. 3 VersAusglG, der auf § 1410 BGB verweist, auch für Vereinbarungen zum Versorgungausgleich, wenn diese Vereinbarungen zusammen mit güterrechtlichen Regelungen in den Vertrag aufgenommen werden.

Im Falle einer eigenständigen Vereinbarung über den Versorgungsausgleich (§ 7 Abs. 1 VersAusglG) oder einer Regelung des nachehelichen Unterhalts (§ 1585c S. 2 BGB) genügt eine sukzessive Beurkundung i. S. v. § 128 BGB, sofern der Abschluss *vor Rechtskraft* der Entscheidung über den Wertausgleich bei der Scheidung (Versorgungsausgleich) bzw. vor Rechtskraft der

790 Palandt-*Brudermüller*, BGB, Einf. v. § 1568a Rn. 2; *Langenfeld/Milzer*, Handbuch der Eheverträge, Rn. 872.

791 Weiterführend hierzu siehe Staudinger-*Voppel*, BGB, § 1361a Rn. 10 ff.

792 Göppinger/Börger-*Börger*, Vereinbarungen anlässlich der Ehescheidung, 7. Teil Rn. 4.

793 Göppinger/Börger-*Börger*, Vereinbarungen anlässlich der Ehescheidung, 7. Teil Rn. 19 ff.

Scheidung (nachehelicher Unterhalt) stattfindet.[794] *Nach Rechtskraft* ist der Abschluss sogar formlos möglich.[795] Ausnahmen gelten wiederum dort, wo die Vereinbarung auf andere formbedürftige Regelungen trifft (Formzwang kraft Sachzusammenhangs).[796]

Vereinbarungen über Haushaltsgegenstände sowie die Ehewohnung müssen keiner speziellen Form genügen, sofern nicht ausnahmsweise die allgemeinen Formvorschriften des Vertragsrechts greifen.[797]

Eheverträge beinhalten Ansprüche, die von erheblicher Bedeutung sind, sodass den Vertragsparteien die weitreichenden Folgen ihrer Entscheidung vor Augen geführt werden müssen.[798] Der Formzwang gebietet deshalb eine ausführliche Beratung durch den Notar (Klarstellungsfunktion), gewährleistet im bestmöglichen Maße, dass auf Ansprüche nicht übereilt verzichtet wird (Warnfunktion) und hat schließlich die Beweissicherungskraft des Schriftstücks (Beweisfunktion) als positiven Effekt auf seiner Seite.[799]

Bemerkenswert ist insofern, dass Vereinbarungen über den nachehelichen Unterhalt bis zum 01.01.2008 auch vor Rechtskraft der Scheidung formlos abgeschlossen werden konnten. Der Gesetzgeber erkannte diese Ungleichgewichtslage der Formerfordernisse von Güterstands- und Versorgungsausgleichsvereinbarungen auf der einen und Unterhaltsvereinbarungen auf der anderen Seite und passte sie im Zuge der Unterhaltsrechtsreform an.[800] Die ursprüngliche Vermutung einer gesetzlichen Vorrangstellung derjenigen Ansprüche, die

---

794 Palandt-*Brudermüller*, BGB, § 7 VersAusglG Rn. 2 (Versorgungsausgleich) bzw. § 1585c Rn. 4 (nachehelicher Unterhalt).

795 Palandt-*Brudermüller*, BGB, § 7 VersAusglG Rn. 3 (Versorgungsausgleich) bzw. § 1585c Rn. 4 (nachehelicher Unterhalt). Für den nachehelichen Unterhalt ergibt sich dies ausdrücklich aus dem Wortlaut des § 1585c S. 1 BGB.

796 Zu denken ist hier insbesondere auch an die Verpflichtung zur Grundstücksübertragung, § 311b BGB, Göppinger/Börger-*Kilger/Pfeil*, Vereinbarungen anlässlich der Ehescheidung, 5. Teil Rn. 44.

797 *Dutta*, in: Scherpe (Hrsg.), Marital Agreements, 158 (174).

798 *Langenfeld/Milzer*, Handbuch der Eheverträge, Rn. 33 f.

799 *Langenfeld/Milzer*, Handbuch der Eheverträge, Rn. 33; Staudinger-*Hertel*, BGB, Vorbem. zu §§ 127a, 128 BeurkG Rn. 60 m. w. N.

800 *Langenfeld/Milzer*, Handbuch der Eheverträge, Rn. 38 f.; *ders.*, FPR 2008, 38 (39); *Bergschneider*, FamRZ 2008, 17; die gesetzgeberische Leistung gehe nicht weit genug: Göppinger/Börger-*Kilger/Pfeil*, Vereinbarungen anlässlich der Ehescheidung, 5. Teil, Rn. 28 f.

höheren Formanforderungen genügen müssen, wurde damit beseitigt.[801] In der Zwischenzeit hatte die Rechtsprechung bereits mithilfe der Etablierung der Inhaltskontrolle im Jahre 2004 einen eigenen ausgleichenden Schutzmechanismus zugunsten der Unterhaltsansprüche eingeführt.[802] Durch die Reform wurde die richterliche Inhaltskontrolle keinesfalls obsolet. Vielmehr können formelle Vorgaben wie die notarielle Beratung eine richterliche Überprüfung lediglich sinnvoll ergänzen.[803] Es gibt zum einen immer noch – wenn auch durch die gesetzgeberische Aktivität beschränktere – formlose Vereinbarungsmöglichkeiten, die andernfalls nicht erfasst würden. Zum anderen können Formalien zum Zeitpunkt des Vertragsabschlusses zwar die Entscheidungsgrundlage der Ehegatten sichern, gleichzeitig aber irrationales Verhalten einer Partei nicht gänzlich verhindern und auch nicht adäquat zur Berücksichtigung entwicklungsoffener Veränderungen während der Ehe eingesetzt werden.[804] In einer vom Grundsatz der Privatautonomie ausgehenden Rechtsordnung sind die gesetzlichen Formerfordernisse insbesondere auch Mittel zur Wahrung der Selbstbestimmung und Entscheidungsfreiheit. Damit sind sie bereits Grundbedingung der Wirksamkeit des Vertrages, werden jedoch für die Feststellung eines bei Vertragsschluss subjektiven Verhandlungsgefälles relevant und sind damit auch Bestandteil einer sich anschließenden richterlichen Inhaltskontrolle i. S. v. § 138 Abs. 1 BGB.[805]

III. Rechtsvergleich und Zwischenergebnis

1. Zeitpunkt der Eheschließung

Die rechtliche Lage im Default System vom Zeitpunkt der Eheschließung bis zur Ehescheidung ähnelt sich in beiden Rechtsordnungen. Das englische Recht ist ein güterstandsloses System, in dem die Eingehung der Ehe zunächst keine Auswirkungen auf die Eigentumsverhältnisse der Ehegatten hat. Auch im deutschen Recht bleiben die Eigentumsverhältnisse und Vermögensverwaltung trotz des Güterstandssystems zunächst getrennt, weil der von Gesetzes wegen geltende

801 Zur unterschiedlichen Bewertung der Ansprüche im gesetzgeberischen Kontext: *Sanders*, Statischer Vertrag und dynamische Vertragsbeziehung, S. 87.

802 *Sanders*, Statischer Vertrag und dynamische Vertragsbeziehung, S. 87.

803 Siehe insofern die vorreformatorischen Ausführungen des BGH, FamRZ 2004, 601 (606); *Sanders*, Statischer Vertrag und dynamische Vertragsbeziehung, S. 234.

804 Vgl. *Sanders*, Statischer Vertrag und dynamische Vertragsbeziehung, S. 236; so auch für das englische Recht: *Scherpe*, in: Scherpe (Hrsg.), Marital Agreements, 443 (495); *ders.*, (2011) 23 CFLQ, 513 (520).

805 Siehe unten im Rahmen der Wirksamkeitskontrolle 2. Teil: C. II. 2. b) aa).

Güterstand (Zugewinngemeinschaft) eine Ausgleichsforderung gemäß § 1378 Abs. 3 BGB erst bei Ehescheidung entstehen lässt. Eine marginale, jedoch aus rechtsvergleichender Sicht zu vernachlässigende Veränderung bereits während der Ehe, bewirken die Verfügungsbeschränkungen der §§ 1365, 1369 BGB.

Eine Möglichkeit zum Opt-Out, und dies stellt den ersten deutlichen Unterschied dar, existiert nur in solchen Rechtsordnungen, die den Ehegatten ein Güterstandssystem und damit die Wahl zwischen mehreren Güterständen (Gütertrennung oder Gütergemeinschaft) zur Verfügung stellen.[806] Die Ehegatten können daher im deutschen Recht, anders als im englischen Recht, kraft güterrechtlicher Vereinbarung bereits während der Ehe Einfluss auf die Eigentumsverhältnisse nehmen.

2. *Zeitpunkt der Ehescheidung*

Kommt es sodann zum Störfall der Ehescheidung, markiert dieses Ereignis den Zeitpunkt zur Illustration der systemimmanenten Unterschiede sowohl im Falle der Geltung des Default Systems als auch im Falle des Versuchs eines Opt-Outs.

Die Vorgehensweise bei der Vermögensaufteilung (Default System) baut zunächst auf unterschiedlichen Grundlagen auf. Die im Mittelpunkt der jeweiligen Rechtsordnung stehenden Hauptziele – Einzelfallgerechtigkeit (englisches Recht) oder Rechtssicherheit (deutsches Recht) – werden über die Strukturen des zugrunde liegenden Systems erreicht. Der englische Richter ist bei seiner Ermessensausübung keinen mathematischen Regeln, sondern grundsätzlich nur dem Maßstab der Fairness unterworfen. Gesetzliche Vorgaben und Leitlinien der Rechtsprechung (insbesondere Needs, Compensation, Sharing) versuchen diesem Maßstab eine gewisse Kontur zu verleihen. Das auf diesem Wege erzielte Gesamtergebnis, welches mithilfe der rechtsfolgenorientierten Verteilungsbefugnisse darstellbar wird, orientiert sich pragmatisch an den (vorhandenen) Vermögensmassen und soll der Einzelfallgerechtigkeit dienen. Im Kontrast dazu steht das Anspruchssystem im deutschen Recht, welches sich in unterhaltsrechtliche, versorgungsausgleichsrechtliche und güterrechtliche Säulen aufteilen lässt und perspektivisch von der jeweiligen Anspruchsgrundlage aus agiert. Die Ansprüche unterliegen zum Teil mathematischer Genauigkeit, zum Teil werden aber auch hier Fairness-Gesichtspunkte einbezogen. Die Entscheidung des Richters wird transparent und vorhersehbar und vermittelt den Parteien – im Vergleich zum englischen von Ermessen geprägten Gesamtpaketesystem („financial

---

806 *Cooke/Barlow/Callus*, Community of Property, S. 40.

package") – ein erhebliches Maß an Rechtsicherheit.[807] Die Ausgangspunkte sind damit äußerst unterschiedlich.

Ob die divergierenden Vorgehensweisen bei der Güteraufteilung auch zwangsläufig zu unterschiedlichen Ergebnissen führen müssen, kann angesichts einiger inhaltlicher Übereinstimmungen nicht von vornherein angenommen werden.[808] Denn es herrscht Einigkeit insbesondere darüber, dass die (ehebedingten) Bedürfnisse der Parteien eine wichtige Rolle spielen und zur Erzielung eines fairen Ergebnisses daher ein gewisses Maß an richterlicher Flexibilität notwendig ist.[809] Auch der Grundsatz der Teilhabe am gemeinsam Erwirtschafteten findet sich in beiden Rechtsordnungen wieder. Mangels Bezug zur Ehe wird grundsätzlich solches Vermögen nicht geteilt, das bereits vor der Ehe existierte oder während der Ehe aufgrund einer Erbschaft oder Schenkung zugeflossen ist.[810] Die immer noch der Realität entsprechende Vorstellung, dass demjenigen Ehegatten, der den Haushalt führt und das Kind betreut, in mehrfacher Hinsicht Nachteile entstehen, ist omnipräsent, sodass es diese auszugleichen gilt.

Nichtsdestoweniger bleibt die Akzentuierung infolge der jeweiligen Systembedingungen eine andere.[811] Das englische Recht betont die Elemente Needs, Compensation, Sharing in Abhängigkeit von den verfügbaren Vermögensmassen und der konkreten Verteilung. Ist das Vermögen gering, liegt der Schwerpunkt der Entscheidung auf der Deckung von Needs. Sollte hingegen viel Vermögen vorhanden sein, steht das Sharing deutlich im Vordergrund. Insofern kann zumeist eine Dominanz einzelner Elemente festgestellt werden, sodass hier von einer *vertikalen* Akzentuierung der Elemente (als Anspruchsziele) gesprochen werden kann. Das deutsche Recht trennt auf den ersten Blick strikt zwischen den einzelnen Säulen. Faktisch müssen jedoch die Ergebnisse untereinander berücksichtigt werden, sodass zunächst ein Wertausgleich (Güterrecht und Versorgungsausgleich) durchgeführt wird, dessen Resultat sich in der unterhaltsrechtlichen Bedürftigkeit widerspiegelt. Insofern herrscht rein von der

807 Insofern auch treffend die kontextual breiter angelegte Aussage von *Lord Wilson*, in: Scherpe (Hrsg.), Marital Agreements, VII: „(…) a marital agreement which – as in a civil law country – replaces one defined outcome with another defined outcome is very different from one which – as in a common law country – replaces an undefined outcome, dependent on the future exercise of a court's discretion, with a defined outcome."

808 So bereits *Scherpe*, in: Scherpe (Hrsg.), Marital Agreements, 443 (477).

809 *Scherpe*, in: Scherpe (Hrsg.), Marital Agreements, 443 (477).

810 *Scherpe*, in: Scherpe (Hrsg.), Marital Agreements, 443 (478).

811 In diese Richtung bereits: *Scherpe*, ZEuP 2012, 615 (629).

chronologischen Abfolge ein Vorrang des (schuldrechtlichen) Ausgleichs vor den Unterhaltsansprüchen, der jedoch weder Dominanz der einen noch Rezessivität der anderen Säule signalisiert.[812] Es handelt sich daher um eine *horizontale* Akzentuierung der Anspruchsgrundlagen. Dieser Unterschied ist systembedingt und tritt insbesondere hinsichtlich des richterlichen Ermessensspielraumes deutlich in Erscheinung. Während dem englischen Richter sein Ermessen zur Erzielung eines fairen Gesamtergebnisses in jeglicher Hinsicht verbleibt, steht dem deutschen Richter nach Durchführung des Wertausgleichs, der auf genauen Vorgaben basiert, nur noch ein geringes Maß an Flexibilität im Hinblick auf die unterhaltsrechtlichen Ansprüche zu.

Die unterschiedliche Akzentuierung hat ebenso Auswirkungen auf die vermeintlichen inhaltlichen Übereinstimmungen. Zwar ist erstens sicherlich die Bedürftigkeit des schwächeren Ehegatten in beiden Rechtsordnungen von besonderer Bedeutung. Jedoch ist die Relation zwischen Eigenverantwortung und der Pflicht zur nachehelichen Unterstützung, die über das Maß der nachehelichen Rechte entscheidet, ebenfalls systembedingt ungleich. Das englische Verfahrensziel des Clean Breaks,[813] die finanziellen Verbindungen der Parteien so früh wie möglich voneinander zu lösen, setzt voraus, dass die Erreichung dieses Ziels im Einzelfall überhaupt erstrebenswert erscheint. Es lässt sich sodann nur mithilfe der Wahl bestimmter Verteilungsbefugnisse flächendeckend, d. h. das gesamte scheidungsfolgenrechtliche Paket betreffend, realisieren. Geringe Vermögensmassen sowie die Illiquidität einzelner Vermögensgegenstände, insbesondere des Familienheimes, verhindern aber im Großteil der Fälle, dass dieses Verfahrensziel tatsächlich erreicht werden kann. Insofern hat die in besonderem Maße von der Vermögensmasse abhängige Verwirklichung des Anordnungsgrundes, die Unterstützung des bedürftigen Ehegatten, stets Vorrang. Da grundsätzlich sowohl ehebedingte wie auch nicht-ehebedingte Bedürfnisse ausgeglichen werden, tritt das Verfahrensziel des Clean Breaks regelmäßig in den Hintergrund. Das englische System setzt damit einen äußerst geringen Anreiz zur selbstständigen und eigenverantwortlichen Lebensweise.[814] Der Gedanke der

812 Die Bedeutung der einzelnen Ansprüche wird vielmehr erst im Ehevertragsrecht im Rahmen der Kernbereichslehre der richterlichen Inhaltskontrolle diskutiert, siehe unten 2. Teil: C. II. 2. a).

813 Ein Verfahrensziel in dieser Form existiert im deutschen Recht nicht, *Scherpe* [2007] IFL, 18 (20).

814 *Scherpe*, in: BmFSF (Hrsg.), Rollenleitbilder und -realitäten in Europa, 197 (206). Ein auf die nacheheliche Eigenverantwortung ausgerichtetes System setze im Gegensatz dazu wenig Anreiz zur Familiengründung und Familienarbeit, a. a. O., (206 f.).

Eigenverantwortung, der im deutschen Unterhaltsrecht im Vordergrund steht, kommt damit im englischen Recht nur in geringem Maße zum Ausdruck. Anders als in England werden im deutschen Recht vor allem ehebedingte Bedürftigkeiten als Rechtfertigung für eine über die Scheidung hinausgehende finanzielle Unterstützung erachtet – auch wenn bis heute ein Kausalzusammenhang zwischen Ehe und Bedürftigkeit nicht ausdrücklich gefordert wird. Die Förderung der Eigenverantwortung wird hier deutlicher betont. Zweitens ist es daneben eine im deutschen Recht von der Bedürftigkeit zu trennende Frage, ob ein Anspruch auf Teilhabe am gemeinsam Erwirtschafteten besteht. Besteht ein solcher Anspruch (Zugewinnausgleich oder Versorgungsausgleich) ist dieser erst einmal völlig unabhängig von der Bedürftigkeit des Anspruchsberechtigten und den konkreten Folgen für den Anspruchsverpflichteten (z. B. Liquidierung des Familienheims) zu realisieren. Eine Teilhabe im Sinne des englischen Sharings ist hingegen nur denkbar, sofern nach der Bedürfnisdeckung hierzu ausreichend Vermögen vorhanden ist. Die Möglichkeit, sowohl Einnahmen aufgrund eines fiktiven Erwerbs als auch zukünftiges Vermögen einzubeziehen, führen so zu einer Entlastung.[815] Teilhabe und Bedürftigkeit sind damit im englischen Recht engstens miteinander verzahnt, sodass die soeben dargestellte Generosität im Bereich der Bedürftigkeit zur Vernachlässigung der Teilhabe führen kann.

Eine Möglichkeit, sich der richterlichen Entscheidungsgewalt im englischen Recht mittels privatautonomer Maßnahmen zu entziehen (Opt-Out), besteht grundsätzlich nicht. Das Ermessen des Familienrichters kann nicht beschränkt werden, sodass ein zwischen den Parteien geschlossenes Agreement nur im Rahmen des richterlichen Prüfverfahrens Bedeutung erlangen kann (sekundäre Integration). Das Gegenteil ist im deutschen Recht der Fall. Sollten die gesetzlich vorgesehenen Konsequenzen einer Ehescheidung für das Vermögen nicht dem von den Ehegatten gelebten Ehemodell entsprechen, ist grundsätzlich eine vollumfängliche, eigenverantwortliche Anpassung der Regelungen möglich, welche im System selbst angelegt ist: Eheverträge sind *prima facie* bindend (primäre Integration). Dementsprechend ist die Einhaltung der Formalien (Form des Ehevertrages) Grundvoraussetzung für die Wirksamkeit des Ehevertrages und damit der richterlichen Inhaltskontrolle vorgelagert.

---

815 Im Vergleich dazu ist im deutschen Recht eine Beteiligung an zukünftigem Vermögen im Hinblick auf den Zugewinnausgleich und Versorgungsausgleich nicht denkbar, weil es bei diesen Ansprüchen um die Teilhabe an *während der Ehe* erwirtschaftetem Vermögen geht, BGH, NJW 1984, 2358 (2361). Zukünftiges Vermögen und fiktiver Erwerb spielen auch im Unterhaltsrecht nur in eingeschränktem Maße eine Rolle.

Im Ergebnis zeigt sich damit, dass die beiden Rechtsordnungen eine bereits dem Default System immanente diametrale Haltung zum Grundsatz der Privatautonomie vertreten: Die englische paternalistische Perspektive, die den Richter kraft seiner Entscheidungsgewalt in das Zentrum des Geschehens stellt, und die deutsche stark an der Privatautonomie ausgerichtete Perspektive, die den Ehegatten die rechtliche Möglichkeit zur eigenständigen Gestaltung der Vermögensverhältnisse zugesteht.

C. Richterliches Prüfverfahren als paternalistisches Element zur Gewährleistung eines systemgeprägten Gerechtigkeitsverständnisses

Die diametrale Grundhaltung vermag, für sich betrachtet, noch kein vollständiges Bild über das zugelassene Maß an Privatautonomie zu vermitteln, denn sie stellt lediglich den Ausgangspunkt in der jeweiligen Rechtsordnung dar.[816] Das richterliche Prüfverfahren ist es letzten Endes, das als Damoklesschwert[817] sinnbildlich über der Privatautonomie hängt und das Schicksal des Vertrages zugunsten (englisches Recht) oder zulasten (deutsches Recht) der Privatautonomie besiegeln kann.[818]

Auch wenn dem englischen Recht der Grundsatz der Privatautonomie im Scheidungsfolgenrecht als zentrales Prinzip fremd ist, hindert dies den Richter nicht, eine vorhandene Vereinbarung zwischen den Ehegatten bei seiner Entscheidung in Abhängigkeit von den Einzelfallumständen einzubeziehen bzw. anzuerkennen. Umgekehrt[819] gilt im deutschen Recht zwar der Grundsatz der Ehevertragsfreiheit, dem jedoch gleichermaßen mittels richterlicher Inhaltskontrolle die Durchschlagskraft entzogen werden kann.

Beide Rechtsordnungen stehen privatautonomen Vereinbarungen demnach weder völlig unaufgeschlossen gegenüber noch erteilen sie eine Garantie für deren Berücksichtigung. Eine Garantie gibt es deshalb nicht, weil andernfalls kein

---

816 Zur Evaluierungsmethodik siehe oben 2. Teil: A. II sowie Abb. 1 (S. 148).

817 Die Metapher dient der Verdeutlichung, dass vor dem Hintergrund der jeweiligen Rechtsordnung unterschiedlich empfunden wird, welche die vermeintlich komfortable Situation (Ermessen oder Privatautonomie) darstellt und wodurch diese „bedroht“ wird (Privatautonomie oder richterliche Inhaltskontrolle).

818 In diese Richtung auch *Scherpe* [2007] IFL, 18 (23), der den Schutzmechanismus grundsätzlich für relevanter erachtet als die Rechtsnatur der Vereinbarung.

819 Zur Rolle des Richters in beiden Rechtsordnungen bereits *Sanders* (2010) 59 ICLQ, 571 (591).

schützender Eingriff möglich wäre. Das richterliche Prüfverfahren stellt damit auf ganz individuelle Art und Weise die Balance zwischen Privatautonomie und dem Schutz der schwächeren Partei oder des Kindes her. Insbesondere seit der Jahrtausendwende zeichnen sich in diesem Bereich deutliche Veränderungen in der Rechtsprechung beider betrachteter Rechtsordnungen ab, welche dazu geeignet sein könnten, trotz diametraler Grundhaltung eine Annäherung der beiden Rechtsordnungen herbeizuführen: die zunehmende Anerkennung von Privatautonomie im englischen Recht sowie die steigende Tendenz zur Durchführung einer richterlichen Inhaltskontrolle im deutschen Recht. Diese Entwicklung soll in dem nächsten Abschnitt Gegenstand der Untersuchung sein.

I. Entwicklungen in der Rechtsprechung im Zeitraffer – Konservatismus und Liberalismus

1. Grundlegung

Eine kurze Nachzeichnung der Rechtsprechung im englischen Recht zeigt eine starke Veränderung ausgehend von einer konservativen Haltung gegenüber Marital Agreements hin zu einer liberaleren Haltung.[820] Während das *Hyman*-Prinzip bis in die Gegenwart eine fehlende Bindungswirkung sämtlicher Vereinbarungsarten gegenüber dem Gericht statuiert, konnte zumindest das Stigma eines Public Policy-Verstoßes bei vorsorgenden Agreements nicht nur in seiner gesetzlichen Verankerung,[821] sondern auch in der Rechtsprechung[822] beseitigt werden. Wie es für Separation Agreements seit jeher bereits galt, sind damit nun auch Nuptial Agreements wirksam und können deshalb erstmals in die gerichtliche Entscheidung einbezogen werden.[823] Seitdem werden Marital Agreements zwischen Ehegatten zunehmend berücksichtigt.[824] Grundlage einer Berücksichtigung ist die Anwendung des *Edgar*-Tests für Separation Agreements bzw. des *Radmacher*-Tests für Nuptial Agreements, die sich inhaltlich kaum unterscheiden und daher

---

820 Zur Kurzzusammenfassung siehen oben 1. Teil: D; zur ausführlichen Darstellung siehe oben 1. Teil: C.

821 Siehe oben 1. Teil: C. IV. 2.

822 Siehe oben 1. Teil: C. IV. 3. b) (partielle Aufgabe durch *MacLeod*) sowie 1. Teil: C. V. 3. a) (vollständige Aufgabe durch *Radmacher*).

823 Siehe oben zur Rechtsnatur und Rechtswirkung 1. Teil: C. III. 1 bzw. 1. Teil: C. V. 3. c).

824 Siehe oben 1. Teil: C. IV. 3. a) zur zunächst etwas zurückhaltenden Einbeziehung und 1. Teil: C. V. 4. c) bb), wonach als Grund für die Einbeziehung neuerdings der Respekt gegenüber der Autonomie der Parteien angeführt wurde.

regelmäßig zu vergleichbaren Ergebnissen führen.[825] Trotzdem wurde die Beibehaltung zweier unterschiedlich bezeichneter Tests befürwortet, weil hierdurch hervorgehoben wird, dass die Hürde für die Nichteinbeziehung eines Separation Agreements zumindest potenziell höher sein kann als die für die Nichteinbeziehung eines Nuptial Agreements. So ist die emotionale und rechtliche Lage zwischen einem Pre- und einem Post-Nuptial Agreement (Nuptial Agreement) vergleichbar, weshalb eine Aufgabe der Differenzierung zwischen diesen beiden Vereinbarungsarten als progressive Veränderung zu bewerten ist.[826] Der jedoch zwischen Nuptial Agreements und Separation Agreements verbleibende Unterschied, dass die erste Art zwischen Parteien einer intakten Ehe, die nur für eine potenzielle Scheidung vorsorgen wollen, und die zweite Art hingegen mit Blick auf eine beabsichtigte Scheidung geschlossen werden, darf jedoch nicht übersehen werden und kann sich auf den Maßstab auswirken. Insgesamt ist damit eine Liberalisierung der Rechtsprechung gegenüber vermögensrechtlichen Vereinbarungen zwischen Ehegatten seit Ende des 20. Jahrhunderts zu verzeichnen. Noch weitreichendere Veränderungen im Hinblick auf Rechtsnatur und Rechtswirkung von Agreements müssten von gesetzgeberischer Seite initiiert werden.[827]

Die umgekehrte Entwicklung von einer zunächst äußerst liberalen zu einer konservativeren Haltung scheint im deutschen Recht stattzufinden.[828] Dort galt lange Zeit, dass sich die Ehegatten an ihrer Entscheidung für eine eigenständige Regelung ihrer vermögensrechtlichen Verhältnisse festhalten lassen müssen, wenn sie sich auf der Grundlage eines Ehevertrages ausdrücklich gegen das gesetzlich vorgesehene Schutz- und Kompensationssystem des Scheidungsfolgenrechts ausgesprochen haben. In dieser Strenge hielt es der BGH in seiner früheren Rechtsprechung.[829] Er gewährte den Ehegatten nahezu unbeschränkte Vertragsfreiheit, die ihre Grenze lediglich in allgemein zivilrechtlichen oder speziell familienrechtlichen Vorschriften fand.[830] So wurden im Rahmen einer

---

825 Siehe oben 1. Teil: C. V. 4. e) cc).

826 Zu den Argumenten siehe oben 1. Teil: C. V. 3. a) bb).

827 Siehe oben 1. Teil: C. V. 2. a) sowie 1. Teil: C. VI.

828 Die Rechtsprechung und Literatur zur Inhaltskontrolle von Eheverträgen lässt sich kaum noch überblicken, sodass die Darstellung keinen Anspruch auf Vollständigkeit erheben will und kann. Den Versuch eines Überblicks wagend: *Dauner-Lieb*, AcP 210 (2010), 580 (586 ff.).

829 Siehe nur BGH, FamRZ 1985, 788; FamRZ 1991, 306; FamRZ 1992, 1403 (1404 f.); FamRZ 1996, 1536 (1536 f.); FamRZ 1997, 156 (157 f.).

830 Hierzu ausführlich: *Sanders*, Statischer Vertrag und dynamische Vertragsbeziehung, S. 153–162.

richterlichen Inhaltskontrolle nach Maßgabe der §§ 138, 242 BGB nur solche vertraglichen Vereinbarungen beanstandet, durch deren Ausschluss der schwächere Ehegatte sozialhilfebedürftig[831] wurde oder Kindesinteressen[832] beeinträchtigt wurden; also Fälle, in denen der Verzicht zulasten Dritter wirkte. Das BVerfG hatte dies lange Zeit nicht kritisiert und eine Ausweitung der Rechtsprechung auf weitere Bereiche offensichtlich für nicht angezeigt gehalten.[833]

Zugewinnausgleich, Versorgungsausgleich und nachehelicher Unterhalt stehen auch heute grundsätzlich noch zur vollen vertraglichen Disposition der Parteien. Einen unverzichtbaren Mindestgehalt der Scheidungsfolgen gibt es nicht.[834] Doch stellte sich im Laufe der Zeit die Frage, ob diese grenzenlose Gestaltungsfreiheit nicht gerade im Scheidungsfolgenrecht zur Herbeiführung ungerechter Ergebnisse verlocke: Häufig sind nachteilhafte Vereinbarungen zulasten eines Ehegatten nämlich nicht Ausdruck vertraglicher Gleichberechtigung, sondern das Resultat der Überlegenheit des anderen Ehegatten oder das Ergebnis einer unvorhergesehenen Entwicklung. Disparitätische Verhältnisse können dann zu einer Erschütterung der Richtigkeitsgewähr des Vertrages führen und eine Wiederherstellung der Vertragsgerechtigkeit mithilfe einer richterlichen Inhaltskontrolle rechtfertigen. Eine Inhaltskontrolle wurde in anderen Bereichen des Zivilrechts, insbesondere in den Fällen der Bürgschaft vermögensloser Familienangehöriger sowie dem Wettbewerbsverbot für Handelsvertreter, schon lange zur Begrenzung der Privatautonomie für notwendig erachtet.[835] Im Ehevertragsrecht wurde hingegen fortwährend behauptet, dass diese mangels disparitätischer Verhältnisse meist einer Inhaltskontrolle nicht bedürfen.[836] Dies verwundert, weil gerade im familienrechtlichen Kontext gewisse Abhängigkeitsverhältnisse vorherrschen, die die Verhandlungspositionen der Parteien sowie die Entwicklung der Vertragsbeziehung stark beeinflussen und einen gerichtlichen Eingriff sogar leichter zu rechtfertigen scheinen als in einem rein wirtschaftlichen Kontext.

---

831 BGH, FamRZ 1983, 137; FamRZ 1991, 306; FamRZ 1992, 1403 (1403 ff.).

832 BGH, FamRZ 1987, 46 (47 f.); FamRZ 1991, 306 (306 f.); FamRZ 1997, 873 (874).

833 Dafür wurde Kritik in den Reihen der Literatur geübt: *Schwenzer*, AcP 196 (1996), 88 (100 ff.); *Büttner*, FamRZ 1997, 600 (600 f.); *ders.* FamRZ 1998, 1 (7 f.); *Dethloff*, JZ 1997, 414 (414 f.); *Eichenhofer*, DNotZ 1994, 213 (222 ff.).

834 BGH, FamRZ 2004, 601 (604); FamRZ 2005, 1444 (1447); FamRZ 2007, 1310 (1311); FamRZ 2013, 195 (197).

835 BVerfGE 89, 214 sowie BVerfGE 81, 242.

836 *Bergschneider*, Richterliche Kontrolle von Eheverträgen, S. 1 mit Verweis auf Palandt-*Heinrichs*, BGB, 61. Aufl., 2002, Einf. v. § 145 Rn. 15.

Erst im Jahre 2001 führte das BVerfG im Hinblick auf Eheverträge eine Rechtsprechungswende herbei. Im Zuge dessen wurde die Bedeutung des Verfassungsrechts hervorgehoben, welches über die mittelbare Drittwirkung der Grundrechte, speziell durch Art. 2 Abs. 1 GG i. V. m. Art. 6 Abs. 4 und Art. 6 Abs. 2 GG, auch auf das Zivilrecht einwirke. Wie den verfassungsrechtlichen Wertungen konkret Geltung zu verschaffen sei, überließ man den Zivilgerichten. Der Aufforderung, die vom BVerfG angeordnete Inhaltskontrolle zu konkretisieren, kam der BGH durch sein Urteil im Jahr 2004 nach, welches die §§ 138 Abs. 1, 242 BGB als Grundlage der Überprüfung in den Vordergrund stellte.[837] Von der einst vollen Ehevertragsfreiheit wurde damit vor allem zum Schutz der schwächeren Partei sowie zum Schutz des Kindes Abstand genommen.

2. Deutsche Perspektive

a) Materialisierung des Vertragsrechts

Geburtsstunde der konservativen Entwicklung bildeten die im Jahre 2001 ergangenen Entscheidungen,[838] in denen das BVerfG seine bisherige Rechtsprechung zur gestörten Vertragsparität aufgriff und sich deren Grundsätze auch im Rahmen der Inhaltskontrolle von Eheverträgen zu Nutze machte.[839]

Im ersten Fall hatte der Mann dem Begehren seiner schwangeren Partnerin auf Eheschließung unter der Bedingung einer unterhaltsrechtlichen Vereinbarung nachgegeben. Der druckvolle Hinweis seinerseits, dass er zu Beginn der Beziehung deutlich gemacht habe, weder Kinder haben noch heiraten zu wollen, veranlasste sie dazu, eine privatschriftliche Vereinbarung ausarbeiten zu lassen. Beide verzichteten auf nachehelichen Unterhalt und regelten die partielle Freistellung des Vaters von seiner Unterhaltspflicht für das gemeinsame Kind. Die Frau hatte aufgrund ihrer geringen Qualifikation nur ein niedriges Einkommen und zusätzlich ein weiteres Kind aus erster Ehe zu versorgen. Nach der Scheidung heiratete sie schnell wieder, sodass zum Gegenstand der Überprüfung lediglich die Freistellungsvereinbarung wurde. Das BVerfG stellte fest, dass die

---

837 Siehe hierzu unten 2. Teil: C. II. 1. a) bb) sowie weiterführend 2. Teil: C. II. 2.

838 BVerfG, FamRZ 2001, 343 und FamRZ 2001, 985.

839 Die Einschränkung der Privatautonomie als Materialisierung bezeichnend: *Canaris*, AcP 200 (2000), 273 ff. Zu den Folgen der neuen Rechtsprechung: *Schwab*, FamRZ 2001, 349; *Schwab*, DNotZ Sonderheft 2001, 9 (14 ff.); *Dauner-Lieb*, AcP 201 (2001) 295 (324 ff.); *dies.*, FF 2002, 151; *Schubert*, FamRZ 2001, 733; *Bergschneider*, FamRZ 2001, 1337; *Koch*, FamRZ 2003, 197; *Röthel*, NJW 2001, 1334; *Rauscher*, DNotZ 2002, 751 (756 ff.).

Entscheidung des OLG, das die Vereinbarung als wirksam angesehen hatte, gegen Art. 2 Abs. 1 GG i. V. m. Art. 6 Abs. 4 GG und Art. 6 Abs. 2 GG verstoße.

Im zweiten Fall hatten die Parteien vor Eingehung der Ehe unter maßgeblichem Druck vonseiten des Mannes einen notariellen Ehevertrag abgeschlossen, der einen Ausschluss der güterrechtlichen und sonstigen scheidungsfolgenrechtlichen Ansprüche vorsah. Zu diesem Zeitpunkt war die Frau von ihm schwanger und hatte bereits ein aus einer vorhergehenden Beziehung stammendes schwerbehindertes Kind zu betreuen. Aufgrund dieser Pflegebedürftigkeit des Kindes war es ihr nicht möglich, einer Erwerbstätigkeit nachzugehen, wohingegen er ein Monatseinkommen von 7.000,- DM hatte. Das BVerfG hob die Entscheidung des OLG, welches nur das Kindeswohl, nicht jedoch den Aspekt der Vertragsparität berücksichtigt hatte, unter Hinweis auf einen Verstoß gegen Art. 2 Abs. 1 GG i. V. m. Art. 6 Abs. 4 GG auf und verwies die Sache an das OLG zurück.

Es ist zunächst festzustellen, dass das BVerfG zwei unterschiedliche Gesichtspunkte in den Fokus der Inhaltskontrolle bringt: Erstens sei das Recht des Ehegatten auf Schutz vor unangemessener Benachteiligung durch den Ehevertrag (Art. 2 Abs. 1 GG i. V. m. Art. 6 Abs. 4 GG) zu berücksichtigen. Damit wurde ein Perspektivwechsel vollzogen und erstmals nicht die Belange eines Dritten, sondern diejenigen der schwächeren Ehevertragspartei selbst betont.[840] Zweitens hob es nochmals die besondere Bedeutung des Kindeswohls (Art. 6 Abs. 2 GG) hervor. Es nehme als Recht eines Dritten eine herausragende Stellung ein und biete Schutz vor verantwortungsloser Ausübung des Elternrechts.

aa) Verfassungsrechtliche Wertungen

Die erste verfassungsrechtliche Wertung, die das BVerfG in den Vordergrund stellt, bezieht sich auf die Vertragsfreiheit der Ehegatten: Sie beschreibt die Fälle der gestörten Vertragsparität als eine „besonders einseitige Aufbürdung von vertraglichen Lasten“ (objektive Seite) *und* eine „erheblich ungleiche Verhandlungsposition der Vertragspartner“ (subjektive Seite), die eines gerichtlichen Eingriffs bedürfen.[841]

Der Grundsatz der Vertragsfreiheit werde durch Art. 2 Abs. 1 GG gewährleistet, der den Vertrag als maßgebliches „Instrument zur Verwirklichung freien und eigenverantwortlichen Handelns“[842] definiere. Dieses Instrument müsse beiden Vertragspartnern in gleichem Maße zugänglich sein. Dies sei dann nicht

840 *Schwab*, DNotZ Sonderheft 2001, 9 (29 f.); *Sanders*, Statischer Vertrag und dynamische Vertragsbeziehung, S. 7.

841 BVerfG, FamRZ 2001, 343 (346 f.); FamRZ 2001, 985.

842 BVerfG, FamRZ 2001, 343 (345).

der Fall, wenn sich Selbstbestimmung in Fremdbestimmung verwandele und der Ehevertrag infolgedessen „nicht Ausdruck und Ergebnis gleichberechtigter Partnerschaft [sei], sondern eine auf ungleichen Verhandlungspositionen basierende einseitige Dominanz eines Ehepartners widerspiegel[e].“[843] Der die Vertragsgerechtigkeit gewährleistende automatische Interessenausgleich funktioniert nicht, weil von außen betrachtet eine zweiseitige, faktisch aber nur eine einseitige Bestimmung stattfindet.[844] Zwar bliebe es den Ehegatten nach Art. 6 Abs. 1 GG grundsätzlich unbenommen, ihre Partnerschaft ihren eigenen Bedürfnissen entsprechend zu gestalten. Diese Gestaltungsfreiheit dürfe jedoch nicht mit der Wertung aus Art. 3 Abs. 2 GG kollidieren, die in das Recht aus Art. 6 Abs. 1 GG hineinwirke und die Gleichberechtigung in der Ehe zwischen Mann und Frau proklamiere. Liege eine Vertragsdisparität vor, rechtfertige der Mangel an Gleichberechtigung eine richterliche Inhaltskontrolle.

Zum einen müsse damit die Situation der Vertragsparteien betrachtet werden, in der die Vereinbarungen geschlossen wurden. Als Indiz für eine Unterlegenheit wurde die Schwangerschaft der Frau bei Vertragsabschluss[845] gewertet. Schwangere Frauen sähen sich in persönlicher, sozialer wie auch in finanzieller Hinsicht vor die Wahl gestellt, entweder in den Ehevertrag einzuwilligen und damit väterlicherseits die Wahrscheinlichkeit einer Widmung gegenüber dem ehelichen Kind zu erhöhen oder das Kind nichtehelich zur Welt zu bringen und allein erziehen zu müssen. Daneben könnten jedoch weitere Faktoren wie die berufliche Qualifikation der Frau, ihre Perspektive für die zukünftige Aufnahme einer Erwerbstätigkeit, die Rollenverteilung oder auch die Vermögenslage dazu geeignet sein, ein Ungleichgewicht der Verhandlungspositionen zu kompensieren. In den dem BVerfG vorliegenden Fällen bestärkten diese zusätzlichen Faktoren hingegen das Indiz der Unterlegenheit. Beide Frauen betreuten die Kinder, führten

---

843 BVerfG, FamRZ 2001, 343 (346).

844 Wie *Canaris*, AcP 200 (2000), 273 (296 ff.), im Zusammenhang mit den Bürgschaftsentscheidungen des BVerfG ausführt, fußt die Rechtsprechung zur gestörten Vertragsparität damit im Kern auf einer „Materialisierung“ der Vertrags*freiheit*.

845 Zum detaillierten Vergleich der Situation einer ledigen und einer verheirateten Mutter siehe die Ausführungen im Urteil des BVerfG, FamRZ 2001, 343 (346). Damit hinfällig geworden ist das frühere Argument, das gegen eine Berücksichtigung der Schwangerschaft als Hinweis auf eine Zwangslage angeführt wurde. So wurde damals noch behauptet, dass die Frau – zumindest unter finanziellen Aspekten – verheiratet mit Ehevertrag immer noch besser dastehe als unverheiratet und der Mann sie daher nicht in eine Zwangslage bringe, wenn er es in Erwägung ziehe, sie gar nicht zu heiraten, sollte sie den Ehevertrag nicht unterzeichnen, vgl. BGH FamRZ 1992, 1403 (1404); FamRZ 1996, 1536 (1537); FamRZ 1997, 156 (157 f.).

den Haushalt und gingen, im Gegensatz zu ihren Partnern, keiner Erwerbstätigkeit nach. Aus diesen Gründen gewährte das BVerfG dem Anspruch der Mutter auf Schutz und Fürsorge aus Art. 6 Abs. 4 GG Vorrang vor der Vertragsfreiheit aus Art. 2 Abs. 1 GG.

Zum anderen müsse sodann der Inhalt der Vereinbarungen beleuchtet werden. Er müsse die subjektive Unterlegenheit des schwächeren Vertragspartners dergestalt zum Ausdruck bringen, dass er für sie nachteilig wirke und ihren Interessen nicht ausreichend Rechnung trage. Entscheidend seien dafür die familiären Gegebenheiten, insbesondere die konkrete Verteilung der Pflichten sowie das Ausmaß der ehevertraglichen Abweichung im Verhältnis zu den gesetzlichen Regelungen. Beide Ehefrauen übernahmen die Familien- und Hausarbeit und verzichteten auf (nachehelichen) Unterhalt. Die Ehefrau im zweiten Fall willigte sogar zusätzlich in einen vollständigen Verzicht auf Zugewinn- und Versorgungsausgleich ein, obwohl die Aufnahme einer Erwerbstätigkeit und damit die eigenständige Sicherung des Unterhalts aufgrund der Betreuung des schwerbehinderten Kindes von vornherein ausgeschlossen war. Beide Ehemänner hatten hingegen ein gutes Einkommen, sodass durch die Regelung eine einseitige Belastung zum Nachteil der Frauen entstand.

Allein die Vereinbarung nachteiliger Regelungen könne jedoch nicht zu einer Begrenzung der Vertragsfreiheit führen, wenn beide Vertragsparteien gleichberechtigt an der Bestimmung des Vertragsinhalts mitgewirkt haben.[846] Eine gestörte Vertragsparität liege demzufolge nur dann vor, wenn der Vertrag sowohl unter subjektiven als auch unter objektiven Aspekten zu beanstanden sei und damit gegen die Wertung des Art. 2 Abs. 1 GG i. V. m. Art. 6 Abs. 4 GG verstoße.[847]

Die zweite verfassungsrechtliche Wertung[848] rückt einen Dritten, das Kind, in den Mittelpunkt der Diskussion, welches dem besonderen Schutz des Art. 6 Abs. 2 GG unterstehe. Das Recht der Eltern aus Art. 6 Abs. 2 S. 1 GG, die Pflege und Erziehung ihres Kindes frei zu gestalten, sei nicht grenzenlos. Die Vertragsfreiheit müsse dort eingeschränkt werden, wo sie sich zulasten des Kindes

846 *Koch*, FamRZ 2009, 1191; *Stresow*, Die richterliche Inhaltskontrolle von Eheverträgen, S. 146. So wohl auch die Ansicht des BVerfG, FamRZ 2001, 343 (346 f.); FamRZ 2001, 985.

847 A. A. in extremen Fällen könne ein Rückschluss von der objektiven auf die subjektive Seite angezeigt sein: *Schwab*, FamRZ 2001, 349; *Bergschneider*, FamRZ 2001, 1337 (1339); Staudinger-*Baumann*, BGB, § 1585c Rn. 191; *Schwab*, DNotZ Sonderheft 2001, 9 (15). Zur Diskussion im Rahmen der Wirksamkeitskontrolle siehe unten 2. Teil: C. II. 2. b).

848 BVerfG, FamRZ 2001, 343 (347 f.).

auswirke. Das Wächteramt nach Art. 6 Abs. 2 S. 2 GG verpflichte den Staat, das Kind vor einer verantwortungslosen Ausübung des Elternrechts zu schützen. Dies sei dann der Fall, wenn aufgrund der ehevertraglichen Vereinbarungen die Versorgung und Betreuung des Kindes gefährdet werde. Insofern wirke eine Freistellungsvereinbarung zwischen den Ehegatten, die zwar den Unterhaltsanspruch des Kindes an sich unberührt lasse, gleichzeitig aber meist die finanzielle Situation des betreuenden Elternteils und damit mittelbar auch die des Kindes verschlechtere, wie ein Unterhaltsverzicht. Erschwerend komme hinzu, dass eine finanziell angespannte Lage den sorgenden Ehegatten zur Aufnahme einer Erwerbstätigkeit zwänge und eine Betreuung durch Dritte unumgänglich mache.

bb) Einfluss des Verfassungsrechts auf zivilrechtliche Verträge

Seiner Funktion entsprechend, konnte das BVerfG die fachgerichtlichen Entscheidungen nur auf Auslegungsfehler und darin begründete Verstöße gegen Grundrechte überprüfen.[849] Die Grundrechte bilden eine objektive Werteordnung, die nach der Theorie der „mittelbaren Drittwirkung" nicht nur das Verhältnis des Staates zum Bürger, sondern auch die Rechtsbeziehungen der Bürger zueinander bestimmen.[850] Sie müssen als „verfassungsrechtliche Grundentscheidung für alle Bereiche des Rechts gelten; Gesetzgebung, Verwaltung und Rechtsprechung empfangen von ihm Richtlinien und Impulse. So beeinflußt es selbstverständlich auch das bürgerliche Recht (…)."[851] Dabei stellen die Generalklauseln des Zivilrechts Einfallstore dar, über die das Verfassungsrecht auch im Vertragsrecht Bedeutung erlangt.[852]

Auch die Rechtsprechung ist über Art. 1 Abs. 3 GG an die Grundrechte gebunden, soweit es deren Ausstrahlungswirkung verlangt.[853] Dies hängt maßgeblich von der Intensität der Beeinträchtigung ab:[854] Die Ausstrahlungswirkung ist, weil die Freiheit sich vertraglich zu binden ebenso in Art. 2 Abs. 1 GG verbürgt ist, umso schwächer, je mehr die Belastung der Vertragspartei ihr als eigene

849 BVerfGE 7, 198 (205 ff.); 18, 85 (92 f.); 30, 137 (187 f., 196 f.); 32, 311 (316).

850 BVerfGE 7, 198 (205); 42, 143 (148); kritisch zur Theorie der „mittelbaren Drittwirkung": *Flume*, AT Band II, S. 20 ff.; *Canaris*, AcP 184 (1984), 201 (210 ff.).

851 BVerfGE 7, 198 (205).

852 BVerfGE 7, 198; *Dürig*, in: FS Nawiasky, 157 (157 f., 176); differenzierend: *Canaris*, AcP 184 (1984), 201 (222 f.).

853 Vgl. BVerfGE 39, 1 (41 f.); schärfer insofern *Canaris*, AcP 184 (1984), 201 (210 ff.), der die Grundrechte sogar in ihrer Funktion als Eingriffsverbote und Abwehrrechte gelten lässt.

854 BVerfGE 42, 143 (148 f.) m. w. N.

selbstbestimmte Entscheidung zugerechnet werden kann.[855] Es ist Aufgabe des Staates, die Grundrechte des Einzelnen vor Beeinträchtigungen durch andere zu schützen[856] und den Vertrag bei ungleicher Verhandlungsstärke sogar für unwirksam zu erklären.[857]

Ein grundrechtlicher Schutz ist folglich auch durch die Zivilgerichte zu gewährleisten, deren Aufgabe es ist, den Grundrechten durch entsprechende Auslegung und Anwendung des einfachen Rechts Geltung zu verschaffen.[858] Anhand welcher Generalklauseln diese Einzug in die richterliche Inhaltskontrolle halten sollen, blieb zunächst offen. Folglich oblag den Zivilgerichten die Konkretisierung[859] und damit die Umsetzung der durch das BVerfG angeordneten Inhaltskontrolle von Eheverträgen, die sie durchzuführen nach § 31 Abs. 1 BVerfGG nun gebunden waren.

b) Vertragsarten und Anwendbarkeit des richterlichen Prüfverfahrens

Da scheidungsrechtliche Vereinbarungen zwischen Ehegatten zu verschiedenen Zeitpunkten geschlossen werden können, sind unterschiedliche Vertragsarten potenzieller Anwendungsbereich einer richterlichen Inhaltskontrolle. Eheverträge können, wie sich bereits aus dem Wortlaut des § 1408 Abs. 1 BGB („insbesondere auch nach der Eingehung der Ehe") ergibt, sowohl vor als auch während der Ehe geschlossen werden. Hiervon für die vorliegende Untersuchung terminologisch zu unterscheiden sind Scheidungsfolgenvereinbarungen, die sich insbesondere bezüglich ihres Vereinbarungszeitpunktes und der Verfassung der Ehe, in der sie geschlossen werden, abheben. Während der Ehevertrag dazu dient, vorsorgende Regelungen für den noch nicht absehbaren Fall einer in der Zukunft liegenden Scheidung zu treffen, werden Scheidungsfolgenvereinbarungen bereits mit Blick auf die konkret bevorstehende Scheidung formuliert und sind damit an einer tatsächlichen Auseinandersetzung der Vermögensbeziehungen interessiert.[860]

---

855 Merten/Papier-*Jarass*, Handbuch Grundrechte II, § 38 Rn. 69.

856 *Hillgruber*, AcP 191 (1991), 69 (76); *Isensee*, in: FS Großfeld, 1999, 485 (490 f.).

857 BVerfGE 81, 242 (263).

858 BVerfGE 7, 198 (206); 81, 40 (52); 84, 192 (195).

859 Hierzu ausführlich unten 2. Teil: C. II. 1. a) bb) sowie 2. Teil: C. II. 2.

860 MüKo-*Kanzleiter*, BGB, Vor § 1408 Rn. 7; *Langenfeld/Milzer*, Handbuch der Eheverträge, Rn. 124. Sofern eine Vereinbarung über den Ausgleich des Zugewinns im zeitlichen Überschneidungsbereich von Ehevertrag und Scheidungsfolgenvereinbarung „für eine beabsichtigte Scheidung" (BGH, NJW 1983, 753), d. h. vor Anhängigkeit des Scheidungsverfahrens, geschlossen wird, muss die Frage nach der

Die für Eheverträge entwickelte Rechtsprechung zur richterlichen Inhaltskontrolle wurde im Allgemeinen auch auf Scheidungsfolgenvereinbarungen übertragen.[861] Bei der Kontrolle muss allerdings ein zurückhaltender Maßstab[862] angelegt werden, weil sich die Verhandlungspositionen[863] der Parteien zu diesem fortgeschrittenen Vereinbarungszeitpunkt verändert haben. Steht eine Scheidung konkret bevor, entfallen die für die Eheverträge typischen Probleme, die eine Inhaltskontrolle in der Regel überhaupt erst notwendig werden lassen. Die familiäre Bilanz liegt in solchen Fällen bereits vor, sodass die Parteien hier regelmäßig auf gleicher Augenhöhe stehen und sich deshalb auch nicht voreilig auf nachteilige Regelungen einlassen.[864] Die Ergebnisse sind häufig fairer, weil die Verhandlungspositionen in einem besseren Gleichgewicht sind und die zu treffenden Vereinbarungen in naher Zukunft zum Tragen kommen, wodurch Fehlprognosen weniger wahrscheinlich sind. Die Interessen der Parteien streben auseinander, sodass die eigenen Bedürfnisse im Vordergrund stehen und ein selbstständiger Interessenausgleich stattfinden kann. Dementsprechend verliert eine richterliche Überprüfung in diesem Kontext an Relevanz, weil die privatautonomen Entscheidungen in der Regel unverändert übernommen werden können.

3. *Rechtsvergleich und Zwischenergebnis*

Ein kurzer Vergleich der Entwicklungen in der Rechtsprechung gibt bereits einen Hinweis darauf, dass die beiden Rechtsordnungen im Begriff sind, sich aufeinander zu zu bewegen. Die einst in England vorherrschende konservative Haltung gegenüber Nuptial Agreements ist im Rahmen der Grenzen der dortigen Rechtsordnung wesentlich liberaler geworden. Von einer grundsätzlichen

Anwendbarkeit des § 1378 Abs. 3 S. 2, 3 BGB gestellt werden, hierzu weiterführend: MüKo-*Koch*, BGB, § 1378 Rn. 21 ff.; Palandt-*Brudermüller*, BGB, § 1408 Rn. 20.

861 Vgl. OLG Celle, FamRZ 2004, 1202 (1203 f.); FamRZ 2004, 1969 (1969 f.); FamRZ 2007, 1566 (1567); *Borth*, FamRZ 2004, 609 (609 Fn. 3); *Bergschneider*, Richterliche Inhaltskontrolle, S. 36; *ders.*, FamRZ 2004, 1757 (1758); a. A. für den Bereich der Unterhaltsvereinbarung: vgl. OLG Stuttgart, FamRZ 1998, 1296 (1297), vor der Rechtsprechungsänderung durch das BVerfG bzw. den BGH; Palandt-*Brudermüller*, BGB, § 1585c Rn. 17.

862 *Bergschneider*, Richterliche Inhaltskontrolle, S. 33; *ders.*, FamRZ 2007, 1569 (1569 f.); *ders.*, FamRZ 2005, 1567 (1569).

863 Hierzu auch *Bergschneider*, Richterliche Inhaltskontrolle, S. 35.

864 Göppinger/Börger-*Börger*, Vereinbarungen anlässlich der Ehescheidung, 1. Teil Rn. 48.

Unwirksamkeit zunächst ausgehend, über die Abschaffung der gesetzlichen Verankerung der Public Policy, bis hin zu einer graduellen Steigerung hinsichtlich der Einbeziehung solcher Agreements, hat das englische Recht eine beachtliche Veränderung zugunsten der Privatautonomie unternommen. Ihren vorerst letzten Höhepunkt fand die Entwicklung in der Entscheidung *Radmacher v Granatino*, die sogleich in die weitere Analyse einfließen soll.[865] Demgegenüber ist die Entwicklung in Deutschland geradezu gegenläufig von einer zunächst äußerst liberalen Haltung gegenüber Eheverträgen, die nur in seltenen Fällen einen richterlichen Eingriff zuließ, zu einer deutlich konservativeren Positionierung, die einen Eingriff aus Schutzerwägungen heraus vonnöten hält, dessen Rahmenbedingungen durch die Zivilgerichte anhand der Maßstäbe des BVerfG einer weiteren Konkretisierung bedurften. Diese ersten Hinweise auf eine Annäherung der beiden Rechtsordnungen hinsichtlich der Anerkennung von Privatautonomie bilden die Grundlage der Untersuchung des richterlichen Prüfverfahrens im Folgenden.

Die Gegenüberstellung der verschiedenen Vereinbarungstypen im englischen und deutschen Recht bringt darüber hinaus zwei weitere Erkenntnisse: Zum einen werden die Vereinbarungstypen in Abhängigkeit vom Abschlusszeitpunkt in ähnliche Kategorien eingeordnet. So sind nach der Aufgabe der Differenzierung zwischen Pre- und Post-Nuptial Agreements im englischen Recht die hieraus resultierenden Nuptial Agreements vergleichbar mit den ebenfalls *vor* oder *während* der intakten Ehe geschlossenen Eheverträgen im deutschen Recht. Gleichermaßen beziehen sich Separation Agreements sowie Scheidungsfolgenvereinbarungen auf die *konkret bevorstehende* Ehescheidung. Ein Äquivalent zur englischen Consent Order ist hingegen im deutschen Recht nicht vorhanden.[866] Zum anderen ist die dargestellte Kategorisierung für die Anwendbarkeit des richterlichen Prüfverfahrens in beiden Rechtsordnungen relevant. Obwohl im englischen Recht zwei unterschiedliche Tests für Nuptial Agreements (*Radmacher*-Test) und Separation Agreements (*Edgar*-Test) vorhanden sind, kommen beide Tests aufgrund der inhaltlichen Parallelen häufig zu vergleichbaren Ergebnissen. Je näher jedoch der Vereinbarungszeitpunkt am Zeitpunkt der gerichtlichen Entscheidung liegt, desto größer ist die Wahrscheinlichkeit, dass

865 Siehe unten 2. Teil: C. II.

866 Zur besonderen Stellung der Consent Order im englischen Recht siehe oben 1. Teil: C. II. Im deutschen Recht wäre sie systembedingt überflüssig, weil eine solch spezielle Art der Vereinbarung nur dann Sinn macht, wenn es, wie im englischen Recht, grundsätzlich an der Bindungswirkung von Vereinbarungen gegenüber dem Gericht fehlt.

das Gericht die Vereinbarung (vollständig) berücksichtigen wird. Im deutschen Recht wird das richterliche Prüfverfahren in Bezug auf Eheverträge grundsätzlich auch auf Scheidungsfolgenvereinbarungen übertragen. Gleichzeitig kommt jedoch auch hier – in diametraler Form zum englischen Recht – zum Tragen, dass eine Abweichung vom Ehevertrag unwahrscheinlicher wird, je näher dessen Vereinbarungszeitpunkt an der gerichtlichen Entscheidung liegt. Insofern wird, in beiden Rechtsordnungen für sich betrachtet, ein größtenteils für beide Vereinbarungstypen inhaltsgleicher Maßstab angelegt, wobei auf der Zeitachse die Wahrscheinlichkeit einer Einbeziehung zu- (englisches Recht) respektive die Wahrscheinlichkeit einer Abweichung abnimmt (deutsches Recht). Dies kann damit begründet werden, dass die sich im Rahmen von Nuptial Agreements bzw. Eheverträgen ergebenden Probleme (Unterlegenheit bei Abschluss, unvorhergesehene Veränderung maßgeblicher Faktoren etc.) umso mehr relativieren, je später der Vereinbarungszeitpunkt ansetzt. Insofern sind Separation Agreements bzw. Scheidungsfolgenvereinbarungen für die folgende Untersuchung des richterlichen Prüfverfahrens von geringer Relevanz.

II. Annäherung der Rechtsordnungen durch richterliches Prüfverfahren

1. Grundlegung

Die Anerkennung von Privatautonomie ist nach dem bisher Gesagten in beiden Rechtsordnungen ein bedeutender Aspekt und gleichwohl kann sie nicht grenzenlos zugestanden werden. Das richterliche Prüfverfahren ist deshalb darauf ausgerichtet, eine angemessene Balance zwischen der Privatautonomie und dem Schutz der schwächeren Partei bzw. des Kindes sicherzustellen, damit am Ende ein für alle Betroffenen gerechtes Ergebnis entsteht.

Notwendigerweise als Korrelat zur diametralen Grundhaltung gegenüber der Privatautonomie ist auch die *Regulierungswirkung* der Kontrollverfahren diametral angelegt. Im englischen Recht bildet der weite Ermessensspielraum des Richters den Ausgangspunkt. Er ist an eine privatautonome Vereinbarung der Ehegatten nicht gebunden, ist jedoch nach Maßgabe des zweistufigen *Radmacher*-Tests gehalten, eine Anerkennung der Vereinbarung in seine Entscheidung im Sinne eines Positiveffekts des Kontrollverfahrens zu prüfen (2. Teil: C. II. 1. a) aa)). Im Gegensatz dazu ist der Richter im deutschen Recht grundsätzlich an vertragliche Regelungen zwischen den Ehegatten *prima facie* gebunden, von denen er nach den Maßstäben der ebenfalls zweistufigen Inhaltskontrolle im Sinne eines Negativeffekts der Prüfung abweichen kann (2. Teil: C. II. 1. a) bb), ausführlich 2. Teil: C. II. 2). Damit wird in beiden Systemen trotz gegenläufiger Grundhaltung mithilfe der Regulierung sichergestellt, dass sowohl die Privatautonomie (durch primäre *oder* sekundäre Integration) als auch der Schutz des schwächeren Ehegatten bzw. des Kindes (durch Inanspruchnahme des Ermessensspielraumes *oder* Abweichung mittels Inhaltskontrolle) nicht unberücksichtigt bleibt.

Sofern sodann die *strukturelle und inhaltliche Ausgestaltung* der beiden Kontrollverfahren vergleichbare Maßstäbe aufweist, d. h. einer richterlichen Entscheidung für oder gegen die Anerkennung der Privatautonomie und damit für oder gegen den Schutz Parallelwertungen entnommen werden können, wäre die Erzielung ähnlicher Resultate und damit auch eine Annäherung der beiden auf den ersten Blick so weit voneinander entfernten Rechtsordnungen messbar (2. Teil: C. III).

a) Dichotomie der Kontrollverfahren

Die den richterlichen Prüfverfahren zugrunde liegende strukturelle Zweistufigkeit stellt eine solche erste Übereinstimmung dar: Das Kontrollverfahren differenziert in beiden Rechtsordnungen auf der ersten Stufe nach dem *Zeitpunkt bei Abschluss der Vereinbarung* und auf der zweiten Stufe nach dem *Zeitpunkt bei Geltendmachung der Vereinbarung.*[867]

aa) Two-Stage-Test of Fairness im englischen Recht

Der durch den Supreme Court in seiner Entscheidung *Radmacher v Granatino*[868] formulierte Two-Stage-Test of Fairness bildet die Grundlage der Beurteilung des Gewichts eines Nuptial Agreements[869] im englischen Recht.[870] Hält die Vereinbarung dem Test Stand, soll das Gericht der privatautonomen Entscheidung Folge leisten.

Zunächst seien in einem ersten Schritt (Procedural Fairness), die den Zeitpunkt des Abschlusses der Vereinbarung umgebenden Umstände zu betrachten. Zum Schutz der Parteien könnten nur solche Vereinbarungen berücksichtigt werden, die „frei und unter vollem Verständnis seiner Bedeutung und Folgen

867 So bereits *Scherpe*, in: Scherpe (Hrsg.), Marital Agreements, 443 (484).

868 [2010] UKSC 42, para. 67.

869 Hinzuweisen ist darauf, dass sich die Entscheidung zwar auf ein Pre-Nuptial Agreement bezog, jedoch aufgrund der Gleichstellung von Pre- und Post-Nuptial Agreements von einer gleichmäßigen Anwendung des Tests auszugehen ist, siehe oben 1. Teil: C. V. 2. b) sowie 1. Teil: C. V. 3. a).

870 Der folgende Abschnitt stellt eine Kurzzusammenfassung des obigen Abschnitts dar, 1. Teil: C. V. 4.

eingegangen“[871] worden seien. Mangels zwingender formaler Vorgaben, die den Ablauf des Abschlusses näher bestimmen, entschied sich das Gericht für eine funktionale Betrachtungsweise. Maßgeblich wäre, ob alle Informationen vor Abschluss der Vereinbarung vorgelegen haben, die für die jeweilige Entscheidung der Parteien erheblich („material“) waren, und ob sich die Absicht der Parteien, dass das zu prüfende Agreement bindend zur Regelung der finanziellen Folgen einer Scheidung gelten soll, aus den Umständen ergab (Procedural Fairness). Als Nachweis eines solchen Bindungswillens könne im Zusammenhang mit ausländischen Eheverträgen die positive Bewertung des Vertrages durch das ausländische Recht gewertet werden (enge Auslegung des Foreign Elements). Das Gericht wählte damit einen rein subjektiven Überprüfungsmaßstab, der einen richterlichen Schutz der Privatautonomie[872] dann überflüssig erscheinen lässt, wenn die Entscheidung einer Partei „informed and conscious“ getroffen wurde.

Danach habe in einem zweiten Schritt (Substantive Fairness), eine inhaltliche Überprüfung der Vereinbarung zum Zeitpunkt der gerichtlichen Geltendmachung zu erfolgen. Der Supreme Court entschied, dass die Parteien dann nicht an ihrer Vereinbarung festzuhalten seien, wenn es unter den gegebenen Umständen unfair wäre (Substantive Fairness). Hierbei seien unterschiedliche Gesichtspunkte zu berücksichtigen, insbesondere das Wohlergehen des Kindes, die grundsätzliche Anerkennung privatautonomer Entscheidungen, die Möglichkeit zur Herausnahme des nicht-ehelichen Vermögens aus dem Aufteilungsverfahren sowie der Eintritt unvorhergesehener Veränderungen während der Ehe, die sich auch auf die Disponibilität der drei Elemente (Real) Needs, Compensation und Sharing auswirken können. Dabei stünden Needs und Compensation grundsätzlich weniger zur freien Disposition als das Sharing, was jedoch anhand der konkreten Einzelfallumstände zu bewerten sei. Dieser objektive Bewertungsmaßstab dient damit der Überprüfung der Lastenverteilung und wurde zum Schutz vor einer einstmals privatautonomen Entscheidung[873] installiert.

Die Rechtsfolgen der Anwendung des Tests wurden in der Entscheidung nicht diskutiert.

---

871 Übersetzung der zentralen Passage durch *Scherpe*, ZEuP 2012, 615.

872 Zurückgehend auf *Scherpe* (2011) 23 CFLQ, 513 (517 ff.); *ders.*, ZEuP 2012, 615 (624 ff.).

873 Zurückgehend auf *Scherpe* (2011) 23 CFLQ, 513 (517 ff.); *ders.*, ZEuP 2012, 615 (624 ff.).

bb) Zweistufige Inhaltskontrolle im deutschen Recht

Der Anordnung des BVerfG zur Umsetzung der verfassungsrechtlichen Wertungen[874] ist der BGH im Jahre 2004 durch seine Grundsatzentscheidung[875] nachgekommen. Danach habe die zivilgerichtliche Inhaltskontrolle von Eheverträgen zur Konkretisierung zwei unterschiedliche Generalklauseln heranzuziehen, deren beider Hauptmaßstab die Kernbereichslehre der Scheidungsfolgen[876] bildet:

Zunächst sei nach Maßgabe des § 138 Abs. 1 BGB eine Wirksamkeitskontrolle[877] zum Zeitpunkt des Vertragsschlusses durchzuführen, die den Ehevertrag auf seine einseitige Lastenverteilung (objektiv) und auf ungleiche Verhandlungspositionen der Parteien (subjektiv) untersucht, wobei sich Ersteres regelmäßig durch den Ausschluss von Regelungen aus dem Kernbereich des Scheidungsfolgenrechts andeute. Als Rechtsfolge wird grundsätzlich der ganze Vertrag nichtig, sodass die gesetzlichen Regelungen zur Anwendung gelangen.

Im Anschluss habe bei fehlender Sittenwidrigkeit am Maßstab des § 242 BGB eine Ausübungskontrolle[878] stattzufinden, die es einem Ehegatten wegen unzulässiger Rechtsausübung verwehre, sich auf den vertraglichen Verzicht zu berufen, sollte der Vertrag, rekurrierend auf die Kernbereichslehre, zum Zeitpunkt der gerichtlichen Entscheidung aufgrund unerwarteter Entwicklungen ein für den anderen Ehegatten untragbares Ergebnis verursachen. In seiner Rechtsfolge führt die Kontrolle zu einer richterlichen Anpassung in dem für den Ehevertrag notwendigen Umfang.

Der BGH hat in seiner Entscheidung hervorgehoben, dass es keine allgemein gültige Lösung für die Beurteilung von Eheverträgen gebe, sondern es vielmehr auf die Betrachtung des Einzelfalls ankomme.[879] Dabei sei insbesondere eine Gesamtbetrachtung der geschlossenen Regelungen, der Entstehungshintergrund sowie etwaige Abweichungen zwischen Planung und Verwirklichung der ehelichen Gemeinschaft notwendigerweise zu berücksichtigen.

Seither sind zu dieser Thematik mehrere Entscheidungen des BGH[880] ergangen, welche die Rechtsprechung in ihrer Handhabung durch Fallgruppenbildung

---

874 Siehe oben 2. Teil: C. I. 2. a).

875 BGH, FamRZ 2004, 601.

876 Siehe ausführlich unten 2. Teil: C. II. 2. a).

877 Siehe ausführlich unten 2. Teil: C. II. 2. b).

878 Siehe ausführlich unten 2. Teil: C. II. 2. c).

879 BGH, FamRZ 2004, 601 (604).

880 BGH FamRZ 2005, 26; FamRZ 2005, 185; FamRZ 2005, 691; FamRZ 2005, 1444; FamRZ 2005, 1449; FamRZ 2006, 1097; FamRZ 2006, 1359; FamRZ 2007, 197; FamRZ 2007, 450; FamRZ 2007, 974; FamRZ 2007, 1157; FamRZ 2007, 1310; FamRZ 2008, 386;

näher konkretisiert haben, auf die in der späteren Detaildarstellung[881] vereinzelt Bezug genommen wird. Ebenfalls ist in der Praxis zu beobachten, dass anstatt belastender auch unterhaltsverstärkende Vereinbarungen abgeschlossen werden.[882] Hierdurch wird die Stellung des Unterhaltsberechtigten verbessert, sodass in einem Perspektivwechsel der Anspruchsgegner, und damit nicht wie üblich der Schutz des Anspruchstellers, in den Blick genommen werden muss. Eine Inhaltskontrolle zum Schutz des Unterhaltsverpflichteten wird insbesondere dann vorgenommen, wenn diesem im Falle der Geltendmachung der vertraglichen Regelungen nicht einmal das Existenzminimum verbleibt und er infolgedessen auf Sozialleistungen angewiesen wäre.[883]

b) Beweislastverteilung und Systemgerechtigkeit

Neben der Dichotomie des richterlichen Prüfverfahrens kann die Darlegungs- und Beweislast ein weiteres entscheidendes Kriterium für die Bewertung des Kontrollverfahrens sein. Die Beweislast vermag zu verdeutlichen, welchem der beiden Aspekte (Privatautonomie oder Ermessen zum Schutz des Schwächeren) im Falle von Beweisproblemen die größte Bedeutung zugeschrieben wird und muss daher notwendigerweise mit dem System im Ganzen im Einklang stehen. Denn es ist nur konsequent, wenn in einem die Privatautonomie propagierenden System derjenige die Last zur Führung des Beweises trägt, der den bindenden Vertrag als unfair diffamiert („binding unless inequitable"), sodass die Beweislast in einem das Ermessen propagierenden System demjenigen aufzubürden ist, der die nicht bindenden Vereinbarungen als fair bezeichnet und in die gerichtliche Entscheidung miteinbezogen sehen will („not binding unless equitable").[884] Die Beweislast sollte daher systemgerecht verteilt sein.

Systemgerechtigkeit hinsichtlich der Beweislastverteilung ist im Ehevertragskontext des deutschen Rechts gewährleistet. Kommt es zwischen den Parteien zum Streit um den im System als bindend anerkannten Ehevertrag, muss nach

---

FamRZ 2008, 582; FamRZ 2008, 2011; FamRZ 2009, 198; FamRZ 2009, 1041; FamRZ 2011, 1377; FamRZ 2013, 195; FamRZ 2013, 269; FamRZ 2013, 770.

881 Siehe unten 2. Teil: C. II. 2.

882 Siehe hierzu weiterführend: Staudinger-*Sack/Fischinger*, BGB, § 138 Rn. 596; *Langenfeld/Milzer*, Handbuch der Eheverträge, Rn. 637–657; Schnitzler-*Bambring*, Familienrecht, § 23 Rn. 98 ff.; *Münch*, Unterhaltsvereinbarungen, Rn. 239 ff.; *Schmitz*, RNotZ 2011, 265 (265 ff.); *Herrler*, FPR 2009, 506 (506 ff.).

883 BGH, FamRZ 2009, 198.

884 *Scherpe* [2007] IFL, 18 (23).

der Rosenberg'schen Formel[885] grundsätzlich jede Partei die für sie günstigen Tatsachen darlegen und beweisen. Das bedeutet, dass der Verteidiger des Ehevertrages dessen Zustandekommen, der Angreifer hingegen dessen Beanstandungsfähigkeit und damit das Vorliegen einer Sittenwidrigkeit[886] oder einen Verstoß gegen Treu und Glauben beweisen muss.[887] Dies entspricht dem Format „binding unless inequitable".

Anders stellt sich die Situation im englischen Recht dar.[888] Unbestritten hat ein Marital Agreement auch weiterhin keine Bindungswirkung gegenüber dem Gericht. Systemgerecht wäre es daher, wenn der Verteidiger der Vereinbarung die Beweislast im Sinne des Formats „not binding unless equitable" trüge. Mit der Einführung der widerlegbaren Vermutung zugunsten der Anerkennung der Vereinbarung im *Radmacher*-Test, die eine Beweislastumkehr zulasten desjenigen bewirkt, der die Vereinbarung als inhaltlich unfair bezeichnet (Second Stage: Substantive Fairness) und daher angreift, ist das System in eine Schieflage geraten; lediglich die Beweislast im Hinblick auf die Procedural Fairness (First Stage) verbleibt damit wohl beim Verteidiger. Die Beweislast der inhaltlichen Nachteilhaftigkeit zulasten des Verteidigers der Vereinbarung zu verteilen, verwundert in einem solchen System nicht, das sich primär dem Schutz des Schwächeren verschrieben hat. Kann hingegen, wie hier, der Angreifer – meist die wirtschaftlich schwächere Partei – seiner Beweislast nicht Genüge tun, wirkt die *non liquet*-Situation zu seinen Lasten, sodass die Vereinbarung zu berücksichtigen ist und das richterliche Ermessen, welches ohne die Vermutungswirkung korrigierend

885 Zur Grundregel: Baumgärtel/Laumen/Prütting-*Prütting*, Beweislast, § 5 Rn. 20 f. m. w. N.

886 Eine Ausnahme bildet hier nach Ansicht des OLG Karlsruhe, FamRZ 2007, 477 (478 f.), die tatsächliche Vermutung für die Ausnutzung einer Zwangslage (subjektives Element) im Falle eines Totalverzichts und einer hieraus resultierenden evident einseitig belastenden Regelung (objektives Element); diese Vermutung führt zu einer Beweislastumkehr zulasten des Verteidigers; zustimmend: Johannsen/Henrich-*Büttner*, Familienrecht, § 1585c Rn. 23. Der BGH, FamRZ 2009, 198, widersprach der Annahme einer solchen Vermutung jedenfalls für den Fall, dass eine Leistung versprochen wird, die keine gesetzliche Grundlage hat. Siehe hierzu auch Palandt-*Brudermüller*, BGB, § 1408 Rn. 27; MüKo-*Kanzleiter*, BGB, § 1408 Rn. 44; *Bergschneider*, Richterliche Inhaltskontrolle, S. 103.

887 Zur Sittenwidrigkeit: vgl. BGH, NJW 1983, 1851 (1853); NJW 1985, 1833 (1834); zu Treu und Glauben: vgl. BGH, NJW 2008, 1080 (1082 f.); im Allgemeinen: Palandt-*Brudermüller*, BGB, § 1408 Rn. 27; MüKo-*Kanzleiter*, BGB, § 1408 Rn. 44; *Bergschneider*, Richterliche Inhaltskontrolle, S. 102.

888 Siehe bereits ausführlich oben 1. Teil: C. V. 4. d) aa) und bb).

eingreifen könnte, seine Funktion einbüßt. Einzige Ausnahme bildet die regelmäßige Aufweichung der Vermutungsregel für den Fall, dass die Deckung der (Real) Needs und der Compensation nicht gewährleistet werden kann.[889] Trotzdem entspricht die Beweislastverteilung in ihren Grundzügen infolgedessen nicht mehr einem paternalistischen Ermessenssystem, welches das englische Scheidungsfolgenrecht ist und auch noch sein will, sondern vielmehr einem System, das die Privatautonomie in den Fokus stellt. Dies bringt die missliche Lage des Supreme Courts in der Entscheidung zum Ausdruck, privatautonomen Vereinbarungen der Ehegatten mehr Bedeutung beimessen zu wollen, ohne dabei gegen das in *Hyman* niedergelegte Prinzip zu verstoßen. Die Einführung von Qualifying Nuptial Agreements könnte geeignet sein, jene Systemwidrigkeit zu beseitigen und damit die Angleichung an solche Rechtsordnungen weiterzuführen, die von Privatautonomie geprägt werden.[890]

2. *Deutsche Perspektive*

Es bedarf einer genaueren Betrachtung der Inhaltskontrolle im deutschen Recht, bevor ein detaillierter Vergleich der beiden richterlichen Kontrollverfahren angestellt werden kann. Die Kernbereichslehre der Scheidungsfolgen (2. Teil: C. II. 2. a)) ist zentrales Medium sowohl der Wirksamkeitskontrolle auf der ersten Stufe (2. Teil: C. II. 2. b)) als auch der Ausübungskontrolle auf der zweiten Stufe (2. Teil: C. II. 2. c)).

a) Kernbereichslehre

Die gesetzlichen Scheidungsfolgen sind grundsätzlich nicht zwingend, sodass es auch keinen unverzichtbaren Mindestgehalt dessen geben kann.[891] Einschränkungen werden jedoch dort gemacht, wo der Schutzzweck gewisser Scheidungsfolgenregelungen willkürlich unterlaufen würde.[892] Diese Begrenzung, die der von Gesetzes wegen zugestandenen Vertragsfreiheit der §§ 1408 Abs. 1 und 2, 1585c BGB zuwiderläuft, bedarf einer Legitimation.[893] Dafür ist Sinn und Zweck

889 Siehe oben 1. Teil: C. V. 4. d) cc).

890 Siehe oben 1. Teil: C. VI.

891 BGH, FamRZ 2004, 601 (604); FamRZ 2005, 1444 (1447); FamRZ 2007, 1310 (1311); FamRZ 2013, 195 (197). Deshalb kritisch gegenüber der Klassifizierung der Kernbereichslehre: Staudinger-*Baumann*, BGB, § 1585c Rn. 118.

892 BGH, FamRZ 2004, 601 (605).

893 BGH, FamRZ 2004, 601 (602 ff.); Staudinger-*Rehme*, BGB, § 1408 Rn. 73.

des gesetzlichen Scheidungsfolgenrechts zu beleuchten:[894] Es ist ein Schutz- und Kompensationssystem, das die Ehe während ihrer Dauer als Unterhalts- und Erwerbsgemeinschaft[895] ansieht, die im Falle der Auflösung in dem Prinzip der nachehelichen Solidarität, dem Ausgleich ehebedingter Nachteile und dem Gedanken der Teilhabe fortwirkt und eine gleichmäßige Lastenverteilung bezweckt.

Zwar steht insbesondere der Nachwirkung ehelicher Solidarität erst einmal der Grundsatz der nachehelichen Eigenverantwortung des § 1569 S. 1 BGB entgegen, der bestimmt, dass die Ehegatten nach der Scheidung nicht nur persönlich, sondern auch finanziell getrennte Wege gehen.[896] Dem steht aber wiederum die Ausnahme des § 1569 S. 2 BGB gegenüber, der die eheliche Verantwortung aus § 1353 Abs. 1 S. 2 Halbs. 2 BGB für den Fall fortbestehen lässt, dass es einem der Geschiedenen nicht möglich ist, allein für seinen Unterhalt zu sorgen. Daneben stellt das Prinzip der Teilhabe sicher, dass der nicht erwerbstätige Ehegatte an den Vermögenswerten partizipiert, die der andere aufgrund dieser Rollenverteilung erwerben konnte (Gleichwertigkeit der Beiträge zum Familienleben).[897] Die Kompensation ehebedingter Nachteile stellt darüber hinaus eine Berücksichtigung von Einbußen sicher, die durch die einvernehmliche eheliche Arbeitsteilung im Hinblick auf das eigene berufliche Fortkommen, die Absicherung und Vermögensbildung entstanden sind. Werden diese Wertungen durch Ehevertragsgestaltung unterlaufen, besteht Anlass zur Erwägung einer richterlichen Inhaltskontrolle.

Die im Rahmen der Inhaltskontrolle notwendigerweise festzustellende Belastung wiegt umso schwerer, je mehr die vertraglichen Vereinbarungen in den Kernbereich des gesetzlichen Scheidungsfolgenrechts[898] eingreifen.[899] Die hierarchische Einordnung hängt vom Schutzzweck der Normen ab, welche die gesetzlichen Ansprüche je nach Bedeutung in ein System von Rangstufen eingliedert. Je höher also die Rangstufe, desto schwieriger ist eine diesbezügliche

894 Hierzu bereits oben im Zusammenhang mit dem Inhalt des Ehevertrages 2. Teil: B. II. 2. b).

895 Die Ehe ist eben auch Wirtschaftsgemeinschaft, *Dethloff*, Familienrecht, § 5 Rn. 1; *Rehme*, FPR 2005, 356 (357).

896 BGH, FamRZ 1985, 782 (784).

897 BVerfG, FamRZ 1989, 939 (941).

898 In Anlehnung an das Problem im Gesellschaftsrecht (Abfindungsklauseln) und übertragen in das Ehevertragsrecht von *Dauner-Lieb* (2001) 201 AcP, 295 (311 ff.); zur Kritik hieran siehe unten 2. Teil: C. II. 2. a) bb).

899 BGH, FamRZ 2004, 601 (605).

ehevertragliche Disposition.[900] Dabei stehen solche Ansprüche, die den Ausgleich ehebedingter Nachteile bezwecken, gegenüber denjenigen im Vordergrund, die auf dem Gedanken der nachehelichen Solidarität gründen.[901]

Der Beschränkung der Vertragsfreiheit muss allerdings selbst eine Grenze gezogen werden, wenn bspw. ehebedingte Nachteile in anderer Form angemessen ausgeglichen werden oder eine wirtschaftlich schlechte Lage auch ohne die Ehe zustande gekommen wäre.[902] Deshalb ist auch eine Verzichtskumulierung bzw. ein Globalverzicht nicht per se unzulässig, wenn besondere Umstände dies rechtfertigen oder eine Kompensation der Nachteile erfolgt, obschon eine gesteigerte Anzahl von Verzichten gleichzeitig auch ein gesteigertes Eingriffsrisiko in sich birgt.[903]

aa) Disponibilität einzelner Scheidungsfolgen

Der Kindesbetreuungsunterhalt aus § 1570 BGB steht demjenigen geschiedenen Ehegatten zu, der das Kind pflegt und erzieht und infolgedessen daran gehindert ist, einer Erwerbstätigkeit nachzugehen.[904] Dem liegt die Überlegung zugrunde, dass das Kind so wenig wie möglich unter der Scheidung der Eltern leiden und deshalb zumindest in den ersten Lebensjahren von einem Elternteil persönlich betreut werden soll.[905] § 1570 BGB dient damit nicht nur dem Ausgleich ehebedingter Nachteile, die dem Ehegatten infolge der Betreuung des Kindes entstanden sind, sondern berücksichtigt vor allem die Interessen eines schutzbedürftigen Dritten[906] und steht deshalb berechtigterweise im Zentrum des Scheidungsfolgenrechts. Verzichtet nun der sorgende Ehegatte auf diesen Unterhaltsanspruch, so wird er früher gezwungen sein, einer Erwerbstätigkeit nachzugehen. Die Konsequenz daraus wäre, dass er sich dem Kind nicht in ausreichendem Maße widmen könnte, wodurch das Kindeswohl beeinträchtigt würde.[907] Deshalb müssen grundsätzlich die Interessen der Eltern zum Schutz

---

900 BGH, FamRZ 2004, 601 (605).

901 Vgl. BGH, DNotZ 2007, 128 (128 f.).

902 Vgl. zur Erkrankung eines Ehegatten BGH, FamRZ 2008, 582 (586); NJW 2007, 904 (906).

903 Vgl. BGH, FamRZ 2005, 691 (691 ff.); *Bergschneider*, Richterliche Inhaltskontrolle, S. 93; zum gesteigerten Risiko bei Verzichtshäufungen: *Schwab*, Familienrecht, Rn. 219.

904 Soergel-*Häberle*, BGB, § 1570 Rn. 1.

905 Hierzu grundlegend: BVerfG, FamRZ 1981, 745 (749 f.).

906 BGH, FamRZ 2007, 965; FamRZ 1992, 1403 (1405); Johannsen/Henrich-*Büttner*, Familienrecht, § 1570 Rn. 3.

907 BGH, FamRZ 1992, 1403 (1405).

des Kindes in den Hintergrund treten.[908] Entscheidend bleibt letztlich, ob die Betreuung des Kindes und eine Erwerbstätigkeit miteinander in Einklang gebracht werden können.[909]

Die Stellung dieses Unterhaltstatbestandes wurde durch die Reform geschwächt,[910] was wiederum Konsequenzen für die Bedeutung des Anspruchs innerhalb der Kernbereichslehre hat.[911] Auch wenn der Basisunterhalt bis zum dritten Lebensjahr des Kindes wohl unantastbar bleibt, scheint eine Disposition in Bezug auf die darauffolgende Zeit zwar nicht aus kindesbezogenen Gründen, zumindest aber aus ehebezogenen Gründen nicht unmöglich.[912] Der Grundsatz der Eigenverantwortung aus § 1569 BGB tritt neben dem Schutz des Kindes deutlicher in Erscheinung und verpflichtet früher zur Aufnahme einer angemessenen Erwerbstätigkeit.[913]

Die dem Kindesbetreuungsunterhalt folgenden Rangstufen gleichen sich vor allem unter dem Aspekt, dass sie nicht das Recht eines Dritten, sondern ausschließlich das der Ehegatten betreffen.[914] Eine Disposition scheint aus diesem Grund nicht von vornherein ausgeschlossen. Solche Wertungen können vor allem für die Beurteilung der objektiven Seite der vom BVerfG im Zusammenhang mit Art. 2 Abs. 1 i. V. m. Art. 6 Abs. 4 GG aufgestellten Grundsätze zur gestörten Vertragsparität herangezogen werden.[915]

Die Unterhaltstatbestände der §§ 1571, 1572 BGB (Alters- und Krankheitsunterhalt) sollen denjenigen Ehegatten auffangen, dem es wegen seines Alters oder einer Krankheit nicht zugemutet werden kann, seinen Lebensunterhalt selbst zu erwirtschaften. Voraussetzung ist grundsätzlich nicht, dass die Krankheit

---

908 BGH, FamRZ 2008, 592 (593) zurückgehend auf BVerfG, FamRZ 1996, 1267.

909 BGH, FamRZ 2004, 601 (605).

910 Siehe oben 2. Teil: B. II. 2. b) cc) mit Verweis auf *Bergschneider*, Richterliche Inhaltskontrolle, S. 44 ff.

911 Dies als eine Entwicklung zugunsten der ehevertraglichen Dispositionsmöglichkeiten sehend: *Langenfeld/Milzer*, Handbuch der Eheverträge, Rn. 503; *Viefhues*, ZNotP 2008, 17 (21); *Münch*, FamRZ 2009, 171; *Schwab*, in: Limmer (Hrsg.), Scheidungs- und Trennungsvereinbarungen, 68 (81 f., 87), aber ehebedingte Bedarfslagen bleiben weiterhin ausgleichspflichtig.

912 Vgl. Göppinger/Börger-*Kilger/Pfeil*, Vereinbarungen anlässlich Ehescheidung, 5. Teil Rn. 112; *Schwab*, in: Limmer (Hrsg.), Scheidungs- und Trennungsvereinbarungen, 68 (81 f.); *Löhnig/Preisner*, NJW 2012, 1479 (1480 f.).

913 BT-Drucks. 16/1830, S. 12 ff.

914 *Bergschneider*, FamRZ 2004, 1757 (1762).

915 *Bergschneider*, FamRZ 2004, 1757 (1762).

ehebedingt aufgetreten ist.[916] Die beiden Anspruchsgrundlagen lassen vielmehr die Bedürftigkeit des Anspruchsberechtigten genügen und rechtfertigen sich daher vor dem Hintergrund der nachehelichen Solidarität zwischen den Ehegatten.[917] Zwar mag die Legitimation dieser Ansprüche aufgrund ihrer geringeren Verbindung zur gelebten Ehe niedriger eingestuft werden und eine diesbezügliche Disposition deshalb weniger kritisch zu begutachten sein.[918] Trotzdem hat sich der Gesetzgeber mit dieser Rechtfertigung begnügt und die Rechtsprechung die Bedeutung dieser Unterhaltstatbestände, zumindest soweit sie dem Ausgleich ehebedingter Nachteile dienen,[919] mithilfe einer hohen Positionierung in der Kernbereichslehre untermauert. Insofern könnte auch der Gegenschluss gezogen werden, dass die reine Bedürftigkeit einer Partei, unabhängig von deren Ursprung, im Mittelpunkt dieser Ansprüche steht und deshalb eine vertragliche Abweichung sogar kritischer, keinesfalls jedoch weniger kritisch als bei solchen Unterhaltstatbeständen gesehen werden müsste, die sich auf das Argument des Ausgleichs ehebedingter Bedürfnislagen stützen.[920] Denkbare Konstellationen einer zulässigen Disposition wären demnach Ehegatten in fortgeschrittenem Lebensalter mit gesichertem Lebensstandard oder eine Ehe von kurzer Dauer zwischen Doppelverdienern.[921] Andernfalls kann der Gefahr einer einseitigen Lastenverteilung bspw. mithilfe des Abschlusses einer Lebensversicherung oder einer versicherungspflichtigen Anstellung begegnet werden.[922]

Der Versorgungsausgleich (§§ 1 ff. VersAusglG i. V. m. § 1587 BGB) stellt sicher, dass der nicht erwerbstätige Ehegatte an dem Versorgungsvermögen des erwerbstätigen Ehegatten teilnimmt.[923] In ihm kommt daher nicht nur der Teilhabegedanke zum Ausdruck, sondern er stellt gleichzeitig auch einen vorweggenommenen Altersunterhalt dar.[924] Die Nähe zum Altersunterhalt hat die Rechtsprechung zu einer dementsprechenden Positionierung bewogen, sodass

---

916 BGH, FamRZ 1994, 566; FamRZ 1996, 1272 (1273).

917 Hierzu ausführlich *Sanders*, Statischer Vertrag und dynamische Vertragsbeziehung, S. 58.

918 BGH, DNotZ 2007, 128 (128 f.) mit zustimmender Anm. *Grziwotz*, DNotZ 2007, 130 (131) m. w. N.; sich dieser Argumentation anschließend: *Sanders*, Statischer Vertrag und dynamische Vertragsbeziehung, S. 61 f.

919 Vgl. BGH, FamRZ 2004, 601 (604 ff.).

920 Vgl. *Koch*, in: Bayer/Koch (Hrsg.), Schranken der Vertragsfreiheit, 79 (82).

921 *Grziwotz*, FamRB 2004, 199 (204); *Hahne*, DNotZ 2004, 84 (91).

922 Vgl. OLG Zweibrücken, FamRZ 2006, 1683 (1684 f.).

923 BGH, FamRZ 1979, 477 (478 f.); siehe hierzu auch bereits oben 2. Teil: B. II. 2. b) bb).

924 BGH, FamRZ 2005, 26 (26 f.); BGH, NJW 2008, 1080 (1082); Johannsen/Henrich-*Hahne*, Familienrecht, § 1587 Rn. 5; *Mayer*, FPR 2004, 363 (368).

der Versorgungsausgleich, wie auch der Altersunterhalt, aber ungleich dem Zugewinnausgleich, nur begrenzt disponibel ist.[925]

Der auf der dritten Stufe rangierende Unterhaltstatbestand wegen Erwerbslosigkeit (§ 1573 Abs. 1 BGB) weist nun einen größeren Abstand zu den vorherigen Regelungen auf. Für den Fall, dass der Unterhaltsberechtigte seinen Unterhalt zunächst selbst verdienen konnte und den Arbeitsplatz aus persönlichen oder sonstigen Gründen wieder verloren hat, trägt er das Arbeitsmarktrisiko nach § 1573 Abs. 4 BGB grundsätzlich selbst.[926]

Danach folgen auf der vierten Stufe der Kranken- und Altersvorsorgeunterhalt (§ 1578 Abs. 2 Var. 1, Abs. 3 BGB), die jeweils einer Disposition offenstehen. Sofern damit allerdings ehebedingte Nachteile kompensiert werden, hat die Rechtsprechung die Rangstufe insoweit angepasst, als sich der Kranken- und Altersvorsorgeunterhalt dann den Rang mit dem jeweiligen Unterhaltsanspruch teilt, dessen Ausgleich er bewirken soll.[927]

Die Aufstockungs- und Ausbildungsunterhaltstatbestände (§§ 1573 Abs. 2, 1575 BGB) auf der fünften Rangstufe sind von den Unterhaltsansprüchen am ehesten verzichtbar. Der Aufstockungsunterhalt soll dem sozial schwächeren, aber erwerbstätigen Ehegatten den Lebensstandard lediglich für die Zeit nach der Scheidung sichern, den er während der Ehe führen konnte, indem sein eigenes Einkommen durch den Unterhalt aufgefüllt wird.[928] Der Ausbildungsunterhalt garantiert die Unterstützung für die Dauer der Ausbildung durch den finanziell besser gestellten Ehegatten für denjenigen, der sich hinsichtlich seines beruflichen Fortkommens ehebedingt untergeordnet hat und nun wieder Selbstständigkeit erlangen soll.[929]

Der Zugewinnausgleichsanspruch nach § 1378 Abs. 1 BGB[930] steht nach der Kernbereichslehre auf rangniedrigster Stufe und ist daher einer Disposition am weitesten zugänglich. Der Grund dafür liegt im Sinn und Zweck der Regelung, die Zugewinngemeinschaft als grundsätzlich richtigen[931], aber eben nicht zwingenden Güterstand anzusehen: Das Gesetz orientiert sich an der Einverdienerehe, sodass derjenige, der die Familienarbeit leistet, auch an den materiellen

925 Vgl. BGH, FamRZ 2005, 26 (26 f.); FamRZ 2005, 185 (187).
926 *Koch*, in: Bayer/Koch (Hrsg.), Schranken der Vertragsfreiheit, 79 (82).
927 BGH, FamRZ 2005, 1449 (1451).
928 Johannsen/Henrich-*Büttner*, Familienrecht, § 1573 Rn. 1.
929 Johannsen/Henrich-*Büttner*, Familienrecht, § 1575 Rn. 1.
930 Siehe oben 2. Teil: B. II. 2. b) aa).
931 Hierzu kritisch unter Einbeziehung der Errungenschaftsgemeinschaft: *Lipp*, FamRZ 1996, 1117 (1119 ff.); *ders.*, FamRZ 1995, 65 (65 ff.).

Werten partizipieren soll, die der erwerbstätige Ehegatte in dieser Zeit schaffen konnte.[932] Demzufolge berücksichtigt der Zugewinnausgleich die in § 1360 BGB angeordnete Gleichwertigkeit der Leistung und hat daneben keine unterhaltsrechtliche Funktion.[933] Ordnen die Ehegatten ihre vermögensrechtlichen Beziehungen i. S. v. § 1408 Abs. 1 BGB jedoch selbstständig, so ist grundsätzlich kein sachlicher Grund erkennbar, diese Regelung der Disposition der Ehegatten zu entziehen. Denn eine Beteiligung am Vermögen des anderen ist nicht aufgrund der Nachwirkung ehelicher Solidarität, sondern eben aufgrund des Teilhabegedankens geboten.[934] Ausnahmsweise kann jedoch ein alleiniger Verzicht auf den Zugewinnausgleich für die Inhaltskontrolle relevant sein, wenn die Auffangfunktion der Unterhaltsansprüche nicht zum Tragen kommt und dadurch grob unbillige Ergebnisse entstünden.[935] In allen anderen Fällen bleiben solche Korrekturen primär dem Unterhaltsrecht vorbehalten.[936]

Vereinbarungen über die Ehewohnung oder Haushaltsgegenstände[937] waren, soweit ersichtlich, bisher noch nicht Gegenstand einer richterlichen Inhaltskontrolle. Insofern kann keine verlässliche Aussage darüber getroffen werden, wie die Rechtsprechung diese in der Kernbereichslehre ansiedeln würde. Da ein Ausschluss der gesetzlichen Ansprüche insbesondere zulasten kindesbetreuender Ehegatten gehen könnte, ist von einer im Einzelfall nennenswerten Bedeutung innerhalb der Kernbereichslehre auszugehen.[938]

bb) *Kritik an der Kernbereichslehre – Mindestgehalt an Scheidungsfolgen und Ausgleich ehebedingter Nachteile in der Diskussion*

Die Kernbereichslehre sieht sich einiger Kritik ausgesetzt.[939] Augenscheinlich ist die diskrepantische Propagierung, dass unter Hinweis auf die Vertragsfreiheit

---

932 BVerfG, FamRZ 1989, 939 (941); *Gernhuber/Coester-Waltjen*, Familienrecht, § 34 Rn. 3.

933 *Schwab*, DNotZ Sonderheft 2001, 9 (16).

934 BGH, FamRZ 2004, 601 (604).

935 *Dauner-Lieb/Sanders*, FPR 2005, 141; *Schubert*, FamRZ 2001, 733 (736 f.). In diesem Zusammenhang ist nochmals der weiterführende Hinweis in Fn. 860 zu nennen, der die Anwendbarkeit des § 1378 Abs. 3 S. 2, 3 BGB im ehevertraglichen Kontext betrifft.

936 Vgl. BGH, FamRZ 2004, 601 (608); FamRZ 2007, 1310 (1311 f.); FamRZ 2008, 386 (388 f.).

937 Siehe oben 2. Teil: B. II. 2. b) dd).

938 *Dutta*, in: Scherpe (Hrsg.), Marital Agreements, 158 (183); mit konkreten Beispielen: *Bergschneider*, Richterliche Inhaltskontrolle, S. 76 f.

939 Hierzu umfassend: *Wiemer*, Inhaltskontrolle von Eheverträgen.

der Ehegatten kein Mindestgehalt an Scheidungsfolgen existiere, gleichzeitig aber ein dem Gesetz fremdes Hierarchiensystem installiert wurde, welches den Disponibilitätsgrad einzelner Scheidungsfolgen festlegt.[940] Weniger offensichtlich ist hingegen, dass die starre Einordnung insbesondere der Unterhaltstatbestände, die in einem flexiblen Verhältnis zueinander stehen, für wenig zuträglich oder sogar für schädlich gehalten wird.[941] Denn die individuelle Ehesituation kann eine völlig andere Bewertung und Einstufung der einzelnen Ansprüche rechtfertigen, sodass es bei strikter Anwendung der Kernbereichslehre zu Fehlentscheidungen kommen könnte.[942] Berechtigterweise stellt sich daher die Frage nach dem Mehrwert dieser Lehre im Kontext der richterlichen Inhaltskontrolle.

Gleichermaßen wäre es sicherlich vermessen, dem der Kernbereichslehre zugrunde liegenden Gedanken in voller Konsequenz jegliche Zustimmung absprechen zu wollen. Vielmehr kommt dem Betreuungsunterhalt innerhalb der Rangfolge zu Recht eine herausragende Stellung zu. Die Bedeutung könnte jedoch auch hervorgehoben werden, indem der Anspruch der Disposition der Ehegatten entzogen wird, wodurch ein Mindestgehalt der Scheidungsfolgen entstünde.[943] Sofern aus der Ehe ein Kind hervorgegangen ist, dessen Betreuung sicherzustellen ist – denn nur dann wird der Unterhaltstatbestand überhaupt virulent, sodass die Voraussetzungen eines Anspruchs richterlicherseits zu prüfen wären –, bedarf es in jedem Fall einer beiderseitigen Übernahme von Verantwortung, sei es durch tatsächliche Betreuung oder finanzielle Unterstützung. Wenngleich es sich

940 Eingängig hierzu Staudinger-*Baumann*, BGB, § 1585c Rn. 118; *Mayer*, FPR 2004, 363 (368).

941 Staudinger-*Baumann*, BGB, § 1585c Rn. 118; *Münch*, DNotZ 2005, 819 (827 f.); *Schwenzer*, AcP 196 (1996), 88 (113).

942 Vgl. nur das Beispiel zu den nieder rangierenden Unterhaltstatbeständen des Krankenvorsorge- und Altersvorsorgunterhalts, des Aufstockungs- und Ausbildungsunterhalts sowie zum grundsätzlich als disponibel bezeichneten Zugewinnausgleich bei Staudinger-*Baumann*, BGB, § 1585c Rn. 115 ff.

943 So bereits *Bosch*, in: FS Habscheid, 23 (34 ff.); den Gedanken des *ius cogens* ebenso hinterfragend: Staudinger-*Baumann*, BGB, § 1585c Rn. 108; *Münch*, Unterhaltsvereinbarungen, Rn. 120, 131 f.; indifferent: Johannsen/Henrich-*Büttner*, Familienrecht, § 1585c Rn. 31. Dies hätte auch im Hinblick auf die Wirksamkeitskontrolle den Vorteil, dass die Diskussion darüber unterbunden würde, ob allein die Erfüllung des objektiven Elements in krassen Fällen genüge, siehe unten 2. Teil: C. II. 2. b). Denn hiermit würde der wohl wichtigste Bestandteil einer eindeutig nachteilhaften Regelung ausgesondert und damit unzugänglich gemacht. Im Allgemeinen kritisch zur Disponibilität: *Bosch*, FamRZ 1982, 1216; *Meder*, FuR 1993, 12 (12 ff.); *Büttner*, FamRZ 1998, 1 (7).

um einen Anspruch des betreuenden Ehegatten handelt, kommt er doch vor allem dem Kind zugute,[944] sodass eine Beschränkung der Ehevertragsfreiheit nicht nur der Sicherung des Ausgleichs ehebedingter Nachteile infolge der Kindesbetreuung dienen, sondern auch zum Schutz eines Dritten erfolgen würde. Berücksichtigt man, dass die Reform des Unterhaltsrechts in weiten Teilen eine Angleichung des Betreuungsunterhalts[945] für ein eheliches Kind (§ 1570 BGB) durch eine restriktivere Handhabung des Unterhaltstatbestandes[946] und eine extensivere Handhabung des Betreuungsunterhaltstatbestandes für ein nicht-eheliches Kind (§ 1615l BGB)[947] vonseiten des Gesetzgebers herbeigeführt wurde, verwundert die Tatsache, dass nicht auch hinsichtlich der Abdingbarkeit der Ansprüche eine Gleichstellung angestrebt wurde.[948] Während nämlich der Kindesbetreuungsunterhalt für ein nicht-eheliches Kind nach § 1615l Abs. 3 S. 1 BGB i. V. m. § 1614 BGB unabdingbar ist,[949] unterliegt der im nachehelichen Unterhaltsrecht verankerte Kindesbetreuungsunterhalt des § 1570 BGB, anders als der Familien- und Trennungsunterhalt nach §§ 1360a Abs. 3, 1361 Abs. 4 S. 4 BGB, dem Grundsatz der Vertragsfreiheit nach § 1585c BGB und damit nur der richterlichen Inhaltskontrolle.[950] Statt der vor der Unterhaltsreform als unzulässig bezeichneten

944 BVerfG, FamRZ 2007, 965 (968).

945 Angestoßen wurde die nun weitgehende Gleichstellung durch den Beschluss des BVerfG, FamRZ 2007, 965. Siehe hierzu auch infolgedessen: BGH, FamRZ 2008, 1739 (1747 ff.).

946 Der Grundsatz der Eigenverantwortung steht nunmehr im Vordergrund, sodass grundsätzlich nur noch bis zum dritten Lebensjahr des Kindes ein fester Basisunterhalt ohne Erwerbsobliegenheit besteht, siehe oben 2. Teil: B. II. 2. b) cc).

947 Dieser Unterhaltstatbestand besteht nun auch bis zum dritten Lebensjahr und kann – ebenso wie derjenige Anspruch zugunsten des ehelichen Kindes – unter Billigkeitsgesichtspunkten zeitlich ausgedehnt werden, BGH, FamRZ 2008, 1739 (1748).

948 Gleich gelagerte Argumentationslinie, jedoch weniger deutlich in der Konsequenz: *Sanders*, Statischer Vertrag und dynamische Vertragsbeziehung, S. 241; laut *Münch*, Unterhaltsvereinbarungen, Rn. 145 ff., löst sich der Wertungswiderspruch unter Berücksichtigung der unterschiedlichen Bedarfsberechnungsmethoden auf.

949 Ein Ausschluss ist selbst für den Fall der Vereinbarung einer Gegenleistung gem. § 1614 Abs. 1 BGB i. V. m. § 134 BGB nichtig, Johannsen/Henrich-*Graba*, Familienrecht, § 1614 Rn. 3; Palandt-*Brudermüller*, BGB, § 1614 Rn. 1.

950 Zur fehlenden Anwendbarkeit des § 1614 BGB auf den nachehelichen Unterhalt: MüKo-*Born*, BGB, § 1614 Rn. 4 mit Verweis auf MüKo-*Maurer*, BGB, § 1585c Rn. 21; Staudinger-*Engler*, BGB, § 1614 Rn. 4; Palandt-*Brudermüller*, BGB, § 1614 Rn. 2. Kritisch zu sehen ist insofern die künstliche Aufspaltung des Anspruchs und eine teilweise Anwendung des § 1614 BGB auf den nachehelichen Unterhalt nach *Löhnig/Preisner*, NJW 2012, 1479 (1480 f.): Der Anspruch sei aufzuspalten in einen

Diskriminierung des nicht-ehelichen Kindes wird durch diese Ungleichbehandlung hinsichtlich der Abdingbarkeit nun mittelbar das eheliche Kind benachteiligt. In diesem Falle steht der betreuende, verheiratete Ehegatte schlechter als derjenige, der nie verheiratet war. Eine Besserstellung ist aber verfassungsrechtlich, wenn überhaupt, nur in der umgekehrten Konstellation zulässig.[951] Darüber hinaus wurde der Betreuungsunterhalt für das eheliche Kind durch die verstärkte Betonung der nachehelichen Eigenverantwortung im Zuge der Reform geschwächt,[952] sodass der bereits auf ein Minimum reduzierte Anspruch zumindest in demjenigen Umfang geschützt werden sollte, in dem auch derjenige für das nicht-eheliche Kind geschützt wird. Durch die Indisponibilität des Unterhaltstatbestandes wäre gleichfalls die im Rahmen der Wirksamkeitskontrolle für Ehepaare mit unsicherem Kinderwunsch bestehende Gefahr gebannt, dass sich die Beanstandung einer Klausel auf die Wirksamkeit des gesamten Vertrages auswirkt.

Darüber hinaus wurde die Schwerpunktverlagerung von der Kernbereichslehre, die aufgrund ihrer abstrakten Abstufung wenig überzeugt, zugunsten des Ausgleichs ehebedingter Nachteile befürwortet.[953] Danach wären nämlich nur solche Vereinbarungen objektiv zu beanstanden, welche die tatsächlich entstandenen Nachteile entgegen der gesetzlichen Scheidungsfolge nicht kompensieren können.[954] Sofern die Unterhaltsbedürftigkeit ehebedingt eingetreten ist, könne

---

bereits nach § 1614 BGB i. V. m. Art. 6 Abs. 5 GG *de lege lata* indisponiblen Teil, soweit er im Interesse des Kindes bestünde (§ 1570 Abs. 1 S. 1 und S. 2 BGB) und deshalb nicht zu den unmittelbaren Scheidungsfolgen gehöre, und einen der Ehevertragsfreiheit unterliegenden und zum Kernbereich der Scheidungsfolgen gehörenden Teil, auf den § 1614 BGB nicht anwendbar sei, weil er im Interesse des Ehegatten existiere (§ 1570 Abs. 2 BGB). Eine solche Differenzierung sieht jedoch weder § 1614 BGB noch § 1585c BGB gegenwärtig vor und würde zur Rechtsklarheit im Übrigen wenig beitragen.

951 Vgl. BVerfG, FamRZ 2007, 965 (970); BGH, FamRZ 2008, 1739 (1747 f.). Denn im Allgemeinen bewirkt die Eingehung der Ehe ein Mehr und nicht ein Weniger an gegenseitiger finanzieller Verpflichtung.

952 Vgl. Göppinger/Börger-*Kilger/Pfeil*, Vereinbarungen anlässlich der Ehescheidung, 5. Teil Rn. 112; zu den Auswirkungen der Reform im Allgemeinen oben 2. Teil: B. II. 2. b) cc).

953 *Wiemer*, Inhaltskontrolle von Eheverträgen, S. 206 ff.; *Sanders*, Statischer Vertrag und dynamische Vertragsbeziehung, S. 59 f.; Göppinger/Börger-*Kilger/Pfeil*, Vereinbarungen anlässlich der Ehescheidung, 5. Teil Rn. 111 m. w. N.; Staudinger-*Baumann*, BGB, § 1585c Rn. 119 ff.; *Dauner-Lieb*, AcP 210 (2010), 580 (604 ff.); *Münch*, DNotZ 2005, 819 (827 f.); *Schwenzer*, AcP 196 (1996), 88 (113); kritisch hierzu: *Hoppenz*, FamRZ 2013, 758 (760).

954 *Brudermüller*, FamRZ 1998, 649 (649 f.).

dies zu einer höheren Einstufung in der Rangfolge führen.[955] Der Gedanke des Ausgleichs ehebedingter Nachteile hat durch die Unterhaltsreform – im Gegensatz zur ankerlosen Kernbereichslehre – positivrechtlichen Ausdruck als grundlegendes Rechtsprinzip[956] gefunden, wenn auch nicht mit letzter Konsequenz.[957] Es bleibt damit abzuwarten, ob auch die Rechtsprechung dieses Prinzip künftig verstärkt einfließen lassen wird.[958]

b) Wirksamkeitskontrolle nach § 138 Abs. 1 BGB

Die richterliche Inhaltskontrolle beginnt mit der Generalklausel des § 138 Abs. 1 BGB, die solche Vereinbarungen für sittenwidrig erklärt, die einer Gesamtbetrachtung des Vertragsinhalts (objektive Seite, Kernbereichslehre) und der Verhandlungssituation (subjektive Seite) *zum Zeitpunkt des Vertragsschlusses*[959] nicht standhalten.[960]

aa) Maßstäbe der Rechtsprechung

Auf der objektiven Seite werden die vertraglichen Vereinbarungen der Ehegatten über die Scheidungsfolgen in den Blick genommen. Sittenwidrigkeit liegt regelmäßig nur dann vor, wenn Regelungen aus dem Kernbereich des Scheidungsfolgenrechts[961] ausgeschlossen werden, ohne dass eine Kompensation dieser Nachteile durch sonstige Vorteile erfolgt oder diese Benachteiligung aus anderen individuellen Gründen gerechtfertigt erscheint.[962] Solche nachteilhaften Regelungen werden in Kauf genommen,[963] weil viele Vertragsparteien trotz hoher Scheidungsquoten eine übersteigert optimistische Auffassung hinsichtlich der

---

955 *Grziwotz*, DNotZ 2007, 130 (130 f.); *Sanders*, Statischer Vertrag und dynamische Vertragsbeziehung, S. 62.

956 Staudinger-*Baumann*, BGB, § 1585c Rn. 119 f.

957 Siehe oben 2. Teil: B. II. 2. b) cc) mit Verweis auf die ausführliche Analyse bei *Sanders*, Statischer Vertrag und dynamische Vertragsbeziehung, S. 60 f.

958 In diese Richtung die Entwicklungen der Rechtsprechung zur Ausübungskontrolle: BGH, FamRZ 2005, 1449 (1452); FamRZ 2006, 1006 (1007 f.); FamRZ 2007, 974 (977); FamRZ 2013, 195; FamRZ 2013, 770 (772).

959 Weiterführend hierzu: *Sanders*, Statischer Vertrag und dynamische Vertragsbeziehung, S. 205 ff.

960 BGH, FamRZ 2004, 601 (606).

961 Siehe oben 2. Teil: C. II. 2. a) aa).

962 BGH, FamRZ 2004, 601 (606).

963 *Sanders*, Statischer Vertrag und dynamische Vertragsbeziehung, S. 19 f. Der prognostizierte Beziehungsverlauf wirkt sich damit auch auf die Situation bei Vertragsabschluss aus.

bestimmungsgemäßen Verwendung des geschlossenen Vertrages haben. Ebenso kann falsche Scham, finanzielle Fragen offen zu thematisieren, eine große Rolle spielen, weil es vom Partner als ein Infragestellen der Beziehung gewertet werden könnte.

Auf der subjektiven Seite muss die Unterlegenheit der schwächeren Partei zum Ausdruck kommen, die für diese eine Zwangslage begründet und schließlich durch die stärkere Vertragspartei ausgenutzt wird. „Je freier und wohlüberlegter die ‚Unterwerfung', umso eher ist sie ohne weitere Voraussetzungen wirksam; je weniger dies zutrifft, umso mehr ist zu prüfen, ob das zustande gekommene Rechtsverhältnis inhaltlich äquivalent ausgestaltet ist (…).“[964] Ein inhaltlich nachteilhaftes Ergebnis zu missbilligen, ohne eine Manifestation dessen in den Verhandlungspositionen der Parteien zu verlangen, widerspräche dem Grundsatz, der den Ehegatten die selbstständige Regelung ihrer vermögensrechtlichen Beziehungen ohne Garantie eines scheidungsfolgenrechtlichen Mindestmaßes anvertraut und kann folgerichtig allein keine Sittenwidrigkeit begründen.[965] Die Sittenwidrigkeit muss sich als Beeinträchtigung der Entscheidungsfreiheit zulasten einer Partei in den Umständen zum Zeitpunkt des Vertragsabschlusses widerspiegeln. Auch ein automatischer Rückschluss vom objektiven (nachteilhafter Vertragsinhalt) auf das subjektive Element verbietet sich, weil Disparität in familienrechtlichen Verhältnissen nicht *a priori* angenommen werden kann.[966] Vielmehr können lediglich typische Situationen benannt werden, die auf ein Verhandlungsgefälle hindeuten, eine Feststellung der subjektiven Imparität aber nicht gleichermaßen obsolet werden lassen.[967] Als Indiz wurde neben der Schwangerschaft einer Frau und ihres darin begründeten Wunsches auf Eheschließung ebenso die besondere Situation einer ausweisungsbedrohten,

964 *Bydlinski*, Privatautonomie, S. 60 Fn. 103.

965 In jüngster Zeit bestätigt: BGH, FamRZ 2013, 195; FamRZ 2013, 269 (271 f.); BGH, FamRZ 2008, 386 (387 f.); FamRZ 2006, 1359 (1361); so auch *Rauscher*, DNotZ 2004, 524 (534, 539); a. A. Rückschluss kann in Extremfällen zulässig sein *Schwab*, FamRZ 2001, 349; *Bergschneider*, FamRZ 2001, 1337 (1339); Staudinger-*Baumann*, BGB, § 1585c Rn. 191; *Schwab*, DNotZ Sonderheft 2001, 9 (15).

966 BGH, FamRZ 2013, 195 (197); FamRZ 2013, 269 (272); FamRZ 2009, 198 (201); Staudinger-*Sack/Fischinger*, BGB, § 138 Rn. 596; a. A. *Schwenzer*, AcP 196 (1996), 88 (111 ff.), die von einer strukturellen Unterlegenheit der Ehefrau ausgeht und aus diesem Grund eine Inhaltskontrolle im engeren Sinne nach § 242 BGB als gerechtfertigt betrachtet.

967 Hierzu eingängig und die Konstellationen im Einzelnen beleuchtend: *Rauscher*, DNotZ 2004, 524 (539 ff.).

ausländischen Frau[968] mit Sprachproblemen, geringer Kenntnis des deutschen Rechtssystems sowie geringer Einsatzmöglichkeit ihrer beruflichen Qualifikation am Arbeitsmarkt anerkannt. Der notariellen Beratung und Belehrung, welche als maßgebliche Wissensgrundlage der Entscheidung der Parteien fungiert, kommt insofern eine bedeutende, wenngleich auch keine die richterliche Inhaltskontrolle ersetzende Funktion zu.[969] Es sind die individuellen Beweggründe zu erforschen, die zum Abschluss des Ehevertrages geführt haben. Vor allem in wirtschaftlich disparitätischen Ehen gilt es, eine Verwechslung zwischen rechtsgeschäftlicher und sozialer Unterlegenheit zu vermeiden und eine „entkommerzialisierende Idealisierung der Ehe"[970], soweit sich die Vermögensdisparität nicht erst als spätere, zum Zeitpunkt des Vertragsschlusses meist noch unabsehbare Folge der einvernehmlichen Rollenverteilung während der Ehe entwickelt, nicht ungerechtfertigterweise mit dem Sittenwidrigkeitsverdikt zu tadeln. Zwar sollen mithilfe der richterlichen Inhaltskontrolle vor allem soziale Abstiege, die ehebedingt auftreten können, vermieden werden. Keinesfalls sollte die Ehe aber infolgedessen zu einem Instrument als soziales Trittbrett verkommen.

§ 138 Abs. 1 BGB ordnet als Rechtsfolge Nichtigkeit des Rechtsgeschäfts an, an dessen Stelle die gesetzliche Regelung tritt. Eine Teilnichtigkeit des Rechtsgeschäfts kommt nur dann in Betracht, wenn die Parteien den Vertrag auch ohne den von der Nichtigkeit betroffenen Teil abgeschlossen hätten; im Zweifel wird daher der Vertrag nach § 139 BGB insgesamt nichtig. Eine geltungserhaltende Reduktion auf das gerade noch zulässige Maß oder eine Umdeutung i. S. d. § 140 BGB wurde von der Rechtsprechung ausdrücklich für unzulässig erklärt.[971] Andernfalls würde für die stärkere Partei ein Anreiz gesetzt, Regelungen zulasten der schwächeren Partei einfließen zu lassen, die am Ende vonseiten des Gerichts auf das rechtlich zulässige Maß reduziert würden.[972]

Ob vor diesem Hintergrund salvatorische Klauseln bzw. Ersetzungsklauseln die Wirksamkeit der verbleibenden Vereinbarungen entgegen der Vermutung in § 139 BGB erhalten können, ist derzeit ungewiss.[973] Der BGH hatte dies in einer

968 BGH, FamRZ 2006, 1097; FamRZ 2007, 450.

969 Siehe hierzu bereits oben 2. Teil: B. II. 2. c).

970 *Rauscher*, DNotZ 2004, 524 (542). Die Betrachtung der sozialen und wirtschaftlichen Abhängigkeit des BGH ist damit – wenn auch in jenem Fall nicht entscheidend – mit Vorsicht zu genießen, vgl. FamRZ 2013, 195 (197).

971 BGHZ 68, 204.

972 BGHZ 68, 204 (207); BGH, NJW 1979, 1605 (1606); NJW 2001, 815 (817).

973 Göppinger/Börger-*Börger*, Vereinbarungen anlässlich der Ehescheidung, 6. Teil Rn. 88.

Entscheidung, in der die Regelungen ausnahmslos nachteilig und damit hochgradig sittenwidrig waren, verneint und deshalb zwingend Gesamtnichtigkeit angeordnet.[974] Das Gericht hatte aber in anderen Konstellationen bereits darauf hingewiesen, dass eine salvatorische Klausel auf einen anderen Parteiwillen hindeuten könne.[975]

bb) Kritik an der Wirksamkeitskontrolle und Konsequenz

Es klangen soeben bereits einige Schwachstellen des deutschen Prüfungsmaßstabes an, weshalb eine bedachte Anwendung des auf den Vertragsabschluss fokussierten und mit einer einschneidenden Rechtsfolge belegten Sittenwidrigkeitsverdikts angezeigt erscheint.[976] Da es keinen (objektiven) Mindestgehalt an Scheidungsfolgen gibt, beschränkt die notwendige (subjektive) Feststellung eines Verhandlungsgefälles die Anwendung der Wirksamkeitskontrolle folgerichtig auf Extremfälle,[977] die einen Verstoß gegen das „Anstandsgefühl aller billig und gerecht Denkenden"[978] darstellen. Anknüpfungspunkt für die Feststellung einer subjektiven Unterlegenheit kann richtigerweise nur der Zeitpunkt des Vertragsschlusses sein.[979] Aus diesem Grund können nach § 138 Abs. 1 BGB auch keine zukünftigen Entwicklungen, sondern lediglich solche Umstände berücksichtigt werden, die sich bereits zum Zeitpunkt des Vertragsschlusses „vergegenwärtigt" haben und eine alternative Entwicklung undenkbar machen.[980] Daraus ergibt

---

974 BGH, FamRZ 2006, 1097 (1097 f.). Sofern zur Begründung der Sittenwidrigkeit auf den Gesamtcharakter des Ehevertrages abgestellt wird, könne nur die Rechtsfolge der Gesamtnichtigkeit in Betracht kommen, *Brambring*, FPR 2005, 130 (132); zustimmend: *Sanders*, Statischer Vertrag und dynamische Vertragsbeziehung, S. 249.

975 BGH, FamRZ 2013, 269 (272); FamRZ 2005, 1444 (1447); bejahend für den Fall, dass der Vertrag nicht nur ausnahmslos nachteilhafte Regelungen beinhaltet: *Bergschneider*, FamRZ 2006, 1098 (1098 f.); zustimmend: *Langenfeld/Milzer*, Handbuch der Eheverträge, Rn. 111.

976 *Sanders*, Statischer Vertrag und dynamische Vertragskontrolle, S. 251 ff. Sich als Konsequenz ebenfalls für eine Ausweitung der Ausübungskontrolle im Übrigen aussprechend: *Dauner-Lieb*, AcP 201 (2001), 295 (330); *dies.*, AcP 210 (2010), 580 (598 f.); *Schwab*, DNotZ Sonderheft 2001, 9 (17 f.); *Goebel*, FamRZ 2003, 1513 (1519); *Rauscher*, DNotZ 2004, 524 (534, 543 f.).

977 Andernfalls eine über die Extremfälle des § 138 Abs. 1 BGB hinausgehende Erzielung unvorhergesehener Ergebnisse befürchtend: *Grziwotz*, MDR 2005, 73 (77); siehe auch *Koch*, in: Bayer/Koch (Hrsg.), Schranken der Vertragsfreiheit, 79 (84 ff.).

978 RGZ, 80, 219 (221).

979 *Sanders*, Statischer Vertrag und dynamische Vertragsbeziehung, S. 209.

980 *Sanders*, Statischer Vertrag und dynamische Vertragsbeziehung, S. 212 zurückgehend auf die Ausführungen von *Macneil*, Relational Theory of Contract, S. 184 ff.

sich, dass nur eine bei Vertragsabschluss evidente Sittenwidrigkeit (objektives *und* subjektives Element), die auf eine Einbeziehung eines möglichen Verlaufs der Ehe verzichten kann, die Rechtsfolge der Nichtigkeit rechtfertigt. Zwar ist eine geplante Einverdienerehe mit Kinderwunsch unter vollständigem Ausschluss des Betreuungsunterhaltes zulasten der Ehefrau unter objektiven Gesichtspunkten grundsätzlich problematisch; ein sich in der Folgezeit nicht realisierender Umstand, z. B. wenn kein Kind geboren wird oder statt des Ehemannes nach der Geburt die Ehefrau einer Berufstätigkeit nachgeht und nun keines Schutzes mehr bedürfte, würde jedoch andernfalls den Ehevertrag grundlos beseitigen.[981]

Deshalb ist ein anderes Instrument für all diejenigen Fälle notwendig, in denen sich der Vorwurf ausschließlich auf die objektive Abbedingung bedeutender Scheidungsfolgen stützt und die „dynamische und entwicklungsoffene Struktur“ der Ehe den Grund dafür liefert, weshalb eine Beibehaltung des Vertrages im ursprünglich abgeschlossenen Format zum Zeitpunkt der Geltendmachung aufgrund seiner einseitigen Lastenverteilung bedenklich erscheint (2. Teil: C. II. 2. c)).[982] Es bedarf der Anwendung eines entwicklungsorientierten und flexibleren Instruments zur Vertragsanpassung in Form des § 242 BGB als Mittelpunkt der Inhaltskontrolle.

c) Ausübungskontrolle nach § 242 BGB

aa) Maßstäbe der Rechtsprechung

Sofern die Wirksamkeitskontrolle zu dem Ergebnis gelangt, dass keine Sittenwidrigkeit festgestellt werden konnte, ist in einem anschließenden Schritt eine Ausübungskontrolle am Maßstab des § 242 BGB vorzunehmen.[983] Dabei wird nicht nur der Zeitpunkt des Vertragsschlusses, sondern gerade auch die weitere Entwicklung der Ehe[984] und das damit verbundene Prognoserisiko in den Blick genommen. Denn Beziehungen und äußere Umstände können sich

---

981 Vgl. BGH, FamRZ 2005, 691 (692); OLG Koblenz, FamRZ 2004, 200.

982 *Dauner-Lieb*, AcP 201 (2001), 295 (325 ff.); diesen Gedanken fortführend: *Sanders*, Statischer Vertrag und dynamische Vertragskontrolle, S. 251 ff.; a. A. *Stresow*, Richterliche Inhaltskontrolle, S. 315 ff.: Einzig und allein die Abschlusssituation sei ausschlaggebend, sodass nur die Wirksamkeitskontrolle angemessenes Mittel für eine richterliche Inhaltskontrolle sei. Der Ehevertrag könne nicht nach § 242 BGB nichtig sein, weil man nichts als rechtsmissbräuchlich bezeichnen könne, was einmal einvernehmlich vereinbart wurde.

983 Zum Verhältnis der §§ 138 Abs. 1, 242 BGB zueinander: MüKo-*Roth/Schubert*, BGB, § 242 Rn. 126 ff.; Palandt-*Grüneberg*, BGB, § 242 Rn. 18.

984 BGH, FamRZ 2004, 601 (606) mit Anm. *Borth*, FamRZ 2004, 609 (610); BGH, FamRZ 2005, 691 (692).

weiterentwickeln, und mancherlei Veränderungen können zum Zeitpunkt des Abschlusses noch nicht abgesehen werden. So kann aus einer ursprünglich geplanten Doppelverdienerehe innerhalb kürzester Zeit eine Einverdienerehe werden. Die Regelungen sind dann für das tatsächlich gelebte Ehemodell unzutreffend und tragen den Interessen der Vertragsparteien nicht mehr ausreichend Rechnung. Eine solche Dynamik kann nicht oder nur unzureichend berücksichtigt werden und kann sich zu einem späteren Zeitpunkt als nachteilhafte Entwicklung zulasten einer Partei herausstellen.

Entscheidend ist deshalb, ob zum Zeitpunkt der Geltendmachung eine erhebliche Abweichung des geplanten vom tatsächlich gelebten Ehemodell vorliegt, die zu einer unzumutbaren Belastung eines Ehegatten führt und die es rechtfertigt, dass dem anderen Ehegatten die Berufung auf die vertraglichen Vereinbarungen zum Zeitpunkt des Scheiterns der Ehe zu versagen ist.[985] Die Abwägung der beiden Interessen richtet sich auch hier nach den Rangstufen der Scheidungsfolgen.[986] Danach gilt, dass die Gründe für deren Ausschluss umso bedeutender sein müssen, je höher die Scheidungsfolge in den Rängen der Kernbereichslehre steht.[987]

Wird ein Fall unzulässiger Rechtsausübung i. S. v. § 242 BGB festgestellt, ist die Vereinbarung nicht schon deshalb unwirksam. Das Gericht hat vielmehr diejenige Rechtsfolge anzuordnen, die den Vorstellungen und Bedürfnissen der beiden Ehegatten in der gegenwärtigen Situation am nächsten kommt.[988] Da mithilfe der Vertragsanpassung nur sichergestellt werden soll, dass der infolge ehebedingter Nachteile besonders belasteten Partei ein Ausgleich zukommt, vermittelt der Stand ohne Ehe die Untergrenze der Rechtsfolge.[989] Der benachteiligte Ehegatte wird dabei aber nicht bessergestellt, als er nach der Gesetzeslage stünde, sodass die gesetzlichen Ansprüche die Obergrenze bilden.[990] An dieser Stelle können salvatorische Klauseln im Ehevertrag ein wichtiger Ansatz für die richterliche Vertragsanpassung sein, auch wenn sie selbst ebenfalls der Inhaltskontrolle unterliegen.[991] Es gilt, dass die gesetzliche Regelung desto mehr zur Geltung gelangen muss, je höher sie in der Rangfolge der Kernbereichslehre

---

985 BGH, FamRZ 2004, 601 (606).

986 Zur Kernbereichslehre siehe oben 2. Teil: C. II. 2. a).

987 BGH, FamRZ 2004, 601 (606).

988 BGH, FamRZ 2004, 601 (606).

989 BGH, FamRZ 2007, 974 (977) mit Anm. *Bergschneider*, FamRZ 2007, 977 (978).

990 Vgl. BGH, FamRZ 2004, 601 (606); FamRZ 2007, 974 (977) mit Anm. *Bergschneider*; FamRZ 2007, 977 (978).

991 *Bergschneider*, Richterliche Inhaltskontrolle, S. 100.

steht.[992] Die Ausübungskontrolle kann folglich flexiblere Lösungen erzielen, ohne wegen Sittenwidrigkeit häufig den gesamten Vertrag für unwirksam erklären zu müssen.[993]

bb) Dogmatische Anbindung und entwicklungsorientierte Vertragskontrolle nach Sanders

Eine dezidierte Auseinandersetzung der Rechtsprechung mit der dogmatischen Anbindung der Ausübungskontrolle und ihrer inhaltlichen Rechtfertigung hat bisher nicht stattgefunden.[994] Lösungsansätze über andere Kontrollmechanismen als § 242 BGB sind weitestgehend versperrt. So würde eine ergänzende Vertragsauslegung zwar zu einer adäquaten Rechtsfolge führen, gleichwohl aber tatbestandlich nur dann zur Anwendung gelangen, wenn eine Vertragslücke bestünde, deren Regelungsbedürfnis die Ehegatten übersehen haben, wovon bei Eheverträgen, die die vermögensrechtlichen Beziehungen regelmäßig abschließend regeln sollen, nicht ausgegangen werden kann.[995] Auf die Institute der unbenannten Zuwendung, der Ehegatteninnengesellschaft oder des familienrechtlichen Kooperationsvertrages auszuweichen, um eine Anpassung eines als ungerecht empfundenen Ehevertrages herbeiführen zu können, wird in der Regel gleichfalls abzulehnen sein.[996] Denn es handele sich um im Schuldrecht verankerte Nebengebiete, die nur dann für einen Ausgleich einer Vermögensverschiebung zwischen den Ehegatten sorgen sollen, wenn das eheliche Güterrecht an dieser Stelle versagt; die Arbeit eines Ehegatten, die in Form von Hausarbeit und Kindererziehung geleistet wird und damit der Lebensgemeinschaft dient, kann hierüber jedenfalls nicht angemessen erfasst werden. Ebenso würden die Grundsätze über die Störung der Geschäftsgrundlage nach § 313 BGB nur in dem besonderen, aber wohl seltenen Fall unvorhersehbarer und außerhalb der

---

992 BGH, FamRZ 2004, 601 (606).

993 Vgl. zur Rangfolge der Sicherungsgeber BGH, NJW 1989, 2530; NJW-RR 1991, 170 (171); im Allgemeinen: MüKo-*Roth/Schubert*, BGB, § 242 Rn. 465; *Poppen*, in: Haager (Hrsg.), Vertragsfreiheit, 53 (60).

994 Zu den offenen Fragen siehe *Sanders*, Statischer Vertrag und dynamische Vertragsbeziehung, S. 179.

995 BGH, FamRZ 1985, 787; zur Frage der Anwendung der ergänzenden Vertragsauslegung auf Abfindungsklauseln im Gesellschaftsrecht durch den zuständigen II. Senat des BGH und deren Übertragbarkeit auf das Ehevertragsrecht: *Sanders*, Statischer Vertrag und dynamische Vertragsbeziehung, S. 254 ff. m. w. N.

996 Hierzu ausführlich *Sanders*, Statischer Vertrag und dynamische Vertragsbeziehung, S. 274 ff. m. w. N.; *Hoppenz*, FamRZ 2011, 1679 (1679 ff.).

vertraglichen Beziehung angelegter Entwicklungen eingreifen.[997] Einer Anwendung steht daher meist die Vorhersehbarkeit entgegen, bspw. die Geburt eines Kindes oder die einvernehmliche Herbeiführung der Veränderung durch die Ehegatten als Vertragsparteien selbst.

Damit bleibt es einzig bei dem von der Rechtsprechung gewählten Maßstab des Rechtsmissbrauchs nach § 242 BGB. In diesem Rahmen bereitet die konkrete Einordnung der Vertragskontrolle in eine der bestehenden Fallgruppen allerdings Schwierigkeiten. Um der Zuweisung eines dogmatischen Fundaments für diesen Problembereich, der durch das spätere Handeln der Ehegatten beschrieben wird, das den Anlass für die Kontrolle im Innenverhältnis der Vertragsbeziehung[998] bildet, hat sich *Sanders*[999] verdient gemacht. Verändern sich die für das Vertragsverhältnis maßgeblichen Umstände, kann die Berufung einer Partei auf den Vertrag weder als missbilligenswertes noch als widersprüchliches Verhalten gewertet werden.[1000] Die Rechtsprechung sieht in dieser Konstellation hingegen ein widersprüchliches Verhalten, weil über die Rollenverteilung im gegenseitigen Einvernehmen entschieden wurde und ein Festhalten am Ehevertrag trotz sich entwickelnder, ehebedingter Nachteilhaftigkeiten nicht angehen könne.[1001] *Sanders*[1002] ist beizupflichten, dass im Kontext von Eheverträgen unter Zugrundelegung der Ausführungen von *Singer*[1003] ein *venire contra factum proprium* regelmäßig jedoch nicht angenommen werden kann, weil nur eine spätere Rechtsausübung (Berufung auf den Vertrag) und eine früher in Aussicht gestellte

997 Hierzu ausführlich *Sanders*, Statischer Vertrag und dynamische Vertragsbeziehung, S. 277 ff.; *Dauner-Lieb*, AcP 201 (2001), 295 (326 f.); *Bergschneider*, FamRZ 2003, 377 (378); zur Abgrenzung von Zugewinnausgleich und Ehegattenzuwendung siehe *Lipp*, JuS 1993, 89 (89 ff.).

998 Während § 138 Abs. 1 BGB eine Schranke im Außenverhältnis zum Schutz einer objektiven Ordnung darstelle, sei § 242 BGB eine Schranke im Innenverhältnis und berücksichtige die Interessen der Ehevertragsparteien, *Raiser*, Recht der Allgemeinen Geschäftsbedingungen, S. 282; Palandt-*Grüneberg*, BGB, § 242 Rn. 18.

999 *Sanders*, Statischer Vertrag und dynamische Vertragsbeziehung, §§ 13–16 zurückgehend auf die Gedanken von *Langenfeld*, in: FS Schippel, 251 (251 ff.).

1000 Hierzu ausführlich *Sanders*, Statischer Vertrag und dynamische Vertragsbeziehung, S. 289 ff.

1001 Ohne dies jedoch explizit als widersprüchlich zu bezeichnen, siehe z. B. BGH, FamRZ 2004, 601 (606); FamRZ 2005, 26 (27); FamRZ 2005, 185 (186 f.); FamRZ 2005, 691 (693).

1002 Statischer Vertrag und dynamische Vertragsbeziehung, S. 298 ff.

1003 *Singer*, Verbot widersprüchlichen Verhaltens, S. 25 ff.

Rechtsausübung (Vertrag als „bloße Formsache")[1004] im Widerspruch zueinander stehen könne. Dies ist aber dann nicht der Fall, wenn sich das abweichende Verhalten nur auf eine tatsächliche Rechtslage bezieht und ein widersprüchliches Verhalten damit erst durch einen wertenden Zwischenschritt zutage tritt. Ein solcher Zwischenschritt wäre im Ehevertragskontext jedoch meist notwendig, weil erst unter Zuhilfenahme der konsensualen Abweichung hinsichtlich der Arbeitsteilung implizit eine Verhaltenspflicht (gegenseitige Unterstützung und Absehen vom Vertrag) konstruiert werden könnte, gegen die durch das spätere Verhalten (Beharren auf den Vertrag) verstoßen würde.

Sanders diskutiert daher eine neue Fallgruppe, die sich entwicklungsorientiert auf den tatsächlichen Verlauf der Ehe konzentriert und den „dynamischen Verlust der Vertragsparität"[1005] zum Anlass für eine Vertragskontrolle und Vertragsanpassung nimmt. Der soeben beschriebene wertende Zwischenschritt stellt damit in den Fokus der Überprüfung, dass das Verhalten des sich auf den Vertrag berufenden Ehegatten ggf. dem gegenseitig gefassten Konsens zuwiderläuft und zeigt hierdurch den einzig möglichen Anknüpfungspunkt für die Begründung einer über den Ehevertrag hinausgehenden Verantwortung auf. Es bedarf angesichts der Tatsache, dass das Scheidungsfolgenrecht keinen Mindeststandard kennt, sondern vom Grundsatz der Ehevertragsfreiheit bestimmt wird, eines gewissen Begründungsaufwandes, um die Beschränkung der Privatautonomie zu rechtfertigen. Bereits an dieser Stelle wird deutlich, dass eine Vertragsanpassung nicht in jedem Fall in Betracht kommen kann.

Ehebedingte Nachteile basieren auf der Rollenverteilung der Ehegatten und sind daher stets Folge einer einvernehmlichen Entscheidung.[1006] Die Parteien erbringen „beziehungsspezifische Investitionen", die außerhalb der Vertragsbeziehung keinen monetären Wert haben und im Vertrauen auf den Bestand der Ehe erbracht werden. Die optimistische und wenig rationale Vorstellung der Ehegatten verhindert eine frühe und realistische Einbeziehung solch potenzieller Entwicklungen.[1007] Infolgedessen kann der als statisch zu bezeichnende Vertrag die dynamische und zum Zeitpunkt des Abschlusses noch offene Entwicklung in

---

1004 Denkbare Konstellation wäre bspw., wenn ein Ehegatte entgegen seiner früheren Aussage, dass der Ehevertrag bloße Formsache sei, plötzlich auf diesem beharrte, vgl. BGH, NJW 1969, 1625 (1626).

1005 Statischer Vertrag und dynamische Vertragsbeziehung, S. 307 ff.

1006 *Sanders*, Statischer Vertrag und dynamische Vertragsbeziehung, S. 119 ff. sowie S. 308 ff.

1007 *Sanders*, Statischer Vertrag und dynamische Vertragsbeziehung, S. 313 ff. maßgeblich zurückgehend auf die Theorie von *Eisenberg* (1995) Stan.L.Rev. 47, 211 (224 f.).

sogenannten „Relational Contracts“, also in langfristigen und eng verwobenen Vertragsverhältnissen wie der Ehe, nicht adäquat abbilden.[1008] Mit zunehmender Ehedauer steigt die Wahrscheinlichkeit, dass sich finanzielle Abhängigkeiten entwickeln und verfestigen, die im Falle der Ehescheidung unwiederbringlich verloren gehen („Lock-in-Effect“).[1009] Infolgedessen kann sich die ursprüngliche Vertragsparität im Verlauf der Vertragsbeziehung auf der Grundlage einer einvernehmlichen Lebensgestaltung zu einem disparitätischen Verhältnis verschieben. Dies ist zurückzuführen auf das altruistische, übervertragsgemäße Verhalten derjenigen Partei, die die beziehungsspezifischen Investitionen erbringt, und wird schließlich durch das „opportunistische Verhalten“ der anderen Partei ausgenutzt.

Hieraus ergibt sich, dass jedenfalls der Ausgleich solcher ehebedingten Nachteile zu erfolgen habe, die mit einer gewissen Erheblichkeit zu Buche schlagen und im Interesse der Absicherung der schwächeren, die beziehungsspezifischen Investitionen erbringenden Partei unerlässlich sind.[1010]

III. Rechtsvergleich und Ergebnis – Diametrale Grundhaltung und Annäherung durch richterliches Prüfverfahren

Die Privatautonomie als Mittel zur eigenverantwortlichen Regulierung vermögensrechtlicher Beziehungen zwischen Ehegatten für den Fall der Scheidung ist in der englischen wie auch in der deutschen Rechtsordnung grundsätzlich von gewichtiger Bedeutung. Die verbleibende Skepsis gegenüber der Privatautonomie manifestiert sich aufgrund systembedingter Unterschiede erst in einer Zusammenschau der Grundhaltung gegenüber der Privatautonomie und dem richterlichen Prüfverfahren. Sodann lässt sich anhand dessen über das in der jeweiligen Rechtsordnung tatsächlich zugelassene Maß an Privatautonomie ein Urteil fällen.

Bindungswirkung auch gegenüber dem Gericht haben scheidungsfolgenrechtliche Vereinbarungen zwischen Ehegatten nur im deutschen, nicht jedoch im englischen Recht. Ehevertragsfreiheit im für das Scheidungsfolgeverfahren

---

1008 *Sanders*, Statischer Vertrag und dynamische Vertragsbeziehung, S. 116 ff. sowie 321 ff. zurückgehend auf *Macneil*, Relational Theory of Contract. Siehe auch *Scott, E./ Scott R.*, in: Buckley (Hrsg.), Fall and Rise of Freedom of Contract, 201 (218 ff.); *McKendrick*, in: Beatson/Friedmann (Hrsg.), Faith and Fault in Contract Law, 304 (304 ff.).

1009 *Sanders*, Statischer Vertrag und dynamische Vertragsbeziehung, S. 308 ff. m. w. N.

1010 *Sanders*, Statischer Vertrag und dynamische Vertragsbeziehung, S. 353 ff.

relevanten Umfang gilt demzufolge nur in einer der beiden Rechtsordnungen. Angesichts dessen ist die Grundhaltung diametral, sodass die Entscheidungsprärogative über die Scheidungsfolgen instanziell unterschiedlich verteilt wird: Die Kompetenz liegt im deutschen Recht bei den Parteien und im englischen Recht beim Richter.[1011] Hieraus jedoch die – *prima facie* durchaus gerechtfertigte – Schlussfolgerung zu ziehen, dass die Privatautonomie im deutschen Recht eine starke Stellung, im englischen Recht hingegen eine unbedeutende Stellung einnimmt, wäre voreilig. Denn während im deutschen Recht durch den Grundsatz der Ehevertragsfreiheit eine primäre Integration der Privatautonomie gilt, erhalten privatautonome Vereinbarungen zwischen Ehegatten im englischen Recht ihre Anerkennung erst im Zuge einer sekundären Integration mithilfe des richterlichen Prüfverfahrens. Damit hat das richterliche Prüfverfahren in den beiden Rechtsordnungen unterschiedliche *Regulierungswirkungen*: Im deutschen Recht kann die richterliche Inhaltskontrolle zu einer Abstandnahme vom Ehevertrag führen (Negativeffekt), wohingegen das richterliche Prüfverfahren im englischen Recht dazu geeignet ist, eine Anerkennung des Marital Agreements überhaupt erst zu bewirken (Positiveffekt). Die Entscheidung, welcher Grundhaltung der Vorzug gegeben wird, ist in einer jeden Rechtsordnung verwurzelt und Ausdruck einer individuellen Vorstellung von Ehevertragsgerechtigkeit.

Ziel des richterlichen Prüfverfahrens sowohl in der englischen als auch in der deutschen Rechtsordnung ist ein größtmöglicher Ausgleich im Spannungsfeld zwischen Privatautonomie und dem Schutz des Schwächeren. Denn zum einen wird die Freiheit der Ehegatten, ihre vermögensrechtlichen Beziehungen für den Falle einer Scheidung eigenständig zu regeln, als legitim erachtet und gewinnt selbst im bisher privatautonomiefeindlich gesinnten englischen Recht zunehmend an Bedeutung. Zum anderen sind der Vertragsbeziehung „Ehe“ einige Besonderheiten inhärent, deren Nichtberücksichtigung unerträgliche Ergebnisse zulasten einer Partei hervorbringen könnte, würde ein korrigierender Eingriff richterlicherseits nicht zugelassen.

1. Strukturelle Konzeption der Prüfverfahren

Ungeachtet der inhaltlichen Konzeption divergiert der strukturelle Aufbau der Kontrollmechanismen systembedingt.

1011 Siehe hierzu ausführlich oben 2. Teil: B. III.

Der englische Two-Stage-Test of Fairness benennt mit der Procedural Fairness auf der ersten Stufe[1012] und der Substantive Fairness auf der zweiten Stufe zwei Elemente, die *kumulativ* vorliegen müssen, damit eine Anerkennung des Marital Agreements stattfinden kann. Ungewöhnlicherweise divergiert an dieser Stelle die Beweislast, die für das Vorliegen des subjektiven Elements (ausreichende Entscheidungsgrundlage) bei Abschluss der Vereinbarung beim Verteidiger liegt, während sie für das Vorliegen des objektiven Elements (inhaltliche Nachteilhaftigkeit) zum Zeitpunkt der Geltendmachung der Vereinbarung systemwidrigerweise den Angreifer trifft. Infolge der Kumulierung dieser beiden Voraussetzungen (subjektives und objektives Element) innerhalb eines einheitlichen, aber zweistufigen Tests, kann das englische Recht, anders als das deutsche Recht, auf eine Trennung der für die Gewährleistung der Fairness maßgeblichen Zeitpunkte (Abschluss und Geltendmachung der Vereinbarung) verzichten. Hierdurch wahrt man sich – als Korrelat zur fehlenden Bindungswirkung – ein gewisses Maß an Flexibilität und Handlungsoptionen. Denn sobald es *alternativ* an einem der beiden Voraussetzungen mangelt, kann das Gericht das Gewicht des Marital Agreements reduzieren; nur wenn dies nicht der Fall ist, erlangt das Agreement Bedeutung (Positiveffekt und sekundäre Integration).

Das deutsche Recht muss hingegen vor dem geltenden Grundsatz der Ehevertragsfreiheit und damit vor dem fehlenden Mindeststandard von Scheidungsfolgen gesehen werden. Eine richterliche Inhaltskontrolle, also ein Eingriff in die gewährleistete Privatautonomie, bedarf einer Rechtfertigung auf der Grundlage einer dogmatischen Anbindung. Wie bereits dargestellt, kommen hierfür nahezu ausschließlich die §§ 138 Abs. 1, 242 BGB in Betracht, die eine Differenzierung zwischen den maßgeblichen Zeitpunkten und demzufolge eine Abschichtung der zwei Prüfungsstufen (Wirksamkeits- oder Ausübungskontrolle) notwendig machen. Insbesondere das Vorliegen einer subjektiven Unterlegenheit (Procedural Fairness) kann deshalb, anders als im englischen Recht, immer nur *kumulativ* im Zusammenhang mit einer objektiven Nachteilhaftigkeit (Substantive Fairness) auf der ersten Prüfungsstufe zum Zeitpunkt des Vertragsschlusses relevant werden und den Negativeffekt nach sich ziehen.[1013] Rein inhaltlich belastende Ergebnisse im Sinne einer Substantive Unfairness können nur in besonderen

---

1012 Siehe auch die Einordnung *Grays*, wenn von der „Übervorteilung beim Handel“ und der „Übervorteilung beim Ergebnis“ (beides Übersetzungen der Verfasserin) die Rede ist, *Gray K./Gray, S. F.*, Land Law, S. 1234.

1013 Zur Bezeichnung des subjektiven und objektiven Elements des § 138 Abs. 1 BGB entsprechend der beiden Prüfungsstufen im englischen Recht „Procedural Fairness“ und „Substantive Fairness“ siehe *Markesinis*, German Law of Contract, S. 254.

Fällen auf der zweiten Prüfungsstufe zu einer Abstandnahme vom Ehevertrag führen. Die diesbezügliche Beweislast trägt systemgerecht grundsätzlich derjenige, der sich vom Vertrag lösen möchte. Demzufolge ist der Vertrag grundsätzlich anzuerkennen, sodass nur in den engen dogmatischen Grenzen des BGB ein Eingriff zulässig ist (primäre Integration und Negativeffekt).

2. *Inhaltliche Konzeption der Prüfverfahren*

Die Darstellung der richterlichen Kontrollverfahren hat eine wesentliche Gemeinsamkeit herausgestellt: Ihr Aufbau ist zweistufig und beleuchtet in einem ersten Schritt den Zeitpunkt des Abschlusses der Vereinbarungen und sodann in einem zweiten Schritt den Zeitpunkt der Geltendmachung der Vereinbarung. Den Prüfungsabschnitten liegen inhaltlich ähnliche, wenn auch in ihren Ausläufern nicht vollständig deckungsgleiche Annahmen zugrunde. Während der augenscheinlichste Grund für eine richterliche Kontrolle im ersten Schritt darin besteht, dass *subjektive* Ungleichgewichtslagen zwischen den Parteien die Verhandlungspositionen und damit die Richtigkeitsgewähr der Vereinbarung tangieren können, liegt er im zweiten Schritt darin, dass die inhaltliche Ausgestaltung der Vereinbarungen besonders zulasten einer Partei wirkt und deren Geltendmachung nach Scheitern der Vertragsbeziehung ein für die schwächere Partei *objektiv* unfaires Ergebnis nach sich ziehen würde.

Beide Prüfungsschritte berücksichtigen in ihrer individuellen Ausrichtung die strukturellen Besonderheiten der Ehe. Es handelt sich um ein besonderes Näheverhältnis, das die Verhandlungspositionen der Parteien bei Vertragsschluss (und damit den Inhalt des Vertrages) negativ beeinflussen kann sowie auch im Verlauf der Ehe zu Konsequenzen durch die einvernehmliche Gestaltung der Lebensgemeinschaft in der Weise führen kann, dass sich hieraus positive Effekte für die Ehe, aber gleichzeitig negative Effekte für eine Partei ergeben können. Gerade weil die Vertragsbeziehung von äußerst langfristiger und entwicklungsoffener Natur ist, können sich die ursprünglich getroffenen Regelungen als für einen Ehegatten besonders nachteilhaft herausstellen; der statische Vertrag kann hierauf nicht adäquat reagieren, sodass eine externe Anpassung vonnöten wird.[1014] Somit kann Anhaltspunkt für eine Kontrolle entweder die am Anfang nicht vorhandene Vertragsparität oder, *Sanders* folgend, die im dynamischen Verlauf der Vertragsbeziehung verloren gegangene Vertragsparität sein.

1014 Nochmals bezugnehmend auf die Ausführungen bei *Sanders*, Statischer Vertrag und dynamische Vertragsbeziehung, S. 363 ff.

Insofern trifft die Formulierung von *Scherpe* den Kern, wenn er die erste Stufe als Schutz *der* Privatautonomie, also als Sicherungsmittel bezeichnet, das die Selbstbestimmung als Grundpfeiler einer privatautonomen Vereinbarung stützt und einen Eingriff in die formale Vertragsfreiheit (rechtliche Entscheidungsfreiheit) zum Schutz der materialen Vertragsfreiheit zulässt (tatsächliche Entscheidungsfreiheit),[1015] und die zweite Stufe als Schutz *vor* Privatautonomie beschreibt und damit schwerpunktmäßig die inhaltliche Gefahr einer einstmals privatautonomen Entscheidung plakatiert, wenn diese zu einem späteren Zeitpunkt geltend gemacht wird (Risiko der Prognose und Dynamik).[1016]

Auf der rein deutschen Perspektive beruht die inhaltlich konkretere Einordnung der Wirksamkeitskontrolle als eine Schranke im Außenverhältnis zum Schutz einer objektiven Werteordnung und die Ausübungskontrolle als eine Schranke im Innenverhältnis zur Wahrung der Parteiinteressen.[1017] Dies vermag jedoch auch zumindest rudimentär das Grundanliegen der englischen richterlichen Kontrolle zu umreißen, besinnt man sich auf die soeben dargestellte Kumulierung des subjektiven und objektiven Elements innerhalb des einheitlichen Prüfungsmaßstabes. Im Ergebnis hat die Entwicklung der Maßstäbe der richterlichen Prüfverfahren bereits an dieser Stelle zu einer inhaltlichen, wenn auch strukturell notwendigerweise divergierenden, Annäherung der beiden Rechtsordnungen geführt. Hieraus gefolgert werden kann eine Loslösung von zwei diametralen Standpunkten, dem paternalistischen Ansatz des englischen Rechts und dem individualistischen Ansatz des deutschen Rechts, zugunsten einer mittels richterlichem Prüfverfahren ansatzweise hergestellten Konvergenz.

Freilich sind die Kontrollverfahren nicht deckungsgleich. Vielmehr sind Unterschiede zu erkennen, die auf konzeptionelle Divergenzen der Systeme zurückzuführen sind. Sie betreffen sowohl den tatbestandlichen als auch den rechtsfolgenorientierten Teil der Tests auf beiden Stufen.

a) Zeitpunkt des Abschlusses der Vereinbarung

Die erste Stufe der Kontrollmaßstäbe fokussiert sich auf den Zeitpunkt des Abschlusses der Vereinbarung. Dem liegt die Annahme zugrunde, dass die

---

1015 Siehe insofern auch *Canaris*, AcP 200 (2000), 273 (277 f.).

1016 Nicht nur für die rein englische, sondern auch für die rechtsvergleichende Perspektive, *Scherpe*, in: Scherpe (Hrsg.), Marital Agreements, 443 (514 ff.). In diese Richtung weist auch die Einordnung *Langenfelds* bezogen auf das deutsche Recht, wenn er von der „Begrenzung" und „Gewährleistung" der Privatautonomie durch die Inhalts- und Ausübungskontrolle spricht, Handbuch der Eheverträge, § 5 Rn. 48.

1017 Siehe hierzu bereits oben Fn. 998.

Verhandlungspositionen der Ehegatten durch verschiedenste Umstände beeinflusst und mittels eines Ungleichgewichts in eine faktisch einseitige Inhaltsbestimmung münden können. Der Zeitpunkt des Abschlusses ist für Parteien, die in einem besonderen Näheverhältnis wie der Ehe zueinander stehen, durch emotionale und daher wenig rational gesteuerte Denk- und Verhaltensweisen geprägt, deren Berücksichtigung es bedarf.

In inhaltlicher Hinsicht nehmen beide Prüfungsebenen übereinstimmend eine Bewertung der bei Abschluss der Vereinbarung vorliegenden Entscheidungsgrundlage vor. Nur wenn die Parteien die Regelungen freiwillig[1018] und auf einer ausreichenden Informationsbasis unterzeichnet haben, kann von einer der Privatautonomie entsprechenden Verhandlungsparität gesprochen werden. Da die Ehevertragsfreiheit im deutschen Recht nicht ohne Weiteres eingeschränkt werden kann, muss das subjektive Element zwingend durch eine objektiv nachteilhafte Belastung[1019] zulasten der unterlegenen Partei ergänzt werden.

Zwingende formale Vorgaben, die Voraussetzung für die Wirksamkeit der Vereinbarung sind, gibt es nur im deutschen Recht, und sie werden neben weiteren Umständen auf der Stufe der Wirksamkeitskontrolle als zusätzlicher Maßstab zur Bewertung der Entscheidungsgrundlage herangezogen. Im englischen Recht bestehen mangels Bindungswirkung der Vereinbarung gegenüber dem Gericht zu Recht keine zwingenden formalen Vorgaben, sondern nur fakultative Orientierungspunkte, deren Nichterfüllung nur dann Bedeutung erlangt, wenn sie die Entscheidungsgrundlage beeinflusst und zur Unterzeichnung führt (funktionaler Ansatz). Damit setzt das deutsche Recht bezüglich der engen formalen Vorgaben systembedingt bereits vor der richterlichen Inhaltskontrolle an, zieht jedoch für das subjektive Element im Rahmen der Wirksamkeitskontrolle ähnliche Schlüsse aus einer Gesamtschau der die Vertragsunterzeichnung umgebenden Umstände. Allein auf die Erfüllung zwingender formaler Vorgaben abzustellen, genügt in beiden Rechtsordnungen nicht.

Für die Entscheidungsgrundlage als besonders wichtig empfunden wird die rechtliche Beratung der Parteien. Doch während im deutschen Recht der Notar neutrales Organ der Rechtspflege ist, der sich eines Interessenkonflikts erwehren muss und daher beide Parteien gemeinsam beraten kann, wird im englischen

1018 Zur Bedeutung der Schwangerschaft bei Vertragsabschluss im deutschen Recht siehe nur BVerfG, FamRZ 2001, 343 (346 f.); im englischen Recht jedoch mit qualitativer Abweichung siehe *M v M (Pre-Nuptial Agreement)* [2002] 1 FLR 654, para. 26.

1019 Die für die objektive Nachteilhaftigkeit entscheidende Kernbereichslehre ist auch für die Ausübungskontrolle relevant und wird unten ausführlich besprochen, 2. Teil: C. III. 2. b).

Recht eine getrennte rechtliche Beratung für die Gewährleistung der Verhandlungsparität als unerlässlich angesehen.[1020] Darüber hinaus spielt die Offenlegung des Vermögens bei Vertragsschluss nur im englischen Recht eine Rolle.

Die Rechtsfolge der ersten Prüfungsebene der Kontrollmechanismen divergiert in den beiden Rechtsordnungen erheblich. Die Wirksamkeitskontrolle nach § 138 Abs. 1 BGB bewirkt im Regelfall Nichtigkeit des gesamten Ehevertrages und zieht damit eine Anwendung der gesetzlichen Vorschriften nach sich. Wird hingegen im englischen Recht festgestellt, dass die Vereinbarung dem Anspruch der Procedural Fairness nicht genügt, muss sie mangels Erfüllung der Voraussetzung auch nicht anerkannt werden. Dem Gericht steht es in diesem Fall trotzdem offen, der Vereinbarung Gewicht in Abhängigkeit vom jeweiligen Einzelfall beizumessen. Demnach kann das englische Recht auf Umstände zum Zeitpunkt des Abschlusses weitaus flexibler reagieren als das deutsche Recht, das nach dem Alles-oder-Nichts-Prinzip agiert. Begründet werden kann auch dies mit der nur nach dem Grundsatz der Ehevertragsfreiheit geltenden Richtigkeitsgewähr des Vertrages, die nur in Extremfällen erschüttert werden kann.

b) Zeitpunkt der Geltendmachung der Vereinbarung

Die zweite Stufe der Kontrollmaßstäbe wendet sich in beiden Rechtsordnungen im Grundsatz übereinstimmend dem Inhalt der Vereinbarung zum Zeitpunkt der Geltendmachung zu. Es handelt sich demzufolge um einen rein objektiven Maßstab, der die dynamische und zum Zeitpunkt des Abschlusses noch unklare Entwicklung der Beziehung als wesentlichen Anhaltspunkt für eine spätere inhaltliche Unfairness der Vereinbarung nimmt.[1021]

Eine detailliertere Betrachtung der zweiten Prüfungsebene fördert jedoch einen wichtigen Unterschied zutage. Denn das von der Ehevertragsfreiheit bestimmte deutsche Recht lässt eine Ausübungskontrolle unter Einbeziehung der Kernbereichslehre nur in solchen Fällen zu, in denen das Absehen von einem richterlichen Eingriff eine „evident einseitige Lastenverteilung" nach sich ziehen und damit ehebedingte Nachteile unkompensiert bleiben würden. Im englischen Recht ist der Ermessensspielraum des Richters zum Schutz der schwächeren Partei hingegen immer dann eröffnet, wenn für eine Deckung von (Real) Needs und Compensation nicht gesorgt wurde. Der genaue Umfang und das Verhältnis der beiden Begriffe (Needs und Compensation) ist zwar gegenwärtig unklar, jedoch

---

1020 Vgl. *Scherpe* [2007] IFL, 18 (21); *Thompson* [2011] IFL, 327 (327 ff.).

1021 Für das deutsche Recht siehe oben 2. Teil: C. II. 2. c) bb) mit Verweis auf *Sanders*, Statischer Vertrag und dynamische Vertragsbeziehung, §§ 13–16; für das englische Recht so auch: *Scherpe* (2010) 69 C.L.J., 35 (37).

der Grundeinstellung des englischen Scheidungsfolgenrechts entsprechend zum Schutz des Schwächeren im Zweifel wohl eher weiter als zu eng auszulegen. Eine eigenständige Regelung der Parteien im Hinblick auf das Sharing scheint daher im Grundsatz möglich, aber im Falle der Nichtdeckung von Needs und Compensation durch diese Ausnahme beschränkt.

Versuchte man dies ins Verhältnis zur Kernbereichslehre im deutschen Recht zu setzen, so könnte man eine lose Verbindung in der hervorgehobenen Stellung der Unterhaltsansprüche und Needs, die einer Disposition weniger zugänglich sind, sowie der niederen Positionierung des Zugewinnausgleichs sowie des Sharings sehen, die einer Disposition im Grundsatz offenstehen.[1022] Dieser Vergleich darf jedoch nicht die bisherigen Feststellungen zur systembedingten Divergenz im Default System außer Acht lassen,[1023] die einen grundlegenden Unterschied des englischen und deutschen Scheidungsfolgenrechts herausstellen und deshalb auch im Kontext privatautonomer Vereinbarungen bewertet werden müssen: Die dem englischen Recht bekannte vertikale Akzentuierung[1024] der Elemente (Needs, Compensation und Sharing) in Abhängigkeit von den vorhandenen Vermögensmassen und der Vermögensverteilung kommt auch an dieser Stelle zum Tragen und erhält gerade in Fällen mit geringen Vermögensmassen (Aufweichung der Vermutungsregel) die flexible Eingriffsmöglichkeit vonseiten des Richters. Der in diesem Falle auch weiterhin vorrangigen Deckung der Needs würde die vorbehaltslose Anerkennung des Ausschlusses des Sharings widersprechen. Nur in vermögensreichen Fällen, d. h. wenn der Ausschluss der Teilhabe am Sharing nicht mit den Needs der schwächeren Partei kollidiert, wird das richterliche Ermessen zugunsten der Anerkennung der privatautonomen Vereinbarungen der Ehegatten beschnitten. Die horizontale Akzentuierung im deutschen Scheidungsfolgenrecht verschiebt sich durch die gestufte Bewertung der einzelnen Säulen innerhalb der Kernbereichslehre in eine vertikale Richtung. Nichtsdestoweniger bleibt es erneut zu betonen, dass die Ehevertragsfreiheit nur dann zum Schutz des Schwächeren eingeschränkt und der Vertrag als Rechtsfolge der Kontrolle insoweit angepasst werden darf, als dies unbedingt notwendig erscheint. Die Prüfverfahren kommen sich folglich nahe, divergieren jedoch auf Tatbestands- und Rechtsfolgenseite aufgrund einer unterschiedlich starken Betonung des Schutzes des Schwächeren und der Privatautonomie.

1022 *Miles*, in: Scherpe (Hrsg.), Marital Agreements, 89 (107); *Scherpe* (2011) 23 CFLQ, 513 (527).

1023 Siehe hierzu ausführlich oben 2. Teil: B. III. 2.

1024 Vgl. *Thorpe*, in: Boele-Woelki/Miles/Scherpe (Hrsg.), The Future of Family Law in Europe, 3 (9).

3. *Bewertung des Falles Radmacher v Granatino aus deutscher materiell-rechtlicher Perspektive*

Eine Annäherung der englischen an die deutsche Rechtsordnung mittels des richterlichen Prüfverfahrens hat eindeutig stattgefunden, sodass die Distanz im ehevertraglichen Kontext unter Zugrundelegung eines rechtshistorischen Rückblicks nunmehr geringer ist. Es stellt sich die Frage, ob der Fall *Radmacher*[1025] bspw. aus deutscher materiell-rechtlicher Perspektive vergleichbar beurteilt worden wäre und wenn ja, ob hieraus weitere allgemeingültige Folgerungen gezogen werden können. Bereits die Gerichte betonten, dass der Ehevertrag sowohl nach deutschem (Anknüpfungspunkt: Staatsangehörigkeit der Ehefrau) als auch französischem Recht (Anknüpfungspunkt: Staatsangehörigkeit des Ehemannes) durchsetzbar gewesen wäre.[1026]

Für eine Wirksamkeitskontrolle nach § 138 Abs. 1 BGB könnte bereits ein subjektives Verhandlungsgefälle zwischen Frau Radmacher und Herrn Granatino wohl nicht angenommen werden. Zwar fehlte es an einer schriftlichen Übersetzung des Urkundentextes, weshalb an einer ausreichenden Entscheidungsgrundlage aufseiten des Ehemannes Zweifel gehegt werden könnten. Allerdings übersetzte der Notar den Vertragstext mündlich und gab ihm die Möglichkeit, vor Unterzeichnung unabhängigen anwaltlichen Rat einzuholen, wovon er jedoch keinen Gebrauch machte. Außerdem konnten Rückschlüsse von seiner beruflichen Qualifikation darauf gezogen werden, dass er sich der Folgen seiner Unterschriftsleistung bewusst war. Aufgrund des beträchtlichen Vermögens der Ehefrau ein Ungleichgewicht auf wirtschaftlicher Grundlage zulasten des Ehemannes anzunehmen, widerspräche zum einen der zu vermeidenden Verwechslung zwischen rechtsgeschäftlicher und sozialer Unterlegenheit[1027] und könnte zum anderen aufgrund der beruflichen Qualifikation des Ehemannes vermutlich nicht gerechtfertigt werden.

Für eine Ausübungskontrolle nach § 242 BGB, die sich auf den Inhalt des Ehevertrages mittels der Kernbereichslehre konzentriert, bestehen ebenfalls keine Anhaltspunkte. Eine solche würde die Entwicklung der Ehe berücksichtigen und bei Abweichung des tatsächlich gelebten vom geplanten Eheverlauf eine Kompensation ehebedingter Nachteile bewirken. Es ist weder vorgetragen, dass eine solche Abweichung vorlag, noch, dass aufseiten des Ehemannes

---

1025 Zu den Einzelheiten des Sachverhalts siehe oben 1. Teil: C. V. 1.

1026 *Radmacher v Granatino* [2010] UKSC 42, para. 101; deutlicher die Vorinstanz: [2009] EWCA Civ 649, para. 62.

1027 Siehe oben 2. Teil: C. II. 2. b) aa).

ehebedingte Nachteile entstanden, deren Ausgleich es bedurfte. Vielmehr ist hier auf den Grundsatz der Ehevertragsfreiheit und den hieraus folgenden fehlenden Mindeststandard an Scheidungsfolgen zu verweisen. Der Ehemann hatte durch seine berufliche Laufbahn ein beträchtliches eigenes Vermögen vorzuweisen, sodass auch gerade der Ausschluss einer güterrechtlichen Teilhabe am Reichtum der Ehefrau, der auf ein Familienvermögen zurückging, nicht den Kernbereich der Scheidungsfolgen tangiert und demnach einer Disposition zugänglich ist. Auch für einen Kindesbetreuungsunterhalt ist angesichts der Tatsache kein Raum, dass die Kinder hauptsächlich bei der potenziell anspruchsverpflichteten Mutter aufwachsen.

Demzufolge würde der Ehevertrag im deutschen Recht einer materiell-rechtlichen Überprüfung mittels richterlicher Inhaltskontrolle standhalten und damit ein vergleichbares, wenngleich auch zugunsten der Privatautonomie vermutlich noch deutlicheres Ergebnis nach sich ziehen. Der Supreme Court sprach Herrn Granatino lediglich insofern einen geringen Teil des Vermögens zu, als er dies aus Sicht des Gerichts zur Wahrnehmung seiner Vaterrolle benötigte. Diese geringe Abweichung kann vernachlässigt werden. Es ist davon auszugehen, dass die verbleibenden Unterschiede der Prüfverfahren insbesondere dann wesentlich stärker hervortreten würden, wenn statt eines Falles mit atypischer Rollen- und Vermögensverteilung wie *Radmacher* als Big Money Case,[1028] ein Everyday Case mit gewöhnlicher Rollenverteilung und geringen Vermögensmassen zugrunde gelegt würde. Sind die Bedürfnisse der antragstellenden Partei nicht gedeckt, bewirkt die Aufweichung der Vermutungsregel das Aufleben des richterlichen Ermessens und damit eine geringere Gewichtung der Vereinbarung. Gerade an dieser Stelle würde das deutsche Recht eine Abweichung aus rein objektiven Gesichtspunkten jedoch nur dann zulassen, wenn der dynamische Verlauf und die entwicklungsoffene Struktur der Ehe einen Ausgleich ehebedingter Nachteile notwendig erscheinen ließen. Es ist zu vermuten, dass das deutsche Recht hier in geringerem Maße intervenieren würde als das englische Recht. Folglich kann aus der vergleichsweisen Bewertung des Falles *Radmacher* keine allgemeingültige Schlussfolgerung hinsichtlich der verbleibenden Distanz der Prüfverfahren in den beiden Rechtsordnungen gezogen werden. Die Bereiche, in denen Privatautonomie in der jeweiligen Rechtsordnung tatsächlich anerkannt wird, scheinen jedenfalls unterschiedlich groß und damit nicht deckungsgleich zu sein. Von Relevanz ist dies für den im Folgenden zu erörternden Entscheidungswert.

1028 Siehe hierzu ausführlich oben 1. Teil: C. V. 4. e) aa).

D. Entscheidungswert – Rechtssicherheit v Einzelfallgerechtigkeit und Privatautonomie v Paternalismus

I. Grundlegung

Wenn es, wie im vorherigen Abschnitt festgestellt, bei diametraler Grundhaltung und divergierendem strukturellem Aufbau, aber vergleichbarer inhaltlicher Ausrichtung, zu einer am Ergebnis orientierten Annäherung durch den richterlichen Kontrollmechanismus kommt,[1029] stellt sich die Frage nach einem über diese Analyse hinausgehenden Entscheidungswert. Denn die verbleibenden rechtlichen Unterschiede können auf die grundsätzlich antithetischen Kategorien „Privatautonomie oder Paternalismus" sowie „Rechtssicherheit oder Einzelfallgerechtigkeit" kondensiert und einer weiteren Bewertung zugeführt werden.[1030] Die Alternativen können dabei funktionalen Zusammenhängen zugeordnet werden, d. h. dass im Grundsatz Privatautonomie der Rechtssicherheit dient und Paternalismus dem Wohl des Einzelnen, aber auch gegen dessen Willen eingesetzt wird[1031] und damit die Funktion oktroyierter Einzelfallgerechtigkeit erfüllt.

Die Untersuchung geht von der Prämisse aus, dass die Grundhaltung sowie der konzeptionelle Aufbau des richterlichen Prüfverfahrens in beiden Rechtsordnungen einem jeweiligen Begriffspaar zugeordnet werden kann. Ausgangspunkt im deutschen Recht ist die privatautonome Vereinbarung der Ehegatten, aus der Rechtssicherheit abgeleitet werden kann, während das richterliche Prüfverfahren aus Einzelfallgerechtigkeitserwägungen heraus einen paternalistischen Ansatz in das System implementiert.[1032] Diametral dazu ist der Ausgangspunkt im englischen Recht zugunsten der Einzelfallgerechtigkeit paternalistisch veranlagt, sodass der Privatautonomie erst im Zuge des richterlichen Prüfverfahrens zur Geltung verholfen und hierdurch der Gedanke der Rechtssicherheit an Bedeutung gewinnt. Die Frage nach dem tatsächlichen Maß von Rechtssicherheit und Gerechtigkeit, die im Kontext von Vereinbarungen zwischen Ehegatten und

---

1029 Siehe hierzu die grafische Darstellung der Schnittmengen oben Abb. 1 (S. 148).

1030 Zur Bildung vergleichbarer Begriffspaare („State Intervention versus Discretion" und „Rules versus Discretion") in einem breiteren Kontext: *Harris-Short/Miles*, Family Law, S. 10 f.

1031 *Eidenmüller*, Effizienz als Rechtsprinzip, S. 359.

1032 So bereits *Eidenmüller*, Effizienz als Rechtsprinzip, S. 360 f., der den Begriff des rechtlichen Paternalismus im deutschen Recht im Zusammenhang mit der richterlichen Inhaltskontrolle von Bürgschaften naher Familienangehöriger bemüht.

richterlichem Prüfverfahren eine zentrale Rolle spielen, soll daher im Folgenden beleuchtet werden.

II. Rechtssicherheit und richterliche Rechtsfortbildung

Gemeinhin und abstrakt werden der Rechtskreis des Common Laws, dem das englische Recht angehört, und der Rechtskreis des Civil Laws, dem das deutsche Recht zuzuordnen ist, als bereits in ihrer das Verhältnis von Gesetz und Rechtsprechung betreffenden Grundkonzeption weit voneinander entfernt beschrieben. Zwar könnte dem nun mit dem Argument begegnet werden, dass im Bereich des Scheidungsfolgenrechts eine ähnliche Anordnung der Formanten[1033] durch eine Kombination aus gesetzlicher Basis (Vorschriften des MCA 1973 und des BGB) und konkretisierender Rechtsprechung vorherrscht.[1034] Dies gilt jedoch nicht für den Bereich privatautonomer Vereinbarungen. Denn während der Grundsatz der Ehevertragsfreiheit sowie die richterliche Inhaltskontrolle in ihrer dogmatischen Anbindung Niederschlag in den Vorschriften des BGB gefunden hat, wurde eine verstärkte Berücksichtigung der Privatautonomie im englischen Recht grundlegend erst mithilfe des Two-Stage-Tests of Fairness durch die Rechtsprechung bewirkt.

Die dem richterlichen Prüfverfahren zugrunde liegenden Wertungen werden in beiden Rechtsordnungen im Regelfall mithilfe von *obiter dicta*[1035] in der Rechtsprechung konkretisiert. Aber auch an dieser Stelle ist der deutsche Richter, im Unterschied zum englischen Richter, der Pflicht zur dogmatischen Anbindung als starres und daher potenziell Rechtssicherheit generierendes System unterworfen. Der unstreitigen Wahrnehmung einer auch rechtssetzenden Funktion durch die Gerichte, die sich nur innerhalb der zivilrechtlichen Generalklauseln vollziehen kann, wird durch diese Pflicht eine gewisse Grenze gesetzt, die der Wahrung der Gewaltenteilung dient.[1036] Mangels dogmatischer Verwurzelung erhält sich das englische Recht einen an der Einzelfallgerechtigkeit orientierten Handlungsspielraum bei gleichzeitig fragwürdiger Akzentuierung der Privatautonomie. Denn die englischen Gerichte haben

1033 So *Sacco*, Rechtsvergleichung, S. 59 ff., der hiermit zwischen den für eine Rechtsvergleichung relevanten Elementen differenziert: Gesetzesnorm (G), Lehrmeinung (L) und die daraus gezogene Regel (B), veröffentlichte Leitsätze der Rechtsprechung (LS) sowie die konkrete Anwendungsregel (A).

1034 *Rheinstein*, Rechtsvergleichung, S. 34.

1035 *Schlüter*, Obiter dictum, S. 39 ff.; *ders.*, Familienrecht, § 18 Rn. 219 a. E.

1036 Vgl. *Rüthers*, Gerechtigkeit, S. 114 ff.

hiermit möglicherweise über ihre rechtsprechende Tätigkeit hinaus in diejenige der Legislative eingegriffen.[1037]

Ausgehend hiervon könnte man behaupten, dass gerichtliche Entscheidungen im englischen Recht noch stärker als im deutschen Recht eine Sache der Einzelfallbetrachtung sind. Je mehr sich jedoch die Rechtsprechung verdichtet und damit ein taugliches und valides Prüfungsraster zur Verfügung stellt, desto leichter können Vorhersagen getroffen werden, die bereits vorab vonseiten der Praxis bei der vertraglichen Gestaltung berücksichtigt werden können und dadurch die Vereinbarungen vor Gericht weniger angreifbar machen (deutsches Recht) bzw. einbeziehungswürdiger erscheinen lassen (englisches Recht).[1038] Es bleibt daher jedenfalls zum gegenwärtigen Zeitpunkt zweifelhaft und unbelegt, ob das deutsche Recht aufgrund seiner primären Integration privatautonomer Vereinbarungen auch tatsächlich eher geeignet ist, ein größeres Maß an Rechtssicherheit zu garantieren als im englischen Recht, in dem Rechtssicherheit erst über den Weg der sekundären Integration geboten werden kann.[1039] Ginge man tatsächlich von einem Rechtssicherheitsgefälle aus, wären die englischen Reformbestrebungen sicherlich ein Schritt in Richtung einer Angleichung.[1040]

Die Rechtsprechung befindet sich daher in beiden Rechtsordnungen nicht nur in einem materiell-rechtlichen Spannungsfeld zwischen Privatautonomie und dem Schutz des Schwächeren, sondern auch in einem ideologischen Spannungsfeld zwischen Rechtssicherheit und Einzelfallgerechtigkeit.

III. Privatautonomie und pluralistisches Gerechtigkeitsverständnis

Mit dem Begriff der Gerechtigkeit soll an dieser Stelle nicht der mit einer Vielzahl von Problemen behaftete Versuch unternommen werden, eine weitere Würdigung der konkreten inhaltlichen Maßstäbe vorzunehmen.[1041] Vielmehr

---

1037 Siehe oben 1. Teil: C. V. 2. a) sowie 1. Teil: C. V. 4. e) bb).

1038 Zum englischen Recht siehe oben 1. Teil: B. II. 1 (allgemeines Scheidungsfolgenrecht) bzw. 1. Teil: C. V. 4. e) (Private Ordering); zum deutschen Recht: *Bergschneider*, Richterliche Inhaltskontrolle, S. 109 f.; *ders.*, FamRZ 2004, 1757 (1765), spricht von einem zeitweiligen Verlust von Rechtssicherheit zugunsten eines langfristigen Klimawechsels; vgl. Stau-dinger-*Baumann*, BGB, § 1585c Rn. 57, 105 f., 191.

1039 Rechtsvergleichend vgl. *Scherpe* [2007] IFL, 18 (23), der bezweifelt, dass es einen großen Unterschied macht; mit Bezug zum allgemeinen Scheidungsfolgenrecht: *ders.*, in: Scherpe (Hrsg.), Marital Agreements, 443 (475 f.).

1040 Zu den Reformbestrebungen siehe oben 1. Teil: C. VI.

1041 *Zöllner*, NZA-Beilage 2006, 99 (102 f.) weist im Zusammenhang mit der Vertragskontrolle darauf hin, dass dessen Konkretisierbarkeit angezweifelt wird.

soll das System, in dem die jeweilige Rechtsordnung mit dem Verhältnis von Vereinbarung und Kontrolle verfährt, einer Bewertung unter Gerechtigkeitsgesichtspunkten zugeführt werden. Denn dieses Verhältnis entscheidet über das Einflusspotenzial einer Vereinbarung auf den durch die Rechtsordnung vorgegebenen Fairness-Maßstab, „[t]he fact of the agreement is capable of altering what is fair."[1042]

Das Spannungsfeld zwischen Pivatautonomie und dem Schutz des Schwächeren dienenden Paternalismus,[1043] in dem sich sowohl die englische als auch die deutsche Rechtsordnung befinden, kann im Einzelfall nur zugunsten einer der beiden Seiten (Anerkennung oder Abweichung) und damit automatisch zulasten der anderen Seite aufgelöst werden.[1044] Privatautonomie und Rechtssicherheit sind folglich naturgemäß miteinander verbunden und definieren das Gerechtigkeitsverständnis unwillkürlich. Die hierbei zugrunde liegenden Wertungen, was als gerecht angesehen und anerkannt wird, sind pluralistischer Natur[1045] und werden durch individuelle, soziale, rechtspolitische, wirtschaftliche und kulturelle Faktoren geprägt, welche dem Wandel der Zeit unterliegen, sodass die rechtlichen Gegebenheiten zuweilen den gesellschaftlichen Verhältnissen angepasst werden müssen. Eine solche Anpassung ist in beiden Rechtsordnungen, wenn auch in unterschiedlicher Ausprägung, geschehen.

Das Gerechtigkeitsverständnis, das einer Vereinbarung der Ehegatten oder dem richterlichen Prüfverfahren zugrunde liegt, divergiert in den Rechtsordnungen:[1046] Das in unterschiedlicher Stärke zugelassene Maß an Privatautonomie korrespondiert dabei mit der jeweiligen Grundhaltung. Dies kommt darin zum Ausdruck, dass, wie in den vorhergehenden Abschnitten dargelegt, eine auch weiterhin stärkere Betonung des Schutzes des Schwächeren bzw. des Kindes im englischen Recht einerseits, und der Ehevertragsfreiheit im

---

1042 *Radmacher v Granatino* [2010] UKSC 42, para. 75.

1043 Nach *Eidenmüller*, Effizienz als Rechtsprinzip, S. 374 ff., handelt es sich nicht immer um eine antithetische Gegenüberstellung der Begriffe, sondern gerade im Falle der „Verhinderung irreversibler Freiheitsverluste" kann paternalistisches Recht sogar zu einem Zuwachs an Autonomie statt eines Eingriffs in diese führen.

1044 Vgl. *Harris-Short/Miles*, Family Law, S 504: „The more expansive the grounds for setting aside, the better the economic protection of arguably weaker parties, but the worse the promotion of certainty and party autonomy, and the less fair for the party who had in good faith relied on the enforceability of the agreement."

1045 Zum pluralistischen Gerechtigkeitsbegriff siehe *Rüthers*, Gerechtigkeit, S. 2 ff., 80 f., 171 ff.

1046 Dies soll auch mithilfe der pyramidalen Relation und Größe der einzelnen Bereiche in der Abb. 1 (S. 148) hervorgehoben werden.

deutschen Recht andererseits, gegenwärtig ist. Korrelierend dazu bleibt verhältnismäßig weniger Raum für die Privatautonomie im englischen Recht sowie den Paternalismus im deutschen Recht. Die Verhältnisse zwischen Privatautonomie und Schutz zugunsten der schwächeren Partei bzw. des Kindes sind damit nicht deckungsgleich aufgeteilt. Das zugelassene Maß an Privatautonomie ist in der deutschen Rechtsordnung vergleichsweise größer; Gerechtigkeitserwägungen vonseiten des Richters erlangen daher im englischen Recht häufiger Bedeutung als im deutschen Recht.[1047]

Dem Grundsatz der Vertragsfreiheit und einem geringen Maße an paternalistischen Eingriffen vonseiten des Gerichts entspricht die Annahme, dass eine Inhaltsbestimmung durch die Parteien zumindest präsumtiv besser zur Erreichung eines richtigen, also gerechten Vertrages geeignet ist, als durch einen Dritten.[1048] Gerechtigkeit ist ein subjektiv geprägtes und pluralistisches Konzept,[1049] das nicht nur im Vergleich einzelner Rechtsordnungen,[1050] sondern auch im Vergleich einzelner Personen, insbesondere der Parteien und des Richters,[1051] variieren kann. Der Vorrang der Inhaltsbestimmung durch die Parteien erfährt deshalb gerade auch vor diesem Hintergrund weitere Rechtfertigung, dass der Versuch der Objektivierung von Gerechtigkeitsmaßstäben durch den Richter zwar unternommen wird, aber keinesfalls durchweg gelingt.[1052] Je weiter der Spielraum

---

1047 Nichtsdestoweniger beachte man die Verschiebung des Schwerpunktes zugunsten der Privatautonomie durch die Entwicklung der Rechtsprechung im englischen Recht, *Diduck* (2011) 38 J.L. & Soc., 272 (281 f.), sowie oben 1. Teil: C. V. 4. e) aa).

1048 *Roth*, in: FS Krejci, 1251 (1251 ff.); vgl. hierzu auch *Coester-Waltjen*, AcP 190 (1990), 1 (14 f.). Paternalismus stellt hingegen immer einen Eingriff in die Entscheidungsfreiheit des Betroffenen dar, *Eidenmüller*, Effizienz als Rechtsprinzip, S. 365 f.

1049 Siehe hierzu auch bereits oben Fn. 247. Zum Relativismus in der Rechtsphilosophie nach *Radbruch*: *Kaufmann* (Hrsg.), Gustav Radbruch, Gesamtausgabe, Band 3, S. 17 ff.; *Rüthers*, Gerechtigkeit, S. 171 ff.; *Phang* (2000) 16 JCL, 158.

1050 *Scherpe*, in: Scherpe (Hrsg.), Marital Agreements, 443 (502).

1051 Vgl. *Rüthers*, Gerechtigkeit, S. 161 ff.; zur Rolle des Richters: *Diduck* (2011) 38 J.L. & Soc., 272 (294 f.); aus englischer Sicht: *Harper/Frankle*, in: Scherpe (Hrsg.), Marital Agreements, 122 (124 f.).

1052 Vgl. für das englische Scheidungsfolgenrecht im Allgemeinen die Feststellungen von *Hitchings*, in: Miles/Probert (Hrsg.), Sharing Lives, Dividing Assets, 185 (198 ff.), die von subjektiv geprägten Divergenzen in richterlichen Entscheidungen ausgeht; *Piglowska v Piglowski* [1999] 1 WLR 1360, para. 1373: „These are value judgments on which reasonable people may differ. Since judges are also people, this means that some degree of diversity in their application of values is inevitable and, within limits, an acceptable price to pay for the flexibility of the discretion

des Richters ist, desto schwieriger wird es, diesem Versuch gerecht zu werden und Transparenz zu schaffen.[1053] Nichtsdestoweniger ist der Richter im Vergleich zu den Parteien über eine emotionale Verstrickung erhaben und kann aufgrund des *ex post*-Zeitpunkts, in dem er über die Scheidungsfolgen zu urteilen hat, ein potenziell faireres Ergebnis erzielen. Dies muss jedoch nicht notwendigerweise dazu führen, die Entscheidungsprärogative dem Richter zu überantworten, sondern kann gleichsam über eine nachträgliche Kontrolle sichergestellt werden. Damit misst das deutsche Recht den Entscheidungen der Parteien eine größere Richtigkeitschance bei als das englische Recht, welches sich häufiger berufen fühlt, scheidungsfolgenrechtliche Standards staatlicherseits durchzusetzen.

Diesen den Systemen inhärenten Vorrangstellungen entsprechend wird die Rolle des Richters oder die Rolle der Parteien hervorgehoben. Hieraus soll keinesfalls gefolgert werden, dass das englische Recht privatautonomen Vereinbarungen zwischen Ehegatten jegliche Richtigkeitschance abspricht, denn tatsächlich kann es das Ergebnis des richterlichen Prüfverfahrens sein, dass die Vereinbarung dem Test standhält und daher anzuerkennen ist. Diese externe *ex post*-Folgerung durch den Richter gibt der potenziellen Richtigkeitsgewähr der Vereinbarung jedoch eine psychologisch andere Qualität als derjenigen, bei der sich die Schlussfolgerung direkt intern *ex ante* ergibt.[1054] Denn es macht einen Unterschied, ob die Vereinbarung keine Bindungswirkung hat und erst nach Einreichung des Antrags auf Financial Orders nach richterlicher Bestätigung eine Anerkennung ausgesprochen wird, oder ob der Vertrag Bindungswirkung hat und zur Erreichung einer Abweichung angegriffen werden muss, worauf die positive Entscheidung des Richters für eine Korrekturwürdigkeit folgen müsste; hier spielt außerdem die Systemgerechtigkeit der Beweislastverteilung eine Rolle.[1055]

Demzufolge werden die widerstrebenden Positionen der wirtschaftlich stärkeren bzw. schwächeren Parteien nach den vorherrschenden Gerechtigkeitsvorstellungen in der jeweiligen Rechtsordnung adäquat ausgeglichen; eine vollständige Befriedigung der beiderseitigen Interessen kann es in einem solchen Kontext

---

conferred (…).“ Kritisch hierzu auch: *Phang* (2000) 16 JCL, 158 (158 f.); *Ipp* (2000) 19 Aust Bar Rev, 212 (213).

1053 Siehe bereits oben im Zusammenhang mit der Rechtssicherheit 2. Teil: D. II.

1054 Zurückgehend auf die Bezeichnung der richterlichen Vertragskontrolle im deutschen Recht als „externe *ex post*-Beurteilung“ bei *Schwab*, DNotZ Sonderheft 2001, 9 (13); MüKo-*Roth/Schubert*, BGB, § 242 Rn. 463.

1055 Vgl. *Scherpe* [2007] IFL, 18 (23); zur Beweislastverteilung siehe oben 2. Teil: C. II. 1. b).

nicht geben.[1056] Dem Gerechtigkeitsverständnis einer von Grund auf durch die Privatautonomie geprägten Rechtsordnung entspricht nur die deutsche, in zunehmendem Maße aber auch die englische Rechtsordnung – wenn auch nicht mit der letzten notwendigen Konsequenz für die Bindungswirkung. Vertragsfreiheit ist und bleibt „the least disadvantageous way of reconciling the claims of certainty, predictability and personal autonomy (…) to decide for themselves the terms of their own partnership."[1057]

E. Schlussfolgerungen für internationale Ehepaare

Das englische Recht, das als besonders attraktiv für die wirtschaftlich schwächere Partei galt, hat infolge dieser Sachrechtsannäherung einen Teil des Forum Shopping-Potenzials eingebüßt, es sicherlich jedoch nicht in Gänze verloren. Denn insbesondere dann, wenn der zuständige englische Richter die Bedürfnisse der schwächeren Partei als nicht durch die Vereinbarung zwischen den Ehegatten abgesichert sieht, wird er von dieser leichtfüßig abweichen. Insofern sollte jedenfalls nicht mit aller Pauschalität geworben werden:

> „Das faktische Schlupfloch, das das englische Eherecht der weniger wohlhabenden Partei eines Ehevertrags ließ, ist geschlossen. Insbesondere wohlhabende Paare, die sich nicht über den Tisch ziehen, sondern mit einem Ehevertrag eine autonome Regelung der Scheidungsfolgen treffen wollen, haben deutlich mehr Rechtssicherheit. Eheverträge sind ihr Papier nun auch in England wert."[1058]

Die Bedeutung der beidseitig vorhandenen Vermögensmassen steht allerdings im Mittelpunkt, sodass nur in denjenigen Fällen auf den Ausschluss des Sharings vertraut werden kann und ein Versuch zur Instrumentalisierung des englischen Rechts fehlschlüge, in denen die Grundlagenbedürfnisse beidseitig gedeckt sind. Allerdings ist die Rechtsprechung hierzu in ihren Einzelheiten noch unklar und auch in ihrer Entwicklung noch nicht hinlänglich beständig. Auf ein stärkeres Maß an Rechtssicherheit für den Fall, dass sich die Reformbestrebungen der Law Commission im Parlament durchsetzen, können im Übrigen auch nur diejenigen internationalen Ehepaare hoffen, die ihre Vereinbarung vorausschauend in

---

1056 Vgl. *Weitnauer*, Schutz des Schwächeren im Zivilrecht, S. 10 der auf die Definition von Gerechtigkeit im ersten Satz des Corpus Juris (Inst. 1.1.1) verweist als „constans et perpetua voluntas ius suum cuique tribuens", d. h. der beständige und immerwährende Wille, einem jedem das Seine zuzuteilen; zur Skepsis gegenüber der Vorstellung vollkommener Gerechtigkeit: *Rüthers*, Gerechtigkeit, S. 171 ff.

1057 *Cretney* (2003) 15 CFLQ, 403 (413).

1058 *Schulte-Nölke*, ZGS 2010, 481.

Übereinstimmung mit den teils ungewöhnlich anmutenden Formalien abschließen.[1059]

Von einer generellen Lückenschließung kraft materiell-rechtlicher Konvergenz kann demzufolge nicht ausgegangen werden, sodass die Untersuchung der internationalen Dimension den Rechtszustand *de lege lata* (3. Teil: B) und *de lege ferenda* (3. Teil: C) sowohl im Hinblick auf das Lokalproblem Forum Shopping als auch im Hinblick auf das Globalproblem durchleuchten muss.[1060] Eine solche Konvergenz wäre für internationale Sachverhalte im Übrigen weder unbedingt erstrebenswert noch sinnvoll, weil über eine Behebung des Problems im internationalen Kontext eine befriedigende Lösung, bei gleichzeitiger Beibehaltung der (historisch) systembedingten materiell-rechtlichen Unterschiede, gefunden werden kann.

1059 Vgl. Law Commission, Law Com No. 343, § A.34 und CP No. 198, § 7.90 ff. sowie bereits oben ausführlich 1. Teil: C. VI.

1060 Zum Lokal- und Globalproblem siehe oben Einleitung: A. III.

3. Teil: Internationaler Kontext

A. Einführung – Europäische Zielsetzung und Realitätsferne im Familienrecht

Wie weit man von der Einführung eines europäischen Familienrechts entfernt ist, lässt sich anhand des unbefriedigenden Zustandes der Regelungen zum internationalen Zivilverfahrens- und des Kollisionsrechts im Bereich des Ehescheidungs- und Scheidungsfolgenrechts erahnen, deren Vereinheitlichung vergleichsweise leichtgängig anmuten sollte. Bereits dort gelingt die Bildung eines Raumes der Freiheit, der Sicherheit und des Rechts i. S. v. Art. 67 AEUV mithilfe der Verständigung auf eine widerspruchsfreie und einheitliche Verfahrensordnung nur in unzureichendem Maße. Begründet werden können diese Schwierigkeiten u. a. mit Renationalisierungstendenzen,[1061] die sich gegenwärtig im Hinblick auf familienrechtliche Gesetzgebungsvorhaben abzeichnen.

Die allgemeinen Gesetzgebungskompetenzen sind in Art. 81 Abs. 2 AEUV vorgesehen und verweisen auf das ordentliche Gesetzgebungsverfahren und eine qualifizierte Mehrheit nach Art. 289 Abs. 1, 294 AEUV. Für das Familienrecht gilt hingegen Art. 81 Abs. 3 AEUV, der bestimmt, dass in einem besonderen Gesetzgebungsverfahren Einstimmigkeit erzielt werden muss.[1062] Die rechtlichen Hürden sind demzufolge enorm hoch, sodass ein Gesetzgebungsvorhaben bereits durch einen Mitgliedstaat torpediert werden kann.[1063] Dies hat zur Folge, dass es entweder bei der Anwendung nationaler Vorschriften bleibt, weil keine einvernehmliche Lösung zwischen den Mitgliedstaaten in Aussicht steht, oder es

---

1061 Zurückgehend auf die Ausführungen von *Dutta*, EuZW 2010, 530 (533), der insbesondere zwei Aspekte als maßgeblichen Grund für eine der Europäisierung des Rechts abträglichen Tendenz vorbringt, nämlich das Einstimmigkeitserfordernis und die Vorbehalte einiger Mitgliedstaaten hinsichtlich der Teilnahme an den jeweiligen Verordnungen.

1062 Hierzu auch: *Dethloff/Hauschild*, FPR 2010, 489; *Wagner*, FamRZ 2009, 269 (276).

1063 *Martiny*, FPR 2008, 187 (188); *Coester*, IPRax 2013, 114 (115), verweist für den Fall der Nichteinstimmigkeit auf das verbleibende Notinstrument der „Verstärkten Zusammenarbeit“ (Art. 20 EUV, Art. 326 ff. AEUV), das im Rahmen der Rom III-VO (Scheidungsrecht) bereits zum Einsatz kam. Es kann jedoch nicht beschönigt werden, dass der hierdurch erzielte Fortschritt einer partiellen Vereinheitlichung des Kollisionsrechts Unübersichtlichkeit schafft und ein Europa der zwei Geschwindigkeiten forciert.

kommt zu einer für den ehevertraglichen Kontext nicht optimalen Kompromisslösung auf internationaler Ebene.

Einige Mitgliedstaaten haben sich eine Partizipation an der Bildung eines Raumes der Freiheit, der Sicherheit und des Rechts vorbehalten (Irland und das Vereinigte Königreich)[1064] oder von vornherein eine solche verneint (Dänemark)[1065] und sich dadurch eine Sonderstellung geschaffen. Einzelne Ressentiments kommen darin zum Ausdruck, dass ein Opt-In zu den zuständigkeitsrechtlichen Verordnungen, nicht aber zu den kollisionsrechtlichen Verordnungen erklärt wird.[1066] Gerade im Hinblick auf diese Mitgliedstaaten können sodann die Zuständigkeitsvorschriften maßgeblich in den Vordergrund treten, weil das anwendbare Kollisionsrecht divergiert; es entsteht das Lokalproblem Forum Shopping.[1067] Der Widerwille, der gegen eine Fremdrechtsanwendung gehegt wird, zieht das Kollisionsrecht in Mitleidenschaft und bildet die Grundlage für das Globalproblem der Rechtsanwendungsunsicherheit.[1068]

Im Folgenden soll vor dem ehevertraglichen Hintergrund der Rechtszustand *de lege lata* im Störfall Ehescheidung aus der internationalen Position sowie mit kurzem Blick auf den verbleibenden Anwendungsbereich nationaler Zuständigkeits- und Kollisionsvorschriften aus englischer und deutscher Sichtweise dargestellt werden (3. Teil: B). Im Anschluss daran werden mögliche Lösungsansätze *de lege ferenda* (3. Teil: C) erläutert und auf ihre Tauglichkeit überprüft.

B. Rechtszustand *de lege lata*

Das auf einen Sachverhalt anwendbare Recht (Nationale Dimension) ist das Produkt eines zweistufigen Gedankengangs, welcher zunächst auf der Feststellung der internationalen Zuständigkeit der Gerichte eines Staates gründet (3. Teil: B. I) und sodann die Ermittlung des relevanten Kollisionsrechts (3. Teil: B. II) nach sich zieht (Internationale Dimension), an dessen Ende das materielle Sachrecht als Produkt steht. Beide Schritte werden gegenwärtig dadurch geprägt, dass die für den ehevertraglichen Kontext maßgeblichen in Kraft getretenen europäischen Verordnungen weder bedingungslos von allen

1064 Protokoll Nr. 21 über die Position des Vereinigten Königreichs und Irlands (zum Vertrag von Lissabon).

1065 Protokoll Nr. 22 über die Position Dänemarks (zum Vertrag von Lissabon).

1066 Callies/Ruffert-*Rossi*, EUV/AEUV, Art. 67 AEUV Rn. 12.

1067 Zur abstrakten Beschreibung siehe oben Einleitung: A. III. 1.

1068 Zur abstrakten Beschreibung siehe oben Einleitung: A. III. 2.

EU-Mitgliedstaaten akzeptiert wurden[1069] (territorialer Anwendungsbereich) noch in sachlicher Hinsicht vollumfängliche Regelungen bereitstellen (sachlicher Anwendungsbereich). Als Rechtsquelle kommen für den Vertrag daher sowohl internationale als auch – bei verbleibendem Anwendungsbereich – nationale Vorschriften in Betracht, abhängig davon, ob die jeweilige Verordnung aus der Perspektive des betreffenden Gerichts räumlich, sachlich und letztlich auch zeitlich anwendbar ist. Dies gilt nicht nur aus der Perspektive des Ursprungsmitgliedstaates (Erkenntnisverfahren), sondern auch aus derjenigen des Vollstreckungsmitgliedstaates (Anerkennung und Vollstreckung, 3. Teil: B. III).

Abb. 2: Rechtszustand de lege lata (internationaler Kontext).

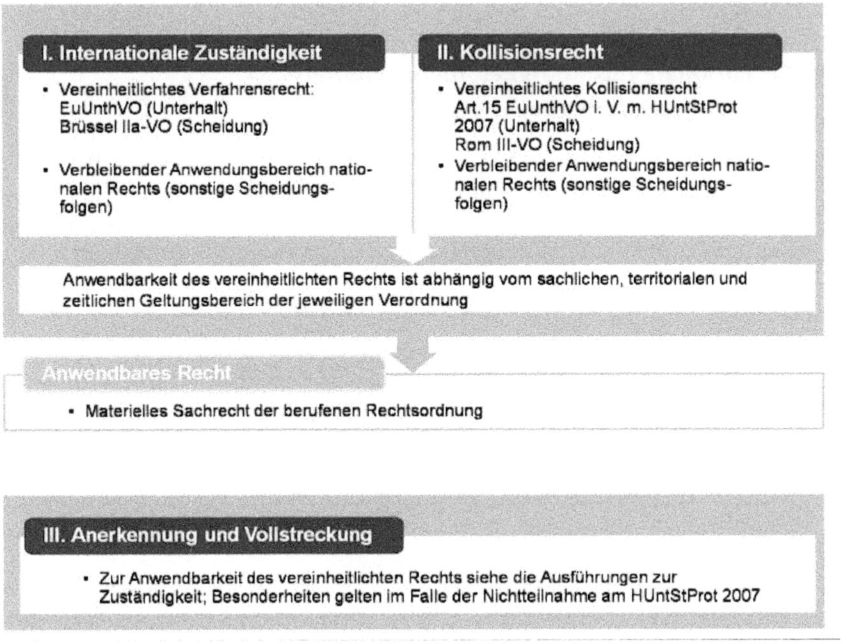

Die (teilweise noch in der Diskussion befindlichen) Verordnungen für das Scheidungsfolgenrecht gehen von einem auf mehreren Säulen differenzierenden Modell aus und sind bisher lediglich im Bereich des Unterhaltsrechts zur

1069 Das Vereinigte Königreich und Deutschland sollen im Folgenden beispielhaft zur perspektivischen Gegenüberstellung eines eingeschränkt teilnehmenden bzw. eines bedingungslos teilnehmenden Mitgliedstaates genutzt werden.

Umsetzung gelangt.[1070] Auch die Regelungen der Scheidungsfolgen in einem Ehevertrag müssen sich verordnungsautonom, also losgelöst vom konkret anwendbaren materiellen Recht, dieser Unterteilung nach den einzelnen Scheidungsfolgen unterwerfen, was vielfach zu erheblichen Abgrenzungs- und Zuordnungsschwierigkeiten sowie in der Folge zu zuständigkeitsrechtlicher und kollisionsrechtlicher Zersplitterung führen kann.

Darüber hinaus können im Falle einer Verbindung zwischen Scheidungs- und Scheidungsfolgeverfahren kraft Annexzuständigkeit oder akzessorischer Anknüpfung im Kollisionsrecht auch die für die Scheidung vereinheitlichten Regelungen maßgebliche Bedeutung gewinnen. Dies ist folglich immer dann der Fall, wenn keine Isolation der beiden Verfahren (Scheidung und Scheidungsfolgen) erfolgt.

I. Internationale Zuständigkeit im Scheidungs- und Scheidungsfolgenrecht

Im Bereich der internationalen Zuständigkeitsvorschriften für das Scheidungs- und Scheidungsfolgenrecht sind die in Kraft getretenen Verordnungen (Brüssel IIa-VO und EuUnthVO[1071] bzw. Brüssel I-VO a. F.[1072]) im Wesentlichen in allen Mitgliedstaaten,[1073] mit Ausnahme von Dänemark,[1074] gem. Art. 288 S. 2 AEUV

1070 *Dutta*, in: Scherpe (Hrsg.), Marital Agreements, 158 (186 f.).

1071 Verordnung (EG) Nr. 4/2009 des Rates vom 18. Dezember 2008 über die Zuständigkeit, das anwendbare Recht, die Anerkennung und Vollstreckung von Entscheidungen und die Zusammenarbeit in Unterhaltssachen.

1072 Verordnung (EG) Nr. 44/2001 des Rates vom 22. Dezember 2000 über die gerichtliche Zuständigkeit und die Anerkennung und Vollstreckung von Entscheidungen in Zivil- und Handelssachen. Diese ist nur noch zeitlich beschränkt auf Unterhaltssachen anwendbar, siehe unten 3. Teil: B. I. 1. a).

1073 Die Geltung in den Mitgliedstaaten sowie den dazugehörigen überseeischen Gebieten bestimmt sich nach Art. 52 EUV i. V. m. Art. 349, 355 AEUV. Siehe auch im Einzelnen Magnus/Mankowski-*Magnus/Mankowski*, Brussel IIbis Regulation, Intr. Rn. 37–68.

1074 An der Brüssel IIa-VO beteiligt sich Dänemark nicht, Erwägungsgrund 31 der Verordnung. Die inhaltliche Maßgeblichkeit der Brüssel I-VO für Dänemark ergibt sich aus Erwägungsgrund 8 der Brüssel I-VO und aus dem Abkommen mit der EG (Abkommen zwischen der Europäischen Gemeinschaft und dem Königreich Dänemark über die gerichtliche Zuständigkeit und die Anerkennung und Vollstreckung von Entscheidungen in Zivil- und Handelssachen, ABl. L 05, 299); für die Teilnahme an nachträglichen Änderungen der Verordnung muss eine gesonderte Zustimmung erteilt werden. Da insbesondere Art. 5 Nr. 2 Brüssel I-VO a. F. durch

unmittelbar anwendbar.[1075] Im Verhältnis zu Norwegen, Island und der Schweiz ist für Unterhaltssachen das Lugano-Übereinkommen 2007 („LugÜ 2007“)[1076] weiterhin zu berücksichtigen.[1077] Aus der englischen wie auch aus der deutschen Perspektive wird daher die Anwendbarkeit der nationalen Zuständigkeitsvorschriften insbesondere nach Maßgabe des sachlichen und zeitlichen Anwendungsbereiches der genannten Verordnungen beschnitten (3. Teil: B. I. 1. a) und b)). In den von der Harmonisierung des Rechts bisher ausgenommenen Bereichen, gemeint sind alle in Betracht kommenden Scheidungsfolgen (3. Teil: B. I. 1. c) mit Ausnahme des Unterhaltsrechts, kann hingegen kein Anwendungsvorrang begründet werden, sodass ein direkter Rückgriff auf das nationale Recht notwendig ist (3. Teil: B. I. 2).

1. Vereinheitlichtes Verfahrensrecht

a) Europäisches Unterhaltsrecht

Die internationale Zuständigkeit für unterhaltsrechliche Ansprüche, und damit auch für nacheheliche Unterhaltsansprüche anlässlich einer Scheidung, wurde ursprünglich über Art. 5 Nr. 2, 23 Brüssel I-VO a. F. erfasst. Seit dem 18.06.2011 ist eine selbstständige Verordnung für das Unterhaltsrecht anwendbar, welche die genannten Bestimmungen in ihrem sachlichen Anwendungsbereich, insbesondere auch diejenigen zur Regelung der internationalen Zuständigkeit, gem. Art. 68 Abs. 1, 75 Abs. 2 EuUnthVO verdrängt.[1078] Dies gilt jedenfalls für ab

---

die EuUnthVO ersetzt wurde und Dänemark einer Teilnahme an dieser Änderung zugestimmt hat, gelten für Dänemark alle Kapitel der EuUnthVO außer III (Anwendbares Recht) und VII (Zusammenarbeit der Zentralen Behörden), Thomas/Putzo-*Hüßtege*, ZPO, Vorbem. Art. 1 EuUntVO Rn. 3; Rauscher-*Andrae*, EuZPR/EuIPR, Art. 1 EG-UntVO Rn. 50; *Adolphsen*, Europäisches Zivilverfahrensrecht, S. 286 und Fn. 29.

1075 Irland und das Vereinigte Königreich haben jeweils von ihrem Opt-In Gebrauch gemacht, Erwägungsgrund 40 Brüssel I-VO, Erwägungsgrund 30 Brüssel IIa-VO bzw. Erwägungsgründe 46, 47 EuUnthVO.

1076 Übereinkommen über die gerichtliche Zuständigkeit und die Anerkennung und Vollstreckung von Entscheidungen in Zivil- und Handelssachen vom 30.10.2007.

1077 Hierzu weiterführend: *Andrae*, Internationales Familienrecht, § 3 Rn. 5, § 8 Rn. 33 ff., 76 ff. Von besonderer Bedeutung ist die Möglichkeit einer Gerichtsstandsvereinbarung nach Art. 23 LugÜ 2007 sowie die Annexzuständigkeit nach Art. 5 Nr. 2 LugÜ 2007.

1078 Rauscher-*Andrae*, EuZPR/EuIPR, Einl. EG-UntVO Rn. 2; *Andrae*, Internationales Familienrecht, § 8 Rn. 1.

diesem Tage rechtshängig gemachte Verfahren, Art. 75 Abs. 1 EuUnthVO.[1079] Im Zuge der Reform zur Brüssel I-VO wurde deshalb ein künftiger Ausschluss für Unterhaltssachen in Art. 1 Abs. 2 lit. e) Brüssel I-VO aufgenommen, der eine Streichung des Art. 5 Nr. 2 Brüssel I-VO a. F. sowie die Nichtanwendbarkeit des neuen Art. 25 Brüssel I-VO (ex-Artikel 23 Brüssel I-VO a. F.) bedingte.[1080]

Das Kapitel II der EuUnthVO enthält die für die internationale Zuständigkeit relevanten Vorschriften, die im nachfolgenden Abschnitt in Abhängigkeit von ihrer Relevanz im ehevertraglichen Kontext besprochen werden sollen. Neben der *internationalen* Zuständigkeit wird, anders als in der für das Scheidungsverfahren maßgeblichen Brüssel IIa-VO,[1081] grundsätzlich auch die *örtliche* Zuständigkeit[1082] geregelt (Doppelfunktionalität der Zuständigkeitsvorschrift).[1083] Die Verordnung hat insofern abschließenden Charakter und lässt in ihrem Anwendungsbereich einen Rückgriff auf nationale Zuständigkeitsvorschriften nicht zu.[1084] Ein hieraus resultierender Negativeffekt ist, dass eine im nationalen Recht vorgesehene *örtliche Verfahrenskonzentration* beim Gericht der Ehesache durch die bestehenden Wahlmöglichkeiten des Klägers nach Maßgabe der Regelungen

1079 Eine Besonderheit gilt für Verfahrenseinleitungen nach dem Stichtag, denen eine Gerichtsstandsvereinbarung zugrunde liegt, die noch nach Maßgabe des Art. 23 Brüssel I-VO a. F. wirksam geschlossen wurde, die aber gleichzeitig den Anforderungen des Art. 4 EuUnthVO nicht mehr genügt. In diesem Fall wird das Vertrauen der Parteien auf die Wirksamkeit der Vereinbarung geschützt, *Rauscher*, FamFR 2013, 25 (25 f.), mit Ausnahme im Falle des Eingreifens des Minderjährigenschutzes nach Art. 4 Abs. 3 EuUnthVO, Rauscher-*Andrae*, EuZPR/EuIPR, Art. 4 EG-UntVO Rn. 72.

1080 Erwägungsgrund 10 Brüssel I-VO.

1081 Siehe dazu unten 3. Teil: B. I. 1. b).

1082 Diese wird derzeit EU-widrig durch §§ 26, 28 AUG geregelt, Thomas/Putzo-*Hüßtege*, Art. 3 EuUntVO Anm.; inhaltlich begrüßend: Garbe/Ullrich-*Andrae*, Verfahren in Familiensachen, § 13 Rn. 151.

1083 *Adolphsen*, Europäisches Zivilverfahrensrecht, S. 278, 287. Ausnahmen bilden die Auffangzuständigkeit, die an die gemeinsame Staatsangehörigkeit anknüpft (Art. 6 EuUnthVO) sowie das *forum necessitatis* im Falle eines negativen Kompetenzkonfliktes (Art. 7 EuUnthVO), Rauscher-*Andrae*, EuZPR/EuIPR, Art. 6 EG-UntVO Rn. 10 sowie Art. 7 EG-UntVO Rn. 15.

1084 Rauscher-*Andrae*, EuZPR/EuIPR, Einl. EG-UntVO Rn. 23 sowie Art. 3 EG-UntVO Rn. 7; *Henrich*, Int. Scheidungsrecht, Rn. 116. Insofern deutlich die Formulierung in Erwägungsgrund 15 der EuUnthVO und der in den Zuständigkeitsvorschriften gewählten Formulierung „das Gericht". Darüber hinaus wird dort die Anwendbarkeit der Verordnung für den Fall bestätigt, dass sich der Antragsgegner in einem Drittstaat befindet.

der EuUnthVO,[1085] die sich gerade nicht auf die internationale Zuständigkeit beschränken, sondern auch für die örtliche Zuständigkeit Geltung beanspruchen, torpediert wird.[1086]

aa) Abgrenzung zu Güterrechtssachen

Da nicht nur *eine einzige* Verordnung zur Regelung sämtlicher Scheidungsfolgen existiert, sondern ein zwischen den einzelnen Scheidungsfolgen differenzierendes System im Aufbau ist, rückt die begriffliche Einordnung der Scheidungsfolgen deutlich in den Mittelpunkt. Denn nur, wenn eine saubere Abgrenzung der Begrifflichkeiten vorgenommen werden kann, ist auch der sachliche Anwendungsbereich der internationalen Verordnungen bzw. des verbleibenden nationalen Verfahrensrechts klar umrissen. Und genau an dieser Stelle bestehen Schwierigkeiten, weil die EuUnthVO keine Definition vorsieht und das von der Rechtsprechung entworfene Abgrenzungskriterium Unklarheiten mit sich bringt.

Für die Definition des Begriffs der „Unterhaltspflichten" in Art. 1 Abs. 1 EuUnthVO und damit für die Konturierung des sachlichen Anwendungsbereiches der Verordnung kann auf die Ausführungen in Bezug auf die Vorgängervorschriften der Brüssel I-VO,[1087] insbesondere auch auf die dazugehörige Rechtsprechung des EuGH,[1088] zurückgegriffen werden.[1089] Der Begriff ist von demjenigen des Ehegüterrechts abzugrenzen, auf den die EuUnthVO eben keine Anwendung findet. Die Bezeichnung oder die konkrete Einordnung im materiellen Sachrecht einer Rechtsordnung ist gerade nicht entscheidend,[1090] sondern

---

1085 Siehe dazu ausführlicher unten 3. Teil: B. I. 1. a) cc).

1086 Rauscher-*Andrae*, EuZPR/EuIPR, Art. 3 EG-UntVO Rn. 8 f. Es stellt sich die Frage, ob der Verordnungsgeber hiermit unnötigerweise gegen das Subsidiaritäts- und Verhältnismäßigkeitsprinzip aus Art. 5 EUV verstoßen hat, a. a. O., Einl. EG-UntVO Rn. 47.

1087 Rauscher-*Andrae*, EuZPR/EuIPR, Einl. EG-UntVO Rn. 44 f. Zum zeitlichen Anwendungsbereich (Brüssel I-VO oder EuUnthVO) siehe die einführenden Worte oben 3. Teil: B. I. 1. a).

1088 Zur Rechtsprechung des EuGH siehe insbesondere: EuGH, Rs. C-220/95 *van den Boogard/Laumen*, EuGHE 1997, I 1176; EuGH, Rs. C-120/79 *de Cavel/de Cavel*, EuGHE 1980, 732.

1089 Thomas/Putzo-*Hüßtege*, ZPO, Vorbem. Art. 1 EuEheVO Rn. 13b; *Gruber*, IPRax 2010, 128 (129 f.).

1090 EuGH, Rs. C-143/78 *de Cavel/de Cavel*, EuGHE 1979, 1056 Rn. 7.

es kommt auf die verordnungsautonome Bestimmung[1091] des weit[1092] auszulegenden Unterhaltsbegriffs an. Gesetzliche wie auch vertragliche Unterhaltsregelungen werden gleichermaßen erfasst.[1093]

Als Abgrenzungskriterium dient die *Funktion des Anspruchs.*[1094] Eine unterhaltsrechtliche Angelegenheit liegt regelmäßig dann vor, wenn sich die Anträge (Perspektive: Erkenntnisverfahren) bzw. der Inhalt der Entscheidung (Perspektive: Anerkennung und Vollstreckung) an der Bedürftigkeit des Berechtigten sowie an der Leistungsfähigkeit des Verpflichteten ausrichten.[1095] Dem Berechtigten soll mithilfe der Unterhaltsleistung die Möglichkeit gegeben werden, selbstständig seinen Lebensunterhalt zu bestreiten. Dafür werden die Mittel beider Ehegatten überprüft und zur Festsetzung der konkreten Unterhaltspflicht bewertet. Dient die Leistung hingegen lediglich der Güteraufteilung, so handelt es sich um einen güterrechtlichen Ausgleichsanspruch.

Die *Art der Leistung*[1096] kann hierbei nicht entscheidend sein. Denn die einmalige Gesamtleistung[1097] ist bspw. dazu geeignet, einzelfunktional nur einem Zweck (Unterhalt *oder* Güterausgleich) oder doppelfunktional sogar beiden Zwecken (Unterhalt *und* Güterausgleich) zu dienen. Ebenso lässt die periodische Einzelleistung nicht automatisch den Schluss auf eine reine Bedarfsdeckung zu. So würde verordnungsautonom ein dem englischen Recht entsprungener Antrag auf Financial Provision Orders tendenziell als Bedarfsdeckung und damit als Unterhalt, ein Antrag auf Property Adjustment Orders hingegen der Güteraufteilung und damit dem Güterrecht zugeschrieben werden;[1098] der flexiblen

---

1091 Siehe hierzu Erwägungsgrund 11 EuUnthVO.

1092 Garbe/Ullrich-*Andrae*, Verfahren in Familiensachen, § 13 Rn. 137; Rauscher-*Andrae*, EuZPR/EuIPR, Art. 1 EG-UntVO Rn. 22.

1093 Garbe/Ullrich-*Andrae*, Verfahren in Familiensachen, § 13 Rn. 137.

1094 EuGH, Rs. C-220/95 *van den Boogard/Laumen*, EuGHE 1997, I 1176 mit Anm. *Weller*, IPRax 1999, 14 (16 f.).

1095 EuGH, Rs. C-143/78 *de Cavel/de Cavel*, EuGHE 1979, 1056 Rn. 7; *Kropholler/von Hein*, EuZPR, Art. 5 EuGVO Rn. 57; *Hausmann*, IPRax 1990, 382 (387).

1096 Vgl. Thomas/Putzo-*Hüßtege*, ZPO, Vorbem. Art. 1 EuEheVO Rn. 13b; Rauscher-*Andrae*, EuZPR/EuIPR, Art. 1 EG-UntVO Rn. 23 ff.

1097 OLG Celle, FamRZ 2009, 359 (360).

1098 Vgl. BGH, NJW-RR 2010, 1; OLG Celle FamRZ 2009, 359: Einwand der doppelten Rechtshängigkeit, wenn dem Antrag auf Financial Provisions Orders in Form von Periodical Payments vor einem englischen Gericht eine Klage auf nachehelichen Unterhalt vor einem deutschen Gericht gegenübersteht.

Zweckbestimmung im englischen materiellen Sachrecht,[1099] die für den hiesigen Kontext gleichwohl nicht entscheidend ist, liefe dies zuwider.

Im Falle der Doppelfunktionalität ohne eindeutige Zuordnungsmöglichkeit ist die hauptsächliche Funktion der Leistung maßgeblich.[1100] Sobald der Antrag bzw. der Inhalt der Entscheidung als unterhaltsrechtlich qualifiziert wurde, ist der sachliche Anwendungsbereich der Verordnung eröffnet.

bb) Gerichtsstandsvereinbarung

Ist eine Gerichtsstandsvereinbarung getroffen worden, kommt vorrangig vor den gesetzlichen Gerichtsständen Art. 4 EuUnthVO zum Zuge, der zur Förderung von „Rechtssicherheit, Vorhersehbarkeit und Eigenständigkeit der Vertragsparteien"[1101] beitragen soll. Die Vereinbarung *kann* die internationale und die örtliche Zuständigkeit umfassen.[1102] Eine wirksame Vereinbarung hat im Grundsatz ausschließlichen Charakter (Art. 4 Abs. 1 S. 3 EuUnthVO) und derogiert die gesetzlichen Gerichtsstände.[1103] Für den Fall, dass die Derogation durch Wahl eines norwegischen, isländischen oder schweizerischen Gerichtsstandes (nichtmitgliedstaatliche Gerichte) erfolgt, ist Art. 23 LugÜ 2007 unter Berücksichtigung von Art. 4 Abs. 4 EuUnthVO ausschlaggebend.[1104] Ein Gericht eines Mitgliedstaates, das entgegen der Gerichtsstandsvereinbarung angerufen wird, muss sich gem. Art. 10 EuUnthVO von Amts wegen für unzuständig erklären.[1105] Die Gerichtsstandsvereinbarung schützt allerdings nicht davor, dass sich ein eigentlich unzuständiges Gericht fälschlicherweise für zuständig erklärt und

---

1099 Siehe oben 1. Teil: B. I. 1., die einleitenden Worte zu den einzelnen Verteilungsbefugnissen des Richters im englischen Recht.

1100 *Andrae*, Internationales Familienrecht, § 3 Rn. 9; Rauscher-*Andrae*, EuZPR/EuIPR, Art. 1 EG-UntVO Rn. 27.

1101 Erwägungsgrund 19 der EuUnthVO.

1102 Siehe hierzu ausführlich Rauscher-*Andrae*, EuZPR/EuIPR, Art. 4 EG-UntVO Rn. 10 f.

1103 Rauscher-*Andrae*, EuZPR/EuIPR, Art. 4 EG-UntVO Rn. 57. Die Vorschrift gilt entsprechend für die Derogation mitgliedstaatlicher Gerichte zugunsten eines Drittstaates, Garbe/Ullrich-*Andrae*, Verfahren in Familiensachen, § 13 Rn. 154; *Andrae*, Internationales Familienrecht, § 8 Rn. 65. Die Prorogation zugunsten der Gerichte eines Drittstaates richtet sich nach dem Recht des Wahlgerichtsstandes, was zu Folgeproblemen führen kann, siehe Rauscher-*Andrae*, EuZPR/ EuIPR, Art. 4 EG-UntVO Rn. 71.

1104 Rauscher-*Andrae*, EuZPR/EuIPR, Art. 4 EG-UntVO Rn. 59 ff. sowie Rn. 63 kritisch zum Verhältnis von EuUnthVO und LugÜ 2007; *Rauscher*, FamFR 2013, 25 (26).

1105 Rauscher-*Andrae*, EuZPR/EuIPR, Art. 4 EG-UntVO Rn. 58.

eine Rechtshängigkeitssperre (Art. 12 EuUnthVO i. V. m. Art. 9 EuUnthVO) für das später angerufene, aber eigentlich zuständige Gericht auslöst;[1106] die zeitliche Reihenfolge hat Priorität, Art. 12 Abs. 2 EuUnthVO.

Nicht nur Zulässigkeit und Wirkung der Gerichtsstandsvereinbarung, sondern auch deren Voraussetzungen und Form richten sich nach der EuUnthVO unter Ausschluss des nationalen Rechts.[1107] Soweit Übereinstimmungen vorhanden sind, können die Auslegungen, die im Hinblick auf die für Unterhaltssachen früher anwendbare Regelung des Art. 23 Brüssel I-VO a. F. entwickelt wurden, übertragen werden.[1108] Entgegen der früheren Regelung in Art. 23 Brüssel I-VO a. F., dessen liberale Haltung hinsichtlich der Vertragsfreiheit sich durch den weitläufigen und nur von wenigen Ausnahmen gekennzeichneten Anwendungsbereich für Zivil- und Handelssachen rechtfertigte, sieht Art. 4 EuUnthVO deutliche Einschränkungen vor.[1109] Diese Einschränkungen betreffen zum einen die strengeren Formerfordernisse in Abs. 2 sowie die gänzliche Unzulässigkeit einer Gerichtsstandsvereinbarung zum Schutz eines minderjährigen Unterhaltsberechtigten nach Abs. 3.[1110] Zum anderen wurden die Wahlgerichtsstände in Abs. 1 S. 1 auf solche Gerichtsstände beschränkt, die einen ausreichenden Bezug zur infrage stehenden Streitigkeit aufweisen. Hierzu zählen der gewöhnliche Aufenthaltsort einer Partei (lit. a)), die Staatsangehörigkeit bzw. das Domicile (Art. 2 Abs. 3 EuUnthVO)[1111] einer Partei (lit. b)), das für die Ehesache bereits zuständige Gericht (lit. c) i)) oder der letzte gemeinsame gewöhnliche Aufenthaltsort

---

1106 EuGH, Rs. C-116/02 *Gasser/MISAT*, EuGHE 2003, I 14721 Rn. 46 ff. mit Anm. *Grothe*, IPRax 2004, 205 (206); *Kropholler/von Hein*, EuZPR, Art. 27 EuGVO Rn. 19. Beachte aber auch die Veränderungen durch die Reform der Brüssel I-VO, die hier im ehevertraglichen Kontext ebenfalls angezeigt wären, 3. Teil: C. II. 2. b) bb).

1107 Rauscher-*Andrae*, EuZPR/EuIPR, Art. 4 EG-UntVO Rn. 4.

1108 Europäische Kommission, KOM (2006) 206, S. 3; Rauscher-*Andrae*, EuZPR/EuIPR, Art. 4 EG-UntVO Rn. 3.

1109 *Rauscher*, FamFR 2013, 25 (27).

1110 Europäische Kommission, KOM (2006) 206, S 3. Der Ausschluss beschränkt sich auf den Kindesunterhalt, nicht aber auf denjenigen Unterhalt, der dem Kind rein mittelbar über den betreuenden Ehegatten zugute kommt, Rauscher-*Andrae*, EuZPR/EuIPR, Art. 4 EG-UntVO Rn. 51.

1111 Trotz der Verwendung unterschiedlicher Begriffe, hier „Wohnsitz“, Art. 2 Abs. 3 EuUnthVO, statt „Domicile“, Art. 3 Abs. 2 Brüssel IIa-VO, ist von einem einheitlichen Verständnis auszugehen, Rauscher-*Andrae*, EuZPR/EuIPR, Art. 2 EG-UntVO Rn. 20 ff.

der Ehegatten, der für mindestens ein Jahr bestanden haben muss (lit. c) ii)).[1112] Die genannten Kriterien müssen entweder zum Zeitpunkt des Vertragsschlusses oder zum Zeitpunkt der Rechtshängigkeit nach Art. 12 EuUnthVO i. V. m. Art. 9 EuUnthVO vorliegen, Art. 4 Abs. 1 S. 2 EuUnthVO.

Auf den ersten Blick scheint eine Verbindung der internationalen Zuständigkeit zwischen ehescheidungs- und scheidungsfolgenrechtlichem Verfahren gem. Art. 4 lit. c) i) EuUnthVO eine sinnvolle Möglichkeit zu sein. Um sich diese Option tatsächlich zu Nutze machen zu können, bedürfte es jedoch eines Pendants zur Bestimmung des zuständigen Gerichts für die Ehescheidung in der Brüssel IIa-VO. Denn sonst würde zwar eine Zuständigkeitenkopplung der beiden Verfahren entstehen, nicht aber der Einfluss der Ehegatten auf die Wahl des zuständigen Gerichts gesichert. Die Einführung einer Vorschrift zur Gerichtsstandsvereinbarung war in Art. 3a Brüssel IIa-VO vorgesehen, welcher jedoch nie umgesetzt wurde.[1113] Damit sind grundsätzlich die konkurrierenden Gerichtsstände des Art. 3 Brüssel IIa-VO eröffnet, sodass für die Ehesache die Zuständigkeit der Gerichte mehrerer Mitgliedstaaten in Betracht kommen könnte. Von der Wahl des zuständigen Gerichts im Scheidungsverfahren hängt infolgedessen auch die Zuständigkeit des Gerichts für die Unterhaltssache ab. Erst mit Ausschluss der sonstigen potenziellen Gerichtsstände mithilfe der Rechtshängigkeitssperre in Art. 12 EuUnthVO i. V. m. Art. 9 EuUnthVO wird das zuständige Gericht für die Ehescheidung endgültig festgelegt. Vor Rechtshängigkeit der Scheidung fehlt es damit eigentlich an der für die Gerichtsstandsvereinbarung erforderlichen Bestimmtheit, weil die Zuständigkeit in der Unterhaltssache nicht die Zuständigkeit in der Scheidungssache präjudiziert.[1114] Um Art. 4 lit. c) i) EuUnthVO vor Rechtshängigkeit der Scheidung einen Anwendungsraum zu belassen, sollte einer rein *abstrakten Vereinbarung* in dem Sinne, dass ein in der Ehesache

1112 Aufgrund der ausdrücklichen Erwähnung der Ehegatten als potenzielle Parteien in lit. c) ist fraglich, ob lit. c) im Verhältnis zu lit. a) und b) für Ehegatten eine zusätzliche oder die einzige Wahlmöglichkeit hinsichtlich des Gerichtstandes darstellt. Mit *Andrae*, Rauscher-*ders.*, EuZPR/EuIPR, Art. 4 EG-UntVO Rn. 40 ff., ist davon auszugehen, dass ein Beschränkungswille in der Verordnung eindeutig Ausdruck hätte finden müssen und vom Sinn und Zweck eine Reduktion der Wahlmöglichkeiten für den relevantesten Kontext, den des Unterhalts zwischen Ehegatten, nicht begründet werden kann. So auch *Gruber*, IPRax 2010, 128 (133); *Rauscher*, FamFR, 25 (28).

1113 Europäische Kommission, KOM (2006) 399 endg., S. 9; BT-Drucks. 16/2784, S. 15.

1114 Art. 4 lit. c) i) EuUnthVO habe vor Rechtshängigkeit der Scheidung derzeit keinen Anwendungsraum: Rauscher-*Andrae*, EuZPR/EuIPR, Art. 4 EG-UntVO Rn. 45.

zukünftig angerufenes Gericht gleichsam für die Unterhaltssache zuständig sein solle, jedenfalls die Bestimmbarkeit im Zeitpunkt der Rechtshängigkeit der Unterhaltssache zugesprochen werden.[1115] Hierdurch wäre vor Rechtshängigkeit der Scheidung zumindest eine Verbindung von Scheidungs- und Scheidungsfolgeverfahren gewährleistet, wenn auch gleichsam eine konkrete Bestimmung des Gerichts eines Mitgliedstaates ohne Art. 3a Brüssel IIa-VO weiterhin nicht möglich wäre. Bestimmtheit lässt sich gegenwärtig nur in einem vorgerückten Stadium für den Fall erzielen, dass die Unterhaltssache mit der Ehesache während der Rechtshängigkeit der Ehesache oder nach Rechtskraft der Ehescheidung rechtshängig gemacht wird.[1116] Damit ist Art. 4 lit. c) i) EuUnthVO bereits unter zeitlichen Aspekten der zweckmäßigsten Verwendung entzogen, und zwar im Rahmen eines Ehevertrages bei Eheschließung: Eine Kopplung, bei dem das erste Glied in der Zuständigkeitenkette (Ehesache) nicht *ex ante* bestimmt werden kann, welches jedoch das zweite Glied (Unterhaltssache) in der Kette determiniert, ist für Ehegatten nur wenig gewinnbringend.

Im Regelfall wird die Gerichtsstandsvereinbarung Teil eines Ehevertrages (Hauptvertrag) sein, der nicht nur Regelungen zum Unterhalt, sondern auch zu sonstigen Scheidungsfolgen enthält. Durch Auslegung muss sodann ermittelt werden, auf welche Scheidungsfolgen des Hauptvertrages sich die Gerichtsstandsvereinbarung bezieht. Die Zulässigkeit und Wirksamkeit der Gerichtsstandsvereinbarung ergibt sich nur für den Unterhalt aus Art. 4 EuUnthVO und für die sonstigen Scheidungsfolgen mangels vorrangiger internationaler Regelungen aus dem nationalen Recht. Ergibt die Auslegung, dass die Gerichtsstandsvereinbarung für alle Scheidungsfolgen gelten soll, und divergieren die Anforderungen an diese Vereinbarung im internationalen und nationalen Recht, kann es zu einer Zersplitterung kommen; infolgedessen ist die Gerichtsstandsvereinbarung im Hinblick auf die eine Scheidungsfolge wirksam, jedoch im Hinblick auf die andere Scheidungsfolge unwirksam.[1117] Ob eine Teilwirksamkeit der Gerichtsstandsvereinbarung erwünscht ist, muss aus dem (mutmaßlichen)

1115 In diesem Sinne bereits *Rauscher*, FamFR 2013, 25 (28), der Bestimmbarkeit genügen lassen will und auf diese Weise einen – im Ehevertragskontext leider nur bedingt hilfreichen – Anwendungsraum für Art. 4 lit. c) i) EuUnthVO vor Rechtshängigkeit der Scheidung eröffnet sieht.

1116 Rauscher-*Andrae*, EuZPR/EuIPR, Art. 4 EG-UntVO Rn. 46.

1117 Garbe/Ulrich-*Andrae*, Verfahren in Familiensachen, § 13 Rn. 156; Beispiel bei Rauscher-*Andrae*, EuZPR/EuIPR, Art. 4 EG-UntVO Rn. 24: Gerichtsstandsvereinbarung bezüglich des Unterhalts möglich nach Art. 4 EuUnthVO, jedoch bezüglich des Güterrechts im deutschen Verfahrensrecht nach § 38 Abs. 3 ZPO und bezüglich

Willen der Parteien ermittelt werden. Dies ist dann zu negieren, wenn der materiell-rechtliche Regelungskomplex der Scheidungsfolgen (Hauptvertrag) dermaßen verflochten und daher untrennbar ist, dass die eine Vereinbarung nur gelten soll, wenn auch die andere gilt; dementsprechend soll eine Teilwirksamkeit der Gerichtsstandsvereinbarung keine Geltung beanspruchen, wenn bei *vollständiger Unwirksamkeit* ein für alle Scheidungsfolgen gemeinsamer inländischer Gerichtsstand bestünde, *bei Teilwirksamkeit* jedoch eine Aufteilung der Gerichtsstände erfolgte.[1118] Der Einheitlichkeit des Gerichtsstandes für die Scheidungsfolgen wird in diesem Falle Vorrang vor der Parteiautonomie gewährt. In letzter Konsequenz hat die fehlende Möglichkeit zum Abschluss oder die überhöhten nationalen Anforderungen an den Abschluss einer Gerichtsstandsvereinbarung für die sonstigen Scheidungsfolgen damit das Potenzial, die Unwirksamkeit der nach Art. 4 EuUnthVO zulässigen Gerichtsstandsvereinbarung für den Unterhalt zu besiegeln.

cc) Gesetzliche Gerichtsstände

Erst wenn keine wirksame Gerichtsstandsvereinbarung existiert, kann auf die allgemeine Vorschrift des Art. 3 EuUnthVO zurückgegriffen werden. Hiernach kann das Gericht am gewöhnlichen Aufenthaltsort des Beklagten (lit. a)) oder des Unterhaltsberechtigten (lit. b)) sowie als Annexkompetenz dasjenige Gericht in der Sache zuständig sein, das bereits für ein Verfahren in Bezug auf den Personenstand (lit. c)) zuständig war. Die Gerichtsstände stehen in keinem Rangverhältnis zueinander, sondern gelten vielmehr alternativ;[1119] Wahlmöglichkeiten begünstigen an dieser Stelle das Forum Shopping.[1120]

Besondere Bedeutung kommt Art. 3 lit. c) EuUnthVO zu ebenso wie Art. 5 Nr. 2 LugÜ 2007, der eine Annexzuständigkeit für Unterhaltsentscheidungen als Nebensache vorsieht, sofern bereits in der Hauptsache ein Verfahren hinsichtlich des Personenstandes rechtshängig ist. Personenstandssachen sind Ehesachen, folglich auch Scheidungsverfahren.[1121] Die internationale Zuständigkeit für das Scheidungsverfahren ergibt sich vornehmlich aus der Brüssel IIa-VO, und nur, wenn Art. 7 Brüssel IIa-VO es ausnahmsweise erlaubt, bleibt Raum für die

---

des Versorgungsausgleichs gänzlich unzulässig; zur Rechtszersplitterung: *Martiny*, FPR 2008, 187 (192).

1118 Rauscher-*Andrae*, EuZPR/EuIPR, Art. 4 EG-UntVO Rn. 25.

1119 *Adolphsen*, Europäisches Zivilverfahrensrecht, S. 287.

1120 Rauscher-*Andrae*, EuZPR/EuIPR, Art. 3 EG-UntVO Rn. 5 f.

1121 Rauscher-*Andrae*, EuZPR/EuIPR, Art. 3 EG-UntVO Rn. 46.

Anwendung nationaler Zuständigkeitsvorschriften.[1122] Die Unterhaltssache als Anhängsel der Ehesache zu behandeln, erzielt den positiven Effekt einer Verfahrenskonzentration.[1123] Voraussetzung hierfür ist, dass nach nationalem Recht[1124] über den Unterhalt als Nebensache zu einer Personenstandssache entschieden werden kann.[1125] Wird dies bejaht, stellt Art. 3 lit. c) EuUnthVO für Ehegatten einen gegenüber lit. a) und b) zusätzlichen,[1126] wenngleich auch nicht prioritären[1127] Gerichtsstand bereit. Als Einschränkung gilt lediglich, dass sich die internationale Zuständigkeit im Statusverfahren *nicht allein* auf die Staatsangehörigkeit *einer* der Parteien stützen darf. Unschädlich ist es daher, wenn sich die Zuständigkeit auf die Staatsangehörigkeit *beider* Parteien oder auf die Staatsangehörigkeit einer Partei in Kombination mit einem *zusätzlichen* Merkmal stützt, z. B. dem gewöhnlichen Aufenthaltsort.[1128]

Der Zeitpunkt der Rechtshängigkeit, der sich nach Art. 9 EuUnthVO bestimmt, ist insbesondere bei Anrufung der Gerichte mehrerer Mitgliedstaaten maßgeblich. Der Grundsatz der zeitlichen Priorität, Art. 12 EuUnthVO, streitet für die Zuständigkeit des zuerst angerufenen und für die von Amts wegen zu erklärende Aussetzung (Abs. 1) bzw. Unzuständigkeit (Abs. 2) des später angerufenen Gerichts. Dies kann zu einem besonders frühen Zeitpunkt relevant werden, wenn ein Gericht nicht nur für das Scheidungsverfahren auf der Grundlage der Brüssel IIa-VO, sondern infolge der Annexkompetenz nach Art. 3 lit. c) EuUnthVO auch für die Unterhaltssache angerufen wird.

b) Annexzuständigkeit als Schnittstelle zum internationalen Scheidungsrecht

Für scheidungsfolgenrechtliche Verfahren wird das internationale Scheidungsrecht, wie im vorherigen Abschnitt festgestellt, an zwei Punkten entscheidend: Zum einen kann eine Gerichtsstandsvereinbarung einen Verbindung der beiden Verfahren bewirken (Art. 4 Abs. 1 lit. c) EuUnthVO) und zum anderen kann,

---

1122 Rauscher-*Andrae*, EuZPR/EuIPR, Art. 3 EG-UntVO Rn. 47.

1123 Rauscher-*Andrae*, EuZPR/EuIPR, Art. 3 EG-UntVO Rn. 3.

1124 Dies ergibt sich für den nachehelichen Unterhalt im deutschen Recht aus § 232 FamFG; für das englische Recht siehe unten 3. Teil: B. I. 2. a).

1125 Rauscher-*Andrae*, EuZPR/EuIPR, Art. 3 EG-UntVO Rn. 50. Nach nationalem Recht richtet sich auch der Zeitraum zwischen Haupt- und Nebensache, in dem eine Annexzuständigkeit begründet werden kann.

1126 Rauscher-*Andrae*, EuZPR/EuIPR, Art. 3 EG-UntVO Rn. 4.

1127 Rauscher-*Andrae*, EuZPR/EuIPR, Art. 3 EG-UntVO Rn. 11.

1128 Rauscher-*Andrae*, EuZPR/EuIPR, Art. 3 EG-UntVO Rn. 48.

sofern ein Scheidungsverfahren bereits rechtshängig ist, eine Annexkompetenz für das nachgelagerte Verfahren bestehen (Art. 3 lit. c) EuUnthVO). Das Ergebnis ist in beiden Fällen, dass das Gericht eines Mitgliedstaates für zwei Verfahren zuständig ist. Insofern hat es als erstes Glied in einer Zuständigkeitenkette nicht nur Einfluss auf das Scheidungsverfahren selbst, sondern auch auf das Folgeverfahren. Der Wahl des für die Scheidung zuständigen Gerichts sowie der frühzeitigen Einleitung der Rechtshängigkeit der Unterhaltssache bei eben diesem Gericht kann auf diese Weise eine Schlüsselfunktion zuteilwerden.

Die für das internationale Scheidungsrecht maßgebliche Brüssel IIa-VO beschränkt sich in ihrem sachlichen Anwendungsbereich auf die Regelung der *internationalen* Zuständigkeit.[1129] Ist ihr Anwendungsbereich eröffnet, verdrängt sie als vorrangiger Rechtsakt solche Regelungen auf nationaler Ebene und erlaubt einen Rückgriff auf die nationalen Regelungen ausnahmsweise nur im Falle des Art. 7 Brüssel IIa-VO.[1130] Die Regelung der örtlichen Zuständigkeit überlässt die Verordnung hingegen stets der *lex fori*.[1131]

Die Verordnung sieht keine vorrangig zu beachtende Gerichtsstandsvereinbarung und auch keine rügelose Einlassung vor.[1132] Damit ist sogleich auf die in Art. 3 Brüssel IIa-VO allgemeinen Vorschriften zurückzugreifen, die, wie schon zuvor die allgemeinen Zuständigkeitsvorschriften der EuUnthVO, in keinem

---

1129 Zum zeitlichen Anwendungsbereich ab dem 01.03.2005 gem. Art. 72 Brüssel IIa-VO siehe Thomas/Putzo-*Hüßtege*, ZPO, Vorbem. Art. 1 EuEheVO Rn. 3.

1130 Rauscher-*Rauscher*, EuZPR/EuIPR, Einl. Brüssel IIa-VO Rn. 13 f. Der EuGH hat sich in einer Entscheidung, Rs. C-68/07 *Sundelind Lopez/Lopez Lizazo*, EuGHE 2007, I 10405 Rn. 16ff., mit der Auslegung der Art. 6, 7 Brüssel IIa-VO beschäftigt und das Verhältnis zwischen internationalen und nationalen Zuständigkeitsvorschriften geklärt. Ergebnis dieser Auslegung ist, dass ein Rückgriff auf die *lex fori* immer dann versperrt ist, wenn sich aus den Art. 3–5 Brüssel IIa-VO eine Zuständigkeit ergibt. Dies gilt selbst dann, wenn die Voraussetzungen des Art. 6 Brüssel IIa-VO *nicht* erfüllt sind und es damit eigentlich an einer Ausschließlichkeitsanordnung kraft Rechtsfolge zugunsten der Art. 3–5 Brüssel IIa-VO fehlt, hierzu kritisch Rauscher-*Rauscher*, EuZPR/EuIPR, Art. 6 Brüssel IIa-VO Rn. 6 ff. m. w. N. Für den Fall, dass eine Zuständigkeit nach Art. 3–5 Brüssel IIa-VO *nicht* gegeben ist, muss die Auslegung des EuGH konsequent dahingehend fortgeführt werden, dass Art. 6 Brüssel IIa-VO nicht greift und Art. 7 Brüssel IIa-VO den Rückgriff auf die *lex fori* erlaubt, Rauscher-*Rauscher*, EuZPR/EuIPR, Art. 6 Brüssel IIa-VO Rn. 12 ff.

1131 Rauscher-*Rauscher*, EuZPR/EuIPR, Einl. Brüssel IIa-VO Rn. 30 bzw. Art. 3 Brüssel IIa-VO Rn. 18.

1132 Rauscher-*Rauscher*, EuZPR/EuIPR, Art. 3 Brüssel IIa-VO Rn. 2; *Adolphsen*, Europäisches Zivilverfahrensrecht, S. 280.

Rangverhältnis zueinander stehen. Es sind regelmäßig diejenigen Gerichte des Mitgliedstaates zuständig, in dem beide Ehegatten ihren gewöhnlichen Aufenthalt haben (Abs. 1 lit. a) Str. 1 bzw. im Falle des gemeinsamen Antrages nur ein Ehegatte, Abs. 1 lit. a) Str. 4) oder zuletzt hatten (Abs. 1 lit. a) Str. 2) oder dessen Staatsangehörigkeit beide Ehegatten haben (Abs. 1 lit. b)). Auch der gewöhnliche Aufenthaltsort des Antrags*gegners* kann gewählt werden (Abs. 1 lit. a) Str. 3, sog. *forum rei*). Daneben besteht außerdem die Möglichkeit, dass der scheidungswillige Antrag*steller* die Klage an seinem gewöhnlichen Aufenthaltsort begründet (Art. 3 Abs. 1. lit. a) Str. 5 oder 6 Brüssel IIa-VO, sog. *forum actoris*). Erforderlich ist dann, dass sich der gewöhnliche Aufenthaltsort seit einem Jahr (Str. 5) bzw. im Falle der Staatsangehörigkeit des Antragstellers in Bezug zum Mitgliedstaat des angerufenen Gerichts seit sechs Monaten (Str. 6) dort befindet. Das Merkmal der Staatsangehörigkeit wird im Falle des Vereinigten Königreichs oder Irland durch den Begriff des „Domiciles" substituiert (Art. 3 Abs. 1 lit. a) Str. 6 und lit. b) Brüssel IIa-VO), der sich gem. Art. 3 Abs. 2 Brüssel IIa-VO nach dem jeweiligen nationalen Recht bestimmt. Werden die Gerichte mehrerer Mitgliedstaaten angerufen, so gilt auch hier das Prioritätsprinzip, Art. 19 Brüssel IIa-VO i. V. m. Art. 16 Brüssel IIa-VO. Sind zusätzlich die Voraussetzungen des Art. 6 Brüssel IIa-VO erfüllt, so stellt diese Regelung klar, dass es sich bei Art. 3 um eine ausschließliche Zuständigkeit handelt, die letztendlich durch Art. 17 Brüssel IIa-VO geschützt wird.[1133]

Für den Antragsteller bietet eine Verlegung des gewöhnlichen Aufenthaltsortes (*forum actoris*) für das Scheidungsverfahren die Möglichkeit, exzessives Forum Shopping mit schwerwiegenden Folgen auch für das Folgeverfahren zu betreiben.[1134] Einzig hinderlich ist für ihn das Zeitmoment, welches die Begründung der Zuständigkeit für das Hauptverfahren an eine Mindestdauer von einem Jahr (Str. 5) bzw. sechs Monaten (Str. 6) knüpft. Gerade im Hinblick auf das Vereinigte Königreich und Irland wird auch die kürzere Frist von sechs Monaten in Betracht kommen können, weil in deren Zusammenhang das zusätzliche Merkmal der Staatsangehörigkeit durch den Begriff des Domiciles[1135] substituiert wird

---

1133 Rauscher-*Rauscher*, EuZPR/EuIPR, Art. 6 Brüssel IIa-VO Rn. 5. Zur erweiternden Auslegung siehe oben Fn. 1130.

1134 So bereits im Hinblick auf das Scheidungsverfahren, ohne jedoch auf die Folgen für das Scheidungsfolgeverfahren einzugehen *Rieck*, FPR 2007, 251 (253); *Hau*, FamRZ 2000, 1333 (1334); insofern umfassender Rauscher-*Rauscher*, EuZPR/EuIPR, Art. 3 Brüssel IIa-VO Rn. 15 sowie Art. 6 EG-UntVO Rn. 6.

1135 Zum Begriff des angelsächsischen Domiciles, insbesondere auch zur Differenzierung zwischen „Domicile of Origin" und „Domicile of Choice", siehe Rauscher-

und damit eine Begründung eines Domiciles of Choice durch Wohnsitzverlegung und Bleibeabsicht auf unbestimmte Zeit (voluntatives Element) jedenfalls eine denkbare Option wäre. Im Unterschied zum gewöhnlichen Aufenthalt, der auch vorübergehende, auf bestimmte Zeit geplante Aufenthalte erfasst, ist für das Domicile of Choice „Ewigkeitswille" erforderlich.[1136] Mit Rechtshängigkeit des Scheidungsverfahrens nach Ablauf dieser Mindestdauer kann sodann gleichermaßen die Annexkompetenz für die Unterhaltssache nach Art. 3 lit. c) EuUnthVO instrumentalisiert werden.

Damit lädt nicht nur die EuUnthVO allein, sondern auch vor allem die Brüssel IIa-VO zum Forum Shopping ein: Hat man die internationale Zuständigkeit der englischen Gerichte im *Scheidungs*verfahren begründet, so wird der im Falle des englischen Rechts durch die *lex fori*-Regelung bedingte unmittelbare Zugriff auf das Scheidungsrecht sowie das begehrte materielle Recht im Scheidungsfolgeverfahren eröffnet. Wer das Rennen zum Scheidungsgericht verliert, riskiert damit häufig gleichzeitig den Verlust des Rennens zum Scheidungsfolgengericht und damit gegebenenfalls auch einen materiell-rechtlichen Effektivitätsverlust des aufwändig ausgehandelten Ehevertrages. Die Möglichkeit, ein separates Verfahren zum Scheidungsfolgenrecht einzuleiten, bestünde nur, wenn sich der Gewinner des Rennens auf das Scheidungsverfahren beschränkte – was unwahrscheinlich ist, weil er es gerade aus Gründen der Scheidungsfolgen betreibt.

c) Keine Vereinheitlichung im Bereich der sonstigen Scheidungsfolgen

Auf europäischer Ebene erschöpfen sich die Regeln zur internationalen Zuständigkeit nach gegenwärtigem Stand in den bisher vorgestellten Rechtsakten, sodass sich die internationale Zuständigkeit für alle anderen Scheidungsfolgen neben dem Unterhalt weiterhin aus dem nationalen Recht ergeben muss.[1137] Die Brüssel IIa-VO beschränkt sich laut deren Art. 1 Abs. 1 lit. a) auf das Scheidungsverfahren an sich und nimmt sämtliche Scheidungsfolgen aus ihrem Anwendungsbereich heraus.[1138] Auch Art. 1 Abs. 1 EuUnthVO erklärt eindeutig, dass der Anwendungsbereich der Verordnung auf Unterhaltsansprüche begrenzt ist.

Andrae, EuZPR/EuIPR, Art. 3 EG-UntVO Rn. 63; Staudinger-*Mankowski*, BGB, Vorbem. zu Art. 13–17b EGBGB Rn. 20 ff.

1136 Rauscher-*Rauscher*, EuZPR/EuIPR, Art. 3 Brüssel IIa-VO Rn. 24.

1137 *Henrich*, Int. Scheidungsrecht, Rn. 257 (zum Güterrecht) bzw. Rn. 279 (zum Versorgungsausgleich).

1138 Für den Unterhalt siehe den ausdrücklichen Ausschluss in Art. 1 Abs. 3 lit. e) Brüssel IIa-VO; für alle anderen Scheidungsfolgen siehe Erwägungsgrund 8 der Brüssel IIa-VO.

Weitere Versuche, die Regelungen in Art. 7 Nr. 1 lit. a) Brüssel I-VO oder Art. 25 Brüssel I-VO bzw. die im Haager Prorogationsübereinkommen vom 30.06.2005 vorgesehene Prorogationsmöglichkeit gerade für die sonstigen Scheidungsfolgen fruchtbar zu machen, scheitern ebenfalls. Art. 2 Abs. 1 lit. a) des Prorogationsübereinkommens erklärt einen unmissverständlichen Ausschluss für sämtliche Familienangelegenheiten. Art. 1 Abs. 2 lit. a) Brüssel I-VO stellt dies ebenso für das Recht der ehelichen Güterstände klar.[1139] Der Ausschluss umfasst nicht nur das Güterrecht an sich, sondern auch alle „vermögensrechtlichen Beziehungen, die sich unmittelbar aus der Ehe oder deren Auflösung ergeben, oder (…) in engem Zusammenhang mit solchen Fragen und Beziehungen [stehen]."[1140] Hievon erfasst ist aus deutscher Perspektive[1141] – freilich verordnungsautonom und beispielhaft als Stellvertreter für andere ebenso zwischen den Scheidungsfolgen differenzierende Systeme herangezogen – auch der Versorgungsausgleich, die Verteilung der Haushaltsgegenstände und die Zuweisung der Ehewohnung (sonstige ehevermögensrechtliche Ansprüche). Lediglich solche vermögensrechtlichen Angelegenheiten, die keine besondere familienrechtliche Prägung haben, d. h. die unabhängig von der Ehe auch zwischen unverbundenen Parteien geltend gemacht werden könnten, fallen überhaupt noch in den sachlichen Anwendungsbereich der Brüssel I-VO.[1142]

Dieser Begriff des Art. 1 Abs. 2 lit. a) Brüssel I-VO scheint auch dem Vorschlag der Kommission für eine Verordnung für das Güterrecht („EheGüterVO-E")[1143]

1139 Unterhaltsstreitigkeiten fielen – wie sich später aus Art. 5 Nr. 2 Brüssel I-VO a. F. (ex-Artikel 5 Nr. 2 EuGVÜ) ergab – gerade nicht unter den Ausschlusstatbestand, vgl. BGH FamRZ 1980, 672; OLG Frankfurt, IPRax 1981, 136; Geimer/Schütze-*Geimer*, EuZVR, Art. 1 A. 1 Rn. 93. Der Ausschluss ergibt sich nun direkt aus Art. 1 Abs. 2 lit. e) Brüssel I-VO.

1140 EuGH, NJW 1979, 1100; siehe hierzu auch: *Scherpe* [2010] Fam Law, 385 (386); *Weller*, IPRax 1999, 14 (15 f.); *Hausmann*, FamRZ 1980, 418 (422 ff.). Der Ausschlusstatbestand wurde zunächst weiter, den Unterhalt partiell inkludierend (EuGH, Rs. C-143/78 *de Cavel/de Cavel*, EuGHE 1979, 1056), später jedoch dem weiten Unterhaltstatbestand entsprechend restriktiv ausgelegt (EuGH, Rs. C-120/79 *de Cavel/de Cavel*, EuGHE 1980, 732).

1141 *Andrae*, Internationales Familienrecht, § 3 Rn. 10 f. m. w. N.; Garbe/Ullrich-*Andrae*, Verfahren in Familiensachen, § 13 Rn. 257; *Hausmann*, FamRZ 1980, 418 (423 f.).

1142 Hierzu ausführlich und auch kritisch: *Andrae*, Internationales Familienrecht, § 3 Rn. 14 ff.; *Hausmann*, FamRZ 1980, 418 (423 f.)

1143 Vorschlag der Kommission für eine „Verordnung des Rates über die Zuständigkeit, das anzuwendende Recht, die Anerkennung und die Vollstreckung von Entscheidungen im Bereich des Ehegüterrechts", KOM (2011) 126/2 endg.

zugrunde zu liegen, wenn unter dem ehelichen Güterstand in Art. 2 lit. a) EheGüterVO-E „sämtliche vermögensrechtlichen Regelungen, die im Verhältnis der Ehegatten untereinander sowie zwischen ihnen und Dritten gelten" als erfasst gelten sollen. Der Ausschlusstatbestand in Art. 1 Abs. 3 EheGüterVO-E soll erschöpfend sein.[1144] Nicht geplant ist damit ein enger Begriff, der sich rein auf das Güterrecht beschränkt[1145] und im Falle des Inkrafttretens der Verordnung eine Kohärenz zur in der Brüssel I-VO bzw. in der EuUnthVO[1146] vertretenen Abgrenzungslinie zwischen Unterhalts- und Güterrechtssachen vermissen lassen würde.[1147]

Die EheGüterVO-E wurde am 16.03.2011 veröffentlicht und bisher noch nicht offiziell verabschiedet. Die Verordnung sieht in Art. 4 EheGüterVO-E eine Zuständigkeitenbündelung kraft Gerichtsstandsvereinbarung zugunsten des Ehegerichts vor, welcher vergleichbar zu Art. 4 lit. c) i) EuUnthVO aufgrund fehlender Bestimmtheit bzw. Bestimmbarkeit des zuständigen Scheidungsgerichts einen vermutlich ebenso geringen Anwendungsbereich haben wird.[1148] Darüber hinaus würde Art. 5 Abs. 2 EheGüterVO-E eine Gerichtsstandsvereinbarung bereithalten, bei der sich die Zuständigkeit aus dem nach Art. 16, 18 EheGüterVO-E gewählten anwendbaren Recht ergibt. Im Übrigen erfolgt ein Rückgriff auf Art. 5 Abs. 1 EheGüterVO-E, der teilweise kongruent zu Art. 3 Abs. 1 lit. a)-c) EuUnthVO verläuft, sich aber insbesondere durch eine hierarchische Gliederung von den unterhaltsrechtlichen Vorschriften abhebt.[1149] Eine Nichtteilnahme des Vereinigten Königreichs und Irlands sowie Dänemarks steht wohl fest.[1150]

1144 Europäische Kommission, KOM (2011) 126/2 endg., S. 6.

1145 Die Vorzüge einer engen, auf rein güterrechtliche Fragen abgestimmten Begriffswahl unter sachlichen Aspekten nicht in Abrede stellend: *Andrae*, FPR 2010, 505 (509); weiterführend zum Begriff: *Martiny*, IPRax 2011, 437 (443 ff.); *Wagner*, FamRZ 2009, 269 (278) m. w. N.

1146 Zur Übertragbarkeit der Abgrenzungskriterien von der Brüssel I-VO auf die speziellen familienrechtlichen Verordnungen: Garbe/Ullrich-*Andrae*, Verfahren in Familiensachen, § 13 Rn. 138; Rauscher-*Andrae*, EuZPR/EuIPR, Einl. EG-UntVO Rn. 44 f. Siehe dazu auch bereits die Ausführungen oben im unterhaltsrechlichen Kontext 3. Teil: B. I. 1. a) aa).

1147 *Andrae*, Internationales Familienrecht, § 3 Rn. 2, 5 f.: Dies ergibt sich aus dem Regelungskomplex der EheGüterVO-E sowie aus der dazugehörigen Begründung, Europäische Kommission, KOM (2011) 126/2 endg., S. 6.

1148 Siehe oben 3. Teil: B. I. 1. a) bb).

1149 *Hau*, in: FS für Simotta, 215 (223).

1150 Siehe hierzu die Erwägungsgründe 33 und 34 EheGüterVO-E sowie die Aussage des Rates der Europäischen Union in der Pressemitteilung vom 06./07.12.2012,

Die ab dem 17.08.2015 zu beachtende EuErbVO[1151] nimmt das Güterrecht, rekurrierend auf Art. 1 Abs. 2 lit. d) EuErbVO einschließlich des dazugehörigen Erwägungsgrundes 12, ausdrücklich aus seinem Anwendungsbereich heraus. Vielmehr ergibt sich im Falle der *Rechtsnachfolge von Todes wegen* eine obligatorische Zuständigkeitenbündelung für alle güterrechtlichen Fragen aus Art. 3 EheGüterVO-E.

Damit ist *nach aktuellem Gesetzgebungsstand* für die sonstigen Scheidungsfolgen die internationale Zuständigkeit dem nationalen Recht zu entnehmen.[1152]

2. Verbleibender Anwendungsbereich des nationalen Verfahrensrechts

Die Untersuchung des internationalen Zuständigkeitenrechts *de lege lata* hat gezeigt, dass auf das nationale Recht teilweise noch zurückgegriffen werden muss, sei es, weil keine vorrangig anwendbare Verordnung existiert[1153] (alle sonstigen Scheidungsfolgen neben dem Unterhalt) oder ein subsidiärer Rückgriff auf das nationale Recht erlaubt ist.[1154] Dem nationalen Verfahrensrecht kommt daher weiterhin Bedeutung zu, sodass zur Folgenabschätzung dessen Regelungen kurz in den folgenden Abschnitten zu erörtern sind.

a) Internationale Zuständigkeit aus englischer Perspektive

Das Vereinigte Königreich ist als teilnehmender Mitgliedstaat an die EuUnthVO (Unterhalt) und die Brüssel IIa-VO (Scheidung) gebunden. Ist der Anwendungsbereich der Verordnungen eröffnet, gelten die internationalen Zuständigkeitsregelungen, insbesondere der Prioritätsgrundsatz eben dieser Verordnungen, sodass die zeitliche Reihenfolge der Anrufung über die Zuständigkeit des Gerichts entscheidet. Ob ein Verbund zwischen Scheidungs- und Scheidungsfolgeverfahren möglich ist, richtet sich weiterhin nach der *lex fori*[1155] und wird im

---

Nr. 17315/12, Presse 509, PR CO 70, S. 15 f. abrufbar unter: http://www.consilium.europa.eu/uedocs/cms_data/docs/pressdata/de/jha/134819.pdf (Stand: 18.12.2014).

1151 Verordnung (EU) Nr. 650/2012 des Europäischen Parlaments und des Rates vom 4. Juli 2012 über die Zuständigkeit, das anzuwendende Recht, die Anerkennung und Vollstreckung von Entscheidungen und die Annahme und Vollstreckung öffentlicher Urkunden in Erbsachen sowie zur Einführung eines Europäischen Nachlasszeugnisses.

1152 *Andrae*, Internationales Familienrecht, § 3 Rn. 20; Rauscher-*Rauscher*, EuZPR/EuIPR, Einl. Brüssel IIa-VO Rn. 15.

1153 Siehe oben 3. Teil: B. I. 1. c).

1154 Siehe oben 3. Teil: B. I. 1. b).

1155 Rauscher-*Andrae*, EuZPR/EuIPR, Art. 3 EG-UntVO Rn. 50.

englischen Verfahrensrecht seit jeher als eine Selbstverständlichkeit angesehen.[1156] Insofern fällt die Annexzuständigkeit in Art. 3 lit. c) EuUnthVO hier in der Regel auf fruchtbaren Boden, wenn bereits für die Scheidung ein englisches Gericht nach Maßgabe der Brüssel IIa-VO angerufen wurde. Für das sonstige englische Verfahrensrecht, insbesondere die für die internationale Zuständigkeit relevante Rechtsfigur des *forum non conveniens*,[1157] bleibt insofern kein Raum.[1158] Denn im Unterschied zum englischen Recht wird im internationalen Recht der von Gesetzes wegen gewährleisteten Vorhersehbarkeit einer Entscheidung (Zeitpunkt der Anrufung entscheidend) gegenüber judikatorischen Einzelfallgerechtigkeitserwägungen (Adäquanz des Forums als vordringliches Argument) der Vorzug eingeräumt.[1159]

Alle über den verordnungsautonomen Unterhaltsbegriff hinausgehenden scheidungsfolgenrechtlichen Anträge werden hingegen nicht vom sachlichen Anwendungsbereich der EuUnthVO erfasst. Da das europäische Recht seinem Aufbau nach von einem auf mehreren Säulen basierenden Scheidungsfolgenrecht ausgeht, werden alle anderen Scheidungsfolgen mangels europäischer Verordnung vom nationalen Verfahrensrecht abgedeckt.[1160] Gerade aus der Perspektive des englischen Rechts bereitet dies außergewöhnliche Probleme, weil das materielle Sachrecht eben nicht nach einzelnen Ansprüchen differenziert, sondern

---

1156 Diese Verknüpfung als „Conventional View" bezeichnend: *Miles*, in: Scherpe (Hrsg.), Marital Agreements, 89 (116); *Miles* (2009) 21 CFLQ, 513 (529 f.).

1157 Gesetzliche Grundlage: Sch. 1 para. 9 (1) und (2) des Domicile and Matrimonial Proceedings Act 1973; Gerichtlich bestätigt: *De Dampierre v De Dampierre* [1988] AC 92.

1158 Das gilt nach überwiegender Meinung nicht nur im Verhältnis zwischen England und einem Mitgliedstaat, sondern auch im Verhältnis zwischen England und einem Nicht-Mitgliedstaat, wenn die Entscheidung EuGH, Rs. C-281/02 *Owusu/Jackson*, EuGHE 2005, I 1445, die im Zusammenhang mit der Brüssel I-VO erging, auch auf die im Wortlaut ähnliche Brüssel IIa-VO übertragen werden kann. Wenn dies zutrifft, handelt es sich bei *Ella v Ella* [2007] EWCA Civ 99 um eine Fehlentscheidung. Die Übertragbarkeit negierend: *JKN v JCN* [2010] EWHC 843 (Fam); *Amlot/Longmate* [2010] Fam Law, 990. Siehe hierzu insgesamt ausführlich *Harper/Frankle*, in: Scherpe (Hrsg.), Marital Agreements, 122 (130 f.); *Miles*, in: Scherpe (Hrsg.), Marital Agreements, 89 (116).

1159 *Adolphsen*, Europäisches Zivilverfahrensrecht, S. 74.

1160 Dies gilt im Hinblick auf das Güterrecht selbst dann, wenn es zu einer Umsetzung der EheGüterVO-E kommt, denn das Vereinigte Königreich beteiligt sich hieran nicht, siehe oben 3. Teil: B. I. 1. c).

lediglich ein Gesamtpaket zur Befriedigung sämtlicher Begehren bereitstellt.[1161] Unter Zugrundelegung des verordnungsautonomen Unterhaltsbegriffs[1162] bliebe aus der Perspektive des englischen Rechts grundsätzlich überhaupt nur noch dann Raum für eine Anwendung des im englischen Verfahrensrecht geltenden *forum non conveniens*-Grundsatzes, wenn die aufzuteilenden Güter die Bedürfnisse *beider* Parteien übersteigen (Vermögen > Bedarf); denn in allen anderen Fällen, in denen die Güter nicht einmal zur Bedarfsdeckung genügen (Vermögen < Bedarf), handelt es sich in jedem Fall um Unterhalt im Sinne der EuUnthVO.[1163] Dies bedeutet letztlich eine erhebliche Beschränkung der Anwendbarkeit des *forum non conveniens*-Prinzips.[1164] Der nationalen *forum non conveniens*-Regelung ist damit allein aufgrund des weiten Anwendungsbereiches der EuUnthVO weitestgehend der Wirkungsbereich entzogen worden.

Aber auch dieser verbleibende Anwendungsbereich der Rechtsfigur des *forum non conveniens* muss hinterfragt werden. Um dem im nationalen Recht vorgesehenen Verbund Rechnung zu tragen, wurde eine Aussetzung des Verfahrens vor englischen Gerichten zugunsten eines anderen Forums immer nur für das gesamte Verfahren (Scheidung und Scheidungsfolgen) in Betracht gezogen.[1165] Eine Annahme der Zuständigkeit für die Scheidung bei gleichzeitiger Ablehnung der Zuständigkeit für die Scheidungsfolgen[1166] würde hierzu im Widerspruch stehen und wurde seit Inkrafttreten der europäischen Verordnungen wenig, gleichwohl eher mit ablehnender Haltung diskutiert.[1167] Denn eine Aufspaltung würde letztlich nur zum Zwecke des Rückgriffs auf die im nationalen Recht verankerte,

---

1161 Probleme treten insofern nicht nur im Bereich der Zuständigkeit, sondern auch im Bereich der Anerkennung und Vollstreckung auf, *Scherpe/Dutta* [2010] Fam Law, 385 (385 ff.).

1162 Siehe dazu ausführlich oben 3. Teil: B. I. 1. a) aa).

1163 Zum materiellen Sachrecht siehe ausführlich oben 1. Teil: B. II. 4.

1164 *Miles*, in: Scherpe (Hrsg.), Marital Agreements, 89 (117); *Miles* (2009) 21 CFLQ, 513 (529). Wobei es nicht nur auf das Vermögen des Anspruchsgegners, sondern auch auf das des Anspruchsberechtigten ankommt. Übersteigt das vorhandene Vermögen die jeweiligen Bedürfnisse, dürfte der Fall dem Anwendungsbereich der EuUnthVO entzogen sein.

1165 Als repräsentativen Fall vgl. *De Dampierre v De Dampierre* [1988] AC 92. Dies gleichfalls berücksichtigend siehe nur *Ella v Ella* [2007] EWCA Civ 99.

1166 So das Resultat in den folgenden drei Entscheidungen aus den 1990er-Jahren: *W v W (Financial Relief: Appropriate Forum)* [1997] 1 FLR 257; *D v P (Forum Conveniens)* [1998] 2 FLR 25; *Krenge v Krenge* [1999] 1 FLR 969.

1167 *Miles*, in: Scherpe (Hrsg.), Marital Agreements, 89 (117) m. w. N.; *Miles* (2009) 21 CFLQ, 513 (529 f. und Fn. 117).

durch das internationale Recht jedoch nicht akzeptierte Rechtsfigur des *forum non conveniens* erfolgen. Ein solcher Rückgriff erscheint vor dem Hintergrund einer bisher als Verbundpflicht anmutenden Haltung illegitim und bedürfte der weiteren gerichtlichen Klärung.

Wenn die nationale Zuständigkeitenbündelung ernsthaft weiterhin Geltung beanspruchen will, kann das *forum non conveniens*-Prinzip auch in seinem verbleibenden Anwendungsbereich und damit insgesamt als hinfällig angesehen werden. Die aktuelle Rechtslage mündet dann bereits mit Erstanrufung eines englischen Gerichts hinsichtlich einer Scheidung[1168] in einer Zwangszuständigkeit für das gesamte Verfahren, sofern ein Antrag auf Financial Orders gestellt wird. Denn dann ist eine Aussetzung des Verfahrens zugunsten eines adäquateren Gerichts nicht mehr möglich. Der Prioritätsgrundsatz auf internationaler Ebene ist letztlich ausschlaggebend und verpflichtet das englische Gericht zur Entscheidung. Die Anwendung des englischen materiellen Scheidungs- und Scheidungsfolgenrechts kann dann nicht mehr verhindert werden, weil der geltende *lex fori*-Grundsatz dies im Falle der Zuständigkeit eines englischen Gerichts gebietet.[1169] Die pauschale Anwendung der *lex fori* statt der *lex causae* ist jedoch nicht vertretbar, wenn nicht gleichzeitig ein Ausweichmechanismus wie das *forum non conveniens*-Prinzip existiert.[1170]

b) Internationale Zuständigkeit aus deutscher Perspektive

Die europäischen Rechtsakte haben grundsätzlich Vorrang vor den nationalen Verfahrensvorschriften. § 97 FamFG stellt dies im deutschen Recht nochmals klar. Für die Ehescheidung ist die internationale Zuständigkeit nach § 98 Abs. 1 FamFG nur noch begrenzt von Bedeutung, weil Art. 7 Brüssel IIa-VO nur in äußerst seltenen Fällen greift.[1171]

Für den Unterhalt ist die EuUnthVO abschließend, sodass das nationale Verfahrensrecht nur noch im Rahmen der Annexzuständigkeit von Art. 3 lit. c)

1168 In der umgekehrten Konstellation wird das Scheidungsverfahren zunächst im Ausland (Overseas Divorce) betrieben, das Scheidungsfolgeverfahren hingegen in England angestrengt, vgl. *Agbaje v Agbaje* [2010] UKSC 13. Im englischen Verfahrensrecht ist hierfür Part III des Matrimonial and Family Proceedings Act 1984 heranzuziehen, welcher im europäischen Kontext nach dem bisher Gesagten ebenfalls nur noch äußerst selten zum Einsatz kommen dürfte.

1169 *Miles*, in: Scherpe (Hrsg.), Marital Agreements, 89 (115); *Miles* (2009) 21 CFLQ, 513 (529 f.).

1170 Siehe hierzu bereits oben 1. Teil: C. V. 4. b) aa) und dd).

1171 Für weitere Einzelheiten hierzu siehe *Henrich*, Int. Scheidungsrecht, Rn. 11 f.

EuUnthVO relevant wird. Denn nach der *lex fori* gilt es noch zu bestimmen, ob über die Nebensache (Unterhalt) in einem Hauptverfahren (Scheidung) entschieden werden kann, was aus der Perspektive eines deutschen Gerichts mit § 232 Abs. 1 FamFG bestätigt wird.[1172]

Für die sonstigen Scheidungsfolgen muss mangels vorrangiger internationaler Verordnungen vollständig auf das nationale Verfahrensrecht zurückgegriffen werden.[1173] Handelt es sich um ein Verfahren im Verbund, ist ein deutsches Gericht nach § 137 FamFG auch für die genannten Folgesachen, insbesondere für die güterrechtliche Auseinandersetzung sowie Ehewohnungs- und Haushaltssachen nach rechtzeitigem Antrag (§ 137 Abs. 1, Abs. 2 S. 1 Nr. 3 und 4 FamFG) sowie für den Versorgungsausgleich ohne Antrag von Amts wegen[1174] (§ 137 Abs. 1, Abs. 2 S. 1 Nr. 1, Abs. 2 S. 2 FamFG), kraft internationaler Verbundzuständigkeit gemäß § 98 Abs. 2 FamFG berufen. Im Falle eines isolierten Verfahrens müssen insbesondere § 102 FamFG für den Versorgungsausgleich sowie § 105 i. V. m. § 262 Abs. 2 FamFG für die sonstigen Verfahren beachtet werden. Gerichtsstandsvereinbarungen in Eheverträgen sind, soweit deutsches Verfahrensrecht gilt, für das Güterrecht nach § 38 Abs. 3 ZPO[1175] bzw. für den Versorgungsausgleich[1176] *per se* nicht zulässig.[1177]

II. Kollisionsrecht im Scheidungs- und Scheidungsfolgenrecht

Im Bereich des Kollisionsrechts ist das Maß der Vereinheitlichung für das Scheidungs- und Scheidungsfolgenrecht auf internationaler Ebene (3. Teil: B. II. 1) insofern geringer, als der Widerstand einzelner Mitgliedstaaten gegen eine Fremdrechtsanwendung größer ist und dadurch der territoriale Anwendungsbereich der vorhandenen Verordnungen schrumpft, sodass in Teilen ein verstärkter Rückgriff auf nationales Recht (3. Teil: B. II. 2) notwendig ist.

1172 *Henrich*, Int. Scheidungsrecht, Rn. 110; Rauscher-*Andrae*, EuZPR/EuIPR, Art. 3 EG-UntVO Rn. 50.

1173 Siehe ausführlich oben 3. Teil: B. I. 1. c).

1174 Zum Zwangsverbund: OLG Brandenburg, FamRZ 2006, 129 (130). Eines Antrags bedarf es nur in den Ausnahmefällen des § 3 Abs. 3 VersAusglG und des Art. 17 Abs. 3 S. 2 EGBGB.

1175 Die zeitliche Komponente („nach dem Entstehen der Streitigkeit“) ist entscheidend: BGH, NJW 1986, 1438 (Leitsatz 3).

1176 Soweit nicht sowieso ein Zwangsverbund besteht, sind auch in einem isolierten Verfahren die Regelungen des FamFG abschließend, sodass ein Rückgriff auf § 38 ZPO ausgeschlossen ist, MüKo-*Rauscher*, FamFG, § 102 FamFG Rn. 12.

1177 Rauscher-*Andrae*, EuZPR/EuIPR, Art. 4 EG-UntVO Rn. 24.

1. Vereinheitlichtes Kollisionsrecht

a) Europäisches Unterhaltsrecht

Im Hinblick auf das Unterhaltsrecht[1178] hat man von einer eigenständigen Regelung des Kollisionsrechts abgesehen und das HUntStProt 2007[1179] über Art. 15 EuUnthVO in diese inkorporiert.[1180] Zwar ist die Europäische Gemeinschaft dem HUntStProt 2007 in ihrer Gesamtheit beigetreten, nichtsdestoweniger umfasst der Begriff der Gemeinschaft in diesem Sinne weder Dänemark noch das Vereinigte Königreich.[1181] Dementsprechend ist das vereinheitlichte Kollisionsrecht nicht auf diese Mitgliedstaaten anwendbar. Im Übrigen ist das Protokoll gem. Art. 2 HUntStProt 2007 als *loi uniforme* ausgestaltet, sodass für dessen Anwendung die Feststellung genügt, dass es sich bei dem Staat des angerufenen Gerichts um einen Vertragsstaat handelt,[1182] selbst wenn das anwendbare Recht, auf das verwiesen wird, dasjenige eines Nichtvertragsstaates ist.

Den Parteien steht es nach Art. 7 HUntStProt 2007 offen, die *lex fori* als anwendbares Recht „zum Zwecke eines einzelnen Verfahrens" zu wählen. Dies kann nach Abs. 1 geschehen, wenn der Prozess schon eingeleitet wurde und damit das betreffende Forum bereits feststeht.[1183] Darüber hinaus kann nach Abs. 2 im Falle eines noch nicht eingeleiteten Prozesses eine gültige Rechtswahl zugunsten der *lex fori* nur getroffen werden, wenn die Rechtswahl mit einer Gerichtsstandsvereinbarung verbunden wird.[1184] Andernfalls leidet die Rechtswahl

---

1178 Zur begrifflichen Abgrenzung, insbesondere zum Güterrecht, kann auf die Ausführungen zur internationalen Zuständigkeit verwiesen werden, Rauscher-*Andrae*, EuZPR/EuIPR, Art. 1 HUntStProt Rn. 10 ff.; siehe insofern oben 3. Teil: B. I. 1. a) aa).

1179 Seit dem 18.06.2011 gilt das Haager Protokoll vom 23. November 2007 über das auf Unterhaltspflichten anzuwendende Recht, dessen Vorläufer das Haager Übereinkommen über das auf Unterhaltspflichten anzuwendende Recht vom 02.10.1973 war.

1180 *Dutta*, in: Scherpe (Hrsg.), Marital Agreements, 158 (194); Rauscher-*Andrae*, EuZPR/EuIPR, Einl. EG-UntVO Rn. 16; *Adolphsen*, Europäisches Zivilverfahrensrecht, S. 285.

1181 Art. 3 des Beschlusses des Rates vom 30. November 2009 über den Abschluss des Haager Protokolls vom 23. November 2007 über das auf Unterhaltspflichten anzuwendende Recht durch die Europäische Gemeinschaft. Hierzu ausführlich: Rauscher-*Andrae*, EuZPR/EuIPR, Art. 1 EG-UntVO Rn. 48 f. sowie Art. 15 EG-UntVO Rn. 13 ff. Im Allgemeinen: *Henrich*, Int. Scheidungsrecht, Rn. 123; Thomas/Putzo-*Hüßtege*, ZPO, Art. 15 EuUntVO Rn. 1.

1182 Rauscher-*Andrae*, EuZPR/EuIPR, Art. 2 HUntStProt Rn. 1.

1183 Rauscher-*Andrae*, EuZPR/EuIPR, Art. 7 HUntStProt Rn. 7.

1184 Rauscher-*Andrae*, EuZPR/EuIPR, Art. 7 HUntStProt Rn. 8.

am Mangel der Bestimmtheit. Eine wirksame Rechtswahlklausel entfaltet rechtliche Wirkung lediglich zugunsten derjenigen Gerichte eines Mitgliedstaates, bei dem ein Unterhaltsprozess eingeleitet wird, d. h. ein nach Abs. 2 in einem anderen Staat eingeleitetes Verfahren zieht das Entfallen der Wirkung der Rechtswahl nach sich.[1185] Eine Missbrauchskontrolle ist nicht durchzuführen.

Mithilfe von Art. 8 Abs. 1 HUntStProt 2007 kann in eingeschränktem Maße, insbesondere mit Rücksicht auf die Absätze 2, 3 und 5, auch *ohne bestehenden Zusammenhang zu einem konkreten Verfahren* eine Rechtswahl getroffen werden. Hier kommt zunächst eine Anknüpfung an die Staatsangehörigkeit (lit. a)) oder an den gewöhnlichen Aufenthaltsort (lit. b)) einer der Parteien zum Zeitpunkt der Rechtswahl in Betracht.

Besondere Bedeutung erlangt die akzessorische Anknüpfung des Unterhaltsrechtsstatuts an das Güterrechtsstatut nach lit. c). Da für das Güterrecht aktuell noch keine europäische Verordnung zum Kollisionsrecht in Kraft getreten ist, richten sich Zulässigkeit und Voraussetzung einer Rechtswahl für das Güterrecht nach der *lex fori*.[1186] Steht das auf das Güterrecht anwendbare Recht schon fest, weil über dieses bereits entschieden wurde oder beide Verfahren gleichzeitig anhängig sind, kann konkret dieses Recht gewählt werden.

Die akzessorische Anknüpfung des Unterhaltsrechtsstatuts an das Scheidungsstatut nach lit. d) zielt in seiner ersten Alternative auf eine zukunftsorientierte Rechtswahl bei noch nicht anhängigem Scheidungsverfahren ab. Hierfür müsste eine Rechtswahlmöglichkeit auch mit Blick auf die Scheidung als zulässig erachtet werden,[1187] was grundsätzlich sowohl auf internationaler Ebene mangels Einführung des Art. 20a Brüssel IIa-VO[1188] sowie auf nationaler Ebene meist mangels Zulässigkeit nicht möglich ist.[1189] Lediglich Art. 5 Rom III-VO[1190] kann hier den Anwendungsbereich der Vorschrift in lit. d) zumindest insoweit erhalten, als der beschränkte territoriale Anwendungsbereich[1191] der Rom III-VO

1185 Rauscher-*Andrae*, EuZPR/EuIPR, Art. 7 HUntStProt Rn. 15.

1186 Rauscher-*Andrae*, EuZPR/EuIPR, Art. 8 HUntStProt Rn. 12.

1187 Eine ähnlich gelagerte, wenngleich auch stärkere Problematik existiert auf der Ebene der Zuständigkeit im Rahmen von Art. 4 lit. c) i) EuUnthVO. Siehe dazu bereits oben ausführlich 3. Teil: B. I. 1. a) bb).

1188 Europäische Kommission, KOM (2006) 399 endg., S. 11; BT-Drucks. 16/2784, S. 17.

1189 Rauscher-*Andrae*, EuZPR/EuIPR, Art. 8 HUntStProt Rn. 14.

1190 Verordnung (EU) Nr. 1259/2010 des Rates vom 20. Dezember 2010 zur Durchführung einer Verstärkten Zusammenarbeit im Bereich des auf die Ehescheidung und Trennung ohne Auflösung des Ehebandes anzuwendenden Rechts.

1191 Siehe unten 3. Teil: B. II. 1. b).

eröffnet ist. In seiner zweiten Alternative ist eine Rechtswahl möglich, wenn ein Scheidungsverfahren bereits anhängig ist, sodass das auf die Ehescheidung anwendbare Recht bereits feststeht.[1192] Dann ergibt sich das auf die Ehescheidung anwendbare Recht aus der Rom III-VO bzw. unter Rückgriff auf das nationale Kollisionsrecht aus diesem.

Sofern keine Rechtswahl getroffen wurde, ist auf die Art. 3–6 HUntStProt 2007 zurückzugreifen. Von Bedeutung sind im Verhältnis zwischen Ehegatten der letzte gemeinsame gewöhnliche Aufenthaltsort (Art. 5 HUntStProt 2007) sowie der nur nachrangig anzuwendende gewöhnliche Aufenthaltsort des Unterhaltsberechtigten (Art. 3 HUntStProt 2007).

b) Akzessorische Anknüpfung als Schnittstelle zum internationalen Scheidungsrecht

Für das scheidungsfolgenrechtliche Verfahren wird das internationale Scheidungsrecht insbesondere dann relevant, wenn die Parteien von der Rechtswahlmöglichkeit in Art. 8 Abs. 1 lit. d) HUntStProt 2007 Gebrauch gemacht haben. Die akzessorische Anknüpfung des Unterhaltsrechtsstatuts an das Scheidungsstatut bewirkt, dass bei einem nicht anhängigen Scheidungsverfahren die Rechtswahl in Art. 5 Rom III-VO fruchtbar gemacht werden kann bzw. bei einem anhängigen Scheidungsverfahren das nach der Rom III-VO oder den nationalen Kollisionsnormen tatsächlich angewendete Recht gewählt werden kann. Im Fokus der Anknüpfung für das Scheidungsrecht steht sowohl im Falle einer Rechtswahl nach Art. 5 Rom III-VO als auch in dem Fall, dass die objektive Anknüpfungsleiter in Art. 8 Rom III-VO zum Zuge kommen sollte, der (gemeinsame) gewöhnliche Aufenthaltsort bzw. das (gemeinsame) Heimatrecht. Die Rechtswahl der *lex fori* nach Art. 5 Abs. 1 lit. d) Rom III-VO kann mangels Bestimmtheit des zuständigen Scheidungsgerichts aufgrund der fehlenden Möglichkeit zur Vereinbarung des Gerichtsstandes in der Brüssel IIa-VO gegenwärtig nur dann einer Verwertung zugeführt werden, wenn das Gericht bereits angerufen wurde.[1193]

Die Rom III-VO ist seit dem 30.12.2011 in Kraft getreten und gilt für alle Verfahren und Vereinbarungen ab dem 21.06.2012. Sie ist das Ergebnis eines langwierigen Prozesses, welche als Kompromiss nur mithilfe des Instruments der Verstärkten Zusammenarbeit nach Art. 20 EUV und Art. 326 ff. AEUV zustande kam.[1194] In ihrem territorialen Anwendungsbereich ist die Verordnung daher auf

1192 Rauscher-*Andrae*, EuZPR/EuIPR, Art. 8 HUntStProt Rn. 14.

1193 *Andrae*, Internationales Familienrecht, § 4 Rn. 16.

1194 Hierzu ausführlicher: *Mansel/Thorn/Wagner*, IPRax 2011, 1 (1 ff.).

nur 14 Mitgliedstaaten[1195] beschränkt. Ein einheitliches Kollisionsrecht sollte ursprünglich durch den Brüssel IIa-VO-ÄndE aufgenommen werden, scheiterte jedoch an der nach Art. 81 Abs. 3 AEUV (ex-Artikel 65 i. V. m. 67 Abs. 5 EGV) notwendigen Einstimmigkeit.[1196] Insbesondere Schweden befürchtete, dass eine Fremdrechtsanwendung dazu führen könnte, dass Scheidungen gar nicht oder nur unter erschwerten Bedingungen möglich sein könnten.

c) Keine Vereinheitlichung im Bereich der sonstigen Scheidungsfolgen

Auf europäischer Ebene erschöpfen sich die Regeln zum Kollisionsrecht nach gegenwärtigem Stand in den bisher vorgestellten Rechtsakten, sodass sich diese für alle anderen Scheidungsfolgen neben dem Unterhalt weiterhin aus dem nationalen Recht ergeben müssen. Die Rom III-VO gilt nur für das Scheidungsverfahren an sich und daher weder für die vermögensrechtlichen Folgen der Ehe (Art. 1 Abs. 2 lit. e)) noch für den Unterhalt (Art. 1 Abs. 2 lit. g)). Art. 15 EuUnthVO i. V. m. HUntStProt 2007 ist gem. Art. 1 Abs. 1 HUntStProt 2007 auf Unterhaltspflichten[1197] begrenzt.

Wie bereits im Recht der internationalen Zuständigkeit könnte zumindest im ehevertraglichen Kontext das kollisionsrechtliche Pendant zur Brüssel I-VO, die Rom I-VO,[1198] in Betracht zu ziehen sein. Sie gilt zwar allgemein für vertragliche Ansprüche, nimmt jedoch in Art. 1 Abs. 2 lit. b) Rom I-VO ausdrücklich solche Ansprüche aus dem Anwendungsbereich heraus, die aus Familienbeziehungen

---

1195 Erwägungsgrund 6: Belgien, Bulgarien, Deutschland, Frankreich, Italien, Lettland, Luxemburg, Malta, Österreich, Portugal, Rumänien, Slowenien, Spanien und Ungarn.

1196 Rauscher-*Rauscher*, EuZPR/EuIPR, Einl. Brüssel IIa-VO Rn. 45; *Andrae*, FPR 2010, 505; *Wagner*, NJW 2010, 1707 (1709); *Kohler/Pintens*, FamRZ 2009, 1529 (1532); *Kohler*, FPR 2008, 193 (194 f.); *Martiny*, FPR 2008, 187 (189); *Wagner*, StAZ 2007, 101 (103 ff.).

1197 Die begriffliche Abgrenzung der Unterhaltspflicht ist in Art. 1 Abs. 1 EuUnthVO derjenigen in Art. 1 Abs. 1 HUntStProt 2007 nachempfunden, sodass auf die Ausführungen im Recht der Zuständigkeiten verwiesen werden kann, siehe oben 3. Teil: B. I. 1. a) aa).

1198 Verordnung (EG) Nr. 593/2008 des Europäischen Parlaments und des Rates vom 17. Juni 2008 über das auf vertragliche Schuldverhältnisse anzuwendende Recht.

entstehen können.[1199] Damit ist das Kollisionsrecht für das Ehegüterrecht[1200] und den Versorgungsausgleich nach *aktuellem Gesetzgebungsstand* dem nationalen Recht zu entnehmen.

2. Verbleibender Anwendungsbereich des nationalen Kollisionsrechts

Je nach sachlichem und vor allem territorialem Anwendungsbereich der internationalen Kollisionsvorschriften bleibt ein größerer oder kleinerer Anwendungsbereich für die nationalen Kollisionsregeln. Aus der Perspektive des Vereinigten Königreichs bedeutet die Nichtteilnahme an sämtlichen Regelungen einen vollständigen Rückgriff auf den im nationalen Kollisionsrecht geltenden Grundsatz der *lex fori*.[1201] Es handelt sich dabei um eine bewusste Entscheidung gegen eine Fremdrechtsanwendung, wie sie auf internationaler Ebene praktiziert wird. Sei es auch aus Praktikabilitätsgründen (Kosten und Zeit), vor dem Hintergrund der Gleichwertigkeit der Rechtsordnungen ist eine Anwendung der *lex fori* nicht länger hinnehmbar, wenn bereits die Wahl des Forums mit Unterstützung des Prioritätsprinzips richtungsweisend über das Schicksal des Ehevertrages zu bestimmen vermag.[1202] Hier muss folglich ein sinnvoller und gerechter Ausgleich geschaffen werden, welcher nach englischem Verständnis bislang durch das *forum non conveniens*-Prinzip und nach internationalem Verständnis durch die Anwendung der *lex causae* gewährleistet wurde.

Aus der Perspektive eines deutschen Gerichts sind die harmonisierten Kollisionsregeln auf internationaler Ebene anwendbar und haben Vorrang gem. Art. 3 Nr. 1 c) und d) EGBGB. Lediglich für den von der Vereinheitlichung bisher ausgenommen Bereich verbleibt ein Anwendungsbereich für die nationalen Kollisionsregeln im EGBGB, die in eine Fremdrechtsanwendung münden können.[1203]

1199 Dies galt für Eheverträge aus deutscher Perspektive bereits vor der Rom I-VO (ex-Artikel 27–36 EGBGB), siehe BGH, NJW 2010, 1528 (1530). Zu möglichen Ausnahmen für Arbeits- oder Gesellschaftsverträge siehe *Henrich*, Int. Scheidungsrecht, Rn. 258 ff.

1200 Letztlich kann auch hier nur die Umsetzung der EheGüterVO-E abgewartet werden, der wenigstens für diese Scheidungsfolge in Kapitel III Kollisionsregeln vorsehen würde, siehe bereits oben zur internationalen Zuständigkeit 3. Teil: B. I. 1. c).

1201 Siehe bereits im Zusammenhang mit dem Foreign Element oben 1. Teil: C. V. 4. b) aa).

1202 Vgl. *Rheinstein*, Rechtsvergleichung, S. 139.

1203 *Dutta*, in: Scherpe (Hrsg.), Marital Agreements, 158 (191 ff.). Zur Fernwirkung der EU-Kollisionsnormen auf das IPR im EGBGB: *Coester-Waltjen*, FamRZ 2013, 170 (170 ff.).

Zu nennen ist insbesondere für das Güterrecht Art. 15 Abs. 2 EGBGB (Rechtswahl) bzw. Art. 15 Abs. 1 EGBGB i. V. m. Art. 14 Abs. 1 EGBGB (gesetzlicher Gerichtsstand), für den Versorgungsausgleich Art. 17 Abs. 3 EGBGB i. V. m. Rom III-VO und für die sonstigen Scheidungsfolgen Art. 17 Abs. 1 EGBGB i. V. m. Rom III-VO. Auch hier können sich Schwierigkeiten ergeben, wenn Ein- und Mehr-Säulen-Systeme des Scheidungsfolgenrechts aus Anlass der Qualifikation aufeinandertreffen und die einschlägige Kollisionsnorm bestimmt werden soll.[1204]

3. *Zwischenergebnis und Bewertung des Falles Radmacher v Granatino aus internationaler Perspektive*

Das Kollisionsrecht ist sowohl unter sachlichen wie auch unter territorialen Aspekten nur teilweise vereinheitlicht. Noch mehr als im Recht der internationalen Zuständigkeit kommt der Unwille einiger EU-Mitgliedstaaten zum Ausdruck, sich auf eine gemeinsame Lösung zu verständigen. Dies hat zur Folge, dass ein Gemisch aus Mitgliedstaaten entsteht, die auf der Basis internationalen oder nationalen Kollisionsrechts die *lex causae* anwenden, und aus Mitgliedstaaten, die auf der Basis nationalen Kollisionsrechts die *lex fori* anwenden. Die Wahl des Forums steht damit im Mittelpunkt, weil hierüber – bewusst oder auch unbewusst – Einfluss auf das Kollisionsrecht und folglich auch auf das anwendbare materielle Sachrecht genommen werden kann.

Der vor dem englischen Supreme Court entschiedene Fall *Radmacher v Granatino*[1205] ist zur Nachzeichnung der Unzulänglichkeiten prädestiniert. Der Ehefrau blieb nach Art. 3 Brüssel IIa-VO keine andere Wahl als die Scheidung vor einem englischen Gericht einzureichen, wollte sie nicht länger zuwarten, ein Scheidungsverfahren vor einem deutschen Gericht anhängig zu machen. Der Ehemann war mangels Gerichtsstandsvereinbarung im Ehevertrag i. S. v. Art. 4 EuUnthVO[1206] zugunsten der deutschen Gerichte nicht daran gehindert, das scheidungsfolgenrechtliche Verfahren ebenfalls vor einem englischen Gericht

---

1204 Auf die alten Vorschriften des EGBGB bezogen, aber in der Sache als Zugang aus der deutschen Perspektive dienlich: *Horstmann*, Vermögensauseinandersetzung nach der Ehescheidung im englischen Recht, S. 192 ff.

1205 Zum vollständigen Sachverhalt sowie der materiell-rechtlichen und kollisionsrechtlichen Analyse siehe oben 1. Teil: C. V.

1206 Selbst wenn eine Gerichtsstandsvereinbarung im Ehevertrag enthalten gewesen wäre, hätte diese nach dem gegenwärtigen Rechtszustand hieran nichts ändern können. Zu den Unzulänglichkeiten des Art. 4 EuUnthVO siehe die Ausführungen oben 3. Teil: B. I. 1. a) bb).

einzuleiten. Denn infolgedessen griff für das englische Gericht die internationale Annexzuständigkeit nach Art. 3 lit. c) EuUnthVO (nur Unterhalt) bzw. diejenige nach nationalem Verfahrensrecht (sonstige Scheidungsfolgen). Damit war das englische Gerichte für das Scheidungsfolgeverfahren insgesamt zuständig.

Aufgrund der Nichtteilnahme des Vereinigten Königreichs an den Vereinheitlichungsbestrebungen der europäischen Mitgliedstaaten zum Kollisionsrecht mündete dies schließlich – trotz vorhandener Rechtswahlklausel im Ehevertrag zugunsten deutschen Rechts – in der Anwendung der *lex fori* und damit im englischen materiellen Scheidungs- und Scheidungsfolgenrecht. Nur die besonderen Einzelfallumstände konnten letztlich bewirken, dass dem deutschen Ehevertrag maßgebliches Gewicht beigemessen wurde.[1207]

Im schlimmsten Fall kann jedoch die strategische Wahl des Forums wie auch die damit verbundene Instrumentalisierung des englischen Rechts zu einer Aberkennung jeglicher rechtlicher Wirkungen des Ehevertrages führen. Wie bereits im 2. Teil der Untersuchung deutlich wurde, kann an dieser Stelle auch die fortschreitende materiell-rechtliche Annäherung der englischen Rechtsordnung an die kontinentaleuropäischen Rechtsordnungen keine pauschale Abhilfe schaffen, weil beide Rechtsordnungen in ihrer Grundeinstellung zur Privatautonomie grundsätzliche Divergenzen aufweisen und ein unterschiedlich starkes, wenn auch im Einzelfall ggf. deckungsgleiches, Maß an Privatautonomie zulassen.[1208] Deshalb sind internationale Ehepaare auf eine europäische Lösung angewiesen, weil andernfalls die Anerkennung eines Ehevertrages von der Geschwindigkeit der Parteien zur Einleitung eines Verfahrens und der Wahl des Forums abhängt.[1209]

III. Anerkennung und Vollstreckung im Scheidungsfolgenrecht

Wenn der Kläger die Wahl zwischen mehreren Fora hat, muss insbesondere im Auge behalten werden, ob die Anerkennung und Vollstreckung der im Erkenntnisverfahren ergangenen Entscheidung in einem anderen Staat erforderlich und gewährleistet ist.[1210] Da die Entscheidung grundsätzlich nur in demjenigen Staat Rechtskraft entfaltet, in dem sie ergangen ist (Erststaat), muss deren Wirkung

1207 Siehe oben 1. Teil: C. V. 4. e) aa).

1208 Siehe oben 2. Teil: E.

1209 Auf die Auswirkungen der Unterschiede im englischen und kontinentaleuropäischen Sachrecht für den internationalen Bereich ebenso hinweisend: *Todd* [2006] Fam Law, 539 (545).

1210 Garbe/Ullrich-*Andrae*, Verfahren in Familiensachen, § 13 Rn. 438.

mittels Anerkennung auf den anderen Zweitstaat erstreckt und, sofern ein Exequaturverfahren vorgesehen ist, die Entscheidung für vollstreckbar erklärt werden.[1211] Dies ist auf europäischer Ebene bisher nur für das Ehescheidungs- und das Unterhaltsverfahren geregelt, d. h. für die anderen Scheidungsfolgen muss, wie bereits für das Erkenntnisverfahren dargestellt, auf nationales Recht zurückgegriffen werden.[1212] Da sich ein Verbund zwischen Ehescheidung- und Ehescheidungsfolgen nicht automatisch im Rahmen der Anerkennung und Vollstreckung fortsetzt,[1213] kann sich die Darstellung – im Unterschied zu den zuständigkeits- und kollisionsrechtlichen Ausführungen – auf Entscheidungen betreffend die Ehescheidungsfolgen konzentrieren. Gleichwohl ist eine wirksame Ehescheidung sowie deren Anerkennung, die grundsätzlich nach Art. 21 Brüssel IIa-VO gewährleistet ist, Voraussetzung für eine Entscheidung über die Ehescheidungsfolgen.[1214]

Beschränkte man sich hier auf die Erststaatperspektive des Gerichts im Erkenntnisverfahren (Zuständigkeit und Kollisionsrecht), könnte hypothetisch sichergestellt werden, dass die Ehevertragsparteien Einfluss auf das international zuständige Gericht sowie auf das Kollisionsrecht und das damit verbundene anwendbare Recht haben. Gleichzeitig müsste jedoch die Konstellation ausgeblendet werden, in der sich das angerufene Gericht im Erststaat in seiner Entscheidung zu Unrecht gegen die ehevertraglichen Vorkehrungen der Parteien wendet. Dies wäre aus der Perspektive privatautonomiefreundlicher Zweitstaaten in solchen Extremfällen von Bedeutung, in denen sich ein privatautonomiefeindlicher Erststaat über die ehevertraglichen Vereinbarungen hinwegsetzte;[1215] gleiches gilt bei diametraler Rollenverteilung, wenn der Ehevertrag aus der Perspektive

---

1211 Garbe/Ullrich-*Andrae*, Verfahren in Familiensachen, § 13 Rn. 436.

1212 Ein Rückgriff erfolgt nach dem Günstigkeitsprinzip auch in der Konstellation, in der das nationale Recht im Vergleich zum internationalen Recht anerkennungsfreundlicher ist; speziell zur EuUnthVO siehe *Henrich*, Int. Scheidungsrecht, Rn. 190 ff.

1213 Die Anerkennung und Vollstreckung hängt vielmehr von der jeweils anwendbaren Verordnung bzw. den nationalen Vorschriften ab, vgl. *Adolphsen*, Europäisches Zivilverfahrensrecht, S. 283.

1214 *Henrich*, Int. Scheidungsrecht, Rn. 204.

1215 Insofern würde bspw. ein kollisionsrechtlicher *ordre public* auf einer zeitlich früheren Ebene aus der falschen Perspektive angreifen, weil ein Verbot von Eheverträgen, das als hypothetischer Verstoß gegen die öffentliche Ordnung gewertet werden müsste – so aber nicht einmal im deutschen Kollisionsrecht vorgesehen, Staudinger-*Mankowski*, BGB, Art. 15 EGBGB Rn. 305 –, immer aus der Sicht desjenigen Staates angewendet werden würde, das mit der Entscheidung befasst ist (Erststaatperspektive). Insofern würde nur ein anerkennungsrechtlicher *ordre*

eines privatautonomiefeindlichen Zweitstaates zu Unrecht Grundlage einer Entscheidung eines privatautonomiefreundlichen Erststaates geworden ist.[1216]

Doch bereits bei Begutachtung des gegenwärtigen Rechtsszustandes im international vereinheitlichten Bereich (ausschließlich Unterhaltsrecht) wird deutlich, dass für eine sich gegen dieses „Unrecht" richtende Handhabe kein Raum vorgesehen ist. Für das Unterhaltsrecht wurde das Exequaturverfahren grundsätzlich abgeschafft, sodass eine Anerkennung *ipso iure* erfolgt und sich eine Vollstreckbarerklärung gem. Art. 17 EuUnthVO erübrigt.[1217] Dies betrifft alle Entscheidungen, die aus einem an das HUntStProt 2007 gebundenen Mitgliedstaat stammen und damit auf der Grundlage vereinheitlichten Kollisionsrechts ergangen sind.[1218] Lediglich für Entscheidungen aus denjenigen Mitgliedstaaten, die nicht an das HUntStProt 2007 gebunden sind (Vereinigtes Königreich und Dänemark), findet weiterhin ein Exequaturverfahren statt.[1219] Eine Entscheidung aus diesen Mitgliedstaaten ist gem. Art. 23 EuUnthVO zwar ebenfalls anzuerkennen, gleichwohl aber auch mit der Einschränkung verbunden, dass die Anerkennungsversagungsgründe in Art. 24 EuUnthVO, insbesondere der in Ausnahmefällen greifende anerkennungsrechtliche *ordre public*-Vorbehalt (Art. 24 lit. a) EuUnthVO), einredeweise geltend gemacht werden können. Allerdings verbietet sich eine *révision au fond* generell, sodass die Entscheidung nicht in der Sache selbst überprüft werden darf (Art. 42 EuUnthVO);[1220] diese Kompetenz steht ausschließlich dem Erststaat zu. Die Versagungsgründe werden nach Art. 30 EuUnthVO nicht im Exequaturverfahren selbst, sondern erst in einem etwaigen Rechtsbehelfverfahren geprüft (Art. 32, 34 EuUnthVO). Greifen diese Gründe nicht ein, ist die Entscheidung für vollstreckbar zu erklären.

---

public als Anerkennungsversagung aus der richtigen Zweitstaatperspektive angreifen, vgl. *Geimer*, Int. Zivilprozessrecht, Rn. 23 ff.

1216 Gerade in letzterer Konstellation ergibt sich ein weiterer potenzieller Problemkreis, dass nach Art. 48 EuUnthVO eine nach dem Recht des Erststaates vollstreckbare öffentliche Urkunde einer Entscheidung der Gerichte der Mitgliedstaaten weitestgehend gleichgestellt und damit evtl. einer richterlichen Überprüfung im Erkenntnisverfahren entzogen wird, *Eames* [2011] Fam Law, 389; *Karsten*, FamRZ 2011, 1474 (1479); für den EheGüterVO-E: *Wagner*, FamRZ 2009, 269 (280 f.).

1217 *Adolphsen*, Europäisches Zivilverfahrensrecht, S. 288; Garbe/Ullrich-*Andrae*, Verfahren in Familiensachen, § 13 Rn. 495 f.

1218 *Adolphsen*, Europäisches Zivilverfahrensrecht, S. 288.

1219 Zum territorialen Anwendungsbereich des HUntStProt 2007 siehe oben 3. Teil: B. II. 1. a).

1220 EuGH, EuZW 2012, 912 (914 f.).

C. Rechtszustand *de lege ferenda*

Eine Verbesserung des gegenwärtigen Rechtszustandes im Kontext der Anerkennung von Eheverträgen kann nur durch gesetzliche Änderungen im Erkenntnisverfahren als frühen Ansatzpunkt herbeigeführt werden. In dem folgenden Abschnitt soll daher dem Lösungsspektrum in einem ersten Schritt (3. Teil: C. I) eine Kontur verliehen werden, indem indiskutable oder auch fruchtlose Ansätze außerhalb des Lösungsspektrums vorab ausgesondert werden. Hierdurch soll die richtige Implementierungsebene identifiziert werden. Sodann wird in einem zweiten Schritt der innerhalb des Lösungsspektrums liegende Bereich zuständigkeitsrechtlicher und kollisionsrechtlicher Regelungen erörtert und erwogen, womit die Implementierungsmethodik und -plattform konkretisiert werden soll (3. Teil: C. II). Zumindest parenthetisch sollen auch einige wenige Hinweise zur Anerkennung und Vollstreckung der Entscheidung im Zweitstaat (3. Teil: C. II. 2. b) ee)) gegeben werden.

I. Konturierung des Lösungsspektrums (Implementierungsebenen)

Eine Konturierung des Lösungsspektrums soll dabei behilflich sein, den Kreis sinnvoller Ansätze für das Erkenntnisverfahren ausgehend von den verschiedenen möglichen Implementierungsebenen näher zu beschreiben. Außerhalb dieses Kreises sind weitere Ansätze denkbar, die zunächst kurz – in den Implementierungsebenen und dem Grad der Vereinheitlichung vertikal absteigend – besprochen werden sollen. Diese ermangeln entweder daran, dass sie zum jetzigen Zeitpunkt faktisch und rechtlich nicht umsetzbar und deswegen indiskutabel sind, oder sie vermögen das Lokal- und Globalproblem nicht gleichermaßen befriedigend zu lösen. Beide Argumente sind dazu geeignet, einem Ansatz das Potenzial einer fundierten Lösung absprechen zu können.

Wie bereits in dem einleitenden Abschnitt zum internationalen Kontext[1221] angedeutet wurde, ist die Wahrscheinlichkeit gering, dass es in absehbarer Zeit zu einer materiell-rechtlichen Vereinheitlichung des Familienrechts[1222] auf europäischer Ebene kommt.[1223] Gerade das Familienrecht gehört zu denjenigen

---

1221 Siehe oben 3. Teil: A.

1222 Hierzu weiterführend *Pintens*, Grundgedanken und Perspektiven einer Europäisierung des Familien- und Erbrechts, FamRZ 2003, 329 (Teil 1), 417 (Teil 2), 499 (Teil 3); *Wagner*, FamRZ 2009, 269 (272); *ders.*, StAZ 2007, 101 (102 f.).

1223 Hinzuweisen ist jedoch auf einzelne Projekte im internationalen bzw. bilateralen Bereich, die eine partielle Vereinheitlichung des Sachrechts anstreben, z. B. zur Einführung einer europäischen Ehe, zum deutsch-französischen Wahlgüterstand

Rechtsbereichen, die vordringlich durch das nationale Verständnis sowie kulturelle und religiöse Traditionen geprägt werden.[1224] Die inhaltliche Vielfältigkeit der materiellen Sachrechte ist derart groß, dass nicht mit einer konsensualen Verständigung zu rechnen ist.[1225] Deshalb wird auch die Frage, ob ein europäisches Familienrecht erstrebenswert erscheint, gegenwärtig zu Recht negiert und eine Harmonisierung über die Einführung internationaler Zuständigkeits- und Kollisionsvorschriften entsprechend der in Art. 81 Abs. 2, 3 AEUV niedergelegten Kompetenzen für ausreichend erachtet.[1226] Darüber hinausgehende Kompetenzen zur Vereinheitlichung des materiellen Familienrechts sind derzeit nach überwiegender Meinung nicht existent.[1227]

Dem Subsidiaritäts- und Verhältnismäßigkeitsprinzip in Art. 5 Abs. 3, 4 EUV überdies eher entsprechen würde eine Lösung auf der Ebene des internationalen Zivilverfahrens- und des Kollisionsrechts.[1228] Die Ebenen sind beide voneinander losgelöst jedoch nicht dazu geeignet, das Problem zu beheben, und zwar unabhängig von einer möglichen Implementierungsplattform (Europäische Verordnung oder Staatsvertrag). Im Grundsatz könnte zwar sowohl das Forum Shopping als auch die Rechtsanwendungsunsicherheit sachgerecht durch international vereinheitlichtes Kollisionsrecht behoben werden, denn unabhängig von der internationalen Zuständigkeit würde jedes Gericht – eine einheitliche

---

sowie zur Kristallisierung gemeinsamer familienrechtlicher Prinzipien; für einen ersten Überblick siehe *Martiny*, FPR 2008, 187 (191) m. w. N.

1224 Calliess/Ruffert-*Rossi*, EUV/AEUV, Art. 81 AEUV Rn. 35; Rauscher-*Rauscher*, EuZPR/EuIPR, Einl. Brüssel IIa-VO Rn. 56; *Adolphsen*, Europäisches Zivilverfahrensrecht, S. 271; *Dutta*, EuZW 2010, 530; *Dethloff*, ZEuP 2007, 992 (994); *Schack*, RabelsZ 65 (2001), 615 (616).

1225 *Martiny*, FPR 2008, 187 (191 f.); *Dethloff*, ZEuP 2007, 992 (994).

1226 Rauscher-*Rauscher*, EuZPR/EuIPR, Einl. Brüssel IIa-VO Rn. 56 f.; *Adolphsen*, Europäisches Zivilverfahrensrecht, S. 271; *Dutta*, EuZW 2010, 530; *Schack*, RabelsZ 65 (2001), 615 (616).

1227 Zur Beschränkung der Kompetenz auf verfahrensrechtliche Aspekte siehe Calliess/Ruffert-*Rossi*, EUV/AEUV, Art. 81 AEUV Rn. 15; *Burghaus*, Vereinheitlichung des Internationalen Ehegüterrechts, S. 14 ff. m. w. N.; European Policy Evaluation Consortium, Study to Inform a Subsequent Impact Assessment on the Commission Proposal on Jurisdiction and Applicable Law in Divorce Matters, 2006, S. 12 f., abrufbar unter: http://euromed-justice.eu/document/eu-2006-study-inform-subsequent-impact-assessment-commission-proposal-jurisdiction-and (Stand: 18.12.2014); *Wagner*, StAZ 2007, 101 (102).

1228 Im Allgemeinen auch in diese Richtung: *Dethloff*, AcP 204 (2004), 544 (561 ff.); *Wagner*, FamRZ 2009, 269 (273).

und korrekte Anwendung vorausgesetzt – zu demselben anwendbaren materiellen Sachrecht gelangen. Eine realistische Lösung muss jedoch die gegenwärtige Einstellung der auf die *lex fori* fokussierten Mitgliedstaaten berücksichtigen, die die territoriale Anwendbarkeit eines neuen, potenziell an der Fremdrechtsanwendung ausgerichteten Kollisionsrechts *de lege ferenda* ablehnen würden. Ebenso könnte ein ausschließlicher Ansatz in der internationalen Zuständigkeit, wo gerade im Familienrecht ein breiterer territorialer Konsens als im Kollisionsrecht gefunden wird, jedenfalls nicht über das Problem der Rechtsanwendungsunsicherheit hinweghelfen, weil sich das anwendbare Kollisionsrecht infolge fehlender Vereinheitlichung erst mit Feststellung des zuständigen Gerichts ergäbe. Demzufolge könnte nur eine Verbindung der beiden Ebenen pragmatisch auf die Probleme einwirken, sodass ein Abhängigkeitsverhältnis zwischen diesen hergestellt werden sollte.[1229]

Das englische Kollisionsrecht selbst liegt außerhalb des Einflussbereichs des europäischen Gesetzgebers und kann daher nicht einmal mit Blick auf speziell diese Rechtsordnung zur Lösung des Forum Shoppings (Lokalproblem) herangezogen werden. Die gegen eine Fremdrechtsanwendung bestehende Abneigung im englischen Recht führt zur Anwendung der *lex fori* und damit zu einer konsequenten Nichtteilnahme an den europäischen Verordnungen zum Kollisionsrecht.[1230] Die Begrenztheit des territorialen Anwendungsbereiches internationaler Kollisionsregeln ist deshalb verantwortlich dafür, dass eine realistische Lösung das internationale Zivilprozessrecht nicht außen vor lassen darf. Da das Problem aus englischer Sicht außerdem mitnichten in deren nationalen Kollisionsregeln gründet, sondern vielmehr im internationalen Zivilverfahrensrecht (positive Kompetenzkonflikte und Ablehnung der *forum non conveniens*-Lehre auf europäischer Ebene) fußt, ist eine Lückenschließung über das nationale Kollisionsrecht unwahrscheinlich.[1231]

Eine Lösung des Lokalproblems auf internationaler Ebene wird auch keinesfalls dadurch überflüssig, dass Entwicklungen im englischen materiellen Recht zu Veränderungen führen. Wie bereits deutlich wurde, wäre die ursprüngliche weite Auslegung des Foreign Elements[1232] durchaus geeignet, Elemente einer Fremdrechtsanwendung in das materielle Recht zu inkorporieren. Eine solche dem im Kollisionsrecht verankerten *lex fori*-Grundsatz entgegenstehende

---

1229 Hierzu unten 3. Teil: C. II. 1. b).

1230 Erschwerend kommt hinzu, dass es sich hierbei nicht um einen rein englischen Standpunkt handelt, siehe oben 3. Teil: B. II. 1. a) und b).

1231 Siehe oben 1. Teil: C. V. 4. b) dd).

1232 Siehe oben 1. Teil: C. V. 4. b) bb) und cc).

Auslegung wurde vom Supreme Court verneint und durch eine enge, sich auf das materielle Recht beschränkende Auslegung ersetzt.

Ebenso hat die Rechtsvergleichung gezeigt, dass eine Lückenschließung kraft Annäherung der englischen an die kontinentaleuropäischen Rechtsordnungen (Sachrechtsannäherung) mangels vollständiger Kongruenz scheitert.[1233] Das Vorhandensein von Annäherungstendenzen kann nicht darüber hinwegtäuschen, dass die Rechtsordnungen ehevertragliche Privatautonomie in diametraler Form in das System integrieren und sich auch das zugelassene Maß an Privatautonomie als nicht kongruent erweist, sodass gewichtige, wenn auch im Einzelfall vielleicht weniger bedeutende, Unterschiede bestehen bleiben.

II. Determinierung des Lösungsspektrums (Implementierungsmethodik und -plattform)

Nachdem zuvor die rechtlich nicht umsetzbaren sowie die unbefriedigenden Ansätze ausgesondert wurden, sollen nun, konzentriert auf die internationale Zuständigkeit und das Kollisionrecht als grundsätzlich richtige Implementierungsebene, pragmatische Lösungswege diskutiert werden. Der Europäisierung des Rechts am zuträglichsten wäre – in Abgrenzung zum Staatsvertrag – eine Lösung über die europäischen Verordnungen als sekundäres Gemeinschaftsrecht, die keiner weiteren Umsetzung durch die einzelnen teilnehmenden Mitgliedstaaten bedürfen und inhaltlich eine Harmonisierung vorantreibt, die hinsichtlich des territorialen Anwendungsbereichs auf einen möglichst breiten Konsens stößt.[1234] Hierfür sind jedoch einige Besonderheiten zu berücksichtigen, die eine Lösungsfindung erschweren und auch teilweise beschränken, sodass unter Zugrundelegung einer deduktiven Methodik zunächst diverse Vorbedingungen diskutiert und einzelne Grundsatzentscheidungen im Allgemeinen getroffen werden müssen (3. Teil: C. II. 1), die letztlich limitierende, gleichzeitig aber auch richtungsweisende Wirkung für die konkrete Implementierungsplattform haben (3. Teil: C. II. 2).

1. Vorbedingungen und Grundsatzentscheidungen der Implementierungsmethodik

Die folgenden Lösungsansätze stehen unter der Prämisse, dass es richtig ist, dasjenige Recht auf den Ehevertrag anzuwenden, auf dessen Grundlage er

1233 Siehe oben 2. Teil: B. III, 2. Teil: C. III sowie 2. Teil: D und E.

1234 So auch im Verhältnis zwischen europäischer Verordnung und Richtlinie: *Wagner*, FamRZ 2009, 269 (276) m. w. N.

geschlossen wurde. Die Untersuchung der nationalen Dimension hat gezeigt, dass formale Anforderungen und materiell-rechtliche Schranken, die für die Privatautonomie der Ehegatten in der jeweiligen Rechtsordnung aufgestellt werden, inkongruent sein können. Nur an denjenigen Grenzen, die die Vertragsparteien bei Abschluss vor Augen hatten, kann sowohl die äußere Form als auch der Inhalt des Ehevertrages sinnvollerweise zu messen sein. Das Zusammenwirken von zuständigkeitsrechtlichen und kollisionsrechtlichen Vorschriften soll die Anwendung dieses Rechts herbeiführen und einen ungerechtfertigten Effektivitätsverlust des Vertrages verhindern.

Ein ganzheitlicher Vorschlag mittels europäischer Verordnungen zur Lösung des lokalen wie auch des globalen Problems für die staatliche Gerichtsbarkeit muss an der Wurzel des jeweiligen Übels ansetzen und im hier dargestellten Kontext notwendigerweise eine Verknüpfung[1235] von zuständigkeitsrechtlichen und kollisionsrechtlichen Reformen vorsehen. Eine realistische Lösung muss deshalb zuvörderst an demjenigen Punkt ansetzen, an dem mit einer Teilnahme der meisten Mitgliedstaaten gerechnet werden kann: im Zivilverfahrensrecht. Aber auch die Verbindung zum Kollisionsrecht muss es schließlich vermögen, in einem Streit zwischen Mitgliedstaaten, die die *lex causae* und solchen, die die *lex fori* anwenden, sinnvoll zu vermitteln.[1236] Ziel des Vorschlags ist es gerade nicht, eine Harmonisierung des Rechts voranzutreiben, die aufgrund divergierender Ansichten zu einer Ausgrenzung bestimmter Mitgliedstaaten führt.[1237] Vielmehr muss ein für den ehevertraglichen Kontext zielführender Kompromiss gefunden werden, der eine möglichst weitgehende Einbeziehung in einer für alle Mitgliedstaaten tragbaren Weise gewährleistet[1238] und dem Einstimmigkeitserfordernis gerecht wird.[1239]

Gleichzeitig muss hinsichtlich der zeitlichen und inhaltlichen Anknüpfung der Versuch unternommen werden, sowohl das zuständige Gericht als auch das infolge des Kollisionsrechts anwendbare Sachrecht *ex ante* und *einheitlich für*

1235 Beide Schritte sind für die Erzielung von Rechtssicherheit unerlässlich, *Martiny*, FPR 2008, 187 (188).

1236 So bereits für das Scheidungsrecht, Rauscher-*Rauscher*, EuZPR/EuIPR, Einl. Brüssel IIa-VO Rn. 48.

1237 Nochmals insofern Rauscher-*Rauscher*, EuZPR/EuIPR, Einl. Brüssel IIa-VO Rn. 48.

1238 Ausgenommen bleibt aber wohl Dänemark, für das eine Teilnahme selbst an den Zuständigkeitenregelungen der EuUnthVO sowie der Brüssel I-VO nur unter Beachtung einiger Besonderheiten erfolgt, siehe oben Fn. 1074.

1239 Siehe hierzu bereits oben 3. Teil: A.

den ganzen Vertrag bestimmbar zu machen. Anstatt der dynamischen Vertragsbeziehung zu folgen, sollte die Anknüpfung statisch und konstant sein. Denn nur wenn dies erreicht wird, entsteht zumindest für den europäischen Rechtsraum[1240] ein befriedigender Zustand der Rechtssicherheit. Dies scheint nicht nur eine Kohärenz des Umfangs der Privatautonomie im materiellen und im formellen Sinne herbeiführen zu können, sondern birgt auch das Potenzial in sich, eine Erleichterung zugunsten der Parteien sowie zugunsten des jeweiligen Gerichts im Hinblick auf Aspekte wie Sprache, Kenntnisstand, Kosten- und Zeitaufwand zu bewirken.[1241]

a) Trennung zwischen gesetzlichen und vertraglichen Scheidungsfolgen

Nach dem gegenwärtigen Rechtszustand ist eine Differenzierung zwischen den gesetzlichen und vertraglichen Scheidungsfolgenansprüchen nicht vorgesehen.[1242] Vielmehr sind die vorhandenen zuständigkeitsrechtlichen und kollisionsrechtlichen Vorschriften darauf ausgelegt, zwischen den einzelnen Scheidungsfolgen zu trennen, innerhalb dessen jedoch wiederum für eine einheitliche Regelung qua Wahl eines einheitlichen Kriteriums für die gesetzlichen und vertraglichen Ansprüche zu sorgen.

Was jedoch für die einzelnen gesetzlichen Scheidungsfolgen als richtiges Kriterium gilt, muss nicht auch als gleichermaßen richtig für die vertraglich einheitlich geregelten Scheidungsfolgen angesehen werden. So kann es für eine gesetzliche Scheidungsfolge bspw. angezeigt sein, mithilfe der kollisionsrechtlichen Anknüpfung dasjenige Recht zur Anwendung gelangen lassen zu wollen, das die Lebensgrundlage des Unterhaltsberechtigten adäquat abbildet und daher als Maßstab zur Berechnung des Unterhaltsanspruchs dienen sollte.[1243] Die zuständigkeitsrechtlichen Vorschriften sollen dem schwächeren Unterhaltsberechtigten den Zugang zu den Gerichten erleichtern, indem weniger auf das *forum rei* (Beklagtengerichtsstand) bestanden, sondern eine Klage am gewöhnlichen Aufenthaltsort des Unterhaltsberechtigten (Klägergerichtsstand) ermöglicht

1240 Ausführliche Hinweise für den Fall des Drittstaatenbezugs und die in diesem Zusammenhang bestehende Relevanz internationaler Übereinkommen sind zu finden in den jeweiligen Abschnitten bei *Henrich*, Internationales Scheidungsrecht.

1241 Zu den verfahrensbegleitenden Faktoren siehe *Schütze*, Rechtsverfolgung im Ausland, Rn. 30 ff.

1242 Siehe im Zusammenhang des Unterhaltsrechts in der EuUnthVO oben 3. Teil: B. I. 1. a) aa).

1243 Rauscher-*Andrae*, EuZPR/EuIPR, Art. 3 EG-UntVO Rn. 40.

wird.[1244] Eine Prorogation der Gerichte eines Mitgliedstaates ist gegenwärtig in beschränktem Maße (Unterhaltsrecht) möglich – wenngleich es überhaupt verwundert, dass damit die Möglichkeit geschaffen wurde, die Folgesache mittels Gerichtsstandsvereinbarung einem potenziellen Verbund mit der Ehescheidung zu entziehen. Diese Ebenen zielen demzufolge zusammenwirkend auf den Schutz des schwächeren Unterhaltsberechtigten in sachlicher und räumlicher Hinsicht ab. Für alle anderen Scheidungsfolgen muss *de lege lata* sowohl im Hinblick auf die Zuständigkeit wie auch auf das Kollisionsrecht nationales Recht entsprechend der jeweiligen Scheidungsfolge herangezogen werden, dem ebenfalls äußerst individuelle Erwägungen zugrunde liegen können.

Nun sollen diese Schutzaspekte in der vertraglichen Sphäre nicht vollkommen ausgeblendet, geschweige denn zulasten des Schwächeren einer Aushebelung zugänglich gemacht werden. Trotzdem steht im ehevertraglichen Kontext zumindest in sachlicher Hinsicht aber doch regelmäßig nur die Rechtsordnung im Vordergrund, auf deren Grundlage die gesetzlichen Ansprüche durch die Ehegatten in privatautonomer Form an die individuellen Gegebenheiten angepasst wurden (gesetzlich-vertragliche Interdependenz). Andernfalls müsste sich der Vertrag an falschen, uneinheitlichen Maßstäben messen lassen, was die Gefahr einer unerwünschten Aufspaltung in sich birgt. Der konsensuale Abschluss des Vertrages sollte zumindest im Grundsatz dafür streiten, dass die dem Vertrag zugrunde liegende Rechtsordnung den richtigen Maßstab darstellt. Insofern können die Überlegungen, die im Zusammenhang mit den einzelnen gesetzlichen Scheidungsfolgenansprüchen angestellt und als richtig eingestuft werden mögen, nicht ohne Weiteres auf den vertraglichen Bereich übertragen werden. Der Vertrag sollte als das verstanden und abbildbar sein, was er in der Regel ist: ein einheitlicher Regelungskomplex.

Unabhängig von der konkreten Implementierungsebene (internationale Zuständigkeit/Kollisionsrecht) setzt diese Prämisse eine hinsichtlich der Implementierungsplattform wie auch immer geartete rechtliche Trennung der gesetzlichen von den vertraglichen Scheidungsfolgen voraus, sodass der Begriff des Ehevertrages (Hauptvertrag) bestimmt werden muss. Der Ehevertrag muss sich über dessen Inhalt definieren und dementsprechend einen Gleichlauf zu den gesetzlichen Scheidungsfolgen der EuUnthVO sowie dem EheGüterVO-E schaffen. Eine Legaldefinition kann Art. 2 EheGüterVO-E entnommen werden, wonach ein

1244 EuGH, Rs. C-295/95 *Farrell/Long*, EuGHE 1997, I 1698 Rn. 19; EuGH, Rs. C-433/01 *Freistaat Bayern/Blijdenstein*, EuGH 2004, I 991 Rn. 29; Rauscher-*Andrae*, EuZPR/EuIPR, Art. 3 EG-UntVO Rn. 40; zur Brüssel I-VO: Rauscher-*Leible*, EuZPR/EuIPR, Art. 5 Brüssel I-VO Rn. 61.

Ehevertrag „jede Vereinbarung zwischen Ehegatten zur Regelung ihrer vermögensrechtlichen Beziehungen untereinander sowie gegenüber Dritten" darstellt. Zur Einbeziehung von Unterhaltssachen, die von der EheGüterVO-E gerade nicht berücksichtigt werden und auch von der Formulierung „vermögensrechtlich" bisher nie erfasst waren,[1245] wäre wohl eine ausdrückliche Anfügung dieser an die Definition („(...) und zur Regelung ihrer unterhaltsrechtlichen Beziehungen untereinander") oder eine weite, gleichwohl weniger deutliche, auslegungsbasierte Einbeziehung[1246] erforderlich. Nicht von der Definition erfasst werden sollen solche Ansprüche, die auch nach der bisherigen Rechtslage als sonstige Zivilrechtssachen ohne familienrechtliche Prägung nicht unter den güterrechtlichen Begriff im weiteren Sinn oder den unterhaltsrechtlichen Begriff gefasst wurden.[1247]

b) Abhängigkeit von internationaler Zuständigkeit und Kollisionsrecht

aa) Verlagerung des Kollisionsrechts in die Zuständigkeit (lex fori in foro proprio)

Eine Harmonisierung mittels europäischer Verordnungen unter Inklusion derjenigen Mitgliedstaaten, die die *lex fori* anwenden und sich einer jeden kollisionsrechtlichen Regelung erwehren, die die *lex causae* zum Inhalt haben könnte, wird man nur erreichen, wenn man deren Standpunkt akzeptiert und einen allgemeinverträglichen Ausgangspunkt schafft. Um dies zu erreichen, wäre ein Kompromiss denkbar, wie ihn das HUntStProt 2007 für Unterhaltspflichten gegenüber dem Kind zu inkorporieren versucht, indem es eine Kombination aus beschränkter Rechtswahl für die der *lex causae* zugeneigten Mitgliedstaaten und eine Anwendung der *lex fori* für die übrigen Mitgliedstaaten zulässt.[1248]

Allerdings ist die Anwendung der *lex causae* nicht nur unter zeitlichen Aspekten aufwändig und unter finanziellen Aspekten kostenintensiv. Sie ist auch aus der rechtsanwendungsorientierten Perspektive mit Schwierigkeiten behaftet, die sich nicht nur bei der Bestimmung der konkreten Rechtsordnung, sondern insbesondere bei der Ermittlung und materiell-rechtlichen Anwendung des

---

1245 Siehe hierzu oben 3. Teil: B. I. 1. c).

1246 Eine solche Auslegung würde sich an der sehr weiten, zeitlich ersten Auslegung des Ausschlusses in Art. 1 Abs. 1 lit. a) Brüssel I-VO orientieren, die zumindest punktuell auch das Unterhaltsrecht als erfasst ansah, siehe oben Fn. 1140.

1247 Zu einer kurzen Auseinandersetzung, welche Ansprüche aus deutscher Perspektive über die familienrechtlichen Verordnungen und damit nicht mehr über die Brüssel I-VO erfasst werden bzw. werden sollten: *Andrae*, Internationales Familienrecht, § 3 Rn. 5 ff., 13 ff.

1248 Vgl. *Andrae*, Internationales Familienrecht, § 8 Rn. 106.

ausländischen Rechts niederschlagen und gerade im ehevertraglichen Kontext auf nährbaren Boden fallen.

Das Prinzip *iura novit curia*, das allgemein im Zusammenhang mit ausländischem Recht mal mehr (ausländisches Recht als „Recht“ aus deutscher Perspektive) und mal weniger (ausländisches Recht als „Tatsache“ aus englischer Pespektive) Ausdruck findet,[1249] stößt an seine Grenzen. Das diffizile richterliche Prüfverfahren für Vereinbarungen zwischen Ehegatten ist in seiner jeweiligen Ausformung, sei es als Two-Stage-Test of Fairness im englischen Sachrecht oder als Inhaltskontrolle nach §§ 138 Abs. 1, 242 BGB im deutschen Sachrecht, und im Kontext des damit eng verwobenen Default Systems, bereits aus der Perspektive des nationalen Forums nur schwierig zu erfassen, geschweige denn korrekt anzuwenden. Insoweit scheint selbst eine vollumfängliche und einheitliche Anwendung der *lex causae* auf den gesamten Ehevertrag mit Schwierigkeiten behaftet zu sein. Besondere Probleme wirft dann noch eine Anwendung unterschiedlicher materieller Sachrechte auf den Ehevertrag auf, die sich im Rechtszustand *de lege lata* im Zuge der Aufspaltung nach den einzelnen Scheidungsfolgen realisieren kann. Die richterlichen Prüfverfahren begutachten aber gerade nicht nur die einzelnen vertraglich angepassten Scheidungsfolgen, sondern sind regelmäßig auch auf eine Gesamtbetrachtung des Vertrages in tatbestandlicher und rechtsfolgentechnischer Hinsicht angewiesen, deren korrekte Durchführung im Falle der Anwendung unterschiedlicher Maßstäbe nicht gewährleistet werden kann. Hier scheint eine Beschränkung auf die einheitliche Anwendung des eigenen Sachrechts deshalb sogar opportun, weil dessen Anwendung weitaus weniger fehleranfällig ist als die des fremden.[1250] Demgegenüber ginge mit einer hohen Fehleranfälligkeit meist eine vergleichbar hohe Fehlerfrequenz einher, was dann besonders schwer wiegt, wenn das ausländische Recht, wie in der deutschen Rechtsordnung, hinsichtlich seiner Anwendung als nicht revisibel oder rechtsbeschwerdefähig nach § 545 Abs. 1 ZPO oder § 72 Abs. 1 FamFG gilt.[1251] Damit würde sich die fehlerhafte Anwendung der *lex causae* in einer solchen Rechtsordnung, die dem Prinzip *iura novit curia* verstärkte Bedeutung bemisst, zugleich auch unangreifbar in der richterlichen Entscheidung manifestieren.

Gerade im ehevertraglichen Kontext streiten daher einige wesentliche Argumente für eine ausschließliche Anwendung der *lex fori*. Damit verlagert sich die

---

1249 Hierzu rechtsvergleichend: *Heidinger/Hof*, SchiedsVZ 2008, 174 (176 f.); *Hartley* (1996) 45 ICLQ, 271 (275 ff.).

1250 Zu den Schwierigkeiten der Fremdrechtsanwendung im Allgemeinen: Staudinger-*Sturm, F./Sturm, G.*, BGB, Einl. zum IPR Rn. 216.

1251 In jüngster Zeit bestätigt: BGH, NJW 2013, 3656; *Roth*, NJW 2014, 1224 (1224 ff.).

Frage nach dem anwendbaren Recht in tatsächlicher Hinsicht eine Ebene nach oben, sodass die Bestimmung der international zuständigen Gerichte eines Mitgliedstaates maßgeblich im Vordergrund stünde, die sodann stets ihr inländisches materielles Recht anwenden (*lex fori in foro proprio*).

Einer Verlagerung in die Zuständigkeit könnte man vorwerfen, dass das eigentlich im Kollisionsrecht fußende Problem nicht sachgerecht im Verfahrensrecht abgebildet und gelöst werden kann. Während das Kollisionsrecht für die sachliche Nähe sorgt, indem es nach dem adäquaten materiellen Sachrecht für den Sachverhalt fragt, ist es primär die räumliche Nähe, die dem Verfahrensrecht als Frage nach dem adäquaten Forum innewohnt.[1252] Dem ist jedoch entgegenzuhalten, dass eine solch klare Trennung in der Realität nicht durchgehalten wird, sodass sich in dem einen Element stets auch Aspekte des anderen finden lassen. Insofern muss es Ziel einer zuständigkeitsrechtlichen Lösung sein, beiden Aspekten (sachliche und räumliche Nähe) bestmöglich Ausdruck zu verleihen und positive Kompetenzkonflikte[1253] durch eine gezielte Auswahl der maßgeblichen Kriterien zu minimieren, weil andernfalls durch die Kopplung an die *lex fori* Forum Shopping durch die Wahl des zuständigen Gerichts betrieben werden kann. Gelingt dies, ist solchen Argumenten, die grundsätzlich gegen eine Anwendung der *lex fori* sprechen, die Grundlage entzogen.[1254] Eine vollständige Parallelität zwischen Zuständigkeit und Kollisionsrecht sollte dann, selbst wenn diese erstrebenswert erscheinen sollte, entbehrlich sein. Vielmehr kann es ebenso genügen, dass der über den Ehevertrag bestehende Bezug zu einer konkreten Rechtsordnung über das zuständige Gericht vermittelt und einer missbräuchlichen Handhabung präventiv entgegengetreten wird.

bb) Kein umgekehrter Gleichlauf zwischen Zuständigkeit und anwendbarem Recht (forum legis)

Aus dem anwendbaren Recht die international zuständigen Gerichte eines Mitgliedstaates folgen zu lassen (*forum legis*), würde eine – im Vergleich zur soeben dargestellten Verlagerung des Kollisionsrechts in die Zuständigkeit (*lex fori in foro proprio*) – diametrale Abhängigkeit hervorrufen.[1255] Denn erst mit der Feststellung, dass das eigene inländische Recht anwendbar ist, ließe sich auch die

1252 Vgl. Rauscher-*Andrae*, EuZPR/EuIPR, Art. 3 EG-UntVO Rn. 40.

1253 Das Bestehen positiver Kompetenzkonflikte schließt eine *lex fori foro in proprio* im Familienrecht grundsätzlich aus: *Kropholler*, Internationales Privatrecht, S. 48.

1254 Zu den Contra-Argumenten: *Kropholler*, Internationales Privatrecht, S. 42, 48.

1255 *Kropholler*, Internationales Privatrecht, S. 612 mit weiterem Verweis auf die dortige Fn. 13.

internationale Zuständigkeit des betreffenden Gerichts bestimmen. Der Vorteil wäre, dass hiermit ebenso die Anwendung der *lex fori* gewährleistet würde, die zuvor als im Ehevertragskontext sinnvoll eingestuft wurde. Da sich im Falle einer Abhängigkeit stets ein Element aus einem anderen ergeben muss, hätte es hier zur Konsequenz, dass gerade nicht dem *forum causae*,[1256] also dem sachnahen Gericht, die Zuständigkeit zugesprochen würde.

Dieser umgekehrte Gleichlauf ist jedoch zum einen nur denkbar, wenn international vereinheitlichtes Kollisionsrecht zur Anwendung gelangt,[1257] und zöge zum anderen im hiesigen Kontext einen gewissen Nachteil nach sich: Um eine Zuständigkeitenbündelung im Scheidungs- und Scheidungsfolgeverfahren zu gewährleisten, müsste sich diese Verbindung nun im Kollisionsrecht widerspiegeln. Beschränkte man sich auf die Scheidungsfolgen, würde eine potenzielle Verbindung zur Scheidung zerstört. Selbst wenn man aber eine solche Verbindung künstlich in das Kollisionsrecht verlagerte, wirkte sie an dieser Stelle deplatziert, weil sie originär in der Zuständigkeit zu verorten ist. Erschwerend käme hinzu, dass eine verbindende Anknüpfung bereits im Scheidungsrecht ansetzen müsste, weil andernfalls das anwendbare Recht für die Scheidungsfolgen unrichtigerweise dasjenige für die Scheidung und damit auch das zuständige Gericht, vorgeben würde.[1258] Ungeachtet dessen existiert international vereinheitlichtes Kollisionsrecht für das Scheidungsrecht, das für eine solchen Ansatz notwendig wäre, lediglich nach Maßgabe der Rom III-VO und damit nur für wenige Mitgliedstaaten, die sich für eine Verstärkte Zusammenarbeit in diesem Bereich entschieden haben. Eine Abhängigkeit sollte daher vorzugsweise durch eine Verlagerung des Kollisionsrechts in die Zuständigkeit hergestellt werden.

c) Verwirklichung des Parteiwillens durch Gerichtsstandsvereinbarung und Vermeidung positiver Kompetenzkonflikte

Sodann stellt sich die Frage, welches konkrete Mittel zur Regulierung der internationalen Zuständigkeit im ehevertraglichen Kontext gewählt werden sollte. Ziel sollte es sein, einer Ausnutzung positiver Kompetenzkonflikte vorzubeugen,

---

1256 So die Begriffsverwendung bei *Kropholler*, Internationales Privatrecht, 2. Aufl., 1994, S. 424.

1257 In diese Richtung wohl schon 1994, wenn er von der Notwendigkeit eines „Überkollisionsrechts" sprach, *Kropholler*, Internationales Privatrecht, 2. Aufl., 1994, S. 422.

1258 Gerade im Unterhaltsrecht wäre eine solche Bindung an dasjenige Recht, das auf die Statussache angewandt wurde, wohl ein Rückschritt, vgl. *Andrae*, Internationales Familienrecht, § 8 Rn. 106.

die auf materiell-rechtlichen Beweggründen beruht und die durch die *lex fori in foro proprio*-Regelung zusätzlich an Bedeutung gewinnen könnte, sowie Rechtssicherheit herbeizuführen, die idealerweise auch dem Parteiwillen Ausdruck verleiht. Forum Shopping kann auf mehrfache Weise begegnet werden:[1259] Neben der Reduktion konkurrierender Zuständigkeiten oder einer abgestuften Anknüpfung kommen vor allem die *forum non conveniens*-Lehre, antisuit injunctions und Gerichtsstandsvereinbarungen in Betracht, wobei nur Letztere im unmittelbaren Einflussbereich der Ehegatten liegen.

Die *forum non conveniens*-Lehre, die aus der Perspektive des potenziell entscheidenden Gerichts agiert und eine Begrenzung der *eigenen* Zuständigkeit herbeiführt,[1260] wird im europäischen Rechtsraum generell abgelehnt. Durch die Anwendung dieser Lehre entstehen schwierige Abgrenzungsfragen (Adäquanz des Gerichts des jeweiligen Mitgliedstaates) sowie etwaige Gefahren negativer Kompetenzkonflikte (eigene Unzuständigkeit begründet keine Zwangszuständigkeit des *forum conveniens*), die erneut Rechtsunsicherheit nach sich ziehen, sodass die Lehre hier wenig zielführend wäre.[1261]

Antisuit Injunctions sind dazu geeignet, einer Partei durch das Gericht die Prozessführung an einem *anderen* Gerichtsstand verbieten zu lassen.[1262] Da ein solches Vorgehen im Anwendungsbereich der Brüssel I-VO nicht nur durch die Rechtsprechung missbilligt, sondern durch die Reform der Verordnung von vornherein unterbunden werden soll, muss dieser Gedanke auch auf den Bereich des Familienrechts übertragen werden. Denn der Zwang in ein bestimmtes Forum, indem einem anderen Gericht verboten wird seine Tätigkeit aufzunehmen, kann nach dem Grundsatz des gegenseitigen Vertrauens, der Gleichwertigkeit der Rechtsprechung und des gesetzlich legitimierten Rechts, zwischen mehreren Zuständigkeiten wählen zu können, nicht gerechtfertigt werden.[1263]

Die dem Parteiwillen am nächsten kommende Lösung sollte daher in der Einführung einer Gerichtsstandsvereinbarung liegen,[1264] mit deren Hilfe die Zuständigkeit für Scheidungsfolgesachen einheitlich, wenn auch nur mittelbar

---

1259 Vgl. *Schütze*, Rechtsverfolgung im Ausland, Rn. 104 ff., 112 ff.

1260 *Schroeder*, EuZW 2004, 468 (470).

1261 *Kropholler*, Internationales Privatrecht, S. 638 f.; *Adolphsen*, Europäisches Zivilverfahrensrecht, S. 74 f.

1262 *Schroeder*, EuZW 2004, 468 (470).

1263 Vgl. hierzu EuGH, Rs. C-159/02 *Turner/Grovit u. a.*, EuGHE 2004, I 3578 mit Anm. *Schroeder*, EuZW 2004, 468 (470); *Schütze*, Rechtsverfolgung im Ausland, Rn. 115.

1264 *Schütze*, Rechtsverfolgung im Ausland, Rn. 119.

(3. Teil: C. II. 1. d)), *ex ante* gelenkt werden kann, und deren Implementierung im Kontext der jeweiligen Verordnung (3. Teil: C. II. 2. b) aa)) gesehen werden muss.

Reduktion und Abstufung der gesetzlichen Zuständigkeiten verhindern zwar von vornherein die Entstehung positiver Kompetenzkonflikte und sind damit für solche Konstellationen unverzichtbar, in denen die Parteien keine eigenständige Entscheidung über die Zuständigkeit getroffen haben. Hierauf können die Ehegatten naturgemäß jedoch keinen Einfluss nehmen, weshalb eine Kombination aus Gerichtsstandsvereinbarung und gesetzlichem Gerichtsstand im Kontext von Eheverträgen den richtigen Ansatz bietet (3. Teil: C. II. 2. b) bb) und cc) unter Berücksichtigung von 3. Teil: C. II. 2. b) aa) als Ausgangspunkt).

d) Zuständigkeitenbündelung der Ehevertragssache zugunsten der Statussache (international *und* örtlich)

Mit den bisherigen Ausführungen wurde noch nicht näher darauf eingegangen, ob und inwiefern eine Kopplung zwischen der Zuständigkeit im Folgeverfahren betreffend die vertraglichen Scheidungsfolgen, das den eigentlichen Anwendungsbereich des Ehevertrages beschreibt, und derjenigen im Scheidungsverfahren hergestellt werden sollte. Unabhängig davon, welche Implementierungsplattform konkret gewählt wird, sollte eine Zuständigkeitenbündelung zugunsten der Gerichte des Mitgliedstaates erfolgen, die bereits in der Statussache international zuständig sind. Die Kommission hatte zu Recht erst im Zusammenhang mit dem Vorschlag zur EheGüterVO zum Ausdruck gebracht, dass sie eine einheitliche Zuständigkeit für Ehescheidung und Folgesachen befürworte.[1265]

Von der (internationalen) Zuständigkeitenbündelung zu trennen ist die Frage nach einem möglicherweise im nationalen Verfahrensrecht vorgesehenen Verhandlungs- und Entscheidungsverbund, der durch die Neuregelung nicht konterkariert werden soll. Ob über eine Scheidungsfolge in direktem Zusammenhang mit einem Scheidungsverfahren verhandelt und entschieden werden kann und soll – sei es von Amts wegen oder erst auf Antrag einer Partei – bleibt weiterhin Sache der *lex fori*. Denn mit dem Vorschlag soll lediglich eine Konzentration der Zuständigkeit bewirkt, nicht jedoch ein zwingender Verhandlungs- und Entscheidungsverbund auf internationaler Ebene etabliert werden. Hierdurch würde gewährleistet, dass gerade solche Scheidungsfolgen, über die von dem jeweiligen Gericht nach nationalem

1265 Zustimmend: *Wagner*, FamRZ 2009, 269 (280).

Verfahrensrecht im Zusammenhang mit der Ehescheidung von Amts wegen mitzuentscheiden wäre, auch tatsächlich durch diese mitentschieden werden könnte. Auch im Falle einer Prorogation würde eine Folgesache damit nie dem Verhandlungs- und Entscheidungsbund entzogen. Daraus folgt, dass für die Frage, ob über die Scheidungsfolgen faktisch gemeinsam mit der Scheidung oder erst isoliert in einem getrennten Verfahren zu entscheiden ist, die *lex fori* heranzuziehen ist.

Darüber hinaus könnte ein Vorschlag neben der Regelung der *international* zuständigen Gerichte eines Mitgliedstaates, auch die Regelung des *örtlich* zuständigen Gerichts vorsehen. Da nach dem vorliegenden Vorschlag eine stete Verfahrenskonzentration zugunsten des in der Statussache zuständigen Gerichts befürwortet wird und damit eine im nationalen Verfahrensrecht vorgesehene örtliche Konzentration keinesfalls umgangen werden würde, kann auch die örtliche Zuständigkeit grundsätzlich ohne Bedenken einbezogen werden. Dies hat den Vorteil, dass eine in der *lex fori* nicht vorgesehene örtliche Zuständigkeit nicht mittels einer Hilfszuständigkeit geschlossen werden muss.[1266]

Um also der Tatsache in ihrer Gesamtheit Rechnung zu tragen, dass es sich bei dem Ehevertrag regelmäßig um ein einheitliches Rechtsgeschäft handelt, sollten Spaltungen des Vertrages unter Zugrundelegung einer einheitlichen Kopplung für alle Scheidungsfolgen vermieden werden. Bestätigt ist damit das „Ob" der Zuständigkeitenbündelung; zu klären bleibt demzufolge noch das „Wie", welches pragmatisch erst im Zusammenhang mit der individuellen Implementierungsplattform konkretisiert werden kann.

2. Europäische Verordnungen als adäquate Implementierungsplattform

a) Auswahl der Implementierungsplattform

Die soeben als einzelne Prämissen einer Lösung herausgearbeiteten methodischen Schritte müssen nun in ein Rechtsinstrument implementiert werden, wofür die Verordnung bereits als generell adäquate Plattform befunden wurde. Statt eines exkludierenden Ansatzes (Staatsvertrag), der im luftleeren Raum steht und damit einen Bezug zur europäischen Rechtstatsächlichkeit vermissen lässt, soll der Lösungsweg zweckmäßigerweise in die vorhandenen Verordnungen eingearbeitet werden.

1266 So die Kritik hinsichtlich Art. 3 Brüssel IIa-VO, Rauscher-*Rauscher*, EuZPR/EuIPR, Art. 3 Brüssel IIa-VO Rn. 18.

Am naheliegendsten wäre wohl ein spezifisch familienrechtlicher Ansatz, der, unter Zugrundelegung der erörterten Vorbedingung einer Zuständigkeitenbündelung, in der EuUnthVO und der avisierten EheGüterVO-E für die Folgesache in Verbindung mit einer maßgeblichen Lenkung der Zuständigkeit mithilfe der Brüssel IIa-VO für die Statussache operieren könnte. Ein solcher Ansatz würde erneut eine Aufspaltung der Folgesache nach Scheidungssäulen (Unterhaltssache, Güterrechtssache) erfordern, was zuvor für den Ehevertrag als einheitlichen Regelungskomplex als abträglich eingestuft wurde. Dem könnte zwar damit begegnet werden, indem für die vertraglichen Scheidungsfolgen in der jeweiligen Verordnung vollständig inhaltsgleiche Regelungen vorgesehen werden. Dies würde allerdings unter sachlichen Gesichtspunkten eine klare verordnungsinterne Trennung zwischen gesetzlichen und vertraglichen Scheidungsfolgen voraussetzen; insoweit scheint ein solcher Ansatz nicht vollkommen inpraktikabel bzw. dysfunktional. Letztlich spricht aber vor allem aus zeitlicher Perspektive gegen ihn, dass der EheGüterVO-E der Kommission bisweilen nicht zur Umsetzung gelangt ist und eine Ad-hoc-Implementierung damit erst einmal fehlschlüge.

Verfolgt werden soll daher ein im Allgemeinen vertragsrechtlich ausgerichteter Ansatz, der den Ehevertrag in seiner Gesamtheit zu erfassen vermag. Dabei soll die Scheidungsfolgensache ihren Platz in der ab dem 15.01.2015 geltenden Brüssel I-VO (Vorschlag bezeichnet als „Brüssel I-VO-AE") einnehmen, die hinsichtlich ihres sachlichen Anwendungsbereichs als Regelstandort für vertragliche Angelegenheiten gilt, und soll sodann eine Verknüpfung zur Statussache in der Brüssel IIa-VO (Vorschlag bezeichnet als „Brüssel IIa-VO-AE") herstellen. Unterschiede zur territorialen Anwendbarkeit der beiden Verordnungen ergeben sich im Wesentlichen nur mit Blick auf Dänemark.[1267] Im Folgenden werden die *de lege ferenda* maßgeblichen zuständigkeitsrechtlichen Schritte in der für die Bündelung erforderlichen Reihenfolge (Ehevertragssache zugunsten der Statussache) erörtert und mit konkreten Formulierungsvorschlägen am Ende des jeweiligen Abschnitts versehen (3. Teil: C. II. 2. b) aa)-cc)), die schließlich mit kurzen Ausführungen zum Kollisionsrecht (3. Teil: C. II. 2. b) dd)) und zur Anerkennung und Vollstreckung (3. Teil: C. II. 2. b) ee)) bezüglich der Ehevertragssache vervollständigt werden. Hieraus ergibt sich Folgendes:

1267 Siehe hierzu bereits oben die Fn. 1073–1075.

Abb. 3: Rechtszustand de lege ferenda (internationaler Kontext).

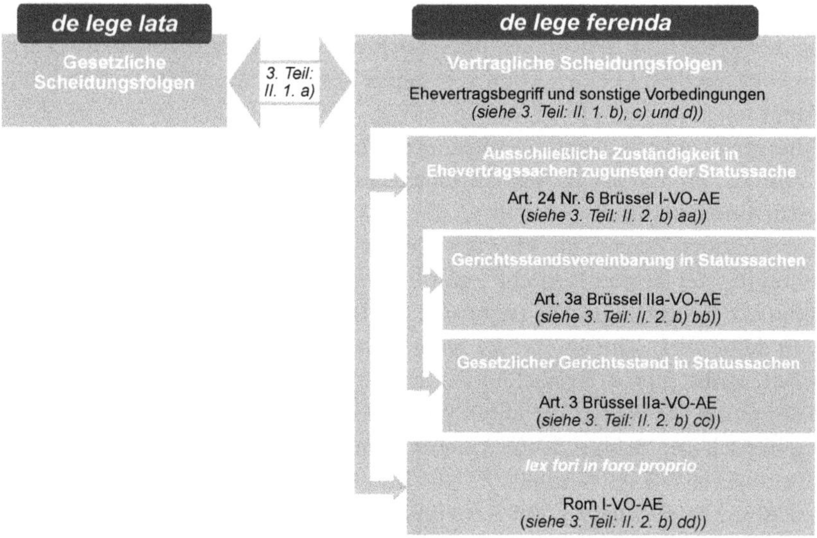

b) Konkreter Implementierungsvorschlag

aa) Ausschließliche Zuständigkeit in Ehevertragssachen zugunsten der Statussache (Brüssel I-VO-AE)

Aus den vorstehenden Ausführungen geht hervor, dass grundsätzlich eine durchgängige Zuständigkeitenbündelung für Ehevertragsangelegenheiten insgesamt zugunsten der Statussache befürwortet wird. Die als das maßgebliche Mittel zur Verwirklichung des Parteiwillens identifizierte Gerichtsstandsvereinbarung[1268] muss ihren Standort *de lege ferenda* in der im Hinblick auf die Statussache anwendbaren Verordnung einnehmen, weil eine die Scheidungsfolgen betreffende Gerichtsstandsvereinbarung allein – jedenfalls vor Anhängigkeit des Scheidungsverfahrens mangels Bestimmtheit des zuständigen Gerichts in der Statussache – nicht das für die Scheidung zuständige Gericht präjudizieren könnte. Ein Standort in der Statussache wird gleichermaßen für den gesetzlichen Gerichtsstand favorisiert, weil andernfalls nur eine Kombination aus ehevertragsspezifischer Zuständigkeit und Annexzuständigkeit denkbar wäre, um eine Auflösung der Verbundes zu vermeiden. Während es jedoch bereits fraglich

1268 Siehe hierzu oben 3. Teil: C. II. 1. c).

ist, welcher gesetzliche Gerichtsstand unter sachlichen Gesichtspunkten ernsthaft spezifisch für den Ehevertrag in Betracht kommen könnte (z. B. Ort des Vertragsschlusses), würde eine lediglich daneben anwendbare, aber zur Sicherung des Verbundes notwendige und gleichrangige Annexzuständigkeit erneut Rechtsunsicherheit in einen Kontext bringen, der doch eigentlich nach Stabilität verlangt.

Eine maßgebliche Lenkung muss deshalb, auch unter dem Gesichtspunkt der räumlichen und sachlichen Ausrichtung der Zuständigkeit, im Bereich der Ehescheidung stattfinden (3. Teil: C. II. 2. b) bb) und cc)), wohingegen im damit verknüpften Bereich des Ehevertrages statisch gearbeitet werden sollte. Eine Verbindung der beiden Bereiche kann mittels eines ausschließlichen Gerichtsstandes der Ehevertragssache zugunsten der Statussache geschaffen werden, der in den dafür vorgesehenen Art. 24 Nr. 6 Brüssel I-VO-AE inkorporiert werden soll. Art. 1 Abs. 2 lit. a) Brüssel I-VO-AE soll auch künftig klarstellen, dass trotz der Kopplung der beiden Verfahren die Statussache weiterhin aus dem Anwendungsbereich der Brüssel I-VO-AE ausgenommen bleibt und sich daher nach der Brüssel IIa-VO-AE beurteilt.[1269] Allerdings wird der Ausschlusstatbestand in Art. 1 Abs. 2 lit. e) Brüssel I-VO-AE – unter Hinzuziehung des Art. 1 Abs. 2 lit. a) Brüssel I-VO-AE – insofern angepasst, als er eine Öffnung des sachlichen Anwendungsbereichs der Verordnung für vertragliche Scheidungsfolgesachen auf der Grundlage des in Art. 2 lit. g) Brüssel I-VO-AE einzufügenden Ehevertragsbegriffs ermöglichen soll.

Eine alleinige Prorogation des für die Ehescheidung zuständigen Gerichts hätte den Vorteil, dass ein separater Opt-In zur Zuständigkeitenbündelung vonseiten der Parteien im vertraglichen Scheidungsfolgenkontext[1270] überflüssig würde und eine Kopplung zugunsten der Statussache auf der einen Seite immer bereits dann erfolgte, sofern auf der anderen Seite eine Ehevertragssache identifiziert würde. Hierdurch kann einer unnötigen Dopplung der Gerichtsstandsvereinbarung und eines aufgrund der unterschiedlichen inhaltlichen Ausrichtung vermutlich nicht umsetzbaren Gleichlaufs der einzelnen Wahlgerichtsstände zwischen Ehescheidung und Ehevertrag *de lege ferenda* aus dem Weg gegangen werden. Erspart blieben dann auch lästige Auslegungsfragen, ob sich die

---

1269 So bereits für den Rechtszustand *de lege lata*, vgl. Rauscher-*Mankowski*, EuZPR/EuIPR, Art. 1 Brüssel I-VO Rn. 10 m. w. N.

1270 Eine Annexzuständigkeit für Güterstandssachen als gesetzlichen, wenn auch nicht ausschließlichen, Regelfall (Opt-Out) anstelle einer nach Art. 4 EheGüterVO-E notwendigen Gerichtsstandsvereinbarung (Opt-In) befürwortend: *Hau*, in: FS für Simotta, 215 (222).

konkrete Gerichtsstandsvereinbarung der Ehegatten kumulativ auf beide oder nur alternativ auf eine der beiden Bereiche (Statussache und/oder vertragliche Scheidungsfolgen) beziehen sollte.

Darüber hinaus hätte eine solche Zuständigkeitenregelung den Vorteil, dass für den Fall, dass ein Ehevertrag geschlossen, aber eine Gerichtsstandsvereinbarung gänzlich vergessen oder verweigert wurde, keine Auflösung der Zuständigkeitenbündelung bewirkt würde. Gleichzeitig muss jedoch bedacht werden, dass dies zur uneingeschränkten Anwendung des Art. 3 Brüssel IIa-VO in seiner gegenwärtigen Form führen und damit auf der Grundlage positiver Kompetenzkonflikte mehr denn je zum Forum Shopping einladen und zum Wettlauf zu den Gerichten ermuntern würde. Deshalb muss in den folgenden Schritten für die Statussache *de lege ferenda* schwerpunktmäßig nicht nur eine Gerichtsstandsvereinbarungsmöglichkeit (Art. 3a Brüssel IIa-VO-AE) eingeführt, sondern auch eine Anpassung der gesetzlichen Gerichtsstände (Art. 3 Brüssel IIa-VO-AE) vorgenommen werden. Für die Ehevertragssache selbst wird zunächst folgender Formulierungsvorschlag vorgetragen:

(I) Art. 1 Abs. 2 lit. a) und e) Brüssel I-VO werden folgendermaßen partiell konsolidiert und konkretisiert:

a) den Personenstand, die Rechts- und Handlungsfähigkeit sowie die gesetzliche Vertretung von natürlichen Personen, ~~die ehelichen Güterstände oder Güterstände aufgrund von Verhältnissen, die nach dem auf diese Verhältnisse anzuwendenden Recht mit der Ehe vergleichbare Wirkungen entfalten,~~ (...)

e)[die ehelichen Güterstände oder Güterstände aufgrund von Verhältnissen, die nach dem auf diese Verhältnisse anzuwendenden Recht mit der Ehe vergleichbare Wirkungen entfalten sowie] Unterhaltspflichten, die auf einem Familien-, Verwandtschafts- oder eherechtlichen Verhältnis oder auf Schwägerschaft beruhen, [es sei denn sie sind Gegenstand eines Ehevertrages]

(II) In Art. 2 Brüssel I-VO wird ein neuer lit. g) angefügt:

g) „Ehevertrag" ist jede Vereinbarung zwischen Ehegatten zur Regelung ihrer vermögensrechtlichen Beziehungen untereinander sowie gegenüber Dritten und zur Regelung ihrer unterhaltsrechtlichen Beziehungen untereinander.[1271]

(III) In Art. 24 Brüssel I-VO wird eine neue Nr. 6 angefügt:

6. für Verfahren, welche bereits entstandene oder künftige Ehevertragsstreitigkeiten zum Gegenstand haben, das Gericht oder die Gerichte des Mitgliedstaats, die für Streitigkeiten zwischen den Ehegatten oder früheren Ehegatten in Ehesachen zuständig sind oder waren.[1272]

1271 Siehe hierzu bereits oben 3. Teil: C. II. 1. a).

1272 In Anlehnung an die Formulierung in Art. 4 Abs. 1 lit. c) i) EuUnthVO.

Ob über die Folgesache gemeinsam mit der Ehesache zu verhandeln und zu entscheiden ist, ergibt sich aus dem Recht des in der Ehesache zuständigen Gerichts.

bb) Gerichtsstandsvereinbarung in Statussachen (Brüssel IIa-VO-AE)

Dem Willen der Ehevertragsparteien kann also mit einer Gerichtsstandsvereinbarung, die sich bereits an das Scheidungsverfahren richten müsste, am besten zum Ausdruck verholfen werden. Ihre Einführung hatte die Kommission in ihrem Reformvorschlag[1273] in Art. 3a Brüssel IIa-VO-ÄndE vorgesehen, der letztlich nicht zur Umsetzung gelangte und nun hier jedenfalls in Teilen aufgegriffen werden soll. Das Reformvorhaben, das sich vor allem auch kollisionsrechtlichen Fragen widmete, scheiterte insgesamt an Widerständen aus den Reihen der *lex fori*-Staaten.[1274] Ausgehend davon, dass sich der hier vorgeschlagene Lösungsweg zur Statussache auf die internationale Zuständigkeit beschränkt und das Kollisionsrecht im ursprünglich vorgesehenen Sinne ausklammert, ist zumindest insofern eine oppositionelle Positionierung der *lex fori*-Staaten nicht zu erwarten.

Eine Gerichtsstandsvereinbarung stellt die Privatautonomie der Parteien in den Vordergrund. Gleichwohl kann eine Prorogation im Verhältnis zwischen Ehegatten nicht willkürlich erfolgen. Die in Art. 3a Abs. 1 S. 2 Brüssel IIa-VO-AE genannten Fora stellen, sei es durch Verweis auf den allgemeinen Gerichtsstand in lit. a) oder die Varianten in lit. b) und c), über die Kriterien des gewöhnlichen Aufenthaltsortes oder die Staatsangehörigkeit bzw. das Domicile einen sachlichen Bezug zur Ehe sicher. Freilich sieht sich diese, wie auch nahezu jede andere Regelung, die einen Ausgleich widerstreitender Interessen versucht, Kritik ausgesetzt;[1275] es sollte jedoch nicht unterschätzt werden, dass ein bewusst gewählter, nicht rechtsmissbräuchlich wählbarer Gerichtsstand für die Ehegatten selbst unter Berücksichtigung der weitreichenden Folgewirkungen für die Ehevertragssache (Zuständigkeitenbündelung und *lex fori in foro proprio*) besser ist als ein überraschender und willkürlicher. Prorogation sollte in der hier beschränkten Form unter Gewährleistung eines sachlichen Bezugs, auch wenn es gegen die Tradition im Eheverfahrensrecht sprechen mag,[1276] zugelassen werden, wenn die einzelnen Gerichtsstände in den jeweiligen Mitgliedstaaten als gleichwertig gelten sollen. Andernfalls bliebe lediglich eine weniger programmatische Alternative, die Prorogation nicht für die Statussache allein, sondern nur für den

1273 KOM (2006) 399 endg.; BT-Drucks. 16/2784.

1274 Siehe hierzu bereits oben 3. Teil: B. II. 1. b).

1275 Siehe nur Rauscher-*Rauscher*, EuZPR/EuIPR, Einl. Brüssel IIa-VO Rn. 55.

1276 *Spellenberg*, in: FS Geimer, 1257 (1263).

Fall zuzulassen, dass die Statussache mit einem Scheidungsfolgeverfahren gekoppelt wird.

Es genügt nach Art. 3a Abs. 1 S. 3 Brüssel IIa-VO-AE, wenn die Voraussetzungen zum Zeitpunkt des Abschlusses der Gerichtsstandsvereinbarung oder jedenfalls spätestens zum Zeitpunkt der Anrufung des Gerichts in der Statussache gegeben sind. Gemäß Art. 3a Abs. 1 S. 4 Brüssel IIa-VO-AE hat die Gerichtsstandsvereinbarung grundsätzlich ausschließlichen Charakter, sodass die gesetzlichen Gerichtsstände derogiert werden. Was damit offen bleibt ist, ob Art. 3a Brüssel IIa-VO-AE in dieser inhaltlichen Form wirklich uneingeschränkt für die Ehescheidung gutgeheißen werden kann, wenn man eine Prorogation einmal nicht nur aus der hier fokussierten Perspektive einer Zuständigkeitenbündelung für den Anwendungsfall der Ehevertragssache sieht.[1277] Die sich im Zusammenhang mit der die internationale Zuständigkeit abschließend regelnden EuUnthVO ergebende Drittstaatenproblematik,[1278] d. h. die ggf. auch derogierende Wirkung einer Gerichtsstandsvereinbarung für die Gerichte eines Mitgliedstaates im Falle der Prorogation zugunsten eines Drittstaates, sollte sich mangels Abschließlichkeit der Brüssel IIa-VO jedenfalls nicht stellen.

Es liegt in der Natur der Regelungstechnik, dass es nicht möglich ist, die der Zuständigkeit im Scheidungsverfahren nur folgende Zuständigkeit hinsichtlich der vertraglichen Folgesache bei der Auswahl der Kriterien in dem Sinne zur Geltung zu verhelfen, dass der Ehevertrag ein Forum vorgeben könnte. Vielmehr bleiben die Ehevertragsparteien auf die Gerichtsstände der Ehescheidung beschränkt. Es gilt zu bedenken, dass dies ebenso Auswirkungen auf die Prorogation im gesetzlichen Scheidungsfolgenrecht nach Art. 4 Abs. 1 lit. c) i) EuUnthVO sowie Art. 4 EheGüterVO-E hat.

Nach Art. 3a Abs. 2 Brüssel IIa-VO-AE sollte die Gerichtsstandsvereinbarung mindestens in Schriftform abgeschlossen werden bzw., wenn sie *uno actu* mit einem Ehevertrag (Hauptvertrag) einhergeht, dessen strengeren Formanforderungen entsprechen.[1279] Mithilfe von Art. 3a Abs. 3 Brüssel IIa-VO-AE soll sichergestellt werden, dass eine den materiell-rechtlichen Hauptvertrag betreffende Rechtsfolge die Wirksamkeit der Gerichtsstandsvereinbarung unberührt lässt.

Das Problem, dass eine vorhandene wirksame Gerichtsstandsvereinbarung von einem hiernach eigentlich unzuständigen Gericht nicht beachtet wird, soll

1277 Sich für eine zeitliche Begrenzung aussprechend: Rauscher-*Rauscher*, EuZPR/EuIPR, Einl. Brüssel IIa-VO Rn. 55. Dies würde wiederum zu Rechtsunsicherheit führen, die im ehevertraglichen Kontext negativ wirkte.

1278 Vgl. Rauscher-*Andrae*, EuZPR/EuIPR, Art. 4 EG-UntVO Rn. 5 f. sowie 70 ff.

1279 So der Hinweis für das Güterrecht: *Hau*, in: FS für Simotta, 215 (224).

unter Zuhilfenahme der Reformansätze der Brüssel I-VO zur Verbesserung der Wirksamkeit von Gerichtsstandsvereinbarungen, insbesondere Art. 25, 29 Abs. 1, 31 Abs. 2 Brüssel I-VO,[1280] beseitigt werden, die zu einer Anpassung von Art. 19 Brüssel IIa-VO-AE und einer Neueinfügung von Art. 19a Brüssel IIa-VO-AE führen. Dies will sagen, dass statt des strikten Prioritätsgrundsatzes im Falle einer bestehenden Gerichtsstandsvereinbarung zunächst das (vermeintlich) prorogierte Gericht über seine Zuständigkeit entscheidet; jedes andere Gericht hat sein Verfahren solange auszusetzen. Aus dem Vorstehenden ergibt sich der folgende Formulierungsvorschlag:

(IV) Folgender Art. 3a wird nach Art. 3 Brüssel IIa-VO neu eingefügt:

Art. 3a Gerichtsstandsvereinbarungen bei Ehescheidung und Trennungen ohne Auflösungen des Ehebandes

(1) Ehegatten, die die Ehescheidung oder Trennung ohne Auflösung des Ehebandes beantragen möchten, können einvernehmlich [auch für die Zukunft] festlegen, dass ein Gericht oder die Gerichte eines bestimmten Mitgliedstaats zuständig sind, sofern ein enger Bezug zu diesem Mitgliedstaat gegeben ist. Dies ist dann der Fall, wenn

a) einer der in Artikel 3 genannten Zuständigkeitsgründe zutrifft oder

b) dieser Mitgliedstaat der letzte gemeinsame gewöhnliche Aufenthaltsort der Ehegatten während mindestens drei Jahren war oder

c) einer der Ehegatten die Staatsangehörigkeit dieses Mitgliedstaats besitzt bzw. im Fall des Vereinigten Königreichs und Irlands sein bzw. ihr „domicile" im Hoheitsgebiet dieser Staaten hat.

[Die genannten Voraussetzungen müssen zum Zeitpunkt des Abschlusses der Gerichtsstandsvereinbarung oder zum Zeitpunkt der Anrufung des Gerichts erfüllt sein.

Das Gericht oder die Gerichte des Mitgliedstaats sind ausschließlich zuständig, sofern die Parteien nichts anderes vereinbart haben.]

(2) Die Gerichtsstandsvereinbarung bedarf mindestens der Schriftform und ist von den Ehegatten spätestens bei Anrufung des Gerichts zu unterzeichnen.

[Eine Gerichtsstandsvereinbarung, die Teil eines Vertrags ist, hat sich an dessen Schriftform zu orientieren, wenn diese strenger ist.]

(3) Eine Gerichtsstandsvereinbarung, die Teil eines Vertrages ist, ist als eine von den übrigen Vertragsbestimmungen unabhängige Vereinbarung zu behandeln.

1280 ABl. L 351/1, im Grundsatz basierend auf dem Vorschlag der Europäischen Kommission zur Brüssel I-VO, KOM (2010) 748 endg., S. 4, 9 f.; ursprünglich zu diesem Problem: *Pfeiffer*, Schutz gegen Klagen im forum derogatum.

Die Gültigkeit der Gerichtsstandsvereinbarung kann nicht allein mit der Begründung in Frage gestellt werden, dass der Vertrag nicht gültig ist.[1281]

(V) In den Artikeln 4 und 5 Brüssel IIa-VO wird der Verweis auf „Artikel 3“ durch den Verweis auf die „Artikel 3 und 3a“ ersetzt.[1282]

(VI) Artikel 19 Brüssel IIa-VO wird folgendermaßen angepasst:

Werden bei Gerichten verschiedener Mitgliedstaaten Anträge auf Ehescheidung, Trennung ohne Auflösung des Ehebandes oder Ungültigerklärung einer Ehe zwischen denselben Parteien gestellt, so setzt das später angerufene Gericht das Verfahren [unbeschadet des Artikels 19a][1283] von Amts wegen aus, bis die Zuständigkeit des zuerst angerufenen Gerichts geklärt ist.

(VII) Folgender Artikel 19a wird nach Art. 19 Brüssel IIa-VO neu angefügt:

(1) Wird ein Gericht eines Mitgliedstaats angerufen, das gemäß einer Vereinbarung nach [Artikel 3a] ausschließlich zuständig ist, so setzt das Gericht des anderen Mitgliedstaats das Verfahren so lange aus, bis das auf der Grundlage der Vereinbarung angerufene Gericht erklärt hat, dass es gemäß der Vereinbarung nicht zuständig ist.

(2) Sobald das in der Vereinbarung bezeichnete Gericht die Zuständigkeit gemäß der Vereinbarung festgestellt hat, erklären sich die Gerichte des anderen Mitgliedstaats zugunsten dieses Gerichts für unzuständig.[1284]

cc) Gesetzlicher Gerichtsstand in Statussachen (Brüssel IIa-VO-AE)

Für den Fall, dass die Ehegatten keine Gerichtsstandsvereinbarung geschlossen haben, ist auf die gesetzlichen Gerichtsstände in Art. 3 Brüssel IIa-VO zurückzugreifen. Es war Ziel des Gesetzgebers, mithilfe der gegenwärtig vorrangigen Aufenthaltsanknüpfung Mobilität und Rechtssicherheit für den Antragsgegner zu gewährleisten; die Anknüpfung an die Staatsangehörigkeit befindet sich deswegen auf dem Rückzug.[1285] Da die einzelnen Gerichtsstände in keinem hierarchischen Verhältnis zueinander stehen, können positive Kompetenzkonflikte entstehen, die Forum Shopping ermöglichen und aufgrund des geltenden Prioritätsgrundsatzes einen Wettlauf zu den Gerichten hervorrufen, was sich nicht

---

1281 Die Formulierungen in Abs. 1 und 2 sind weitestgehend angelehnt an Art. 3a Brüssel IIa-VO-ÄndE der Europäischen Kommission, KOM (2006) 399 endg.; Abs. 3 entspricht Art. 25 Abs. 1 S. 2 Brüssel I-VO; Abs. 4 entspricht Art. 25 Abs. 4 Brüssel I-VO.

1282 In Anlehnung an den nicht umgesetzten Vorschlag zur Brüssel IIa-VO-ÄndE der Europäischen Kommission, KOM (2006) 399 endg.

1283 In Anlehnung an die Änderung in Art. 29 Abs. 1 Brüssel I-VO im Zuge der Reform.

1284 In Anlehnung an die Formulierung in Art. 31 Abs. 2 und 3 Brüssel I-VO.

1285 Rauscher-*Rauscher*, EuZPR/EuIPR, Art. 3 Brüssel IIa-VO Rn. 1 ff.

nur negativ auf den Ehevertragskontext, sondern auch auf das Scheidungsverfahren auswirkt.[1286] Dies könnte verhindert und zugunsten der Vorhersehbarkeit verbessert werden, wenn eine Anknüpfungsleiter eingeführt würde. Sicherlich verlieren die Scheidungswilligen damit ein gewisses Maß an Flexibilität; eine Rechtsweggarantie bestünde damit jedoch gleichermaßen fort.

Der nun folgenden Neuaufstellung des Art. 3 Brüssel IIa-VO liegt ein Vorschlag zugrunde, der es nicht vermag und auch nicht vermögen kann, eine ehevertragsspezifische Anknüpfung bei gleichzeitiger Herstellung einer Kopplung der beiden Verfahren zu bewirken; andernfalls müsste sonst ein gesetzlicher Gerichtsstand für den Ehevertrag die Zuständigkeit für das Scheidungsverfahren bestimmen. Vielmehr kann der Vorschlag lediglich versuchen, die im Scheidungsverfahren maßgeblichen Zuständigkeiten regelungstechnisch so auszurichten, dass sie auf den ehevertraglichen Kontext keinen negativen Einfluss haben. Um für die vertragsgestaltenden Parteien an dieser Stelle unerwünschte und unvorhergesehene Ergebnisse zu vermeiden, wird insofern eine Aufklärungspflicht der beratenden Stelle (Notar, Rechtsanwalt) hinsichtlich der Folgen einer fehlenden Gerichtsstandsvereinbarungen und der Konsequenzen einer Anwendung des Art. 3 Brüssel IIa-VO-AE anzunehmen sein. Im Übrigen hat die Neuerung mittelbare Auswirkungen auch auf die Annexzuständigkeit in Art. 3 lit. c) EuUnthVO.

Dem Merkmal der „Gemeinsamkeit" soll durch Art. 3 Abs. 1 Brüssel IIa-VO-AE stärkere Bedeutung beigemessen werden, welches stufenweise („oder anderenfalls") zunächst bezogen auf den Aufenthaltsort in lit. a) Str. 1 und 2, dann bezogen auf den Antrag in lit. a) Str. 3 (ex-Artikel 3 Abs. 1 lit. a) Str. 4)) und schließlich bezogen auf die Staatsangehörigkeit in lit. b) einen Bezug zur Ehe sicherstellt. Die Anknüpfung an die gemeinsame Staatsangehörigkeit bzw. das Domicile wurde zwar in Abs. 1 lit. b) belassen, aber bewusst vor einen neuen, gegenüber Abs. 1 subsidiären Art. 3 Abs. 2 Brüssel IIa-VO-AE („soweit sich") gezogen,[1287] der sodann das *forum rei* in lit. a) (ex-Artikel 3 Abs. 1 lit. a) Str. 4 Brüssel IIa-VO) sowie das *forum actoris* konsolidiert in lit. b) (ex-Artikel 3 Abs. 1 lit. a) Str. 5 und 6 Brüssel IIa-VO) auf eine alternativ wählbare Stufe stellt. Einer rollenbezogenen Bevorzugung des Antragsgegners gegenüber dem Antragsteller soll hiermit im Grundsatz entgegengetreten werden.[1288]

1286 Siehe hierzu bereits oben abstrakt Einleitung: A. III. 1.

1287 Eine Einbeziehung der Staatsangehörigkeit sollte sich weder dem Vorwurf der Unzeitgemäßheit noch des Verstoßes gegen das Diskriminierungsverbot ausgesetzt sehen, so auch Rauscher-*Rauscher*, EuZPR/EuIPR, Art. 3 Brüssel IIa-VO Rn. 5, 54.

1288 Eine rollenneutrale Anknüpfung ebenfalls befürwortend, aber insofern radikaler als er das restriktive *forum actoris* öffnen möchte: Rauscher-*Rauscher*, EuZPR/

Der Verweis in Art. 3a Abs. 1 lit. a) Brüssel IIa-VO-AE bezieht sich freilich auf den Rechtszustand *de lege ferenda*. Wie sich dem Wortlaut „(...) wenn einer der in Artikel 3 genannten Zuständigkeitsgründe zutrifft (...)" entnehmen lässt, sind die gesetzlichen Gerichtsstände in Art. 3 Brüssel IIa-VO-AE dann ausnahmsweise frei wählbar, sofern deren Voraussetzungen erfüllt sind. Hieraus folgt:

(VIII) Artikel 3 Brüssel IIa-VO wird folgendermaßen angepasst:

Allgemeine Zuständigkeit

(1) Für Entscheidungen über die Ehescheidung, die Trennung ohne Auflösung des Ehebandes oder die Ungültigerklärung einer Ehe, sind die Gerichte des Mitgliedstaats zuständig,

a) in dessen Hoheitsgebiet

- beide Ehegatten ihren gewöhnlichen Aufenthalt haben oder [anderenfalls]

- die Ehegatten zuletzt beide ihren gewöhnlichen Aufenthalt hatten, sofern einer von ihnen dort noch seinen gewöhnlichen Aufenthalt hat, oder [anderenfalls]

- im Fall eines gemeinsamen Antrags einer der Ehegatten seinen gewöhnlichen Aufenthalt hat oder [anderenfalls]

~~- der Antragsteller seinen gewöhnlichen Aufenthalt hat, wenn er sich dort seit mindestens einem Jahr unmittelbar vor der Antragstellung aufgehalten hat, oder~~

~~- der Antragsteller seinen gewöhnlichen Aufenthalt hat, wenn er sich dort seit mindestens sechs Monaten unmittelbar vor der Antragstellung aufgehalten hat und entweder Staatsangehöriger des betreffenden Mitgliedstaats ist oder, im Fall des Vereinigten Königreichs und Irlands, dort sein „domicile" hat;~~

b) dessen Staatsangehörigkeit beide Ehegatten besitzen, oder, im Fall des Vereinigten Königreichs und Irlands, in dem sie ihr gemeinsames „domicile" haben.

[(2) Soweit sich aus Abs. 1 keine Zuständigkeit ergibt, sind die Gerichte des Mitgliedstaats zuständig, in dessen Hoheitsgebiet

a) der Antragsgegner seinen gewöhnlichen Aufenthalt hat oder

b) der Antragsteller seinen gewöhnlichen Aufenthalt hat, wenn er sich dort seit mindestens einem Jahr unmittelbar vor der Antragstellung aufgehalten hat, oder der Antragsteller seinen gewöhnlichen Aufenthalt hat, wenn er sich dort seit mindestens sechs Monaten unmittelbar vor der Antragstellung aufgehalten hat und entweder Staatsangehöriger des betreffenden Mitgliedstaats ist oder, im Fall des Vereinigten Königreichs und Irlands, dort sein „domicile" hat.]

EuIPR, Art. 3 Brüssel IIa-VO Rn. 31 f.; siehe in diesem Kontext auch: *Hau*, FamRZ 2000, 1333 (1334 f.); *Schack*, RabelsZ 65 (2001), 615 (622 f.). Eine Öffnung des *forum actoris* hätte im Rechtszustand *de lege ferenda* den Nachteil, Forum Shopping erneut zu erleichtern, wenngleich dies auch mit Blick auf die Subsidiarität nur unter schwierigen Bedingungen instrumentalisierbar sein wäre.

> [(3)] Der Begriff „domicile" im Sinne dieser Verordnung bestimmt sich nach dem Recht des Vereinigten Königreichs und Irlands.

dd) Anwendung des eigenen materiellen Sachrechts in Ehevertragssachen (Rom I-VO-AE)

Ausgehend vom Grundsatz der *lex fori in foro proprio* bedarf es eines kollisionsrechtlichen Korrelats für die Ehevertragssache in einer dem vertragsrechtlichen Ansatz entsprechenden Verordnung, nämlich der Rom I-VO. Hiervon völlig unberührt bliebe das Kollisionsrecht der Statussache, worauf der vorliegende Maßstab nicht übertragen werden kann und soll.

Die Verordnung müsste entsprechend den Veränderungen in der Brüssel I-VO hinsichtlich ihres Ausschlusstatbestandes in Art. 1 Abs. 2 lit. b) und c) Rom I-VO-AE angepasst werden, den Ehevertragsbegriff als Legaldefinition in Art. 1 Abs. 5 Rom I-VO-AE neu aufnehmen sowie die ausschließliche Anwendung der *lex fori* durch das zuständige Gericht vorsehen.

ee) Hinweise zur Anerkennung und Vollstreckung in Ehevertragssachen

Konsequenterweise müsste sich eine die scheidungsfolgenrechtliche Entscheidung betreffende Anerkennung und Vollstreckung *de lege ferenda* ebenso einheitlich nach den Maßstäben des Kapitels III der Brüssel I-VO in ihrer Neufassung richten.[1289] Die sich im Rechtszustand *de lege lata* stellende Frage der Handhabe gegen eine Entscheidung, die unter Berücksichtigung der hiesigen Prämisse, dass ein Ehevertrag vor dem Hintergrund einer bestimmten Rechtsordnung geschlossen wurde, zu Unrecht ergangen ist,[1290] stellt sich im Rechtszustand *de lege ferenda* weniger. Denn für das Erkenntnisverfahren wurde die Möglichkeit zur Prorogation geschaffen, die künftig gegenüber derogierten Gerichten leichter durchsetzbar sein wird. Insofern wird durch die rechtssicherere Wahl des zuständigen Gerichts und über dessen *lex fori* das anwendbare Recht bestimmt werden können, sodass ablehnende Haltungen gegenüber Eheverträgen, die aus der Anwendung eines in der Sache nicht gerechtfertigten Rechts resultieren, vermieden werden. Eine rechtliche oder tatsächliche Nachprüfung der ausländischen Entscheidung im Sinne einer Anerkennungsversagung ist nach

---

1289 Da zu Art. 48 EuUnthVO ein Äquivalent in Art. 58 Brüssel I-VO (ex-Artikel 57 Brüssel I-VO) existiert, besteht der im Vergleich zu den Entscheidungen eines Mitgliedstaates potenzielle Problemkreis im Hinblick auf öffentliche Urkunden fort, siehe oben Fn. 1216.

1290 Siehe oben zum Rechtszustand *de lege lata* 3. Teil: B. III sowie zu den Prämissen 3. Teil: C. II. 1.

dem Verbot der *révision au fond* sowieso nicht zulässig. Eine Anerkennungsversagung gegenüber einer zu Unrecht ergangenen Entscheidung, sei es in Form des anerkennungsrechtlichen *ordre public* oder einer konkreten, neuen Fallgruppe, ist und bleibt daher *ultima ratio* und würde andernfalls der Freizügigkeit der Entscheidungen widersprechen.[1291] Mit dem hier vorgeschlagenen frühen Ansatz im Erkenntnisverfahren mag es deshalb sein Bewenden haben.

3. *Weiterer Forschungsbedarf*

Das Ehevertragsrecht stellt nur einen Teilbereich eines größeren Ganzen dar und hat nicht nur Verbindungen zum Scheidungs- und Scheidungsfolgenrecht, sondern bspw. auch zu Erb- und Kindschaftssachen, auf deren Einbeziehung der vorstehende Lösungsvorschlag nicht eingegangen ist. So müsste geklärt werden, ob und wie eine potenzielle Einbindung erbrechtlicher Angelegenheiten der EuErbVO aussehen könnte, die ebenso Gegenstand eines Ehevertrages sein können. Ferner müsste im Zuge der Einführung einer Prorogationsmöglichkeit in der Statussache über eine Anpassung des kindschaftsrechtlich relevanten Art. 12 Brüssel IIa-VO nachgedacht werden, die im damaligen Reformvorschlag bereits angedacht war und deren Folgen hier nicht überblickt werden.[1292]

Darüber hinaus bliebe im gesetzlichen Scheidungsfolgenrecht auch die Frage, ob die Prorogation im Unterhaltsrecht nicht ebenso auf das in der Statussache zuständige Gericht beschränkt werden sollte wie vergleichsweise in Art. 4 EheGüterVO-E vorgesehen, weil eine Prorogation nach gegenwärtigem Stand dazu geeignet ist, diese dem Verbund zu entziehen.[1293]

Schließlich stellt sich die Frage, was im Falle eines Ehevertrages mit solchen Scheidungsfolgen geschieht, die tatsächlich nicht Gegenstand des Ehevertrages sind und daher eigentlich unter den abgrenzbaren Bereich der gesetzlichen Scheidungsfolgen fallen. Nach der hier vertretenen Ansicht sollten auch diese über den vertraglichen Kontext erfasst werden, um eine Aufspaltung nach einzelnen Scheidungsfolgen auszuschließen, die gerade verhindert werden soll. Andererseits soll es jedoch nicht *per se* für abwegig erklärt werden, dass es

---

1291 Die Einhaltung der Grenzen des Anerkennungsversagungsgrundes als Notbremse wird durch den EuGH gewährleistet, *Adolphsen*, Europäisches Zivilverfahrensrecht, S. 171. Zur Frage, wie viel vom anerkennungsrechtlichen *ordre public* übrig bleibt, wenn das Verbot der *révision au fond* gilt, *Georgianti*, Zukunft des ordre public-Vorbehalts, S. 56 f.

1292 KOM (2006) 399 endg., S. 10.

1293 Auf dieses Problem im Zusammenhang mit der Wirkung der Gerichtsstandsvereinbarung in Art. 4 EuUnthVO hinweisend: *Rauscher*, FamFR 2013, 25 (28).

Konstellationen gibt, in denen ein Rückgriff auf die Regelungen für die gesetzlichen Scheidungsfolgen zweckmäßiger und daher vordringlich angezeigt sein könnte.

III. *Radmacher v Granatino* als Anwendungsbeispiel

Würde man den Lösungsvorschlag auf den hier in der Arbeit maßgeblichen Fall *Radmacher v Granatino* übertragen wollen, käme man zu dem Ergebnis, dass dieser im Rechtszustand *de lege ferenda* im Vergleich zum Rechtszustand *de lege lata*[1294] letztlich nicht anders zu bewerten wäre. Dies liegt darin begründet, dass die vorgesehenen Anpassungen eine Verlangerung des Kollisionsrechts in die Zuständigkeit *(lex fori in foro proprio)* befürworten und dabei vornehmlich mit einer Prorogationsmöglichkeit arbeiten. Eine Gerichtsstandsvereinbarung beinhaltete der Ehevertrag von Frau Radmacher und Herrn Granatino jedoch nicht, der zum einen zeitlich einer potentiellen Gesetzesänderung vorausging und zum anderen eine solche Prorogationsmöglichkeit hätte antizipieren müssen.

Hierzu im Einzelnen: Da es sich um einen Ehevertrag i. S. v. Art. 2 lit. g) Brüssel I-VO-AE handelt, wäre der sachliche Anwendungsbereich der Verordnung ausnahmsweise gem. Art. 1 Abs. 2 lit. e) Brüssel I-VO-AE eröffnet, sodass die ausschließliche Zuständigkeit in Art. 24 Nr. 6 Brüssel I-VO-AE greifen würde. Hiernach wäre(n) für die Ehevertragssache dasjenige bzw. diejenigen Gerichte des Mitgliedstaates zuständig, die auch für die Statussache (Verweis auf Brüssel IIa-VO-AE für die Ehescheidung) zuständig wären. Mangels Gerichtsstandsvereinbarung i. S. v. Art. 3a Brüssel IIa-VO-AE müsste ein Rückgriff auf die gesetzlichen Gerichtsstände erfolgen, sodass nach Art. 3 Abs. 1 lit. a) Str. 2 Brüssel IIa-VO-AE die englischen Gerichte sowohl für das Scheidungs- als auch für das Scheidungsfolgeverfahren (Zuständigkeitenbündelung) zuständig wären. Die Anwendung der *lex fori* mittels der Rom I-VO-AE führte schließlich konsequenterweise zur Anwendung des englischen Sachrechts.

Dass hier kein befriedigenderes Ergebnis im Zusammenhang mit Art. 3 Brüssel IIa-VO-AE herbeigeführt werden kann, liegt in der Natur der Lösung und wurde bereits ausführlich erörtert.[1295] Sofern die Parteien von der Prorogationsmöglichkeit keinen Gebrauch gemacht haben, beschränkt sich die Verbesserung des Rechtszustandes auf die Verhinderung von Forum Shopping mittels einer Anknüpfungsleiter. Die gesetzlichen Gerichtsstände in der Statussache sollten keinesfalls eine ehevertragsspezifische Anknüpfung bei gleichzeitiger

1294 Zur Bewertung des Falles im Rechtszustand *de lege lata* siehe oben 3. Teil: B. II. 3.
1295 Siehe oben 3. Teil: C. II. 2. b) cc).

Herstellung einer Kopplung der beiden Verfahren (Scheidungs- und Scheidungsfolgeverfahren) bewirken.

Vorausgesetzt der Lösungsvorschlag würde umgesetzt und der Ehevertrag zwischen Frau Radmacher und Herr Granatino unter dieser Prämisse mit einer Gerichtsstandsvereinbarung zugunsten deutscher Gerichte erneut abgeschlossen, wäre eine solche Gerichtsstandsvereinbarung in jedem Fall nach Art. 3a Abs. 1 lit. c) Brüssel IIa-VO-AE zulässig. Aufgrund der Zuständigkeitenkopplung wäre ein Ausscheren ins Vereinigte Königreich anlässlich des Scheidungsfolgeverfahrens nicht möglich.

D. Zusammenfassung des internationalen Kontextes

Im Rechtszustand *de lege lata* ist für internationale Ehepaare nicht gewährleistet, dass das materielle Sachrecht Anwendung findet, auf dessen Grundlage der Ehevertrag geschlossen wurde. International vereinheitlichtes Verfahrensrecht[1296] ist bisher nur für Unterhaltssachen (EuUnthVO) und die ggf. damit verbundene Statussache (Brüssel IIa-VO) vorhanden, nicht jedoch für die sonstigen Scheidungsfolgen, für die insoweit auf das nationale Verfahrensrecht[1297] zurückzugreifen ist. Korrelierend dazu existiert im Bereich des internationalen Kollisionsrechts[1298] vereinheitlichtes Recht für Unterhaltssachen (EuUnthVO i. V. m. HUntStProt 2007) und die ggf. akzessorisch anknüpfende Statussache (Rom III-VO). Hinsichtlich des sachlichen Anwendungsbereichs gestaltet sich die Lage daher ähnlich, vergleichsweise schlechter jedoch hinsichtlich des territorialen Anwendungsbereichs. Hier besteht ein wesentlich geringerer Konsens als im Verfahrensrecht, sodass sich gerade solche Mitgliedstaaten, die eine Fremdrechtsanwendung ablehnen, vornehmlich auf ihren *lex fori*-Standpunkt zurückziehen. Es bleibt daher noch mehr Raum für einen Rückgriff auf das nationale Kollisionsrecht.[1299] Unvereinheitlichtes Kollisionsrecht bewirkt zum einen Rechtsanwendungsunsicherheit (Globalproblem) und eröffnet zum anderen im Zusammenhang mit positiven Kompetenzkonflikten Spielraum für Forum Shopping (Lokalproblem). Gerade für den ehevertraglichen Kontext stehen den Parteien nur in unzureichendem Maße Regelungen zur Seite, den zuständigkeitsrechtlichen und kollisionsrechtlichen Ausgang des Verfahrens insgesamt und im Voraus zu determinieren.

1296 Siehe oben 3. Teil: B. I. 1 sowie Abb. 2 (S. 231).

1297 Siehe oben 3. Teil: B. I. 2.

1298 Siehe oben 3. Teil: B. II. 1.

1299 Siehe oben 3. Teil: B. II. 2.

Der zur Behebung des Lokal- und Globalproblems vorgestellte Lösungsvorschlag setzt in derjenigen Ebene (internationale Zuständigkeit und Kollisionsrecht) an, die als realistischste Umgebung zur Umsetzung identifiziert wurde.[1300] Das Zusammenspiel aus Implementierungsmethodik und –plattform verlagert den Ansatz relativ weit nach vorne, gewährleistet dadurch aber auch ein beachtliches Maß an Rechtssicherheit, weil die Ehegatten *ex ante* und *einheitlich* für alle vertraglichen Scheidungsfolgen Einfluss nehmen können. Abgrenzungsschwierigkeiten und Aufspaltungen nach einzelnen Scheidungsfolgen, die der Natur des Ehevertrages als Gesamtregelungskomplex widersprechen, würden sich hierdurch erübrigen.

Ausgangspunkt der Implementierungsmethodik ist eine Differenzierung zwischen gesetzlichen und vertraglichen Scheidungsfolgen, die sowohl in sachlicher als auch in räumlicher Hinsicht unterschiedlichen Prioritäten folgen und daher voneinander separiert werden.[1301] Die Lösung kann sich deshalb ausschließlich auf den vertraglichen Bereich fokussieren. Zwingend notwendig ist eine Abhängigkeit von internationaler Zuständigkeit und Kollisionsrecht, weil eine dem europäischen Rechtsraum zuträgliche Harmonisierung des Rechtszustandes bestenfalls nicht zur Ausgrenzung der *lex fori*-Staaten führt, sondern zur Einbeziehung aller Mitgliedstaaten imstande ist.[1302] Als einzig praktikable und adäquate Verknüpfung erweist sich die Verlagerung des Kollisionsrechts in die Zuständigkeit. Die stete Anwendung der *lex fori*, die im ehevertraglichen Kontext sogar als sachdienlich eingestuft wurde, fixiert als statisches Element das materielle Sachrecht und bedingt, dass der Bestimmung des international zuständigen Gerichts wegweisende Funktion zukommt. Positive Kompetenzkonflikte begünstigen Forum Shopping und führen zu einem Wettlauf zu den Gerichten, was es beides zu vermeiden gilt. Dem Willen der Ehegatten als Vertragsparteien kann am besten mithilfe einer Gerichtsstandsvereinbarung zur Geltung verholfen werden, die daher das schwerpunktmäßige Gestaltungsmittel bildet; gleichfalls vorgeschlagen wird eine hierarchische Abstufung der gesetzlichen Gerichtsstände für den Fall, dass es an einer Prorogation fehlt.[1303] Schließlich ergänzt wird der Ansatz durch eine Zuständigkeitenbündelung der Ehevertragssache zugunsten der Statussache (Ehescheidung), die es vermag, einen Verfahrens- und

---

1300 Siehe oben 3. Teil: C. I sowie Abb. 3 (S. 277).
1301 Siehe oben 3. Teil: C. II. 1. a).
1302 Siehe oben 3. Teil: C. II. 1. b).
1303 Siehe oben 3. Teil: C. II. 1. c).

Entscheidungsverbund abzubilden und für die Ausrichtung der Lösung in der konkreten Implemetierungsplattform ausschlaggebend ist.[1304]

Anstatt eine *ad hoc* nicht umsetzbare Implementierung in die spezifisch familienrechtlichen Verordnungen (EuUnthVO und EheGüterVO-E) vorzusehen und dadurch eine Aufspaltung nach Scheidungsfolgen zu bewirken, wird als adäquate Implementierungsplattform die Brüssel I-VO für die Ehevertragssache sowie die Bündelung zugunsten der für die Scheidung maßgeblichen Brüssel IIa-VO erkannt.[1305] Dafür muss zunächst die Brüssel I-VO in ihrem sachlichen Anwendungsbereich geöffnet und eine Kopplung der vertraglichen Scheidungsfolgen qua ausschließlichem Gerichtsstand in Art. 24 Nr. 6 Brüssel I-VO-AE zugunsten der Statussache etabliert werden.[1306] Eine inhaltliche Lenkung der Gerichtsstände kann dann angemessen nur aus der Perspektive des Ehescheidungsverfahrens vorgenommen werden, nicht jedoch umgekehrt aus derjenigen des Folgeverfahrens. Die Gerichtsstandsvereinbarung, die aufgrund der Bündelung auch für die Ehevertragssache fruchtbar wird, findet ihren Platz in Art. 3a Brüssel IIa-VO-AE basierend auf dem Vorbild des Art. 3a Brüssel IIa-VO-ÄndE.[1307] Außerdem werden die der Reform zur Verbesserung der Wirksamkeit von Gerichtsstandsvereinbarungen zugrunde liegenden Ansätze insbesondere in Art. 19, 19a Brüssel IIa-VO-AE umgesetzt. Haben die Ehegatten keine Gerichtsstandsvereinbarung getroffen, kommt der mit einer Anknüpfungsleiter versehene gesetzliche Gerichtsstand in Art. 3 Brüssel IIa-VO-AE zum Zuge.[1308] Um die Anwendung der *lex fori* in der Ehevertragssache zu gewährleisten, ist sodann eine darauf abzielende Regelung im kollisionsrechtlichen Korrelat zur Brüssel I-VO, der Rom I-VO, einzufügen.[1309] Den Ehevertragsparteien wird mit dieser gesetzlichen Änderung bereits für das Erkenntnisverfahren die Möglichkeit gegeben, diejenige Rechtsordnung zu berufen, vor deren Hintergrund der Vertrag geschlossen wurde. Ein erst späterer Korrekturansatz im Rahmen der Anerkennung und Vollstreckung erscheint nicht nur entbehrlich, sondern auch geradezu verfehlt, wenn eine Anerkennungsversagung nur *ultima ratio* sein kann.[1310]

1304 Siehe oben 3. Teil: C. II. 1. d).
1305 Siehe oben 3. Teil: C. II. 2. a).
1306 Siehe oben 3. Teil: C. II. 2. b) aa).
1307 Siehe oben 3. Teil: C. II. 2. b) bb).
1308 Siehe oben 3. Teil: C. II. 2. b) cc).
1309 Siehe oben 3. Teil: C. II. 2. b) dd).
1310 Siehe oben 3. Teil: B. III (*de lege lata*) und 3. Teil: C. II. 2. b) ee) (*de lege ferenda*).

4. Teil: Zusammenfassung der Ergebnisse und rechtspolitischer Ausblick

Die vorliegende Arbeit zeigt, dass die Anerkennung von Eheverträgen sowohl im materiellen Sachrecht der jeweiligen Rechtsordnungen (nationale Dimension) als auch im Bereich des (Internationalen) Zivilverfahrens- und Kollisionsrechts (internationale Dimension) potenziell gefährdet ist. Dies kann zur Folge haben, dass der mit einem Ehevertrag primär verfolgte Zweck der Ehegatten, Rechtssicherheit zu erzeugen und im Zuge dessen das Konfliktpotenzial im Rahmen eines Scheidungsfolgeverfahrens so gering wie möglich zu halten (natürliche Erwartungshaltung), letztendlich nicht zum Tragen kommt. Der Vertrag ist mit Unsicherheiten behaftet, die ihn als Gestaltungsmittel weniger effektiv und damit rechtsunsicher erscheinen lassen, was je nach Interessenlage der jeweiligen Partei negativ (Verteidigungsperspektive) oder positiv (Angriffsperspektive) wirken kann. An dieser Stelle von negativen oder positiven Effekten auf die Privatautonomie zu sprechen, beinhaltet keine überspitzte Konnotation zugunsten einer Seite, sondern versucht lediglich denkbare, die Privatautonomie in tatsächlicher oder rechtlicher Hinsicht störenden Quellen zu identifizieren, zu bewerten und die sich hieraus ergebenden Konsequenzen zu ziehen.

Während die Rechtfertigung für eine Abweichung vom Ehevertrag in der nationalen Dimension unter Gerechtigkeits- und Schutzerwägungen zugunsten des wirtschaftlich schwächeren Ehegatten und des Kindes relativ leicht, wenn auch systembedingt mit unterschiedlichem Begründungsaufwand, zu gelingen vermag, kann eine Rechtfertigung in der internationalen Dimension *de lege lata* nicht ohne Weiteres geliefert werden. Vielmehr ist der gegenwärtige Gesetzgebungsstand gerade für den ehevertraglichen Kontext hinsichtlich der internationalen Zuständigkeit und des Kollisionsrechts unzureichend ausgestaltet. Sachverhalte mit Auslandsberührung sind damit in übersteigertem Maße und zudem meist unbegründet dem Verdikt der Rechtsunsicherheit ausgeliefert.

Zum Ausdruck kommt der „beständige und immerwährende Wille, einem jeden das Seine zuzuteilen."[1311] Diesem Willen vollkommen entsprechen zu wollen, kann ein Gefühl lähmender Rechtsohnmacht provozieren, denn „[d]amit sind wir (...) an der Grenze des Zivilrechts angekommen. Mehr als die für alle

---

1311 *Weitnauer*, Schutz des Schwächeren im Zivilrecht, S. 10 mit Verweis auf die Definition von Gerechtigkeit im ersten Satz des Corpus Juris (Inst. 1.1.1.) mit den Worten „constans et perpetua voluntas ius suum cuique tribuens".

gleiche Chance, Eigentümer, Gläubiger zu werden, kann das Zivilrecht nicht bieten. Die ungleiche Verteilung der Güter dieser Welt muss es als gegeben voraussetzen, es muss davon ausgehen, dass es Mächtigere und Schwächere gibt. Daraus erwächst seine Aufgabe, den Schwächeren zu schützen."[1312]

Freilich zu Recht ist deshalb vordringliches Postulat der Schutz des wirtschaftlich Schwächeren, dessen Interessen, sei es bereits aufgrund ungleichgewichtiger Verhandlungspositionen bei Vertragsabschluss oder erst aufgrund dynamischen Paritätsverlusts im Lauf der Vertragsbeziehung, meist vergleichsweise unterproportional repräsentiert werden. Korrelativ dazu besteht jedoch ein ebenso nicht zu vernachlässigendes Postulat, die Interessen des wirtschaftlich Stärkeren nicht völlig unberücksichtigt zu lassen: Eine unangemessene Benachteiligung desjenigen, der berechtigterweise auf den Bestand des Vertrages vertraut hat, muss bei internationalen Sachverhalten *de lege ferenda* jedenfalls in dem Umfang vermieden werden, wie es auch bei rein nationalen Sachverhalten der Fall wäre. Dies kann nur dann gewährleistet werden, wenn am Ende statisch dasjenige Recht auf den Ehevertrag angewandt wird, vor dessen Hintergrund er ursprünglich geschlossen wurde, denn nur dann werden die richtigen materiell-rechtlichen Maßstäbe angelegt. Die Postulate sind damit von unterschiedlicher Qualität geprägt (dynamisch/statisch) und haben ihren Problemschwerpunkt in verschiedenen Dimensionen (national/international).

Während in der nationalen Dimension unter Einbeziehung der jeweiligen Rechtstraditionen der englischen und der deutschen Rechtsordnung die Umsetzung der Postulate weitestgehend gut gelingt, stellt es sich in der internationalen Dimension derzeit als schwieriges Unterfangen dar, was vor allen Dingen schwer zulasten des Verteidigers des Vertrages wiegt. Letzterer Bereich bedarf dementsprechend dringend programmatischer Ansätze, deren zukunftsgewandte Umsetzung inkludierend.

A. Nationale Dimension – Materielles Sachrecht

Das englische Recht wählt einen aus kontinentaleuropäischer Sicht[1313] atypischen Mechanismus, um schutzbedürftige Schwächere vor unangemessenen Eheverträgen zu bewahren. Es negiert die Bindungswirkung ehevertraglicher

---

1312 *Weitnauer*, Schutz des Schwächeren im Zivilrecht, S. 11.

1313 Der Untersuchung dient das deutsche Recht in seiner Außenperspektive rechtsvergleichend als Maßstab zur Einordnung und Bewertung der Entwicklungen zugunsten der Privatautonomie im englischen Recht, 2. Teil: A (S. 145) einschließlich Abb. 1 (S. 148).

Vereinbarungen gegenüber dem Gericht in Rekurs auf die Entscheidung *Hyman v Hyman* aus dem Jahre 1929 und damit gleichzeitig eine Ehevertragsfreiheit.[1314] Im Zentrum steht daher die Entscheidungsgewalt des Richters, über die vermögensrechtlichen Folgen anlässlich der Ehescheidung zu befinden. Dessen Ermessensspielraum ist nahezu unbeschränkt und vollzieht sich im Rahmen der Verteilungsbefugnisse, mithilfe derer er die Vermögensgegenstände als einheitliches Scheidungsfolgenpaket (Financial Package) zuordnet.[1315] Aufgrund der Besonderheiten des englischen Immobilienmarktes nimmt hier die Zuordnung des Familienheimes eine herausragende Stellung ein. Die Ermessensausübung ist stark daran orientiert, ein für den Einzelfall gerechtes Ergebnis zu erzielen. Was als fair erachtet wird, kommt zum einen in den gesetzlichen Vorgaben der s. 25 MCA 1973 (Wohlergehen des Kindes, Einkommen, Bedürfnisse, Lebensstandard, Alter der Parteien und Dauer der Ehe etc.)[1316] sowie der s. 25A MCA 1973 (Clean Break-Prinzip)[1317] und zum anderen durch den in der Rechtsprechung entwickelten Maßstab der Fairness (*White v White*)[1318] zum Ausdruck, der durch die Elemente Needs, Compensation und Sharing (*Miller v Miller; McFarlane v McFarlane*)[1319] determiniert wird. Die Güteraufteilung ist abhängig vom Umfang der vorhandenen Vermögensmassen und der Vermögensverteilung, sodass im Regelfall die Deckung der Bedürfnisse im Vordergrund steht und nur andernfalls eine hälftige Vermögensteilung im Sinne des Sharings in Betracht kommt. Letzten Endes hat der Richter damit eine äußerst weitreichende Entscheidungsgewalt inne, die zu einer vollständigen Umstrukturierung der Vermögensgegenstände führen kann. Diese Situation zum Zeitpunkt der Ehescheidung steht damit in ganz erheblichem Kontrast dazu, dass die Eheschließung keinerlei Einfluss auf die Eigentumsverhältnisse der Ehegatten hat.

Da einem Marital Agreement im englischen Recht das für einen Vertrag typische Attribut der Bindungswirkung *gegenüber dem Matrimonial Court* fehlt, sind Rechtsnatur und Rechtswirkung der Vereinbarung von Besonderheiten geprägt. Die Anwendung des Contract Laws auf die Vereinbarung ist aus Sicht desjenigen Gerichts, das über die Financial Orders im Scheidungsfolgeverfahren befindet, irrelevant, sodass eine potenzielle Bindungswirkung zwischen den Parteien nur für andere Gerichtsverfahren außerhalb des Scheidungsfolgeverfahrens zum

1314 1. Teil: C. I (S. 66) sowie im Allgemeinen 1. Teil: A. II (S. 26).
1315 1. Teil: B. I. 1 (S. 30) sowie im Allgemeinen 1. Teil: A. I (S. 23).
1316 1. Teil: B. I. 2 (S. 36).
1317 1. Teil: B. I. 3 (S. 47).
1318 1. Teil: B. II. 2 (S. 50).
1319 1. Teil: B. II. 3 (S. 55).

Tragen käme.[1320] Demgegenüber gründen Eheverträge im deutschen Recht auf dem Grundsatz der Vertragsfreiheit und binden daher generell sowohl die Parteien als auch die Gerichte.[1321] Es handelt sich um eine systemimmanente Möglichkeit zum Opt-Out, die Folge der Ehetypenfreiheit ist.[1322] Sie kann als Alternative gegenüber den gesetzlich vorgesehenen Schutz- und Kompensationsansprüchen gewählt werden, die auf einem regelbasierten Säulensystem[1323] mit horizontaler Akzentuierung gründet – im Gegensatz zum ermessensbasierten Scheidungsfolgenpaket[1324] mit vertikaler Akzentuierung ohne Opt-Out-Option.[1325] Aus diesem Vergleich leitet sich die systembedingte Entscheidungsprärogative im Scheidungsfolgeverfahren des Richters im englischen Recht bzw. der Parteien im deutschen Recht ab.

Trotz der fehlenden Bindungswirkung im englischen Recht können Marital Agreements als eine von vielen Faktoren einbezogen werden, die für die richterliche Ermessensentscheidung von Bedeutung sind.[1326] In Abhängigkeit von ihrem Vereinbarungszeitpunkt bzw. vom Vorlagemodus für die spezielle Vereinbarungsart der Consent Orders[1327] ist zwischen Separation Agreements[1328] und Nuptial Agreements[1329] zu differenzieren. Dabei steigt auf der Zeitachse das Konfliktpotenzial hinsichtlich einer Vereinbarung proportional zum zeitlichen Abstand zwischen Abschluss und Geltendmachung der Vereinbarung an. Dementsprechend ist die Wahrscheinlichkeit für eine Einbeziehung eines Separation Agreements, dem die Scheidung als konkreter Bezugspunkt vor Augen steht, grundsätzlich höher, als dies bei einem vor oder nach der Eheschließung vereinbarten Nuptial Agreement, ohne in Aussicht stehende Scheidung, der Fall ist. Letztendlich sind sich die zur Prüfung des Gewichts einer Vereinbarung von der Rechtsprechung entwickelten Tests in *Edgar v Edgar* für Separation Agreements[1330] und *Radmacher v Granatino* für Nuptial Agreements (Two-Stage-Test

1320 1. Teil: C. V. 3. c) ((Pre-) Nuptial Agreements, S. 94) bzw. 1. Teil: C. III. 1 (Separation Agreements, S. 71).
1321 2. Teil: B. I (S. 149).
1322 2. Teil: B. II. 1. b) (S. 155).
1323 2. Teil: B. II. 1. a) bb) (S. 154) sowie 2. Teil: B. II. 2 (S. 159).
1324 2. Teil: B. II. 1. a) aa) (S. 153).
1325 2. Teil: B. III (S. 169).
1326 1. Teil: B. I. 2. c) (S. 46).
1327 1. Teil: C. II (S. 69).
1328 1. Teil: C. III (S. 71).
1329 1. Teil: C. IV (S. 74).
1330 1. Teil: C. III. 2 (S. 73).

of Fairness)[1331] aber äußerst ähnlich.[1332] Hierbei handelt es sich um eine jüngste Entwicklung, die angesichts der Tatsache erstaunt, dass Nuptial Agreements im Gegensatz zu Separation Agreements aufgrund eines Public Policy-Verstoßes ursprünglich sogar unwirksam waren und erst im Laufe der Zeit überhaupt graduelle Berücksichtigung in richterlichen Entscheidungen fanden (Entwicklung von konservativ zu liberal).[1333] Gegenläufig hierzu verlief die Entwicklung im deutschen Recht, in dem zunächst kaum Einschränkungen zulasten der Vertragsfreiheit vorgenommen wurden;[1334] erst die Entscheidungen des BVerfG im Jahre 2001 waren Anlass zur Anwendung einer Inhaltskontrolle im Ehevertragsrecht (Entwicklung von liberal zu konservativ).[1335] Dem englischen Recht ähnlich wird zwischen dem Ehevertrag, vergleichbar dem Nuptial Agreement, und der Scheidungsfolgenvereinbarung, vergleichbar dem Separation Agreement, unterschieden und die Inhaltskontrolle unter Berücksichtigung der Vereinbarungszeitpunkte durchgeführt.[1336] Das höhere Konfliktpotenzial von Nuptial Agreements und Eheverträgen bedingte die konzentrierte Ausrichtung der vorliegenden Arbeit hierauf.

Das richterliche Prüfverfahren bildet die Schnittstelle der beiden Rechtsordnungen. Der Two-Stage-Test of Fairness im englischen Recht führt bei positivem Ergebnis zu einer Einbeziehung des Nuptial Agreements in die Entscheidung (Positiveffekt). Es werden zum einen die Umstände zum Zeitpunkt des Vertragsschlusses überprüft, um sicherzustellen, dass die Entscheidung freiwillig und auf einer ausreichenden Informationsgrundlage getroffen wurde (Procedural Fairness).[1337] Da ein zuständiges englisches Gericht nach englischem Kollisionsrecht ausschließlich das eigene materielle Sachrecht anwendet, kann die Beurteilung eines ausländischen Ehevertrages nach fremdem Recht lediglich einen Rückschluss auf die Qualität des Bindungswillens der Parteien bedeuten (*enge Auslegung* des Foreign Elements).[1338] Zum anderen wird die Vereinbarung zum Zeitpunkt der gerichtlichen Geltendmachung auf ihre inhaltliche

1331 1. Teil: C. V. 4 (S. 98). Man beachte in diesem Zusammenhang diverse Anwendungsfragen (1. Teil: C. V. 2, S. 86) und Grundlagen (1. Teil: C. V. 3. a), S. 89).
1332 1. Teil: C. V. 4. e) cc) (S. 130) mit Verweis auch auf 1. Teil: C. V. 3. a) cc) (S. 93).
1333 1. Teil: C. IV (S. 74).
1334 2. Teil: C. I. 1 (S. 175).
1335 2. Teil: C. I. 2 (S. 178).
1336 2. Teil: C. I. 2. b) (S. 183).
1337 1. Teil: C. V. 4. a) (S. 99).
1338 1. Teil: C. V. 4. b) (S. 104).

Nachteilhaftigkeit untersucht (Substantive Fairness).[1339] Im Gegensatz dazu führt die Inhaltskontrolle eines Ehevertrages im deutschen Recht bei positivem Ergebnis zur (Teil-) Nichtigkeit bzw. zur richterlichen Korrektur des Vertrages (Negativeffekt). Ebenso wie im englischen Recht wird unterschieden zwischen dem Zeitpunkt des Vertragsabschlusses und der an dieser Stelle durchzuführenden Wirksamkeitskontrolle nach § 138 Abs. 1 BGB bzw. der Ausübungskontrolle nach § 242 BGB, die den Zeitpunkt der gerichtlichen Geltendmachung analysiert.[1340] Der Wirksamkeitskontrolle liegt die Annahme zugrunde, dass ein Vertrag sittenwidrig ist, sofern er eine einseitige Lastenverteilung beinhaltet (objektiv) und auf ungleichen Verhandlungspositionen der Parteien gründet (subjektiv). Die Ausübungskontrolle verwehrt der sich auf den Vertrag berufenden Partei die Rechtsausübung, wenn der Vertrag Entwicklungen der Ehe nicht angemessen widerspiegelt und für eine Partei inhaltlich besonders nachteilhaft ist. Als objektiver Maßstab zur Beurteilung der Lastenverteilung wird auf beiden Kontrollstufen die Kernbereichslehre der Scheidungsfolgen herangezogen.[1341] Während das Kontrollverfahren zum Zeitpunkt der gerichtlichen Anordnung in beiden Rechtsordnungen nahezu deckungsgleich ist, indem es Entwicklungen der Beziehung auf objektiver Ebene berücksichtigt (Schutz *vor* Privatautonomie im Falle des dynamischen Verlusts der Vertragsparität),[1342] weist das Kontrollverfahren zum Zeitpunkt des Vertragsabschlusses systembedingte Unterschiede auf. Ungeachtet dessen kommt auf dieser Stufe des Prüfverfahrens zum Ausdruck, dass die Parteien vor der besonderen Situation des Abschlusses der Vereinbarung geschützt werden sollen, um die Privatautonomie zu gewährleisten (Schutz *der* Privatautonomie im Falle von anfänglich nicht vorhandener Vertragsparität).[1343]

Die Darlegungs- und Beweislast sollte der Grundausrichtung des jeweiligen Systems entsprechend verteilt sein, d. h. sie sollte demjenigen obliegen, den das Recht als sekundär schützenswert erachtet. Während das deutsche Recht die Last ihrer privatautonomen Ausrichtung angemessen dem Angreifer des Vertrages auferlegt („binding unless inequitable“), also demjenigen, der die Sittenwidrigkeit oder den Verstoß gegen Treu und Glauben des Vertrages behauptet, ist die Beweislast im englischen Recht systemwidrig verteilt.[1344] Indem der Supreme

1339 1. Teil: C. V. 4. c) (S. 111).

1340 2. Teil: C. II. 2. b) (S. 202) bzw. 2. Teil: C. II. 2. c) (S. 206).

1341 2. Teil: C. II. 2. a) (S. 192).

1342 2. Teil: C. III. 2. a) (S. 215).

1343 2. Teil: C. III. 2. b) (S. 217).

1344 2. Teil: C. II. 1. b) (S. 190) und für das englische Recht im Speziellen 1. Teil: C. V. 4. d) aa) und bb) (S. 118).

Court mit dem Two-Stage-Test of Fairness eine widerlegbare Vermutung zugunsten der Einbeziehung der Vereinbarung und damit eine Beweislastumkehr einführte, hat er sich jedenfalls in seinen Grundzügen[1345] von einem paternalistischen Ermessenssystem entfernt, welches üblicherweise demjenigen die Last aufbürdet, der die Vereinbarung als fair bezeichnet und deren Berücksichtigung fordert („not binding unless equitable"). Da das Gegenteil der Fall ist, kommt hierin der von der Rechtsprechung zu vollführende Balanceakt zwischen der Anerkennung von Privatautonomie und der gleichzeitigen Rücksichtnahme auf die durch das *Hyman*-Prinzip weiterhin fehlende Bindungswirkung der Vereinbarung gegenüber dem Gericht zum Ausdruck, der nicht immer zur vollen Zufriedenheit gelingt.

Die Untersuchung kommt zu dem Ergebnis, dass die englische und deutsche Rechtsordnung trotz diametraler Grundhaltung mittels des richterlichen Prüfverfahrens systembedingt zu strukturellen Unterschieden, aber starken – wenn auch nicht vollständig kongruenten – inhaltlichen Annäherungen,[1346] und daher im Falle der Anwendung auf ein und denselben Sachverhalt[1347] zumindest potenziell zu Ergebnissen gelangen können, die sich wenig bis gar nicht unterscheiden. Diese nicht allzu pauschal zu bewertende Aussage ist in erheblichem Maße von Einzelfallgesichtspunkten abhängig, weshalb die auch weiterhin bestehenden Systemunterschiede zum Tragen kommen können. In diesem Falle kann deutlich hervortreten, dass das deutsche Recht die Privatautonomie der Parteien grundsätzlich anerkennt und nur ausnahmsweise eine richteriche Inhaltskontrolle zulässt (primäre Integration mit Negativeffekt: individualistischer Ausgangspunkt zugunsten von Rechtssicherheit), wohingegen das englische Recht den Richter mit einem weiten Ermessenspielraum ausstattet, der an privatautonome Vereinbarungen der Ehegatten nicht gebunden ist, diese jedoch in seiner Entscheidung berücksichtigen kann (sekundäre Integration mit Positiveffekt: paternalistischer Ausgangspunkt zugunsten von Einzelfallgerechtigkeit). Ziel ist eine dem System entsprechende Balance zwischen Privatautonomie und dem Schutz des Schwächeren.

Diesen verbleibenden Unterschieden liegt ein Entscheidungswert in materiell-rechtlicher (Privatautonomie und Paternalismus) und methodischer (Rechtssicherheit und Einzelfallgerechtigkeit) Hinsicht zugrunde:[1348] Sie treffen eine generelle Aussage darüber, wem die jeweilige Rechtsordnung die

1345 1. Teil: C. V. 4. d) cc) (S. 123).
1346 2. Teil: C. III (S. 211) sowie Abb. 1 (S. 148).
1347 2. Teil: C. III. 3 (S. 219).
1348 2. Teil: D (S. 221).

Entscheidungsprärogative hinsichtlich der Scheidungsfolgen zuerkennt, den Parteien (intern *ex ante*) oder dem Richter (extern *ex post*). Hieraus folgt, dass die widerstrebenden Interessen der Ehegatten den Gerechtigkeitsvorstellungen der jeweiligen Rechtsordnung entsprechend ausgeglichen werden.

Die Entwicklungen im englischen Recht geben bereits einen Hinweis auf einen im Umbruch befindlichen Bereich, wodurch die früher so entschiedene Zurückweisung einer ehevertraglichen Regelung verblasst und eine stärkere Berücksichtigung von Privatautonomie ermöglicht wird. Diese Umbruchsansätze könnten durch die Reformbewegung der Law Commission zur Einführung von Qualifying Nuptial Agreements *de lege ferenda*[1349] konsequent fortgeführt werden, Systemwidrigkeiten beseitigen und ein stärkeres Maß an Rechtssicherheit in das englische Scheidungsfolgenrecht implementieren. Nicht damit verbunden wäre jedoch ein auch stärkeres Maß an Privatautonomie, das bereits durch die Rechtsprechung hergestellt wurde.

B. Internationale Dimension – Internationale Zuständigkeit und Kollisionsrecht

Rechtsvergleichung wird nicht um ihrer selbst willen betrieben. Den materiellen Sachrechten wird gerade dann besondere Aufmerksamkeit zuteil, wenn Unterschiede in den Rechtsordnungen im Zusammenhang mit internationalen Sachverhalten einer Verwertung zugeführt werden können.[1350]

Im Rahmen des *Lokalproblems*[1351] können die verbleibenden Unterschiede von Bedeutung sein, wenn konkurrierende internationale Zuständigkeiten mangels vereinheitlichten Kollisionsrechts gezielt zum Forum Shopping ausgenutzt werden können, um ein bestimmtes Recht zur Anwendung gelangen zu lassen. Besonders im Fokus stehen in diesem Kontext diejenigen Mitgliedstaaten, die sich auf die Anwendung ihrer *lex fori* zurückziehen, dadurch berechenbar und aufgrund ihrer materiell-rechtlichen Ausrichtung (generöse, privatautonomiefeindliche Grundhaltung des englischen Scheidungsfolgenrechts) instrumentalisierbar werden. Im Rahmen des *Globalproblems*[1352] können Unterschiede ganz grundsätzlich immer dann zum Tragen kommen, wenn kollisionsrechtliche Rechtsanwendungsunsicherheit dazu führt, dass das auf den Vertrag anwendbare Recht nicht einheitlich und *ex ante* vorhergesehen oder bestimmt

1349 1. Teil: C. VI (S. 132).
1350 2. Teil: E (S. 227).
1351 Einleitung: A. III. 1 (S. 9).
1352 Einleitung: A. III. 2 (S. 14).

werden kann; der Vertrag muss sich im Zweifel an anderen Maßstäben messen lassen als zunächst bei Abschluss intendiert. Die Probleme entstehen daher jedenfalls schwerpunktmäßig auf unterschiedlichen Ebenen (Zuständigkeit und Kollisionsrecht).

Die Untersuchung gelangt zu dem Ergebnis, dass der Rechtszustand *de lege lata* im Scheidungs- und Scheidungsfolgenrecht jedenfalls für den Ehevertragskontext nicht länger hinnehmbar ist. Sowohl in Bezug auf die internationale Zuständigkeit[1353] als auch das Kollisionsrecht[1354] erweist sich die europäische Vereinheitlichung unter territorialen wie auch unter sachlichen Gesichtspunkten als unzureichend. Insofern verbleibt in weiten Bereichen ein Anwendungsbereich für das nationale Recht des jeweiligen Mitgliedstaates.[1355] Abgrenzungsschwierigkeiten und Aufspaltungen sind die für den Ehevertrag hieraus folgenden Konsequenzen.

Nachdem für den Rechtszustand *de lege ferenda* das Lösungsspektrum nach außen insofern konturiert wurde, als indiskutable und fruchtlose Ansätze in den potenziellen Implementierungsebenen vorab ausgesondert wurden, konnte sodann die Determinierung des konkreten Lösungsspektrums im Hinblick auf die Implementierungsmethodik und -plattform vorgenommen werden.[1356] Die nachfolgende Aufzählung beschreibt zusammenfassend die eruierten Lösungsparameter:

1. Dem Lösungsansatz liegt die Prämisse zugrunde, dass der Ehevertrag in Abgrenzung zu den gesetzlichen Scheidungsfolgen ursprünglich, und zwar meist in seiner Gesamtheit, vor dem Hintergrund einer konkreten Rechtsordnung geschlossen wurde; vertragliche und gesetzliche Scheidungsfolgen sollten sich daher nach individuellen Gerechtigkeitsmaßstäben richten, die abbildbar sein müssen.[1357]
2. Da nicht alle Mitgliedstaaten, insbesondere das Vereinigte Königreich, gewillt sind, einheitliches Kollisionsrecht unter Einbeziehung der *lex causae* anzuwenden, verlagert sich die Lösungsfindung nach dem Vorbild einer harmonischen Vereinheitlichung einen Schritt nach vorne auf die Ebene der internationalen Zuständigkeit (*lex fori in foro proprio*).[1358] Eine ganzheitliche

1353 3. Teil: B. I. 1 (S. 233) einschließlich Abb. 2 (S. 231).
1354 3. Teil: B. II. 1 (S. 253) einschließlich Abb. 2 (S. 231).
1355 3. Teil: B. I. 2 (S. 248) bzw. 3. Teil: B. II. 2 (S. 257).
1356 3. Teil: C. I und II (S. 262) einschließlich Abb. 3 (S. 277).
1357 3. Teil: C. II. 1 (S. 265) sowie 3. Teil: C. II. 1. a) (S. 267).
1358 3. Teil: C. II. 1. b) (S. 269).

Betrachtung des Lokal- und Globalproblems muss daher schlechterdings sowohl primär die internationale Zuständigkeit (Gerichtsstandsvereinbarung und gesetzlicher Gerichtsstand)[1359] als auch sekundär das Kollisionsrecht (Anwendung der *lex fori*) regeln.

3. Um eine Kopplung zwischen den beiden Verfahren zu gewährleisten, erfolgt eine Zuständigkeitenbündelung der Ehevertragssache zugunsten der Statussache (Ehescheidung). Die Voraussetzungen für einen Verhandlungs- und Entscheidungsverbund richten sich nach der *lex fori*.[1360]
4. Als Implementierungsplattform wird in Abgrenzung zu einem Ansatz im gesetzlichen Scheidungsfolgenrecht ein vertragsrechtlicher Ansatz in der Brüssel I-VO-AE i. V. m. Brüssel IIa-VO-AE gewählt.[1361]
5. Etabliert wird ein ausschließlicher Gerichtsstand für die Ehevertragssache in Art. 24 Nr. 6 Brüssel I-VO-AE zugunsten der Statussache, deren Voraussetzung die Öffnung des sachlichen Anwendungsbereichs der Verordnung ist.[1362]
6. Entsprechend der Zuständigkeitenbündelung zugunsten der Ehescheidung wird eine Gerichtsstandsvereinbarung in Art. 3a Brüssel IIa-VO-AE unter Einbeziehung der Reformansätze in der Brüssel I-VO zur Verbesserung der Wirksamkeit von Gerichtsstandsvereinbarungen eingeführt sowie eine Anpassung der gesetzlichen Gerichtsstände in Art. 3 Brüssel IIa-VO-AE vorgenommen.[1363]
7. Das kollisionsrechtliche Pendant, das die Anwendung der *lex fori* sicherstellen muss, ist in der für die Ehevertragssache sodann maßgeblichen Rom I-VO einzufügen.[1364]

Die Europäische Kommission ist daher aufgerufen, einen Vorschlag zur Verbesserung des gegenwärtigen Rechtszustandes auszufertigen. Das Implementierungsanliegen in seiner dargestellten Form ist eine schnelle, aufgrund der angewendeten Methodik, insbesondere im Hinblick auf die Trennung zwischen gesetzlichen und vertraglichen Scheidungsfolgen sowie der Zuständigkeitenbündelung zugunsten der Ehevertragssache, sowie der notwendigen Öffnung der Brüssel I-VO als Einstiegsplattform, sicherlich aber auch inhaltlich

1359 3. Teil: C. II. 1. c) (S. 272).
1360 3. Teil: C. II. 1. d) (S. 274).
1361 3. Teil: C. II. 2. a) (S. 275).
1362 3. Teil: C. II. 2. b) aa) (S. 277).
1363 3. Teil: C. II. 2. b) bb) (S. 280) bzw. 3. Teil: C. II. 2. b) cc) (S. 283).
1364 3. Teil: C. II. 2. b) dd) (S. 286).

ambitionierte Variante. Sieht sich der europäische Gesetzgeber hierzu außer Stande, sollte er zumindest eine Lösung mit adäquaten Prorogationsmöglichkeiten auf der Grundlage der spezifischen familienrechtlichen Verordnungen anstreben, auch wenn dies aus ehevertragsrechtlicher Perspektive nur als zeitlich und inhaltlich wesensgleiches Minus zum Implementierungsanliegen angesehen werden könnte. Ein gänzliches Untätigbleiben ist jedenfalls nicht tragbar.

Literaturverzeichnis

Adolphsen, Jens: Europäisches Zivilverfahrensrecht, Berlin, Heidelberg, New York 2011.

Amlot, Tom/Longmate, Katie: Forum Shopping: *JKN v JCN*, [2010] Fam Law, S. 990–993.

Andrae, Marianne: Kollisionsrecht nach dem Lissabonner Vertrag, FPR 2010, S. 505–510.

— Internationales Familienrecht, 3. Auflage, Baden-Baden 2014.

Bailey-Harris, Rebecca: Fairness in Financial Settlements on Divorce, (2001) 117 L.Q.R., S. 199–203.

— The Paradoxes of Principle and Pragmatism: Ancillary Relief in England and Wales, (2005) 19 IJLPF, S. 229–241.

Baligand, Albert von: Der Ehevertrag, München 1906.

Barton, Chris: Marital Property Agreements: The Law Commission's Cut, [2011] Fam Law, S. 992–997.

Basedow, Jürgen: The Communitarisation of Private International Law, RabelsZ 73 (2009), S. 455–460.

Baumgärtel, Gottfried/Laumen, Hans-Willi/Prütting, Hans (Hrsg.): Handbuch der Beweislast, Grundlagen, 2. Auflage, Köln, München 2009 (zitiert: Baumgärtel/Laumen/Prütting- *Bearbeiter*, Beweislast).

Beale, Hugh/Bishop, William/Furmston, Michael: Contract – Cases & Materials, 5. Auflage, Oxford 2008.

Bergschneider, Ludwig: Zur Inhaltskontrolle bei Eheverträgen, Das Urteil des BVerfG vom 6.2.2001 und seine Konsequenzen für die Praxis, FamRZ 2001, S. 1337–1340.

— Anmerkung zu OLG München, Beschluss vom 25.9.2002 - 16 WF 1328/02, FamRZ 2003, S. 377–378.

— Eheverträge und Scheidungsvereinbarungen – Wirksamkeit und richterliche Inhaltskontrolle – Überlegungen für die Praxis, FamRZ 2004, S. 1757–1765.

— Anmerkung zu BGH, Beschluss vom 17.5.2006 - XII ZB 250/03, FamRZ 2006, S. 1098–1099.

— Anmerkung zu BGH, Urteil vom 28.2.2007 – XII ZR 165/04, FamRZ 2007, S. 977–978.

— Anmerkung zu OLG Celle, Beschluss vom 19.12.2006 – 15 UF 282/04, FamRZ 2007, S. 1569–1570.

— Zum Formerfordernis nach der Neuregelung des § 1585c BGB im Unterhaltsrechtsänderungsgesetz, FamRZ 2008, S. 17–19.

— Richterliche Inhaltskontrolle von Eheverträgen und Scheidungsvereinbarungen, München 2008 (zitiert: *Bergschneider*, Richterliche Inhaltskontrolle).

Bird, Roger/King, Andy: Ancillary Relief and Financial Orders Handbook, 8. Auflage, Bristol 2011.

Blackstone, William: Commentaries on the Laws of England – Volume 1, Oxford 1765.

Borth, Helmut: Anmerkung zu BGH, Urteil vom 11.2.2004 – XII ZR 265/02, FamRZ 2004, S. 609–612.

Bosch, Friedrich Wilhelm: Anmerkung zu OLG Hamm, Beschluss v 28.9.1982 – 2 W 403/82, FamRZ 1982, S. 1216–1217.

— Unterhaltsverzichtsvereinbarungen – Kritische Anmerkungen zu § 1585c BGB und zur Anwendung dieser Norm in Rechtsprechung und Schrifttum, in: Festschrift für Walther J. Habscheid zum 65. Geburtstag (6. April 1989), Bielefeld 1989, S. 23–45.

Bradley, Charlotte/Healing, William: Applicable Law Light, [2012] Fam Law, S. 294–299.

Brambring, Günter: Führt die Teilnichtigkeit zur Gesamtnichtigkeit von Eheverträgen?, FPR 2005, S. 130–133.

Brasse, Glenn: *White v White* – A Return to Orthodoxy?, [2001] Fam Law, S. 191–196.

Brich, Stefanie: Gabler Wirtschafts-Lexikon, Band C-F, 18. Auflage, Wiesbaden 2014.

Brinkmann, Moritz: Das Beweismaß im Zivilprozess aus rechtsvergleichender Sicht, Köln [u. a.] 2005.

Brown, *Laura/Fisher, Nicola*: The Scramble to Secure Jurisdiction on Divorce – Could a Pre-Nuptial Agreement Assist?, [2009] P.C.B., S. 221–227.

Brudermüller, Gerd: Zeitliche Begrenzung des Unterhaltsanspruchs (§§ 1573 V, 1578 I S. 2 BGB), FamRZ 1998, S. 649–660.

Büchting, Hans-Ulrich/Heussen, Benno (Hrsg.): Beck'sches Rechtsanwaltshandbuch, 10. Auflage, München 2011 (zitiert: Büchting/Heussen-*Bearbeiter*, Rechtsanwaltshandbuch).

Bunge, Jürgen: Das englische Zivilprozessrecht – Eine systematische Darstellung mit einer Auswahlbibliographie, Berlin 1974.

Burghaus, Julia: Die Vereinheitlichung des Internationalen Ehegüterrechts in Europa, Frankfurt am Main 2010.

Burrows, David: Reform of s. 25?, [2001] Fam Law, S. 698–699.

Burton, Frances: Family Law, 2. Auflage, Abingdon, New York 2012.

Büttner, Helmut: Unfair zu Gretchen, FamRZ 1997, S. 600–601.

— Grenzen ehevertraglicher Gestaltungsmöglichkeiten, FamRZ 1998, S. 1–8.

Bydlinski, Franz: Privatautonomie und objektive Grundlagen des verpflichtenden Rechtsgeschäfts, Wien, New York 1967.

Calliess, Christian/Ruffert, Matthias (Hrsg.): EUV/AEUV – Das Verfassungsrecht der Europäischen Union mit Europäischer Grundrechtecharta, 4. Auflage, München 2011 (zitiert: Calliess/Ruffert-*Bearbeiter*, EUV/AEUV).

Canaris, Claus-Wilhelm: Die Vertrauenshaftung im deutschen Privatrecht, München 1971 (zitiert: *Canaris*, Vertrauenshaftung).

— Grundrechte und Privatrecht, AcP 184 (1984), S. 201–246.

— Wandlungen des Schuldvertragsrechts – Tendenzen zu seiner „Materialisierung", AcP 200 (2000), S. 273–364.

Chitty, Joseph/Beale, Hugh: Chitty on Contracts, Volume 1 – General Principles, 30. Auflage, London 2008.

Clark, Brigitte: Prenuptial Contracts in English Law: Capricious Outcomes or Legislative Clarification?, (2010) 32 JSWFL, S. 237–245.

— Ante-Nuptial Contracts After *Radmacher*: An Impermissible Gloss?, (2011) 33 JSWFL, S. 15–24.

Cleverley, Elizabeth: Statutory Reform of Matrimonial Causes Act 1973, s 25 – an Opportunity Missed?, [1999] Fam Law, S. 326–328.

Coester, Michael: Art. 17b EGBGB unter dem Einfluss des Europäischen Kollisionsrechts, IPRax 2013, S. 114–122.

Coester-Waltjen, Dagmar: Die Inhaltskontrolle von Verträgen außerhalb des AGBGB, AcP 190 (1990), S. 1–33.

— Fernwirkungen der Europäischen Verordnungen auf die international-familienrechtlichen Regelungen des EGBGB, FamRZ 2013, S. 170–177.

Collins, Lawrence: Dicey, Morris and Collins on the Conflict of Laws, 14. Auflage, London 2006.

Cooke, Elizabeth: A New Yardstick for the Marriage Partnership, (2001) 13 CFLQ, S. 81–89.

— The Future for Ancillary Relief, in: Lowe, Nigel/Douglas, Gillian (Hrsg.), The Continuing Evolution of Family Law, Bristol 2009, S. 203–220 (zitiert: *Cooke*, in: Lowe/Douglas (Hrsg.), Evolution of Family Law).

— The Law Commission's Consultation on Marital Property Agreements, [2011] Fam Law, S. 145–151.

— Pre-Nups and Beyond: What Is the Law Commission Up to Now?, [2012] Fam Law, S. 323–325.

— The Law Commission's Consultation on Marital Property Agreements, in: Scherpe, Jens (Hrsg.), Marital Agreements and Private Autonomy in Comparative Perspective, Oxford 2012, S. 144–157 (zitiert: *Cooke*, in: Scherpe (Hrsg.), Marital Agreements).

Cooke, Elizabeth/Barlow, Anne/Callus, Thérèse: Community of Property – A Regime for England and Wales?, London 2006.

Cretney, Stephen: Black and White?, [2001] Fam Law, S. 3.

— Community of Property Imposed by Judicial Decision, (2003) 119 L.Q.R., S. 349–352.

— The Family and the Law – Status or Contract?, (2003) 15 CFLQ, S. 403–416.

— Family Law in the Twentieth Century, Oxford, New York 2005.

Dauner-Lieb, Barbara: Reichweite und Grenzen der Privatautonomie im Ehevertragsrecht – Zugleich Anmerkungen und Fragen zum Urteil des BVerfG vom 6.2.2001 – 1 BvR 12/92, AcP 201 (2001), S. 295–332.

— Eheverträge im Spannungsfeld zwischen Privatautonomie und verfassungsrechtlicher Aufwertung der Familienarbeit, FF 2002, S. 151–154.

— Gütertrennung zwischen Privatautonomie und Inhaltskontrolle – Ein Zwischenruf, AcP 210 (2010), S. 580–609.

Dauner-Lieb, Barbara/Sanders, Anne: Abdingbare Teilhabe – unabdingbare Verantwortung? – Grenzen güterrechtlicher Vereinbarungen im Lichte der Rechtsprechung des BVerfG und des BGH, FPR 2005, S. 141–146.

Davis, Sandra: Equal Sharing: A Judicial Gloss Too Far?, [2008] Fam Law, S. 428–430.

Dethloff, Nina: Anmerkung zu BGH, Beschluss vom 18.09.1996 – XII ZB 206/94, JZ 1997, S. 414–415.

— Familien- und Erbrecht zwischen nationaler Rechtskultur, Vergemeinschaftung und Internationalität – Perspektiven für die Forschung, ZEuP 2007, S. 992–1005.

— Contracting in Family Law – A European Perspective, in: Boele-Woelki, Katharina/Miles, Joanna/Scherpe, Jens (Hrsg.), The Future of Family Property in Europe, Cambridge 2011, S. 65–94.

— Familienrecht, 30. Auflage, München 2012.

Dethloff, Nina/Hauschild, Luise: Familienrecht im Rahmen der justiziellen Zusammenarbeit in Zivilsachen – Das besondere Gesetzgebungsverfahren gem. Art. 81 III AEUV, FPR 2010, S. 489–493.

Diduck, Alison: Ancillary Relief: Complicating the Search for Principle, (2011) 38 J.L. & Soc., S. 272–300.

Drucker, Peter: Managing for Business Effectiveness, [1963] Harv.Bus.Rev., S. 53–60.

Duckworth, Peter/Hodson, David: *White v White* – Bringing Section 25 Back to the People, [2001] Fam Law, S. 24–29.

Dürig, Günter: Grundrechte und Zivilrechtsprechung, in: Vom Bonner Grundgesetz zur gesamtdeutschen Verfassung, Festschrift zum 75. Geburtstag von Hans Nawiasky, München 1956, S. 157–190.

Dutta, Anatol: Europäische Integration und nationales Privatrecht nach dem Vertrag von Lissabon: die Rolle des Internationalen Privatrechts, EuZW 2010, S. 530–534.

— Marital Agreements and Private Autonomy in Germany, in: Scherpe, Jens (Hrsg.), Marital Agreements and Private Autonomy in Comparative Perspective, Oxford 2012, S. 158–199 (zitiert: *Dutta*, in: Scherpe (Hrsg.), Marital Agreements).

Eames, Daniel: The New EU Maintenance Regulation: A Different Outcome in *Radmacher v Granatino*, [2011] Fam Law, S. 389–393.

Eekelaar, John: Back to Basics and Forward into the Unknown, [2001] Fam Law, S. 30–34.

— *Miller v Miller*: The Decent into Chaos, [2005] Fam Law, S. 870–873.

Eichenhofer, Eberhard: Ausschluss des Versorgungsausgleichs durch Ehevertrag, DNotZ 1994, S. 213–230.

Eidenmüller, Horst: Effizienz als Rechtsprinzip – Möglichkeiten und Grenzen der ökonomischen Analyse des Rechts, 3. Auflage, Tübingen 2005.

Eisenberg, Melvin: The Limits of Cognition and the Limits of Contract, (1995) 47 Stan.L.Rev., S. 211–260.

Fawcett, James/Carruthers, Janeen: Cheshire, North & Fawcett: Private International Law, 14. Auflage, Oxford, New York 2008.

Fleischer, Holger: Der Rechtsmißbrauch zwischen Gemeineuropäischem Privatrecht und Gemeinschaftsprivatrecht, JZ 2003, S. 865–874.

Finger, Peter: Verstärkte Zusammenarbeit einzelner Mitgliedstaaten der europäischen Gesetzgebung für das Kollisionsrecht der Ehescheidung, FuR 2011, S. 61–68.

Fisher, Lucinda: The Unexpected Impact of *White* – Taking „Equality" Too Far?, [2002] Fam Law, S. 108–113.

Flume, Werner: Allgemeiner Teil des Bürgerlichen Rechts, Zweiter Band: Das Rechtsgeschäft, 3. Auflage, Berlin 1979.

Garbe, Roland/Ullrich, Christoph (Hrsg.): Verfahren in Familiensachen, 3. Auflage, Baden-Baden 2012 (zitiert: Garbe/Ullrich-*Bearbeiter*, Verfahren in Familiensachen).

Geimer, Reinhold: Internationales Zivilprozessrecht, 6. Auflage, Köln 2009.

Geimer, Reinhold/Schütze, Rolf A. (Hrsg.): Europäisches Zivilverfahrensrecht: Kommentar zur EuGVVO, EuEheVO, EuZustellungsVO, EuInsVO, EuVT-VO, zum Lugano-Übereinkommen, und zum nationalen Kompetenz- und Anerkennungsrecht, 3. Auflage, München 2010 (zitiert: Geimer/Schütze-*Bearbeiter*, EuZVR).

Georganti, Philia: Die Zukunft des ordre public-Vorbehalts im Europäischen Zivilprozessrecht, München 2006.

Gernhuber, Joachim/Coester-Waltjen, Dagmar: Familienrecht, 6. Auflage, München 2010.

Goebel, Joachim: In guten, nicht in schlechten Tagen? – Sechs Thesen zur richterlichen Kontrolle von Unterhaltsverzichten –, FamRZ 2003, S. 1513–1520.

Göppinger, Horst/Börger, Ulrike: Vereinbarungen anlässlich der Ehescheidung – Die vertragliche Regelung der zivil-, steuer- und sozialrechtlichen Folgen,

10. Auflage, München 2013 (zitiert: Göppinger/Börger-*Bearbeiter*, Vereinbarungen anlässlich der Ehescheidung).

Gray, Kevin/Gray, Susan Francis: Land Law, 7. Auflage, Oxford, New York 2011.

Grothe, Helmut: Zwei Einschränkungen des Prioritätsprinzips im europäischen Zuständigkeitsrecht: ausschließliche Gerichtsstände und Prozessverschleppung (zu EuGH, 9.12.2003 – Rs. C-116/02 – Erich Gasser GmbH ./. MISAT Srl.), IPRax 2004, S. 205–212.

Gruber, Urs Peter: Die neue EG-Unterhaltsverordnung, IPRax 2010, S. 128–139.

Grziwotz, Herbert: Was geht noch? Ehevertragsgestaltung nach Karlsruhe III, FamRB 2004, S. 199–205.

— Ehevertragsranking oder Ehevertragsgerechtigkeit? – Umsetzung der BGH-Entscheidungen zu Eheverträgen durch die Instanzgerichte, MDR 2005, S. 73–79.

— Anmerkung zu BGH, Urteil vom 25.10.2006 – XII ZR 144/04, DNotZ 2007, S. 130–134.

Hahne, Meo-Micaela: Grenzen ehevertraglicher Gestaltungsfreiheit – Vortrag auf der Jahresversammlung des Rheinischen Notarvereins in Düsseldorf am 8. November 2003, DNotZ 2004, S. 84–95.

Hale, Brenda (Lady Hale): Equality and Autonomy in Family Law, (2011) 33 JSWFL, S. 3–14.

Harper, Mark/Frankle, Brett: An English Practitioner's View on Pre-Nuptial, Post-Nuptial and Separation Agreements, in: Scherpe, Jens (Hrsg.), Marital Agreements and Private Autonomy in Comparative Perspective, Oxford 2012, S. 122–143 (zitiert: *Harper/Frankle*, in: Scherpe (Hrsg.), Marital Agreements).

Harris, Peter: The *Miller* Paradoxes, [2008] Fam Law, S. 1096–1101.

Harris, Peter/George, Robert/Herring, Jonathan: With This Ring I Thee Wed (Terms and Conditions Apply), [2011] Fam Law, S. 367–373.

Harris-Short, Sonia/Miles, Joanna: Family Law – Text, Cases and Materials, 2. Auflage, Oxford 2011.

Hartley, Trevor: Pleading and Proof of Foreign Law: The Major European Systems Compared, (1996) 45 ICLQ, S. 271–292.

Hau, Wolfgang: Das System der internationalen Entscheidungszuständigkeit im europäischen Eheverfahrensrecht, FamRZ 2000, S. 1333–1341.

— Zur internationalen Entscheidungszuständigkeit im künftigen Europäischen Güterrecht, in: Europäische und internationale Dimension des Rechts, Festschrift für Daphne-Ariane Simotta, Wien 2012, S. 215–226.

Hausmann, Rainer: EG-Gerichtsstands- und Vollstreckungsübereinkommen und Familienrecht – Zur Auslegung des Art. 1 II Nr. 1 GVÜ durch den Europäischen Gerichtshof, FamRZ 1980, S. 418–424.

— Der Unterhaltsbegriff in Staatsverträgen des internationalen Privat- und Verfahrensrechts (zu OLG Karlsruhe, 18.1.1989 – 2 WF 158/88), IPRax 1990, S. 382–389.

Hayward Smith, Roger: White v White – Revisited, [2001] Fam Law, S. 682–685.

Heidinger, Franz/Hof, Julia: Pleading and Proving Foreign Law – From a European Perspective, SchiedsVZ 2008, S. 174–179.

Henrich, Dieter: Internationales Scheidungsrecht – einschließlich Scheidungsfolgen, 3. Auflage, Bielefeld 2012.

Herring, Jonathan: Family/Divorce Specialist Legal Update, (2010) 160 NLJ, S. 1551.

— Family Law, 5. Auflage, Harlow, New York 2011.

Herring, Jonathan/Harris, Peter/George, Robert: Ante-Nuptial Agreements: Fairness, Equality and Presumptions, (2011) 127 L.Q.R., S. 335–339.

Herrler, Sebastian: Verstärkende Unterhaltsvereinbarungen nach der Reform und deren Bestandskraft bei Änderung der wirtschaftlichen Rahmenbedingungen, FPR 2009, S. 506–513.

Hillgruber, Christian: Grundrechtsschutz im Vertragsrecht – zugleich: Anmerkung zu BVerfG NJW, 1990, 1469, AcP 191 (1991), S. 69–86.

Hirsch, Günter: Vorwort, in: *Markesinis*, Basil, Rechtsvergleichung in Theorie und Praxis, Ein Beitrag zur rechtswissenschaftlichen Methodenlehre, München 2004, S. IX–XXII.

Hitchings, Emma: Chaos or Consistency? Ancillary Relief in the „Everyday" Case, in: Miles, Joanna/Probert, Rebecca (Hrsg.), Sharing Lives, Dividing Assets, An Inter-Disciplinary Study, Oxford, Portland 2009, S. 185–206 (zitiert: *Hitchings*, in: Miles/Probert (Hrsg.), Sharing Lives, Dividing Assets).

— From Pre-Nups to Post-Nups: Dealing with Marital Property Agreements, [2009] Fam Law, S. 1056–1063.

— The Impact of Recent Ancillary Relief Jurisprudence in the „Everyday" Ancillary Relief Case, (2010) 22 CFLQ, S. 93–114.

Hodson, David: A Practical Guide to International Family Law, Bristol 2008.

Hodson, David/Green, Miranda/De Souza, Nadine: *Lambert* – Shutting Pandora's Box, [2003] Fam Law, S. 37–45.

Home Office: Supporting Families: A Consultation Document, London 1998.

Honsell, Heinrich: Iustitia distributiva – iustitia commutativa, in: Iurisprudentia universalis: Festschrift für Theo Mayer-Maly zum 70. Geburtstag, Köln, Weimar, Wien 2002.

Hooker, Brad: Prenuptial Contracts and Safeguards, [2001] Fam Law, S. 56–58.

Hoppenz, Rainer: Die Ausübungskontrolle des Gütertrennungsvertrages – konkludente Ehegatteninnengesellschaft, ehebezogene Zuwendung und familienrechtlicher Kooperationsvertrag nur noch Auslaufmodelle?, FamRZ 2011, S. 1679–1703.

— Der ehebedingte Nachteil in der Ausübungskontrolle – zugleich eine Besprechung des Beschlusses des *BGH* v. 27.02.2013 - XII ZB 90/11, FamRZ 2013, S. 758–760.

Horstmann, Aiga: Die Vermögensauseinandersetzung nach der Ehescheidung im englischen Recht und ihre Behandlung im deutschen internationalen Privatrecht, insbesondere die Qualifikation, Frankfurt am Main, Berlin 2001.

Huber, Peter: Schiedsvereinbarungen im Scheidungsrecht, SchiedsVZ 2004, S. 280–288.

Ipp, David: Judicial Impartiality and Judicial Neutrality: Is There a Difference?, (2000) 19 Aust Bar Rev, S. 212–222.

Isensee, Josef: Vertragsfreiheit im Griff der Grundrechte – Inhaltskontrolle von Verträgen am Maßstab der Verfassung, in: Festschrift für Bernhard Großfeld zum 65. Geburtstag, Heidelberg 1999, S. 485–514.

Jhering, Rudolf von: Der Zweck im Recht, 1. Band, Leipzig 1884.

Johannsen, Kurt H. (Mitbegr.)/*Henrich, Dieter* (Hrsg.): Familienrecht – Scheidung, Unterhalt, Verfahren, Kommentar, 5. Auflage, München 2010 (zitiert: Johannsen/Henrich-*Bearbeiter*, Familienrecht).

Karsten, Ian: Financial Agreements and Applicable Law in Divorce Cases (*Radmacher v Granatino*), FamRZ 2011, S. 1474–1479.

Kaufmann, Arthur (Hrsg.), Gustav Radbruch, Gesamtausgabe, Band 3, Rechtsphilosophie III, 3. Bearb. von Winfried Hassemer, Heidelberg 1990.

Kersting, Wolfgang: John Rawls zur Einführung, 3. Auflage, Hamburg 2008.

Koch, Elisabeth: Die Entwicklung der Rechtsprechung zum Zugewinnausgleich, FamRZ 2003, S. 197–210.

— Schranken der Vertragsfreiheit im Familienrecht: Fälle aus der Praxis, in: Bayer, Walter/Koch, Elisabeth (Hrsg.), Schranken der Vertragsfreiheit, Tagungsband zur Gründungsveranstaltung des Instituts für Notarrecht in Jena, Baden-Baden 2007, S. 79–89 (zitiert: *Koch*, in: Bayer/Koch (Hrsg.), Schranken der Vertragsfreiheit).

— Die Entwicklung der Rechtsprechung zum Zugewinnausgleich, FamRZ 2009, S. 1191–1196.

Kohler, Christian: Einheitliche Kollisionsnormen für Ehesachen in der Europäischen Union: Vorschläge und Vorbehalte, FPR 2008, S. 193–196.

Kohler, Christian/Pintens, Walter: Entwicklungen im europäischen Familien- und Erbrecht 2008–2009, FamRZ 2009, S. 1529–1534.

Kornexl, Thomas: Ehevertragsgestaltung als Störfallvorsorge, FamRZ 2004, S. 1609–1613.

Kroll-Ludwigs, Kathrin: Die Rolle der Parteiautonomie im europäischen Kollisionsrecht, Tübingen 2013.

Kropholler, Jan: Internationales Privatrecht: auf der Grundlage des Werkes von Paul Heinrich Neuhaus: Die Grundbegriffe des Internationalen Privatrechts, 2. Auflage, Tübingen 1994 (zitiert: *Kropholler*, Internationales Privatrecht, 2. Aufl., 1994).

— Internationales Privatrecht einschließlich der Grundbegriffe des Internationalen Zivilverfahrensrehts, 6. Auflage, Tübingen 2006 (zitiert: *Kropholler*, Internationales Privatrecht).

Kropholler, Jan (Begr.)/*Hein, Jan von*: Europäisches Zivilprozessrecht: Kommentar zu EuGVO, Lugano-Übereinkommen 2007, EuVTVO, EuMVVO und EuGFVO, 9. Auflage, Frankfurt am Main 2011 (zitiert: *Kropholler/von Hein*, EuZPR).

Langenfeld, Gerrit: Handbuch der Eheverträge und Scheidungsvereinbarungen, 1. Auflage, München 1984 (zitiert: *Langenfeld*, Handbuch der Eheverträge, 1. Aufl., 1984).

— Von der Inhaltskontrolle zur Ausübungskontrolle – Zum Verhältnis des Vertragsjuristen zum Richter, in: Festschrift für Helmut Schippel zum 65. Geburtstag, München 1996, S. 251–266.

— Die notariell zu beurkundende Vereinbarung über den nachehelichen Unterhalt nach § 1585c BGB n. F., FPR 2008, S. 38–41.

Langenfeld, Gerrit (Begr.)/*Milzer, Lutz*: Handbuch der Eheverträge und Scheidungsvereinbarungen, 7. Auflage, München 2015 (zitiert: *Langenfeld/Milzer*, Handbuch der Eheverträge).

Law Commission: Consultation Paper No 198 – Marital Property Agreements: A Consultation Paper, London 2010 (zitiert: Law Commission, CP No. 198).

— Consultation Paper No 208 – Matrimonial Property, Needs and Agreements – A Supplementary Consultation Paper, London 2012 (zitiert: Law Commission, CP No. 208).

— Law Com No 343 – Matrimonial Property, Needs and Agreements, London 2014 (zitiert: Law Commission, Law Com No. 343).

Lewis, Jane: Debates and Issues Regarding Marriage and Cohabitation in the British and American Literature, (2001) 15 IJLPF, S. 159–184.

Lipp, Martin: Die eherechtlichen Pflichten und ihre Verletzung – ein Beitrag zur Fortbildung des persönlichen Eherechts, Bielefeld 1986.

— Ehegattenzuwendungen und Zugewinnausgleich, JuS 1993, S. 89–96.

— Zur Überleitung der ehelichen Eigentums- und Vermögensgemeinschaft (FGB) in das Recht der Zugewinngemeinschaft – Abwicklung unzeitgemäßen Ehegüterrechts oder: Auf dem Weg zu einem neuen Wahlgüterstand? FamRZ 1995, S. 65–72.

— Die Eigentums- und Vermögensgemeinschaft des FGB/DDR und der Einigungsvertrag – eine vergebene Chance für eine Reform des Güterstandsrechts, FamRZ 1996, S. 1117–1124.

— Anmerkung zu BGH, Beschluss vom 5.2.2003 – XII ZB 53/98, JZ 2003, S. 902–903.

Löhnig, Martin/Preisner, Mareike: Zulässigkeit und Grenzen von Vereinbarungen zum Betreuungsunterhalt, NJW 2012, S. 1479–1482.

Lorenz, Stephan: Der Schutz vor dem unerwünschten Vertrag – Eine Untersuchung von Möglichkeiten und Grenzen der Abschlusskontrolle im geltenden Recht, München 1997.

Lowe, Nigel/Douglas, Gillian: Bromley's Family Law, 10. Auflage, Oxford, New York 2007.

Lunney, Mark/Oliphant, Ken: Tort Law – Text and Materials, 5. Auflage, Oxford, New York 2013.

Mackay, James (Lord Mackay of Clashfern) (Hrsg.): Halsbury's Laws of England, Matrimonial and Civil Partnership Law, Vol. 73, 5. Auflage, Oxford 2009 (zitiert: Halsbury's Laws of England, Vol.).

Macneil, Ian: The Relational Theory of Contract: Selected Works of Ian Macneil, London 2001.

Magnus, Ulrich/Mankowski, Peter (Hrsg.): Brussels IIbis Regulation, München 2012 (zitiert: Magnus/Mankowski-*Bearbeiter*, Brussels IIbis Regulation).

Mansel, Heinz-Peter/Thorn, Karsten/Wagner, Rolf: Europäisches Kollisionsrecht 2010: Verstärkte Zusammenarbeit als Motor der Vereinheitlichung?, IPRax 2011, S. 1–30.

Markesinis, Basil: The German Law of Contract – A Comparative Treatise, 2. Auflage, Oxford, Portland 2006.

Martiny, Dieter: Die Entwicklung des Europäischen Internationalen Familienrechts – ein juristischer Hürdenlauf, FPR 2008, S. 187–192.

— Die Kommissionsvorschläge für das internationale Ehegüterrecht sowie für das internationale Güterrecht eingetragener Partnerschaften, IPRax 2011, S. 437–458.

Masson, Judith/Bailey-Harris, Rebecca/Probert, Rebecca: Principles of Family Law, 8. Auflage, London 2008.

Mayer, Jörg: Zur Inhaltskontrolle von Eheverträgen, FPR 2004, S. 363–371.

McGuire, Mary-Rose: Grenzen der Rechtswahlfreiheit im Schiedsverfahrensrecht? Über das Verhältnis zwischen der Rom-I-VO und § 1051 ZPO, SchiedsVZ 2011, S. 257–267.

McKendrick, Ewan: The Regulation of Long-Term Contracts in English Law, in: Beatson, Jack/Friedmann, Daniel (Hrsg.), Good Faith and Fault in Contract Law, Oxford 1995, S. 304–333.

Meder, Stephan: Der Unterhaltsverzicht im Spannungsfeld von Privatautonomie und öffentlichem Interesse, FuR 1993, S. 12–22.

Meehan, Andrew: *Radmacher* in the Supreme Court: What Does It All Mean?, [2010] Fam Law, S. 1284–1293.

Merten, Detlef/Papier, Hans-Jürgen (Hrsg.): Handbuch der Grundrecht in Deutschland und Europa, Band II, Grundrechte in Deutschland: Allgemeine Lehren I, Heidelberg 2006 (zitiert: Merten/Papier-*Bearbeiter*, Handbuch Grundrechte).

Miles, Joanna: Principle or Pragmatism in Ancillary Relief: The Virtues of Flirting with Academic Theories and Other Jurisdictions, (2005) 19 IJLPF, S. 242–256.

— *Charman v Charman (No 4)* – Making Sense of Need, Compensation and Equal Sharing After *Miller/McFarlane*, (2008) 20 CFLQ, S. 378–394.

— *Radmacher v Granatino* [2009] EWCA Civ 649: Upping the Ante-Nuptial Agreement, (2009) 21 CFLQ, S. 513–535.

— Marriage and Divorce in the Supreme Court and the Law Commission: for Love or Money?, (2011) 74 MLR, S. 430–444.

— Marital Agreements and Private Autonomy in England and Wales, in: Scherpe, Jens (Hrsg.), Marital Agreements and Private Autonomy in Comparative Perspective, Oxford 2012, S. 89–121 (zitiert: *Miles*, in: Scherpe (Hrsg.), Marital Agreements).

Miller, Gareth: Pre-Nuptial Agreements and Financial Provision, in: Miller, Gareth (Hrsg.), Frontiers of Family Law, Aldershot 2003, S. 120–141.

Morley, Jeremy: Enforceable Prenuptial Agreements: Their Time Has Come, [2006] Fam Law, S. 772–776.

Münch, Christof: Inhaltskontrolle von Eheverträgen – Zurück auf festerem Boden – zur neuesten Rechtsprechung des BGH, DNotZ 2005, S. 819–837.

— Die Gestaltung von Unterhaltsvereinbarungen nach der Reform, Münster 2009 (zitiert: *Münch*, Unterhaltsvereinbarungen).

— Unterhaltsvereinbarungen nach der Reform, FamRZ 2009, S. 171–179.

Newbury, Andrew/Alexander, Shona/*Corrigan, Ann*: Ancillary Relief – Practice and Precedents, London 2009.

Odersky, Felix: Das Unterhaltsrecht in Großbritannien, FPR 2013, S. 72–75.

Palandt, Otto (Begr.): Bürgerliches Gesetzbuch, 61. Auflage, München 2002 (zitiert: Palandt-*Bearbeiter*, BGB, 61. Aufl., 2002).

— Bürgerliches Gesetzbuch, 74. Auflage, München 2015 (zitiert: Palandt-*Bearbeiter*, BGB).

Peel, Edwin: Treitel on the Law of Contract, 13. Auflage, London 2011.

Peschel-Gutzeit, Lore-Maria: Der neue Betreuungsunterhalt – Ende des Altersphasenmodells? FPR 2008, S. 24–27.

Pfeiffer, Evgenia: Schutz gegen Klagen im forum derogatum: Gültigkeit und Durchsetzung von Gerichtsstandsvereinbarungen im internationalen

Rechtsverkehr; eine rechtsvergleichende Untersuchung unter Berücksichtigung ökonomischer Aspekte, Tübingen 2013.

Phang, Andrew: Security of Contract and the Pursuit of Fairness, (2000) 16 JCL, S. 158–189.

Pintens, Walter: Grundgedanken und Perspektiven einer Europäisierung des Familien- und Erbrechts – Teil 1, FamRZ 2003, S. 329–336; Teil 2, FamRZ 2003, S. 417–425; Teil 3, FamRZ 2003, S. 499–505.

— Ehegüterstände in Europa, ZEuP 2009, S. 268–281.

Planck, Gottlieb: Bürgerliches Gesetzbuch nebst Einführungsgesetz, Band IV. 2., Familien-recht, 1. und 2. Auflage, Berlin 1901.

Poppen, Enno: Die Inhaltskontrolle von Eheverträgen aus anwaltlicher Sicht, in: Hager, Johannes (Hrsg.), Vertragsfreiheit im Ehevertrag?, Der aktuelle Stand der Rechtsprechung zur Inhaltskontrolle von Eheverträgen, Baden-Baden 2007, S. 53–62.

Probert, Rebecca: Cretney and Probert's Family Law, 7. Auflage, London 2009.

Raape, Leo: Internationales Privatrecht, 5. Auflage, Berlin, Frankfurt am Main 1961.

Raiser, Ludwig: Das Recht der Allgemeinen Geschäftsbedingungen, Nachdruck, Bad Homburg vor der Höhe 1961.

Rauscher, Thomas: Grenzen der Vertragsfreiheit im Unterhaltsrecht – Konsequenzen aus der Rechtsprechung des BVerfG, DNotZ 2002, S. 751–767.

— Ehevereinbarungen: Die Rückkehr der Rechtssicherheit – zu BGH vom 11.2.2004 – XII ZR 265/02, DNotZ 2004, S. 524–547.

— Gerichtsstandsvereinbarungen in Unterhaltssachen mit Auslandsberührung, FamFR 2013, S. 25–29.

Rauscher, Thomas (Hrsg.): Europäisches Zivilprozess- und Kollisionsrecht: EuZPR/EuIPR

— Brüssel IIa-VO, EG-UntVO, EG-ErbVO-E, HUntStProt 2007, Bearbeitung 2010, München 2010

— Brüssel I-VO, LugÜbk 2007, Bearbeitung 2010, München 2011

(zitiert: Rauscher-*Bearbeiter*, EuZPR/EuIPR).

Rauscher, Thomas (Hrsg.): Münchener Kommentar zum FamFG, Gesetz über das Verfahren in Familiensachen und in den Angelegenheiten der freiwilligen Gerichtsbarkeit (FamFG) mit Internationalem und Europäischem Zivilverfahrensrecht in Familiensachen (IZVR, EuZVR), 2. Auflage, München 2013 (zitiert: MüKo-*Bearbeiter*, FamFG).

Rehme, Eckhard: Die Feststellung der groben Unbilligkeit gem. § 1587c, § 1587h BGB, § 10a III VAHRG: eine (teilweise) Delegitimierung der Ehe als Versorgungsgemeinschaft im Wege einer strukturierten Gesamtwürdigung, FPR 2005, S. 356–361

Rheinstein, Max: Einführung in die Rechtsvergleichung, 2. Auflage, München 1987.

Rieck, Jürgen: Ehescheidung bei ausländischen Ehepartnern, FPR 2007, S. 251–257.

— Ausländisches Familienrecht - Eine Auswahl von Länderdarstellungen, 11. Ergänzungslieferung, München 2014 (zitiert: Rieck-*Bearbeiter*, Ausländisches Familienrecht).

Roth, Günter H.: Vom Wegfall der Geschäftsgrundlage zur richterlichen Vertragsanpassung, in: Festschrift Heinz Krejci zum 60. Geburtstag: zum Recht der Wirtschaft, Zweiter Band, Wien 2001, S. 1251–1268.

Roth, Herbert: Die Revisibilität ausländischen Rechts und die Klugheit des Gesetzes, NJW 2014, S. 1224–1227.

Röthel, Anne: Richterliche Inhaltskontrolle von Eheverträgen, NJW 2001, S. 1334–1335.

Rüthers, Bernd: Das Ungerechte an der Gerechtigkeit, 3. Auflage, Tübingen 2009.

Sacco, Rodolfo: Einführung in die Rechtsvergleichung, 2. Auflage, Baden-Baden 2011.

Säcker, Franz Jürgen/Rixecker, Roland (Hrsg.): Münchener Kommentar zum Bürgerlichen Gesetzbuch

— Band 2, Schuldrecht Allgemeiner Teil: §§ 241–432, 6. Auflage, München 2012

— Band 7, Familienrecht I: §§ 1297–1588/Versorgungsausgleichsgesetz/ Gewaltschutzgesetz/Lebenspartnerschaftsgesetz, 6. Auflage, München 2013

— Band 8, Familienrecht II: §§ 1589–1921/SGB VIII, 6. Auflage, München 2012

(zitiert: MüKo-*Bearbeiter*, BGB).

Sanders, Anne: Die untreue Hausfrau – Zugleich Anmerkung zum Beschluss des BVerfG vom 20.05.2003 – 1 BvR 237/97, ZFE 2003, S. 324–326.

— Statischer Vertrag und dynamische Vertragsbeziehung – Wirksamkeits- und Ausübungskontrolle von Gesellschafts- und Eheverträgen, Bielefeld 2008 (zitiert: *Sanders*, Statischer Vertrag und dynamische Vertragsbeziehung).

— Private Autonomy and Marital Property Agreements, (2010) 59 ICLQ, S. 571–603.

— Die neue Ehevertragsfreiheit in England und ihre Grenzen – Radmacher v. Granatino, NJW 2011, S. 182–186.

Schack, Heimo: Das neue Internationale Eheverfahrensrecht in Europa, RabelsZ 65 (2001), S. 615–633.

Scherpe, Jens: Englisches Familienrecht: *Miller and McFarlane* – Das House of Lords entscheidet erneut über Güteraufteilung nach Ehescheidung, FamRZ 2006, S. 1314–1315.

— A Comparative View of Pre-Nuptial Agreements, [2007] IFL, S. 18–23.

— Matrimonial Causes for Concern? A Comparative Analysis of *Miller v Miller; McFarlane v McFarlane* [2006] UKHL 24, (2007) 18 King's C.L.J, S. 348–360.

— Eigenverantwortung von Frauen und Männern nach einer Ehe in Schweden und England, in: Bundesministerium für Familien, Senioren Frauen und Jugend (Hrsg.), Rollenleitbilder und -realitäten in Europa: Rechtliche, ökonomische und kulturelle Dimensionen, Forschungsreihe Band 8, Baden-Baden 2009, S. 197–211 (zitiert: *Scherpe*, in: BmFSFJ (Hrsg.), Rollenleitbilder und -realitäten in Europa).

— Eheverträge im Recht von England und Wales, FamRZ 2009, S. 1536–1538.

— Foreign Marital Agreements: The Approach of the English Courts, [2010] P.C.B., S. 190–195.

— Pre-Nups, Private Autonomy and Paternalism, (2010) 69 C.L.J., S. 35–37.

— Das vorläufig letzte Wort zu Eheverträgen in England und Wales, FamRZ 2011, S. 1471–1474.

— Fairness, Freedom and Foreign Elements – Marital Agreements in England and Wales After *Radmacher v Granatino*, (2011) 23 CFLQ, S. 513–527.

— Marital Agreements; Private Autonomy and Fairness, (2011) 70 C.L.J., S. 29–31.

— Introduction to the Project, in: Scherpe, Jens (Hrsg.), Marital Agreements and Private Autonomy in Comparative Perspective, Oxford 2012, S. 1–7 (zitiert: *Scherpe*, in: Scherpe (Hrsg.), Marital Agreements).

— Marital Agreements and Private Autonomy in Comparative Perspective, in: Scherpe, Jens (Hrsg.), Marital Agreements and Private Autonomy in Comparative Perspective, Oxford 2012, S. 443–518 (zitiert: *Scherpe*, in: Scherpe (Hrsg.), Marital Agreements).

— Wirkung ohne Bindungswirkung - Eheverträge in England und Wales - Entscheidung des Supreme Court of the United Kingdom vom 20. Oktober 2010, ZEuP 2012, S. 615–630.

— Land ohne Güterstand? Gegenwart und Zukunft des Scheidungsfolgenrechts in England und Wales, in: Familie - Recht - Ethik, Festschrift für Gerd Brudermüller, München 2014, S. 643–652.

Scherpe, Jens/Dutta, Anatol: Cross-boarder Enforcement of English Ancillary Relief Orders: Fog in the Channel - Europe Cut Off?, [2010] Fam Law, S. 385–390.

Schlüter, Wilfried: Das obiter dictum: die Grenzen höchstrichterlicher Entscheidungsbegründung, dargestellt an Beispielen aus der Rechtsprechung des Bundesarbeitsgerichts, München 1973 (zitiert: *Schlüter*, Obiter dictum).

— Familienrecht, 13. Auflage, Heidelberg 2009.

Schmidt-Rimpler, Walter: Grundfragen einer Erneuerung des Vertragsrechts, AcP 147 (1941), S. 130–197.

— Zum Problem der Geschäftsgrundlage, in: Festschrift für Hans Carl Nipperdey zum 60. Geburtstag (21. Januar 1955), Berlin 1955, S. 1–30.

Schmitz, Benedikt: Unterhaltsverstärkende Vereinbarungen, RNotZ 2011, S. 265–289.

Schnitzler, Klaus (Hrsg.): Münchener Anwalts-Handbuch Familienrecht, 3. Auflage, München 2010 (zitiert: Schnitzler-*Bearbeiter*, Familienrecht).

Schön, Wolfgang: Der „Rechtsmissbrauch" im Europäischen Gesellschaftsrecht, in: Festschrift für Herbert Wiedemann, München 2002, S. 1271–1295.

Schroeder: Anmerkung zu EuGH, Urteil vom 27.4.2004 - C-159/02 Turner/Grovit u. a., EuZW 2004, S. 468–471.

Schubert, Peter: Wirksamkeit von Unterhaltsverzichts- und -freistellungserklärungen - zugleich Anmerkung zum Urteil des *BVerfG* vom 6.2.2001 - 1 BvR 12/92, FamRZ 2001, S. 733–739.

Schulte-Nölke, Hans: Mehr Vertragsfreiheit im Familienrecht: Deutsche Eheverträge nun auch in Großbritannien grundsätzlich wirksam, ZGS 2010, S. 481.

Schütze, Rolf A.: Rechtsverfolgung im Ausland – Prozessführung vor ausländischen Gerichten und Schiedsgerichten, 4. Auflage, Berlin 2009.

Schwab, Dieter: Handbuch des Scheidungsrechts, 1. Auflage, München 1977 (zitiert: *Schwab*, Handbuch Scheidungsrecht, 1. Aufl., 1977).

— Anmerkung zu BVerfG, Urteil vom 6.2.2001 - BvR 12/92, FamRZ 2001, S. 349–350.

— From Status to Contract – Aspekte der Vertragsfreiheit im Familienrecht im Lichte der Reformen, DNotZ Sonderheft 2001, S. 9–42.

— Trennungs- und Scheidungsvereinbarungen vor dem Hintergrund der Unterhaltsrechtsreform, in: Limmer, Peter (Hrsg.), Scheidung, Trennung – Scheidungs- und Trennungsvereinbarungen (Tagungsband), Würzburg 2008, S. 68–101 (zitiert: *Schwab*, in: Limmer (Hrsg.), Trennungs- und Scheidungsvereinbarungen).

— Familienrecht, 22. Auflage, München 2014.

Schwenzer, Ingeborg: Vertragsfreiheit im Ehevermögens- und Scheidungsfolgenrecht, AcP 196 (1996), S. 88–113.

Scott, Elizabeth/Scott, Robert: A Contract Theory of Marriage, in: Buckley, F. (Hrsg.), The Fall and Rise of Freedom of Contract, Durham, London 1999, S. 201–244.

Scott, Timothy: The First Post-*Radmacher* Decision: *Z v Z (No 2)*, [2012] Fam Law, S. 73–75.

Singer, Reinhard: Das Verbot widersprüchlichen Verhaltens, München 1993 (zitiert: *Singer*, Verbot widersprüchlichen Verhaltens).

— Selbstbestimmung und Verkehrsschutz im Recht der Willenserklärungen, München 1995 (zitiert: *Singer*, Selbstbestimmung und Verkehrsschutz).

Slapper, Gary/Kelly, David: The English Legal System, 12. Auflage, London 2011.

Soergel, Hans Theodor (Begr.)/*Siebert*, Wolfgang (Hrsg.)/*Baur*, Jürgen F. (Hrsg.): Kohlhammer Kommentar, Bürgerliches Gesetzbuch – Band 17, Familienrecht 1 (§§ 1279–1588), 13. Auflage, Stuttgart [u. a.] 2013 (zitiert: Soergel-*Bearbeiter*, BGB).

Spellenberg, Ulrich: Die Zuständigkeiten für Eheklagen nach der EheGVO, in: Einheit und Vielfalt des Rechts: Festschrift für Reinhold Geimer zum 65. Geburtstag, München 2002, S. 1257–1280.

Standley, Kate: Family Law, 7. Auflage, Basingstoke 2010.

Staudinger, Julius von (Hrsg.): Kommentar zum Bürgerlichen Gesetzbuch – Mit Einführungsgesetz und Nebengesetzen:

— §§ 125–129; BeurkG, Berlin, Neubearb. 2012

— §§ 134–138, Berlin, Neubearb. 2011

— Einleitung zu §§ 241 ff.; §§ 241–243, Berlin, Neubearb. 2014

— §§ 1353–1362, Berlin, Neubearb. 2012

— §§ 1363–1563, Berlin, Neubearb. 2007

— §§ 1569–1586b, Berlin, Neubearb. 2014

— Art. 13–17b EGBGB; Anhang zu Art. 13: Verlöbnis und nichteheliche Lebensgemeinschaft, Berlin, Neubearb. 2011

— Eckpfeiler des Zivilrechts, Berlin, Neubearb. 2014

(zitiert: Staudinger-*Bearbeiter*, BGB).

Stresow, Bert: Die richterliche Inhaltskontrolle von Eheverträgen, Berlin 2006.

Thomas, Heinz/Putzo, Hans (Hrsg.): Zivilprozessordnung: FamFG, Verfahren in Familiensachen, GVG, Einführungsgesetze, EU-Zivilverfahrensrecht (Kommentar), 35. Auflage, München 2014 (zitiert: Thomas/Putzo-*Bearbeiter*, ZPO).

Thompson, Sharon: Levelling the Prenuptial Playing Field: Is Independent Legal Advice the Answer?, [2011] IFL, S. 327–331.

Thorpe, Mathew (Lord Justice Thorpe): London – The Divorce Capital of the World, [2009] Fam Law, S. 21–29.

— Financial Consequences of Divorce: England Versus the Rest of Europe, in: Boele-Woelki, Katharina/Miles, Joanna/Scherpe, Jens (Hrsg.), The Future of Family Property in Europe, Cambridge 2011, S. 3–16.

— The Influence of London Judgments in Ancillary Relief Regimes Elsewhere, [2011] IFL, S. 104–108.

Todd, Richard: The Inevitable Triumph of the Ante-Nuptial Contract, [2006] Fam Law, S. 539–545.

Trim, Hayley: *Radmacher v Granatino*: The Wait Is Over, [2010] Fam Law, S. 1185–1188.

Viefhues, Wolfram: Nach einer schweren Geburt – das neue Unterhaltsrecht ist endlich da!, ZNotP 2008, S. 17–21.

Wagner, Gerhard: Schiedsgerichtsbarkeit in Scheidungssachen, in: Grenzüberschreitungen: Beiträge zum Internationalen Verfahrensrecht und zur Schiedsgerichtsbarkeit, Festschrift für Peter Schlosser zum 70. Geburtstag, Tübingen 2005, S. 1025–1048.

Wagner, Rolf: Ausländische Rechtshängigkeit in Ehesachen unter besonderer Berücksichtigung der EG-Verordnungen Brüssel II und Brüssel II a, FPR 2004, S. 286–291.

— Zu den Chancen der Rechtsvereinheitlichung im internationalen Familienrecht - Unter besonderer Berücksichtigung des Kommissionsvorschlags zum internationalen Scheidungsrecht, StAZ 2007, S. 101–107.

— Konturen eines Gemeinschaftsinstruments zum internationalen Güterrecht unter besonderer Berücksichtigung des Grünbuchs der Europäischen Kommission, FamRZ 2009, S. 269–281.

— Aktuelle Entwicklungen in der justiziellen Zusammenarbeit in Zivilsachen, NJW 2010, S. 1707–1712.

Weinreich, Gerd/Klein, Michael W. (Hrsg.): Fachanwaltskommentar Familienrecht, 5. Auflage, Köln 2013 (zitiert: Weinreich/Klein-*Bearbeiter*, Familienrecht).

Weitnauer, Hermann: Der Schutz des Schwächeren im Zivilrecht, Karlsruhe 1975.

Weller, Matthias: Zur Abgrenzung von ehelichem Güterrecht und Unterhaltsrecht im EuGVÜ (zu EuGH, 27.2.1997 - Rs. C-220/95 - van den Boogard/Laumen), IPRax 1999, S. 14–21.

Wiemer, Eike: Inhaltskontrolle von Eheverträgen - Eine kritische Auseinandersetzung mit der Kernbereichslehre des BGH, München 2007.

Wilson, Nicholas (Lord Wilson of Culworth): Foreword, in: Scherpe, Jens (Hrsg.), Marital Agreements and Private Autonomy in Comparative Perspective, Oxford 2012, S. VII-VIII (zitiert: *Wilson*, in: Scherpe (Hrsg.), Marital Agreements).

Wolf, Ursula (Übers./Hrsg.): Aristoteles Nikomachische Ethik, 4. Auflage, Reinbek bei Hamburg 2013.

Zöllner, Wolfgang: Vertragskontrolle und Gerechtigkeit, NZA-Beilage 2006, S. 99–107.

Internetquellen

European Policy Evaluation Consortium, Study to Inform a Subsequent Impact Assessment on the Commission Proposal on Jurisdiction and Applicable Law in Divorce Matters, 2006, abrufbar unter: http://euromed-justiceii.eu/en/documents/show/&tid=233 (Stand: 18.12.2014).

Law Commission, Matrimonial Property, Needs and Agreements, Resolution Survey Results, London 2012, abrufbar unter: http://lawcommission.justice.gov.uk/docs/cp208_matrimonial_property_Resolution_survey_results.pdf (Stand: 18.12.2014).

— Executive Summary Consultation Paper No. 198, abrufbar unter: http://lawcommission.justice.gov.uk/docs/cp198_Marital_Property_Agreements_Consultation-Summary.pdf (Stand: 18.12.2014).

Parlament UK, Divorce (Financial Provision) Bill (HL Bill 8), abrufbar unter: http://www.publications.parliament.uk/pa/bills/lbill/2014–2015/0008/lbill_2014–20150008_en_1.htm (Stand: 18.12.2014).

— Divorce (Financial Provision) Bill (HL Bill 60), abrufbar unter: http://www.publications.parliament.uk/pa/bills/lbill/2014–2015/0060/lbill_2014–20150060_en_1.htm (Stand: 18.12.2014).

— Private Members' Bills, abrufbar unter: http://www.parliament.uk/about/how/laws/bills/private-members/ (Stand: 18.12.2014).

Rat der Europäischen Union, Pressemitteilung vom 06./07.12.2012, Nr. 17315/12, Presse 509, PR CO 70, abrufbar unter: http://www.consilium.europa.eu/uedocs/cms_data/docs/pressdata/de/jha/134819.pdf (Stand: 18.12.2014)

Statistisches Amt der Europäischen Union, Europa in Zahlen – Eurostat-Jahrbuch, http://ec.europa.eu/eurostat/statistics-explained/index.php/Europe_in_figures_-_Eurostat_yearbook/de (Stand: 18.12.2014).

Statistisches Bundesamt, Bevölkerung: Eheschließungen nach Jahren bzw. Eheschließungen zwischen Deutschen und Ausländern, Stand: 2012, abrufbar unter: https://www.destatis.de/DE/ZahlenFakten/GesellschaftStaat/Bevoelkerung/Eheschliessungen/Eheschliessungen.html (Stand: 18.12.2014).

Supreme Court, Press Summary zur Entscheidung Radmacher v Granatino, abrufbar unter: http://www.supremecourt.uk/decided-cases/docs/UKSC_2009_0031_PressSummary.pdf (Stand: 18.12.2014).

Studien zum deutschen und internationalen Familien- und Erbrecht

Herausgegeben von Martin Lipp, Christoph Benicke, Marina Wellenhofer und Bettina Heiderhoff

Band 1 Jessica Kriewald: Statusrelevante Erklärungen des Familienrechts. 2009.

Band 2 Martin Gilbert: Unmoralische Angebote, Grundrechtskitsch und die kalte Hand des Erblassers. 2009.

Band 3 Anja Vellmer: Religiöse Kindererziehung und religiös begründete Konflikte in der Familie. Eine rechtsübergreifende Darstellung familiärer religiöser Konflikte und der staatlichen Instrumentarien zu ihrer Lösung. 2010.

Band 4 Uta Heidenreich: Auskunfts- und Wertermittlungsansprüche des Pflichtteilsberechtigten. 2010.

Band 5 Ulla Möhn: Vertrauensschutz im intertemporalen Scheidungsunterhaltsrecht. Zugleich eine Analyse des § 36 Nr. 1 EGZPO. 2010.

Band 6 Gabriele Metternich: Verfügungsverhalten von Erblassern. Eine empirische Untersuchung als Beitrag zur Rechtstatsachenforschung und Reformdiskussion auf dem Gebiet des Erbrechts. 2010.

Band 7 Patrick Schroer: Europäischer Erbschein. Mit rechtsvergleichender Darstellung. 2010.

Band 8 Isabella Toscano: Ehescheidungen mit grenzüberschreitendem Bezug. Von divergierenden nationalen Scheidungsvoraussetzungen zu einem einheitlichen europäischen Scheidungsrecht? 2011.

Band 9 Ulrich Kühle: Die gerichtliche Überprüfung von Erb- und Pflichtteilsverzichtsverträgen im Spiegel ehevertraglicher Inhaltskontrolle. 2011.

Band 10 Gregor Blüm: Härtefälle im Recht des Versorgungsausgleichs. Eine legitimationszentrierte Untersuchung der Rechtsprechung zur Generalklausel des § 1587c Nr. 1 BGB a. F. unter Berücksichtigung der Neuerungen in der Härtefallregelung des § 27 VersAusglG. 2011.

Band 11 Linda Schlegel: Die Bedeutung des vorehelichen Zusammenlebens im Scheidungsfolgenrecht. 2011.

Band 12 Tobias Breitling: Rechtsfolgen von sittenwidrigen Bedingungen in Verfügungen von Todes wegen. Erblasserwille und objektives Recht. 2012.

Band 13 Anja Sommer: Das Verhältnis von Familiengericht und Jugendamt. Kooperation zum Wohle des Kindes? 2012.

Band 14 Pia Maria Schulze: Das deutsche Kindschafts- und Abstammungsrecht und die Rechtsprechung des EGMR. 2012.

Band 15 Sebastian Schaufert: Das Verbot der Doppelverwertung von Vermögenspositionen bei Unterhalt und Zugewinn. 2012.

Band 16 Natalie Ivanits: Die Stellung des Kindes in auf Einvernehmen zielenden gerichtlichen und außergerichtlichen Verfahren in Kindschaftssachen. 2012.

Band 17 Robert Bauer: Die Neuerungen im ehelichen Güterrecht. Eine kritische Untersuchung der Rechtslage nach der Reform von 2009. 2013.

Band 18 Birthe Schekahn: Tatsächliche Unterhaltsleistungen faktischer Lebensgefährten im Todesfall. Ein Vorschlag für eine Reform des § 844 Abs. 2 BGB und zugleich eine Definition der faktischen Lebensgemeinschaft. 2013.

Band 19 Michelle Favier: Die gemeinsame rechtliche Elternschaft von eingetragenen Lebenspartnern durch die Annahme eines Kindes. 2014.

Band 20 Holke-Leonie Doench: Mediation als kindgerechtes Verfahren. 2014.

Band 21 Katharina Frank: Eheverträge als effektives Gestaltungsinstrument. Die Grenzen der Privatautonomie im englischen und deutschen Sachrecht sowie im europäischen Zivilverfahrens- und Kollisionsrecht. 2015.

www.peterlang.com

www.ingramcontent.com/pod-product-compliance
Ingram Content Group UK Ltd.
Pitfield, Milton Keynes, MK11 3LW, UK
UKHW021834290926
8980IPUK00004B/441

9 783631 660386